MEDIDAS CAUTELARES ADMINISTRATIVAS

REGIME JURÍDICO
DA CAUTELARIDADE ADMINISTRATIVA

FLÁVIO GARCIA CABRAL

Prefácio
José Roberto Pimenta Oliveira

Apresentação
Fabrício Motta

MEDIDAS CAUTELARES ADMINISTRATIVAS
REGIME JURÍDICO DA CAUTELARIDADE ADMINISTRATIVA

Belo Horizonte

FÓRUM
CONHECIMENTO JURÍDICO

2021

© 2021 Editora Fórum Ltda.

É proibida a reprodução total ou parcial desta obra, por qualquer meio eletrônico, inclusive por processos xerográficos, sem autorização expressa do Editor.

Conselho Editorial

Adilson Abreu Dallari
Alécia Paolucci Nogueira Bicalho
Alexandre Coutinho Pagliarini
André Ramos Tavares
Carlos Ayres Britto
Carlos Mário da Silva Velloso
Cármen Lúcia Antunes Rocha
Cesar Augusto Guimarães Pereira
Clovis Beznos
Cristiana Fortini
Dinorá Adelaide Musetti Grotti
Diogo de Figueiredo Moreira Neto (*in memoriam*)
Egon Bockmann Moreira
Emerson Gabardo
Fabrício Motta
Fernando Rossi
Flávio Henrique Unes Pereira
Floriano de Azevedo Marques Neto
Gustavo Justino de Oliveira
Inês Virgínia Prado Soares
Jorge Ulisses Jacoby Fernandes
Juarez Freitas
Luciano Ferraz
Lúcio Delfino
Marcia Carla Pereira Ribeiro
Márcio Cammarosano
Marcos Ehrhardt Jr.
Maria Sylvia Zanella Di Pietro
Ney José de Freitas
Oswaldo Othon de Pontes Saraiva Filho
Paulo Modesto
Romeu Felipe Bacellar Filho
Sérgio Guerra
Walber de Moura Agra

CONHECIMENTO JURÍDICO

Luís Cláudio Rodrigues Ferreira
Presidente e Editor

Coordenação editorial: Leonardo Eustáquio Siqueira Araújo
Aline Sobreira de Oliveira

Av. Afonso Pena, 2770 – 15º andar – Savassi – CEP 30130-012
Belo Horizonte – Minas Gerais – Tel.: (31) 2121.4900 / 2121.4949
www.editoraforum.com.br – editoraforum@editoraforum.com.br

Técnica. Empenho. Zelo. Esses foram alguns dos cuidados aplicados na edição desta obra. No entanto, podem ocorrer erros de impressão, digitação ou mesmo restar alguma dúvida conceitual. Caso se constate algo assim, solicitamos a gentileza de nos comunicar através do *e-mail* editorial@editoraforum.com.br para que possamos esclarecer, no que couber. A sua contribuição é muito importante para mantermos a excelência editorial. A Editora Fórum agradece a sua contribuição.

Dados Internacionais de Catalogação na Publicação (CIP) de acordo com a AACR2

C117m   Cabral, Flávio Garcia

   Medidas cautelares administrativas: regime jurídico da cautelaridade administrativa / Flávio Garcia Cabral.– Belo Horizonte : Fórum, 2021.

   350 p.; 14,5x21,5cm
   ISBN: 978-65-5518-165-4

   1. Direito Administrativo. 2. Direito Constitucional. 3. Processo Administrativo. I. Título.

   CDD 341.3
   CDU 342.9

Elaborado por Daniela Lopes Duarte - CRB-6/3500

Informação bibliográfica deste livro, conforme a NBR 6023:2018 da Associação Brasileira de Normas Técnicas (ABNT):

CABRAL, Flávio Garcia. *Medidas cautelares administrativas*: regime jurídico da cautelaridade administrativa. Belo Horizonte: Fórum, 2021. 350 p. ISBN 978-65-5518-165-4.

Dedico à minha filha Milena Reichel Cabral.

AGRADECIMENTOS

Este livro, ao menos sua pesquisa, inicia-se no ano de 2012, durante minha estadia na Espanha junto à *Universitat de Girona*. De lá para cá, muito foi lido, muito foi pesquisado, diversas ideias e construções foram feitas e refeitas até culminar na presente obra que entrego aos leitores.

Para tanto, ao longo desses anos, a contribuição de algumas pessoas se fez imprescindível para a conclusão da forma como este livro se encontra.

Em primeiro lugar, e não poderia ser diferente, agradeço à minha inseparável esposa, Dafne Reichel Cabral. Foi com ela que este livro surgiu – desde a primeira ideia até a sua conclusão –, tendo atuado como revisora, crítica e incentivadora, com toda a paciência que a elaboração de um livro exige. Mais. Foi com ela que, no mesmo ano em que se começa a pesquisa, me casei, e com ela que, no ano de conclusão da obra, tive nossa segunda filha, Milena (a irmãzinha de Flávia). Assim, a gestação deste livro mostra-se associada à formação do nosso casamento e de nossa família. A você, então, meu sempre e eterno obrigado!

Às minhas pequenas, Flávia e Milena, por serem as razões de tudo.

Aos meus pais, pelo apoio incondicional de sempre e por serem, além de tudo, meus revisores.

Ao Professor Jordi Ribot Igualada, da *Universitat de Girona*, por todo o apoio, lições e incentivo.

Aos amigos Professores José Roberto Pimenta e Fabrício Motta, por muito gentilmente se disporem a prefaciar e apresentar este livro e por serem referências profissionais, acadêmicas e pessoais.

Ao amigo Ricardo Marcondes, que, fora toda a sua vasta produção referencial para o Direito Administrativo, foi quem, apesar de talvez não se recordar, em um almoço despretensioso, insistiu que eu levasse esta obra adiante.

À amiga Angela Calixto, pelo excelente trabalho minucioso de revisão feito neste livro. Nesse sentido, agradeço também ao amigo Mauro Elkhoury, que novamente me auxiliou na revisão de mais um livro, com sua leitura crítica e apurada.

Ao amigo Luiz Cláudio, por sempre encontrar espaço para meus escritos junto à prestigiada Editora Fórum.

Muito obrigado aos aqui nominados e aos que, injustamente, por um lapso indesculpável, acabei omitindo nesses agradecimentos.

SUMÁRIO

PREFÁCIO
José Roberto Pimenta Oliveira 15

APRESENTAÇÃO
Fabrício Motta 19

CONSIDERAÇÕES PRELIMINARES 23

CAPÍTULO 1
REGIME JURÍDICO DO PODER CAUTELAR NA ADMINISTRAÇÃO PÚBLICA 29
1.1 Nomenclaturas 33
1.2 Classificação dos provimentos cautelares 36
1.3 Definição 41
1.3.1 Distinção entre figuras afins 42
1.3.1.1 Sanções administrativas 42
1.3.1.2 Medidas de urgência judiciais 44
1.3.1.3 Atos *ope legis* 46
1.3.1.4 Limitações administrativas cautelares 47
1.3.1.5 Requisições administrativas 48
1.4 Natureza jurídica dos provimentos cautelares administrativos 49
1.4.1 Teoria das ordens ou teoria das ablações 50
1.4.2 Sacrifícios de direito 53
1.5 O princípio da legalidade e o poder cautelar 58
1.5.1 Regulamentação por atos administrativos 65
1.5.2 Situações urgentes e de necessidade 68
1.5.3 Competências legislativas 70
1.6 Fundamentos teóricos 70
1.6.1 A eficiência do processo administrativo 71
1.6.1.1 Considerações 75
1.6.2 Teoria dos poderes implícitos 75

1.6.2.1	Considerações	80
1.6.3	Supremacia do interesse público	82
1.6.3.1	Considerações	85
1.6.4	Princípio da boa administração pública e o aspecto da prevenção/precaução	87
1.6.4.1	Considerações	92
1.6.5	Conclusões parciais	93
1.7	Requisitos para a aplicação de medidas cautelares administrativas	93
1.7.1	Perigo da demora (*periculum in mora*) e fumaça do bom direito (*fumus boni iuris*)	94
1.7.2	Motivação	98
1.7.3	Proporcionalidade	102
1.7.3.1	Reversibilidade da medida	109
1.7.4	Contraditório e ampla defesa	111
1.7.5	Respeito aos limites constitucionais	114
1.8	Características das medidas cautelares administrativas	115
1.8.1	Exercida na função administrativa	116
1.8.2	Instrumentalidade	121
1.8.3	Provisoriedade	121
1.8.4	Vinculação ao procedimento administrativo	123
1.8.5	Mutabilidade	124
1.8.6	Autoexecutoriedade	126
1.8.7	Declaração de vontade	127
1.8.7.1	Tombamento provisório	128
1.8.8	Cognição sumária	131
1.8.9	Excepcionalidade da medida	131
1.9	A discricionariedade e a vinculação das medidas cautelares administrativas	132
1.10	Legitimidade para o uso das medidas cautelares administrativas	137
1.11	Elementos dos atos cautelares administrativos	139
1.11.1	Sujeito / Competência	140
1.11.2	Forma	140
1.11.3	Objeto	140
1.11.4	Finalidade	141
1.11.5	Motivo	142

CAPÍTULO 2
PODER CAUTELAR ADMINISTRATIVO NO DIREITO
BRASILEIRO 145
2.1   A existência de um microssistema cautelar administrativo
      brasileiro 146
2.2   O poder geral de cautela administrativa no Brasil
      (Lei nº 9.784/99) 149
2.3   Procedimento disciplinar federal (Lei nº 8.112/90) 153
2.3.1 Tipos de medidas provisionais 154
2.3.2 Interferência do Poder Judiciário 156
2.4   Procedimentos previstos no âmbito do Tribunal de Contas
      da União (TCU) 159
2.4.1 Tipos de medidas provisionais 160
2.4.2 Interferência do Poder Judiciário 168
2.5   Sistema de defesa da concorrência (Lei nº 12.529/11) 171
2.5.1 Tipos de medidas provisionais 171
2.5.2 Interferência do Poder Judiciário 173
2.6   Medidas *antidumping* (Lei nº 9.019/95) 174
2.6.1 Tipos de medidas provisionais 175
2.6.2 Interferência do Poder Judiciário 177
2.7   Infrações ambientais (Lei nº 9.605/98 e Decreto
      nº 6.514/08) 178
2.7.1 Tipos de medidas provisionais 178
2.7.2 Interferência do Poder Judiciário 182
2.8   Processo do BACEN e CVM (Lei nº 13.506/17) 184
2.8.1 Tipos de medidas provisionais 185
2.8.2 Interferência do Poder Judiciário 187
2.9   Processo da Agência Nacional do Petróleo
      (Lei nº 9.847/99) 188
2.9.1 Tipos de medidas provisionais 188
2.9.2 Interferência do Poder Judiciário 189
2.10 Processos das agências reguladoras – ANATEL (Lei nº 9.472/97),
      ANTT e ANTAQ (Lei nº 10.233/01), ANAC (Lei nº 11.182/05);
      ANTT e ANTAQ (Lei nº 10.233/01), ANM (Lei nº 13.575/17),
      Lei das Agências Reguladoras (Lei nº 10.871/04) 193
2.10.1 Tipos de medidas provisionais 193
2.10.2 Interferência do Poder Judiciário 195

2.11 Legislação pertinente aos regimes de liquidação extrajudicial e intervenção (Decreto-lei nº 73/66, Lei nº 5.627/70, Lei nº 6.024/74, Lei nº 9.447/97, Lei nº 9.656/98, Lei Complementar nº 109/2001, Lei nº 10.190/2001) 196
2.11.1 Tipos de medidas provisionais 197
2.11.2 Interferência do Poder Judiciário 205
2.12 Código de Defesa do Consumidor (Lei nº 8.078/90) 207
2.12.1 Tipos de medidas provisionais 208
2.12.2 Interferência do Poder Judiciário 210
2.13 Legislação Sanitária (Lei nº 6.360/76, Lei nº 6.437/77, Lei nº 9.782/99) 211
2.13.1 Tipos de medidas provisionais 211
2.13.2 Interferência do Poder Judiciário 214
2.14 Averbação pré-executória (Lei nº 13.606/18) 215
2.14.1 Tipos de medidas provisionais 216
2.14.2 Interferência do Poder Judiciário 218
2.15 Outras previsões normativas 219
2.16 Medidas cautelares administrativas positivas 229
2.17 Consensualidade envolvendo medidas cautelares administrativas 230

CAPÍTULO 3
A RESPONSABILIDADE DA ADMINISTRAÇÃO POR MEDIDAS CAUTELARES ADMINISTRATIVAS 233
3.1 Responsabilidade do Estado 236
3.1.1 Evolução 238
3.1.2 Requisitos 240
3.2 Responsabilidade pela adoção das medidas cautelares 242
3.2.1 Medidas cautelares ilícitas 243
3.2.2 Medidas cautelares inicialmente ilícitas 245
3.2.3 Medidas cautelares lícitas 251
3.2.3.1 Risco criado 253
3.2.3.2 Conduta exclusiva da vítima 257
3.2.3.3 Conduta de terceiro 267
3.2.3.4 Implicações da natureza de sacrifício de direito 268
3.2.4 Dos "perigos aparentes" 274
3.2.5 Da amplitude das medidas cautelares lícitas como causa exonerativa da responsabilidade 276

3.2.6   Haveria medida cautelar lícita indenizável?............................279
3.2.7   Responsabilidade por omissão no exercício do poder cautelar administrativo 280
3.2.8   O controle administrativo e o papel do Poder Judiciário 284

CAPÍTULO 4
MEDIDAS CAUTELARES ADMINISTRATIVAS E A VIOLAÇÃO A DIREITOS FUNDAMENTAIS..291
4.1   Direitos fundamentais..293
4.1.1   Relevância dos direitos fundamentais..................................294
4.2   Danos aos direitos fundamentais em espécie na sistemática brasileira 296
4.2.1   Presunção de inocência 298
4.2.2   Honra 304
4.2.3   Propriedade..313
4.2.4   Devido processo legal..318
4.3   Os direitos fundamentais nas medidas cautelares administrativas...323
4.4   Palavras finais sobre a responsabilização estatal por medidas cautelares administrativas e a atuação do Poder Judiciário...............324

CAPÍTULO 5
PROPOSTA LEGISLATIVA PARA A CRIAÇÃO DE UM REGIME GERAL DE MEDIDAS CAUTELARES ADMINISTRATIVAS............327
5.1   Minuta da proposta legislativa 328

REFERÊNCIAS..331

PREFÁCIO

Honrou-me Flávio Garcia Cabral com a imensa responsabilidade de prefaciar a presente obra, que representa uma inegável contribuição para o estudo jurídico-dogmático desta temática, pouquíssimo abordada, mas de relevância induvidosa no panorama do Direito Administrativo Brasileiro, na sua feição contemporânea, reconstruído no paradigma do Estado Democrático de Direito em vigor.

Trata-se de mais uma valiosa produção científica do jovem e brilhante jurista, que segue sua trajetória de obras marcadas por um rigoroso tratamento científico da matéria, com farto embasamento na melhor doutrina, nacional e estrangeira, tal como já se vislumbra nos seus "O conteúdo jurídico da eficiência administrativa" (Fórum, 2019) e "O Tribunal de Contas da União na Constituição Federal de 1988" (Verbatim, 2014).

As credenciais acadêmicas de Flávio Garcia Cabral mostram a sua seriedade no campo científico, o que se revela amplamente nas linhas e lições desta bela obra. Desde que formado pela Universidade Federal de Mato Grosso do Sul (UFMS), Flávio obteve o título de Especialista em Direito Administrativo (2013) e Doutor em Direito (2017) pela Pontifícia Universidade Católica de São Paulo (PUC-SP). Revelando sua ampla curiosidade por novos conhecimentos e aprimoramento intelectual na órbita do Direito Público, Flávio é Mestre em *Derecho de Daños* pela *Universitat de Girona* (UDG), Espanha (2014), e Mestre em Direito Constitucional e Teoria do Estado pela Pontifícia Universidade Católica do Rio de Janeiro (PUC-RJ) em 2011. Na sua última jornada acadêmica, Flávio obteve seu Pós-Doutorado pela Pontifícia Universidade Católica do Paraná (PUCPR) em 2019.

O tema da cautelaridade administrativa é, deveras, desafiador, e aprimorar sua compreensão dogmática é um imperativo no marco da atividade administrativa contemporânea. De fato, a heterogeneidade, complexidade e expansividade da atividade da Administração Pública no domínio social e econômico permanecem os grandes vetores de entendimento do Estado Social e Democrático, cujo paradigma pós-moderno exige boa gestão, prontidão, cautela e eficiência na tutela dos diversificados interesses públicos que estão na base da função administrativa.

Assegurar a tutela cautelar de interesses públicos é uma atividade necessária em cenário potencializado de riscos. Promover a leitura dos limites jurídicos do exercício de potestades acautelatórias, nesta linha, é uma demanda contemporânea a exigir permanente reflexão e equilíbrio, já que o manuseio destas competências administrativas não deve desbordar da conformidade e compatibilidade, preconizadas pelo ordenamento jurídico, sobremodo pela observância de direitos e garantias constitucionais fundamentais.

Com sua obra, Flávio Garcia Cabral evidencia a indispensabilidade de construção do regime jurídico-administrativo dos provimentos administrativos acautelatórios. O autor percebe que o tema tem sido historicamente abordado na teoria dogmática processualista civil, mas merece o devido reconhecimento de seu tratamento autônomo no Direito Administrativo. O autor não tratará de provimentos jurisdicionais, mas apenas os que permeiam a Administração Pública. Com essa diretriz, o autor oferece sua definição esmiuçando os seus termos componentes e apartando os provimentos cautelares de outros atos jurídicos com os quais são perceptível e equivocadamente assimilados, forte na busca de apresentar uma teoria geral da cautelaridade administrativa que possa revelar a natureza jurídica desses atos administrativos, e seus fundamentos, à luz do direito positivo brasileiro.

Flávio nos incita a refletir sobre o vínculo entre a existência e o exercício de potestades acautelatórias com a avassaladora submissão pós-moderna à juridicidade, como desdobramento da submissão da atividade de tutela administrativa de interesses públicos ao influxo da eficiência, sob o pálio do dever constitucional de precaução e prevenção a cargo do Estado na proteção de bens jurídicos que lhe são confiados pela ordem jurídica com o fito de instrumentalizar o direito fundamental à boa administração.

A sólida formação publicista do autor o conduz a uma abordagem analítica do tema, com aprofundamentos valiosos, seja ao nível da teoria geral suscitada ao longo do trabalho, seja ao nível da abordagem de normas de direito positivo alcançadas. Transparece, nas lições tão cuidadosamente oferecidas, a utilização de categorias fundamentais do Direito Administrativo, com destaque para a teoria do ato administrativo. Flávio nos apresenta a medida cautelar administrativa, em seus requisitos e elementos, características, bem como a intrincada questão da discricionariedade e da vinculação na matéria sob a lente dos relevantes aportes teóricos do ato administrativo. Sempre norteado pela busca do fino equilíbrio que a racionalidade e a razoabilidade visam estabelecer na eterna dicotomia entre "prerrogativas" e "sujeições" e entre "autoridade" e "liberdade" que marcam todas as estruturas normativas que disciplinam o desempenho da função administrativa.

Interessante – e não menos controversa – a argumentação desenvolvida em torno do artigo 45 da Lei nº 9.784/99 (Lei Geral de Processo Administrativo Federal), entrevista pelo autor como norma geral, com alcance nacional, a demonstrar a atipicidade da cautelaridade administrativa. Da mesma forma, reconfortante perceber que, no tratamento da competência para produzir medidas cautelares administrativas, o autor reverencia o quadro constitucional de distribuição de competências. Do mesmo modo, como um fio condutor de todos os raciocínios, esperançosa a argumentação que acolhe o interesse público, como categoria metodológica central, em uma leitura constitucional digna do *status* que o conceito carrega na nossa ordem jurídica, em vigor.

Conhecedor dos fundamentos do Direito Administrativo enquanto disciplina material e formal da função administrativa, Flávio nos pontua o que ele denomina Microssistema cautelar administrativo brasileiro, constituído pela existência de diversos regramentos em normas do direito positivo (leis administrativas processuais gerais, leis administrativas setoriais, atos regulamentares), reservando às normas processuais civis a correta posição de último escalão de supletividade normativa na solução de problemas concretos. Certamente é um dos desenvolvimentos mais relevantes do trabalho, pois ilumina o caminho do operador do direito neste terreno árido e tormentoso.

A relevância e atualidade do tema da cautelaridade administrativa é estampada, com uma adequada pesquisa de direito positivo, através da descrição e comentários que são dirigidos pelo autor, relativamente a inúmeras hipóteses de incidência que cristalizam potestades administrativas acautelatórias no Direito Brasileiro. Dada a escassez bibliográfica sobre a matéria, a pontuação das mais significativas disciplinas legais atrai o esforço científico para análise da singularidade de cada qual. Flávio finalizará esta abordagem com uma breve incursão na consensualidade e na sua inserção na temática abordada.

Qualquer produção jurídica a cargo da Administração Pública, em um Estado Democrático de Direito, está condenada à observância do equilíbrio axiológico fino sobre as repercussões normativas positivas e negativas derivadas da atuação administrativa. Isso não seria diferente na destacada forma de proteção cautelar, autorizada ou habilitada pelo ordenamento. A extensa gama de legislações colacionadas confirmam a tese do autor de que não é possível mais abrir mão de uma disciplina geral.

O livro se completa com capítulos igualmente relevantes sobre os temas da responsabilidade da Administração em razão de medidas cautelares administrativas, da violação de direitos fundamentais, finalizando a obra com uma interessante proposta de criação de normas gerais sobre o regime da cautelaridade administrativa.

O tema fervilha no campo da prática administrativa e de seu controle de legalidade. O autor trouxe tratamento abrangente sobre a matéria, cumprindo o propósito do trabalho. Haverá, certamente, divergências e convergências com as ideias expostas, mas nele os leitores encontrarão balizas seguras para a compreensão do regime jurídico-administrativo da tutela cautelar de interesses públicos.

Karl Popper, ao tratar da lógica das ciências sociais, certa vez disse que "nossa ignorância é sóbria e ilimitada". E explicou que "a cada passo adiante, a cada problema que resolvemos, não só descobrimos problemas novos e não solucionados, porém, também, descobrimos que aonde acreditávamos pisar em solo firme e seguro, todas as coisas são, na verdade, inseguras e em estado de alteração contínua" (*Lógica das ciências sociais*, 3. ed., Rio de Janeiro, 2004, p. 13). Na mesma obra citada, disse Popper que "a assim chamada objetividade da ciência repousa na objetividade do método crítico". Com este trabalho, temos diagnóstico e proposições relevantes, sob o prisma dogmático, com o fito de suscitar o aprimoramento da formulação e aplicação do direito positivo.

Não tenho dúvidas de que o livro terá êxito em sua aceitação pela comunidade acadêmica, representando significativa contribuição científica, na linha de outras obras do autor, que sempre escreve com clareza, zelo e maestria na sua forma de abordagem. Parabenizo o autor pela ousadia nos passos trilhados. Essas qualidades brotam ao longo do livro, que apreciei bastante, e convido o leitor a também fazê-lo, compartilhando do mesmo objetivo do autor, o de colocar inteligência e conhecimento na luta pela tutela eficiente de interesses públicos.

Janeiro de 2021.

José Roberto Pimenta Oliveira
Procurador Regional da República na 3ª Região. Mestre e Doutor em Direito do Estado pela PUC-SP. Professor de Direito Administrativo da Faculdade de Direito da PUC-SP. Cursos de Graduação e Pós-Graduação *Lato Sensu* e *Stricto Sensu*. Presidente do Instituto de Direito Administrativo Sancionador Brasileiro (IDASAN).

APRESENTAÇÃO

A urgência se tornou um atributo central da época atual, na qual todo e qualquer assunto parece revestido de natural incompatibilidade com a passagem do tempo, item a cada dia mais escasso e valorizado. Difícil, entretanto, buscar uma categorização geral da urgência enquanto elemento integrante deste tempo que vivemos. Myra e Lopez, no clássico "Quatro gigantes da alma",[1] identifica três *emoções* primárias – medo, ira e amor –, ensinando que tudo que o homem fez de bom e de mau sobre a Terra se liga a essas emoções. De acordo com o autor, como os homens não vivem individualmente, e sim se organizam em grupos, entra em jogo outra força, predominantemente repressiva das anteriores: o *dever*. Não se trata de emoção, mas é capaz de perturbar o homem e fazer resistir ao embate de qualquer das emoções, até mesmo de todas elas juntas. *Emoção* não se confunde com *sentimento*. Sentimento "é um estado de consciência, desencadeado e colorido por estímulos externos ou memórias que nos levam a um cotejo da situação vivida com normas e ideias que previamente mantínhamos".[2] Segundo Moacyr Scliar, a *emoção* é mais primitiva, espontânea, tem expressão visível; o *sentimento* é mais tardio, particular, pode durar a vida toda. Com base nessas aproximações, arrisco a considerar a **urgência**, sob o ponto de vista psicossocial, como um *sentimento* que influencia decisivamente nossas *emoções*.

O estudo das medidas cautelares naturalmente se liga à compreensão da urgência, em razão de se tratarem de providências voltadas a impedir os efeitos da demora. Em se tratando do exercício de competências estatais, entretanto, *emoções* e *sentimentos* devem ceder espaço à abordagem jurídica. O sentimento de urgência de cada cidadão e de cada agente público deve se submeter ao filtro constitucional e sua teia normativa. O período de pandemia global coloca ainda mais evidência na necessidade de um Estado ágil, eficiente e eficaz, que saiba

---

[1] MYRA y LOPEZ, Emilio. *Quatro gigantes da alma: o medo, a ira, o amor, o dever*. 22. ed. São Paulo: José Olympio Editora, 2003.
[2] SCLIAR, Moacyr. *Enigmas da Culpa*. São Paulo: Objetiva, 2007.

gerenciar riscos e realizar suas finalidades por meio de instrumentos jurídicos adequados, em seu devido tempo. Essa afirmação coloca em constante questionamento o instrumental clássico cunhado pelo Direito Administrativo do Estado Liberal, imaginado para um Estado que não enfrentava os mesmos desafios, riscos e dificuldades que atualmente nos são apresentados.

A despeito dessa realidade, o estudo dos provimentos cautelares administrativos não costuma merecer a devida atenção por parte da doutrina pátria. Dessa forma, o fecundo estudo de Flávio Garcia Cabral já nasce como referência obrigatória, por eleger tema central relegado a plano inferior, pela doutrina, e por permitir o necessário diálogo com as diferentes concepções do chamado direito administrativo geral. O cenário no qual se descortina a obra, com efeito, é composto por normas-princípio que, a despeito de sua essencialidade no direito administrativo, vêm ganhando ainda mais vigor no período atual: interesse público, legalidade, motivação, proporcionalidade e segurança jurídica.

As características dos tempos atuais e as mudanças no perfil do Estado reforçam a exigência de que as medidas cautelares administrativas sejam analisadas nos quadros da juridicidade. Com aprofundada pesquisa doutrinária e jurisprudencial, potencializadas por sua larga experiência profissional, o autor investiga os fundamentos e as características do *regime jurídico da cautelaridade administrativa*, construindo teoria original voltada ao ordenamento brasileiro. Com rigor metodológico, Flávio faz as devidas distinções das figuras jurídicas semelhantes, investiga fundamentos teóricos e identifica características e requisitos para a expedição das medidas. O aprofundamento-teórico conceitual vem acompanhado de viés prático-profissional, com análise detida das diversas manifestações da competência cautelar administrativa no ordenamento nacional.

A existência de um poder-dever geral de cautela administrativa não pode ser meramente intuitiva, mas necessita de firme sustentação no ordenamento, como dito, notadamente em razão dos reflexos nos direitos e no patrimônio dos cidadãos. A fluidez e natural indeterminação do conceito de interesse público lhe conferem operatividade, mas a identificação da urgência em cada caso concreto demanda atuação administrativa processualizada, com ampla incidência do conjunto de direitos fundamentais. A sustentação no sistema jurídico é construída de forma coerente e aprofundada na obra que ora apresento. Além disso, Flávio Cabral entrega aos leitores um texto leve, de leitura fácil e agradável, que nos conduz naturalmente para suas importantes conclusões.

A análise aprofundada das premissas teóricas, por fim, conduz o autor à elaboração de proposta legislativa para criação de um regime geral de medidas cautelares administrativas adequado ao direito brasileiro.

Convém reiterar que competências, procedimentos e medidas possíveis devem ser buscados no sistema normativo, em cada situação, para permitir ações estatais transparentes, tecnicamente motivadas, proporcionais e voltadas à eficiência na proteção dos diversos bens jurídicos ligados ao interesse público. Não é demais lembrar que o legítimo exercício das competências cautelares não se compadece com excessos, tampouco com inoperâncias. Esta obra do professor Flávio Garcia Cabral, firme em tais entendimentos, merece ser conhecida e consultada por todos aqueles que tenham relações com a Administração Pública. Trata-se de mais uma contribuição doutrinária do autor para o pleno enquadramento das atividades da Administração Pública aos cânones do Estado de Direito, nos moldes delineados pela Constituição da República.

Fabrício Motta
Conselheiro do Tribunal de Contas dos Municípios do Estado de Goiás (TCM-GO). Professor permanente do Programa de Pós-Graduação em Direito e Políticas Públicas (Faculdade de Direito da Universidade Federal de Goiás). Doutor em Direito do Estado (USP) e Mestre em Direito Administrativo (UFMG). Estágio pós-doutoral na *Università del Salento* (Itália, 2011). Membro nato do Instituto Brasileiro de Direito Administrativo (2017-2019) e Ex-Presidente do Instituto de Direito Administrativo de Goiás (2001-2013).

CONSIDERAÇÕES PRELIMINARES

Dentro da amplitude do Direito Administrativo, um assunto que, a nosso sentir, tem sido deixado de lado, com pouquíssimos escritos e estudos a seu respeito – e quando se encontra algo relacionado, na maior parte das vezes acaba sendo trabalhado de forma lacônica – refere-se à utilização, pelo Estado, de medidas administrativas de cunho cautelar.

A pesquisa ao redor dos provimentos cautelares administrativos no Brasil é praticamente inexistente. Consultando a bibliografia já produzida a respeito, há apenas uma única obra de referência em que o assunto é abordado de forma específica e própria, qual seja, o livro "Tutela cautelar no processo administrativo", escrito no início dos anos 2000 pela professora titular da Universidade Federal de Uberlândia, Shirlei Silmara de Freitas Mello.[1]

Fora esse livro, muito bem escrito, encontram-se tão somente algumas monografias que tratam de forma ampla, mas ainda assim superficial, sobre questões setoriais específicas, nas quais se aborda, ou de forma específica ou de maneira reflexa, certos provimentos acautelatórios em espécie. Assim, em artigos e livros sobre o direito ambiental, sobre os Tribunais de Contas, sobre o direito do consumidor, sobre o regime concorrencial, para mencionar só alguns, é possível localizar menções esparsas a medidas provisionais específicas dentro do Direito Administrativo brasileiro, mas, repita-se, ainda assim, na maior parte das vezes essas referências são apenas pontuais e tecidas de maneira rasa.

Diferentemente da sistemática brasileira, dentre os variados ordenamentos jurídicos existentes, a doutrina espanhola parece ter melhor se dedicado à temática dos processos administrativos cautelares, à luz do Direito espanhol, havendo obras específicas sobre o tema, podendo--se destacar, sem um tom exclusivo, os escritos de Belén Marina Jalvo,

---

[1] Apesar da importância ímpar e referencial deste livro, cabível indicar, não com o cunho crítico, mas com tom de advertência, que no referido livro, de 608 páginas que possui, somente 59 delas são dedicadas de maneira específica à cautelaridade administrativa, sendo as demais versando sobre questões mais amplas da processualidade administrativa e da cautelaridade judicial.

Manuel Rebollo Puig, José Antônio Tardío-Pato, Ferran Pons Cánovas entre outros.

Essa grave lacuna doutrinária no Brasil respeitante à cautelaridade administrativa traz resultados perniciosos: a) faz com que se encontrem ocasionalmente críticas deferidas contra provimentos cautelares administrativos, ao argumento de que estaria havendo uma verdadeira sanção sem que tenha havido o fim de um processo administrativo; b) implica a invocação de uma sistemática própria e típica da cautelaridade judicial para se resolver questões afetas aos provimentos acautelatórios administrativos, o que gera respostas desajustadas de uma interpretação lógico-jurídica; c) impossibilita a sistematização e a coordenação entre a legislação de regência dos diversos provimentos cautelares administrativos, carecendo de enorme desenvolvimento;[2] d) provoca um temor em agentes públicos de se valerem de medidas cautelares administrativas, ante o receio de que tais medidas não sejam compatíveis com a ordem jurídica brasileira e, assim, de que seu uso poderia gerar consequências a eles; e) acarreta que temáticas correlatas ao aspecto de fundo das medidas cautelares administrativas encontrem-se desalinhadas. Tome-se, por exemplo, o estudo da responsabilidade civil extracontratual do Estado. Saber se e como o Estado pode ser responsabilizado pela utilização/omissão de provimentos acautelatórios pressupõe uma compreensão prévia e clara da natureza e da estruturação dessas medidas, não sendo possível uma adoção homogênea dos panoramas gerais de responsabilidade estatal.

Essa escassez de material abordando o poder de cautela na esfera administrativa se mostra como um verdadeiro paradoxo no quesito de relevância, porquanto, ao mesmo tempo em que tais medidas vêm sendo deixadas de lado no que diz respeito ao seu estudo, sistematização e aprofundamento, avulta sua importância e sua previsão em diversos instrumentos normativos nos mais variados sistemas jurídicos.

---

[2] Mesmo com todo o avanço doutrinário espanhol sobre o assunto, no campo legislativo nota-se uma idêntica deficiência e omissão. Segundo Tomás Cano Campos, *"se hecha en falta, también, una regulación detallada de las medidas provisionales que, además de asegurar la eficacia de la resolución sancionadora, cumpla otras funciones en el procedimiento sancionador como evitar que se repita la infracción o se siga cometiendo o se mantengan los efectos de la ya consumada"* (La potestad sancionadora de la administración: uma regulación fragmentaria, incompleta y perniciosa. *Documentación administrativa*, nº 2, ene./dic. 2015, p. 5). Sobre o procedimento administrativo comum espanhol, María Jesús Gallardo Castillo destaca que é questionável a omissão legislativa quanto à omissão do prazo de duração das medidas provisionais, da obrigação de a Administração Pública notificar ao interessado a possibilidade de acordo sobre a medida, a sua modificação ou mesmo sobre sua recorribilidade (El nuevo marco normativo del procedimiento administrativo común: El paradigma de una reforma Endeble. *Cuadernos de Derecho Local*, oct. 2006, p. 22).

A existência de um poder de cautela no âmbito administrativo parece ser realidade inafastável dos Estados modernos, especialmente quando se apura que seus fundamentos teóricos acabam sendo bases inerentes a quase todos os Estados Democráticos de Direito.

Acompanhando a evolução processual judicial no sentido de substituir a utilização exclusiva de tutelas meramente repressivas ou reparativas, passando-se a buscar o trabalho cautelar e preventivo, diversos ordenamentos, em particular o brasileiro, começaram a contar com uma série de diplomas legislativos que, além de preverem um poder geral de cautela administrativa, uma verdadeira atipicidade cautelar, também incluíram diversos provimentos provisionais específicos, cada qual visando a, além do atendimento ao interesse público, alcançar objetivos próprios e específicos de cada espécie de processo administrativo.

Apesar disso, continua a nos causar espécie a omissão doutrinária a respeito da temática. Afinal, não se mostra fundamental entender alguns instrumentos que minimizam os prejuízos do tempo nos processos administrativos? Captar quais seriam as bases teóricas de um poder de cautela para a Administração Pública? Analisar se uma medida de indisponibilidade administrativa de bens é válida e se é passível de gerar indenização? Conhecer alguns provimentos cautelares administrativos específicos na ordem jurídica, em particular a brasileira? Estudar se a suspensão cautelar de um servidor público afronta ao princípio da presunção de inocência? Perceber em quais casos o Estado pode ser responsabilizado pelas medidas cautelares e em quais não? Conceber a edificação de um microssistema cautelar administrativo no Direito positivo brasileiro?

São essas simples indagações, cujas respostas não são encontradas de maneira imediata, e que exigem certo esforço reflexivo, que se pretende descortinar ao longo desta obra, em conjunto com tantas outras que surgirão, de modo a conferir um panorama amplo e suficiente do poder cautelar na Administração Pública.

Algumas ressalvas devem ser aqui realizadas, a fim de não se conceber uma ideia equivocada sobre a presente pesquisa. Quando se invoca a expressão "medidas cautelares", imediatamente se faz a associação do termo aos provimentos cautelares judiciais,[3] que são os

---

[3] Na órbita internacional, trabalha-se também com a figura de medidas cautelares e provisionais, em particular no que tange ao sistema de proteção dos Direitos Humanos. Apesar de sua importância, essa perspectiva também não se insere no conteúdo da cautelaridade administrativa aqui estudada.

mais estudados e conhecidos. Embora se possa conceber uma concepção de "cautelaridade estatal", que seria típica do Estado em suas diversas funções, a forma de manifestação, finalidade, atores, pressupostos e demais consequências da cautelaridade administrativa ganham autonomia própria em relação às cautelares judiciais.

A legislação, a doutrina e os institutos dos provimentos cautelares judiciais, tratados pelo novo Código de Processo Civil dentro da figura da tutela de urgência, já se encontram plenamente consolidados no Brasil. Há tempos se estuda essa feição da função jurisdicional, tendo havido inúmeros trabalhos, pesquisas e evolução legislativa ao seu redor. Assim, não se pode desconsiderar por completo essa relevância, ainda mais quando se entende que há uma cautelaridade estatal por detrás disso. Além disso, conforme prevê o artigo 15 do novo Código de Processo Civil, "na ausência de normas que regulem processos eleitorais, trabalhistas ou administrativos, as disposições deste Código lhes serão aplicadas supletiva e subsidiariamente." Ou seja, pode-se invocar de maneira subsidiária lições correlatas às tutelas de urgência para se estruturar o poder cautelar administrativo do Estado. Sem embargo, frisando o que já dito, os provimentos cautelares administrativos merecem estudos prático-acadêmicos individualizados, sendo que só o fato de se estar diante de medidas exercidas no bojo de uma diferente função estatal (função administrativa) demanda um regime jurídico próprio, não idêntico aos provimentos levados a efeitos quando do exercício da função jurisdicional.

Dentro dessa ótica, a despeito de não ser o caso do Brasil, quando se fala em medidas cautelares administrativas não se está a incluir os provimentos cautelares adotados no âmbito dos processos contenciosos-administrativos, existentes em diversos países da Europa, como na própria Espanha.[4] A sistemática dos processos contenciosos-administrativos se aproxima da atuação judicial, sendo correto fazer um paralelo entre as medidas cautelares de ambas as figuras, mas não necessariamente dentro do sistema de medidas cautelares administrativas executadas fora do contencioso.

Advirta-se, outrossim, que o foco normativo de todo o trabalho remeterá ao sistema jurídico estruturado no Brasil, não se pretendendo

---

[4] Na própria Espanha, os trabalhos doutrinários são muito mais vastos e amplos na análise de medidas cautelares proferidas no bojo do contencioso-administrativo do que no exercício regular da função administrativa. Nesse sentido, vide MARINA JALVO, Belén. *Medidas provisionales en la actividad administrativa*. Valladolid: Lex Nova, 2007, p. 14.

adentrar de maneira minuciosa em cada uma das ordens legais existentes ao redor do globo, tampouco construir, na maior parte das vezes, uma teoria geral aplicável indistintamente a todos os casos e ordenamentos. Desta sorte, ainda que constantemente se faça uso de doutrinadores e casos judiciais alienígenas (em especial os espanhóis, que, por tratarem com mais acuracidade sobre o tema, mostram-se essenciais para a pesquisa), não se tem a pretensão de desvendar a lógica jurídica e o direito positivo daqueles países, ainda que muitas das conclusões que serão extraídas ao longo da obra possam se adaptar de maneira intercambiável, já que possuem, como se verá, muitas semelhanças normativas. A teoria a ser construída, ao lado de uma sistematização dogmática, diz respeito ao Direito brasileiro.

CAPÍTULO 1

REGIME JURÍDICO DO PODER CAUTELAR NA ADMINISTRAÇÃO PÚBLICA

O Estado, de modo a cumprir com suas atribuições constitucionais, conjuga diversas maneiras de agir: uma forma de atuação repressiva, coibindo e sancionando infrações à ordem jurídica; uma atuação de planejamento, pensando nos passos futuros; um comportamento de fomento, incentivando e desestimulando condutas a serem ou não adotadas pela população; e uma atividade de cautela, que busca prevenir ou minimizar danos quando se comprove o risco de sua ocorrência ou de sua majoração.

Essa última atividade, que encerra uma cautelaridade estatal, ganha mais força, em um primeiro momento, quando começam a se erguer Estados Sociais, em oposição ao pensamento tipicamente liberal, que deseja o Estado afastado o máximo possível das relações privadas.

A intervenção do Estado, a ponto de afetar a liberdade e a propriedade, como ocorre nos provimentos cautelares, é traço de uma mudança na configuração Estatal que passa a ser determinante na concretização de direitos e, como efeito colateral, impõe um maior número de restrições. Esse mesmo Estado, portanto, passa a se preocupar não só em reprimir condutas e reparar danos já ocorridos, mas também em evitar que estes venham a ocorrer ou, ao menos, em minimizar os efeitos desses danos. A atuação preventiva passa a ser um dever estatal.

Nessa linha, tem-se que o Estado opta por uma postura mais ordenadora do que prestadora, logo, o mínimo esperado pelos administrados é o comprometimento e o empenho dos administradores em afastar condutas infratoras ou nocivas aos interesses coletivos. Além disso, possuindo o Poder Público, como diretriz, a perseguição do interesse público, a sua atuação deve ser voltada a garantir a higidez dos bens e direitos que atendam aos anseios da sociedade, e não a concentração da maior parte de suas ações em medidas de cunho reparador ou punitivo.[5]

Apesar desse novo perfil estatal que se constrói, a preocupação acadêmica parece ter ficado restrita à cautelaridade decorrente de somente uma das funções estatais, a de cunho jurisdicional. De fato, é inconteste que os trabalhos versando sobre um poder cautelar jurisdicional já se encontram bem consolidados, embora, mesmo nessa seara, a atividade preventiva nunca tenha sido o foco principal, seja legislativo, seja doutrinário.

O surgimento do processo civil não foi designado para servir de caráter preventivo, sendo projetado, em realidade, para disciplinar a tutela contra o dano, de maneira eminentemente repressiva (caráter esse que ainda hoje acaba estando fortemente enraizado nos bancos da academia e na prática processual, em que pese a existência de uma nova onda processualista que busca mudar aqueles comportamentos).

Luiz Guilherme Marinoni e Sérgio Cruz Arenhart expõem que "o processo civil, no Estado de Direito de matriz liberal, não foi projetado para dar tutela preventiva aos direitos",[6] acrescentando ainda que o Estado, de ideologia liberal, estava preocupado em resguardar o funcionamento dos mecanismos de mercado, razão pela qual uma tutela pelo equivalente ao valor da prestação "mantinha íntegros os mecanismos de mercado, sem alterar sua lógica".[7]

Não só o processo civil liberal não se preocupava com a cautela de direitos, mas, pelo contrário, a evitava,[8] uma vez que para esse pensamento jurídico liberal "o processo, para não gerar insegurança ao cidadão, deveria conter somente um julgamento, que apenas poderia ser realizado após a elucidação dos fatos componentes do litígio".[9]

---

[5] MENDES, Humberto Cestaro Teixeira. O Estado Regulador e a ascensão da atuação administrativa preventiva. *Revista da Procuradoria-Geral do Banco Central*, v. 9, nº 2, dez. 2015, p. 52.

[6] MARINONI, Luiz Guilherme; CRUZ ARENHART, Sérgio. *Curso de processo civil – volume IV – Processo cautelar*. 2. ed. São Paulo: Revista dos Tribunais, 2010, p. 43.

[7] MARINONI, Luiz Guilherme; CRUZ ARENHART, Sérgio. *Curso de processo civil – volume IV – Processo cautelar*. 2. ed. São Paulo: Revista dos Tribunais, 2010, p. 44.

[8] "O processo liberal proibiu os juízos de verossimilhança para permitir o controle do Judiciário e para garantir a liberdade dos cidadãos, A vedação destes juízos derivou da falta de confiança no juiz" (MARINONI, Luiz Guilherme; CRUZ ARENHART, Sérgio. *Curso de processo civil – volume IV – Processo cautelar*. 2. ed. São Paulo: Revista dos Tribunais, 2010, p. 50).

[9] MARINONI, Luiz Guilherme; CRUZ ARENHART, Sérgio. *Curso de processo civil – volume IV – Processo cautelar*. 2. ed. São Paulo: Revista dos Tribunais, 2010, p. 50.

Foi a mudança da forma de Estado[10] ao longo dos séculos – e seu atuar perante os cidadãos – que acabou gerando, como consequência lógica e inarredável, uma mudança na visão processual liberal dominante.

A tendência da cautelaridade no âmbito processual foi sentida em todos os Estados, inclusive no Brasil. Ovídio Baptista da Silva, inclusive, dá conta de que este país foi o primeiro a possuir um Código de Processo Civil que dedicava um livro especial para a disciplina do processo cautelar, elevando-o ao nível da ação de conhecimento e de execução.[11]

No quadro normativo atual, o Código de Processo Civil brasileiro, instituído pela Lei nº 13.105/2015, dá um passo além na sistematização da tutela cautelar, reunindo os provimentos judiciais que tenham os aspectos emergenciais sob o mesmo rótulo de "tutelas de urgência", as quais se repartem em tutela antecipada e tutela cautelar.

Assim, no novo Código Processual brasileiro, o processo autônomo cautelar desaparece, e como nunca houve um processo autônomo de tutela antecipada, é possível afirmar que deixa de existir o processo autônomo de tutela de urgência. Há somente o tratamento diverso quanto à natureza da tutela de urgência pretendida quando o pedido for feito de forma antecedente[12].

Na contramão do avanço da cautelaridade jurisdicional, muito pouco se produziu no campo doutrinário acerca dos provimentos cautelares adotados no exercício da função administrativa. Da mesma feita, no campo legislativo, apesar de uma vasta legislação a respeito, esta encontra-se difusa, desorganizada e, por vezes, lacônica.

Para agravar esse quadro de desprezo com a cautelaridade administrativa, parte significativa dos escassos trabalhos a respeito do assunto tende a simplificar o tema no sentido de atribuir à cautelaridade administrativa todos os aspectos e atributos da cautelaridade judicial, remetendo à legislação processual todo o regime a ser aplicável às

---

[10] Apesar de se verificar que foi necessária a alteração do perfil do Estado para que se pudesse consolidar a existência de medidas de cunho preventivo, cabe rememorar que figuras dessa natureza, inclusive de cunho administrativo, existiram desde o Direito Romano. Conforme narra Antonio Fernández de Buján, "[e]l procedimiento interdictal romano constituye el referente histórico actual de la regulación de los procesos sumarios y de las medidas cautelares o aseguratorias (interdicto de obras nueva o caución por daño temido, interdictum demolitorium y caution damni infecti)" (*Hacia un Derecho Administrativo y fiscal Romano*. Madrid: Dykinson, 2011, p. 260).

[11] SILVA, Ovídio Baptista da. *A ação cautelar inominada no direito brasileiro*. Rio de Janeiro: Forense, 1991, p. 3.

[12] NEVES, Daniel Amorim Assumpção. *Novo Código de Processo Civil* – Lei 13.105/15. Rio de Janeiro: Forense, 2015, p. 188.

medidas cautelares administrativas. Com a devida vênia aos que trilham esse caminho, ele parece demonstrar um descaso com o regime jurídico administrativo e subordiná-lo ao disciplinamento próprio da função jurisdicional.

Não se quer olvidar por completo as lições extraídas das inúmeras páginas já escritas sobre a tutela cautelar judicial. De fato, como já abordado, há clara aproximação entre as figuras, inseridas na ótica de uma cautelaridade estatal. Sem embargo, da mesma maneira que se construiu uma doutrina ao redor das medidas cautelares emitidas judicialmente, que possuem seu disciplinamento doutrinário e dogmático próprios, não há razão para que as medidas cautelares administrativas sejam lidas exclusivamente à luz daqueles preceitos próprios da atividade jurisdicional, como se fosse um acessório, e o poder cautelar do Poder Judiciário fosse o verdadeiro e o principal, do qual todos os demais aspectos da cautelaridade precisam se subordinar. Longe disso.

É possível se edificar uma base teórica e extraível do direito positivo brasileiro que permite que a cautelaridade administrativa seja tratada de maneira autônoma,[13] sem a necessidade de uma invocação automática aos artigos relacionados à tutela de urgência do Código de Processo Civil, como faz a maior parte dos poucos escritos pátrios que buscam estudar medidas cautelares administrativas.

Assim, o que se apura é que, apesar de o regime cautelar administrativo se encontrar previsto no ordenamento jurídico brasileiro,[14] muito pouco se sabe ou se estuda a seu respeito.

Nas linhas que seguem, portanto, tentar-se-á indicar as regras e os princípios que regem um poder cautelar administrativo, sempre com ênfase no sistema jurídico brasileiro. Neste primeiro momento, foca-se na construção de uma teoria geral da cautelaridade administrativa, para, no capítulo 2, investigar a dogmática jurídica brasileira a esse respeito.

---

[13] Nesta senda, María Rodriguez-Bereijo León reconhece que a temática da cautelaridade é questão da Teoria Geral do Direito, mas admite que cada ramo tenha suas peculiaridades e tratamentos próprios. A respeito, declara: *"Al mismo tiempo, el de las medidas cautelares es un concepto que a pesar de su origen civil pertenece a un "fondo jurídico común" que coincide con la Teoría general del Derecho, aunque no necesariamente de homogénea aplicación en todas sus ramas, porque su regulación puede ser en parte divergente por razón del distinto fin o interés que cada rama del Derecho persigue"* (Las medidas cautelares de aseguramiento en los procedimientos tributarios. *RJUAM*, nº 26, 2012, p. 18).

[14] Nesse tocante, *vide* TJ-MT – AI: 10019643820178110000 MT, Relator: MARCIO APARECIDO GUEDES, Data de Julgamento: 06.09.2019, Primeira Câmara de Direito Público e Coletivo, Data de Publicação: 23.09.2019.

1.1 Nomenclaturas

Ao se referir às medidas cautelares de cunho administrativo exercitadas pelo Estado, existe uma variedade de terminologias que são utilizadas para indicar a mesma situação. Tanto a legislação como a doutrina, nacional e estrangeira, valem-se de nomenclaturas variantes para fenômenos idênticos ou muito próximos. Medidas cautelares, acautelatórias, acauteladoras, precautelares, preventivas, provisórias, provisionais, precaucionais, prudenciais, de prevenção, de urgência, de polícia, são adjetivações comumente encontradas para se referir à figura jurídica ora trabalhada.

Há casos também em que o legislador não se refere a nenhuma das nomenclaturas, bastando-lhe a descrição de algum provimento associado a situações de prevenção, que permitem a sua identificação como um ato cautelar administrativo.

De maneira geral, devido ao uso variado das expressões de modo não uniforme pelo legislador brasileiro, neste trabalho aquelas terminologias serão utilizadas de maneira intercambiável, referindo-se, na maior parte das vezes, ao mesmo fenômeno objeto da pesquisa.

Entretanto, algumas nuances quanto aos termos merecem atenção e destaque, em especial na maneira como os juristas e legisladores estrangeiros têm feito a distinção. Na doutrina espanhola, apura-se a utilização do termo medidas provisionalíssimas (*medidas provisionalísimas*) em referência a um provimento cautelar administrativo adotado de maneira antecedente, previamente ao início do processo administrativo dito principal. A previsão normativa desta medida no Direito espanhol encontra-se no artigo 72, 2, da Ley 30/1992.[15] Acerca desse dispositivo e sua nomenclatura (que é trazida pela doutrina, não pela lei, diga-se de passagem), José Antonio Tardio Pato escreve:

> *Estamos ante las denominadas medidas provisionalísimas, que se caracterizan por la urgencia; por la circunscripción a supuestos previstos expresamente por normas de rango de Ley; por la obligación de ser confirmadas, modificadas o levantadas en el acuerdo de iniciación del procedimiento, que deberá producirse necesariamente en el plazo máximo de 15 días y podrá ser objeto de recurso;*

---

[15] "2. Antes de la iniciación del procedimiento administrativo, el órgano competente, de oficio o a instancia de parte, en los casos de urgencia y para la protección provisional de los intereses implicados, podrá adoptar las medidas correspondientes en los supuestos previstos expresamente por una norma de rango de Ley. Las medidas provisionales deberán ser confirmadas, modificadas o levantadas en el acuerdo de iniciación del procedimiento, que deberá efectuarse dentro de los quince días siguientes a su adopción, el cual podrá ser objeto del recurso que proceda."

así como por la previsión de pérdida de efectos, en el caso de que no se inicie el procedimiento o no se pronuncie sobre tales medidas el acuerdo de iniciación.[16]

Na sistemática brasileira, como veremos, também há a previsão expressa de provimentos cautelares antecedentes. Apesar de não se encontrar na legislação ou na parca construção doutrinária brasileira esta diferenciação terminológica (provisionalíssima), ocasionalmente indicaremos as medidas cautelares administrativas antecedentes por esse rótulo (medidas administrativas provisionalíssimas), em semelhança aos escritos espanhóis.

No Direito espanhol, outrossim, costuma-se trabalhar de maneira diversa os termos cautelar e provisional. Nesse sistema, os estudos doutrinários se valem do termo provisional para se referir às medidas adotadas no exercício da função administrativa de fato, enquanto as medidas cautelares são invocadas para os provimentos tanto judiciais como proferidos no âmbito do contencioso-administrativo. De forma semelhante ocorre no Direito português,[17] onde parte da doutrina se

---

[16] TARDÍO PATO, José Antônio. Las medidas provisionales en el procedimiento administrativo. *Revista Jurídica de Navarra*, nº 38, jul.-dic. 2004, p. 124.

[17] Na doutrina portuguesa se encontra famosa classificação de medidas administrativas trazida por Marcelo Madureira Prates. Dentre elas, destaca-se o tratamento dado às chamadas medidas administrativas preventivas, que incluiriam medidas de controle prévio, medidas persuasivas e medidas prudenciais. Estas, que mais nos interessam, seriam "os comandos positivos ou negativos dirigidos pela Administração aos administrados com o intuito de evitar a ocorrência ou pelo menos de diminuir o risco de ocorrência de infrações administrativas e de lesões a interesses públicos-administrativos não necessariamente relacionadas à prática de um ilícito. Trata-se da medida preventiva de grau mais elevado, uma vez que a Administração, visando a atalhar uma infração ou um dano à ordem administrativa e a adequar o comportamento do administrado às normas reguladoras, chega a intervir diretamente na sua atividade, tornando ainda mais limitada a sua liberdade de atuação". O jurista lusitano ainda trata das medidas administrativas cautelares como sendo "medidas repressivas necessárias para suster os efeitos nocentes de uma acção infractora já iniciada" (é o que iremos denominar no trabalho de medidas cautelares-inibitórias) (PRATES, Marcelo Madureira. *Sanção administrativa geral*: anatomia e autonomia. Coimbra: Edições Almedina, 2005. p. 193). Com similar classificação, o jurista português José Carlos Vieira de Andrade explica que "devem distinguir-se as sanções propriamente ditas – que pressupõem a infração e visam a punição – das medidas administrativas desfavoráveis não-sancionatórias, que são procedimentos e actos de reacção à violação de disposições preceptivas, que não visam punir transgressões (factos ilícitos), mas responder a quaisquer tipos de actuações ou situações lesivas do interesse público com outras finalidades, designadamente a pura prevenção (neutralização do risco ou perigo) e a mera reintegração. Estas medidas desfavoráveis podem ser: a) medidas preventivas - sejam de controle prévio (recusa de entrada no território nacional), persuasivas (avisos formais, suspensão de autorização até prestação de informações), prudenciais (proibição aos bancos de distribuição de dividendos, obrigação de constituição de reservas, ordem de vacinação); b) medidas extintivas, onde se incluem a invalidação (anulação de licenças com fundamento em ilegalidade)

vale da nomenclatura de medida provisória para se referir àquelas que sejam proferidas na pendência ou por causa de um procedimento administrativo não sancionatório em curso, enquanto as cautelares ocorreriam no bojo de processos administrativos sancionatórios.[18]

A sistemática do Peru segue a mesma toada. Segundo explica Eloy Espinosa-Saldaña Barrerao, o que se denomina de medida cautelar naquele país é o provimento que busca assegurar a tutela de direitos dos cidadãos (evitando que pereçam ao final do processo administrativo), ao passo que as medidas provisionais visariam a assegurar o interesse público do Estado,[19] normalmente em procedimentos sancionatórios e outros nos quais se estivesse diante de ilegalidades[20] (seria essencialmente a diferença que faremos a seguir entre medidas cautelares positivas e negativas).

Além disso, nesta obra, adiantando-se a parte das classificações que será realizada no item 1.2, trataremos de variações das medidas cautelares, o que gera alternância de termos. Deste modo, temos a figura das medidas cautelares administrativas *lato sensu*, enquanto gênero,

---

ou a revogação de actos favoráveis (retirada de subsídio ou de bolsa por perda de requisitos, cassação de licença de porte de arma por embriaguez frequente), bem como as medidas de controlo permanente (medidas de polícia, apreensão de carta de condução por cegueira superveniente, retirada de paralelismo pedagógico de escola privada por perda de requisitos); c) medidas repressivas (suspensão de actividade, apreensão de bens, encerramento provisório de estabelecimento, imposição de quarentena ou internamento de pessoa com doença contagiosa); d) medidas reparatórias (abate de animais doentes, demolição ou reconstrução obrigatória de prédios em ruína)" (ANDRADE, José Carlos Vieira de. *Lições de direito administrativo*. Coimbra: Imprensa da Universidade de Coimbra, 2010, p. 115-116).

[18] CATARINO, Luís Guilherme. *O controlo administrativo da idoneidade nos corpos sociais das instituições de crédito e sociedades financeiras*. Estudos do Instituto de Valores Imobiliários, FDUL: Lisboa, 2015, p. 32-35.

[19] A esse respeito, apontando a diferenciação entre medidas cautelares e provisionais na sistemática peruana, Juan Carlos Morón Urbina tece as seguintes considerações: "Es importante advertir que si bien la concepción jurídica de las medidas provisionales administrativas ha tomado como referencia la concepción procesal de las medidas cautelares, presentan singularidades que las individualizan, por lo que no cabe extrapolar conceptos y reglas entre ellas. La más importante singularidad, es que la medida cautelar judicial se organiza sobre la base de la noción del derecho a la tutela judicial efectiva, que hace la concepción de tutela cautelar, mientras que la medida provisional del procedimiento administrativo, constituye una potestad administrativa que no se establece ni a favor del administrado, ni en garantía de sus derechos, sino precisamente a la inversa, a favor del interés general que le corresponde tutelar a la Administración, por lo que estas medidas contienen restricciones a los derechos e intereses de los administrados" (MORÓN URBINA, Juan Carlos. *Comentarios a la ley del procedimiento administrativo general*. 8. ed. Lima: Gaceta Jurídica, 2009, p. 742-743).

[20] BARRERA, Eloy Espinosa-Saldaña. Medidas cautelares en el Procedimiento Administrativo Peruano: Una mirada crítica a lo realizado y un adelanto sobre aquello que debiera hacerse al respecto. *Revista de Derecho Administrativo*, nº 9, 2010, p. 178.

no qual se encontram, na sistemática brasileira, três espécies: medidas administrativas cautelares-antecipatórias, medidas administrativas cautelares-inibitórias e medidas administrativas cautelares *stricto sensu*.

1.2 Classificação dos provimentos cautelares

A atividade classificatória é um exercício dotado de imensa subjetividade do intérprete. Desde que respeitados os critérios de seleção mínimos, é possível localizar diversas maneiras de classificar determinados fenômenos e figuras jurídicas, tudo a depender do enfoque conferido pelo jurista, sem que se possa falar em classificações falsas ou verdadeiras.

Uma das primeiras classificações envolvendo medidas cautelares administrativas encontradas na doutrina brasileira (uma das únicas, diga-se de passagem) se refere à distinção entre medidas cautelares administrativas próprias e impróprias. As próprias seriam aquelas que podem ser deferidas no âmbito da própria Administração sem necessidade de intervenção do Poder Judiciário. Já os provimentos cautelares impróprios seriam os que, para serem deferidos, no âmbito do processo administrativo sancionador, dependem da necessária autorização judicial. Neste caso, embora solicitadas por meio de processo judicial autônomo, as medidas cautelares requeridas produzirão efeitos práticos relevantes no bojo do processo administrativo (como exemplo se menciona a indisponibilidade e o bloqueio de bens do infrator (art. 136 da Lei nº 8.112/90 e art. 16 da Lei nº 8.429/92) e a busca e apreensão de bens particulares ou bens públicos que se encontrem na residência do acusado).[21]

Veja que essa classificação, na linha sustentada nesta obra, não se encontra adequada, porquanto uma das características de toda medida cautelar tida como administrativa é justamente ser praticada no exercício da função administrativa (*vide* item 1.8.1). Adiante-se que os provimentos que precisam ser deferidos pelo Poder Judiciário não se enquadram na nossa definição de medidas cautelares administrativas, não sendo uma classificação acertada, dentro dos parâmetros aqui trabalhados, a divisão entre cautelares próprias e impróprias.

---

[21] RIBEIRO, Márcio de Aguiar. *Responsabilização administrativa de pessoas jurídicas à luz da lei anticorrupção empresarial*. Belo Horizonte: Fórum, 2017, p. 256.

Outra forma de classificar remete ao magistério de José Armando da Costa, no sentido de que o poder cautelar na seara do processo administrativo sancionador tem tríplice finalidade: garantir o sucesso dos trabalhos instrutórios da Administração; buscar o ressarcimento do patrimônio público da pessoa jurídica lesionada; e velar pela credibilidade e pelo prestígio do serviço público perante a coletividade. O mesmo autor, em decorrência da tríplice finalidade aventada, classifica as medidas acautelatórias produzidas no processo administrativo nas seguintes categorias: processuais, patrimoniais e morais. Os provimentos acautelatórios processuais objetivam prevenir a normalidade das apurações dentro do processo, a exemplo da produção antecipada de prova testemunhal; as medidas de índole patrimonial intentam garantir a recomposição do erário, tais como a busca e apreensão e a indisponibilidade de bens; já as de ordem moral colimam preservar o prestígio da Administração perante a coletividade destinatária dos seus serviços, como, por exemplo, o afastamento preventivo de servidor acusado até a decisão final do processo administrativo disciplinar.[22]

Outro critério que pode ser invocado para classificar os provimentos cautelares administrativos diz respeito aos direitos que afetam. Assim, se as restrições oriundas dos atos acautelatórios atingirem o direito à propriedade, está-se diante de medidas cautelares patrimoniais ou reais (ex: indisponibilidade de bens). Por sua vez, atingindo direitos relacionados com a liberdade (ex: suspensão do agente público), denominam-se medidas cautelares pessoais.

Os provimentos cautelares também podem se dividir em medidas cautelares decorrentes do direito administrativo sancionador e medidas cautelares residuais. Como será visto, na dogmática jurídica brasileira a maior parte dos provimentos acautelatórios administrativos encontra-se inserida dentro de uma sistemática da aplicação de sanções administrativas (embora com estas não se confundam) ou, ao menos, dentro de um processo administrativo sancionador. Tome-se como exemplo a medida cautelar de afastamento constante do estatuto do servidor público federal, que ocorre dentro de um processo administrativo disciplinar. Por outro lado, há outros provimentos cautelares que não possuem pertinência com o processo sancionador, a exemplo da averbação pré-executória (item 2.14).

---

[22] COSTA, José Armando da. *Processo administrativo disciplinar*: teoria e prática. 6. ed. Rio de Janeiro: Forense, 2010, p. 305.

Dentre todas as classificações, construímos mais uma que nos parece ser de maior utilidade, em particular para a estruturação deste livro. Assim, temos os provimentos cautelares administrativos como sendo um gênero[23] dos atos administrativos acautelatórios dentro do qual haveria as seguintes espécies: medida cautelar-inibitória, medida cautelar-antecipatória e medida cautelar em sentido estrito.

Essa distinção é erguida quando se observa, na ordem jurídica pátria, que há uma ideia inerente a diversos provimentos de que o Estado deve agir com uma finalidade de prevenção/cautela em relação à possibilidade de certas consequências danosas a certos objetos jurídicos. No entanto, a depender da forma como essa cautela é estruturada, bem como da finalidade e do bem jurídico a ser protegido, há diferenças na estruturação do provimento cautelar, o que faz surgir espécies próprias.

As medidas cautelares em sentido estrito seriam aquelas que têm por finalidade assegurar a eficácia de um processo administrativo instaurado. Seu escopo seria, portanto, de maneira imediata, assegurar um resultado útil a um processo administrativo, ainda que atinja, de maneira mediata, o bem jurídico tutelado por aquele mesmo processo. De pronto se apura a necessidade de um processo administrativo tido como "principal" para a manifestação desse tipo de provimento cautelar administrativo.

Por outro lado, há certos provimentos preventivos invocados pelo Estado que servem para impedir o efeito nocivo decorrente da prática de ilegalidades. Busca-se tutelar o objeto jurídico protegido pela legislação, impedindo que o descumprimento do Direito gere danos à sociedade como um todo e a setores específicos, a depender do caso. Aqui, a medida acautelatória enquadra-se no conceito de cautelar-inibitória, não dependendo de um processo administrativo principal, não tendo o caráter instrumental a outro processo.

Os poucos que se dedicam a investigar o poder cautelar administrativo do Estado tendem a afastar essa figura (medidas inibitórias)

---

[23] De acordo com Lucas Galvão de Britto, "a contingência de poder uma classe integrar a extensão de outra faz com que tenhamos as chamadas classes de segunda e *n* ordens. A classe que engloba às demais chama-se superclasse, a inculpada, subclasse". Acrescenta às considerações que entre gênero (superclasse) e espécie (subclasse) há uma relação de continência, é dizer, todos os elementos que pertencem à espécie possuem notas comuns ao gênero, mas há em cada espécie a soma de todos os traços do gênero mais uma diferença que as demais espécies do gênero não têm, a chamada diferença específica (BRITTO, Lucas Galvão de. Dividir, definir e classificar: conhecer é recortar o mundo. *In*: CARVALHO, Aurora Tomazini de (Org.). *Construtivismo lógico-semântico*. São Paulo: Noeses, 2014. v.I, p. 225).

das medidas cautelares administrativas, incluindo sob esse rótulo somente os provimentos cautelares administrativos em sentido estrito, mencionados acima. Entendem que nesses casos estaria-se diante de medidas de polícia[24] ou medidas corretivas[25] que, justamente por não serem voltadas a assegurar a efetividade do fim de um processo administrativo, mas sim a coibir ilegalidades, não se enquadrariam no conceito de medidas cautelares estritamente consideradas.[26]

Mesmo quem propõe esse aparte entre medidas cautelares em sentido estrito e medidas corretivas, medidas de polícia ou medidas cautelares-inibitórias reconhece ser manifesto que a linha que separa

---

[24] Luís Guilherme Catarino explica que no Direito português haveria a distinção entre medidas de polícia, medidas provisórias e medidas cautelares. As primeiras, também chamadas de corretivas, teriam por finalidade fazer cumprir de imediato a legalidade perante atos de violação, de forma a garantir a ordem pública geral ou setorial e prevenir a ocorrência de danos. As medidas provisórias ocorreriam na *pendência* ou *por causa* de um procedimento administrativo não sancionatório em curso, revelando-se necessárias e adequadas para prevenir uma lesão grave ou de difícil reparação de interesses coletivos ou públicos normativamente protegidos (*periculum in mora*) ou para que os atos que venham a ser praticados no fim do procedimento administrativo mantenham a sua eficácia. Já as medidas cautelares seriam semelhantes às provisórias, mas ocorreriam no bojo de processos administrativos sancionatórios (*O controlo administrativo da idoneidade nos corpos sociais das instituições de crédito e sociedades financeiras*. Estudos do Instituto de Valores Imobiliários, FDUL: Lisboa, 2015, p. 32-35).

[25] "Durante los últimos años ha cobrado particular desarrollo una categoría de decisiones administrativas bajo la denominación de "medidas correctivas" que, con ocasión de alguna ilicitud permiten exigir conductas de diversos tipos y contenidos a los administrados, dándole órdenes y mandatos gravosos" (MORÓN URBINA, Juan Carlos. Los actos-medidas (medidas correctivas, provisionales y de seguridad) y la potestad sancionadora de la Administración. *Revista de Derecho Administrativo*, nº 9, 2010, p. 135). No Direito espanhol, o que se denomina de medidas corretivas na sistemática peruana pode ser encontrado sob o rótulo de medidas de restabelecimento da legalidade (STSE del 2 de febrero de 1998, (artículo 2060)).

[26] Belén Marina Jalvo, ao analisar as medidas constantes na legislação sanitária espanhola, como a proibição de comercialização de certos produtos até que se prove que não oferecem mais riscos a sociedade, conclui que *"bien entendido que estas últimas medidas mencionadas no responden al concepto de medidas provisionales que aquí se sostiene, sino que simplemente constituyen medidas temporales de duración similar a la de la vigencia de una situación de hecho determinada"* (*Medidas provisionales en la actividad administrativa*. Valladolid: Lex Nova, 2007, p. 26). Da mesma forma sustenta Manuel Rebollo Puig com um olhar sobre o Direito espanhol, explicando que o termo "medidas provisionais" ("*medidas provisionales*") seria próprio dos provimentos constantes no artigo 72 da LRJPAC, que se refere a garantia da eficácia da resolução administrativa a ser proferida. Já a nomenclatura de medidas cautelares seria destinada a outras figuras existentes, como medidas de polícia ou limitações, que teriam por diferença das medidas provisionais o fato de que aquelas não se conectariam a um procedimento principal, não sendo instrumentais de outra resolução, tendo relação direta somente com o interesse público (REBOLLO PUIG, Manuel. Medidas provisionales en el procedimiento administrativo. *In:* MARTÍN-RETORTILLO BAQUER, Lorenzo (Coord.). *Estudios en homenaje al Profesor Jesús González Pérez*. Ed. Civitas SA: Madrid, 1993, Tomo I, p. 662-665).

essas figuras é muito frágil, não havendo solução a não ser reconhecer o caráter misto das medidas provisionais.[27]

De fato, apesar de terem pontos diferenciais, razão pela qual emergem como espécies apartadas, o núcleo estruturante da cautelaridade administrativa encontra-se presente tanto nas medidas estrito senso como nas inibitórias. Logo, não há razão para que o estudo teórico e dogmático de ambas as figuras seja realizado de maneira desassociada, sendo que as diferenças pontuais e significativas entre ambas serão devidamente apontadas (não havendo, porém, nenhum traço em seu cerne a ponto de qualificá-las como figuras totalmente díspares).

Por fim, há circunstâncias em que, com o receio dos efeitos decorrentes do tempo e de práticas que possam ser realizadas pelos administrados, a cautela adotada pelo Estado se refere ao adiantamento dos efeitos essenciais e próprios do resultado útil final esperado pelo processo administrativo. Nesse caso, está-se diante de medidas cautelares-antecipatórias. Como exemplo dessa espécie, mencione-se o efeito suspensivo passível de ser conferido a alguns recursos administrativos. Veja que, em respeito à presunção de inocência e ao devido processo legal (*vide* itens 4.2.1 e 4.2.4), esse tipo de espécie cautelar mostra-se incompatível com procedimentos de natureza sancionatória, sob pena de haver uma antecipação sumária da punição.

Outra distinção de relevo nos parece ser entre medidas cautelares administrativas negativas e positivas.[28] Há determinados provimentos cautelares que trazem gravames ou restrições aos direitos dos administrados, ao passo que outras se destinam a assegurar seus direitos ou interesses. A primeira figura representaria as medidas cautelares administrativas negativas, enquanto as segundas seriam as positivas.

---

[27] MARINA JALVO, Belén. *Medidas provisionales en la actividad administrativa*. Valladolid: Lex Nova, 2007, p. 50-51.

[28] É com essa mesma nomenclatura que Paulo Friguglietti aparta as medidas provisionais administrativas à luz do Direito argentino. Nas palavras do autor: "*En el caso en donde la finalidad perseguida fuera la de asegurar la eficacia de la resolución que en definitiva pudiera recaer en el procedimiento, el acto va a ser de gravamen. Mientras que en los casos en donde la finalidad de la medida provisional fuera la de asegurar el derecho o interés del administrado, el acto va a ser positivo o de beneficio para el destinatario del mismo. Por lo anterior, y para distinguirlas según su finalidad y según el tipo de actos que se deriven de la aplicación de las mismas, podríamos hablar o establecer, a los fines de este trabajo, la siguiente denominación: medidas provisionales negativas y medidas provisionales positivas. Serán de tipo negativas cuando el acto fuera de gravamen, y serán de tipo positivas cuando el acto en que se concreten otorgue un beneficio al destinatario de la medida*" (FRIGUGLIETTI, Paulo. Las medidas provisionales en el procedimiento administrativo. Especial referencia a la regulación en la provincia de Santa Fe. *Revista RAP*, nº 462, mar. 2017, p. 76).

Provimentos administrativos que determinam o bloqueio de bens do investigado, o afastamento cautelar de investigados em processos administrativos disciplinares ou a apreensão de mercadorias, por exemplo, seriam claros representantes de medidas cautelares administrativas negativas. Já a concessão de efeito suspensivo a recursos administrativos interpostos pelos administrados ou os casos de medidas cautelares antecipatórias em prol dos cidadãos encaixariam-se na categoria de provimentos cautelares positivos.

1.3 Definição

A tarefa de definição de um instituto jurídico é exercício primordial (ainda que não ofereça simplicidade para sua elaboração) para que se possa prosseguir no seu estudo. Grande parte dos equívocos ou das interpretações simplistas e rasas acerca das medidas cautelares administrativas repousa justamente na incompreensão sobre sua natureza e seus elementos constitutivos. Quando se conhece superficialmente acerca de algo, sem ao menos compreender o conceito, a consequência é que as conclusões serão de igual maneira vagas.

Embora fosse possível a escolha do caminho de primeiro discorrer-se acerca dos elementos próprios da cautelaridade administrativa para, ao final, reuni-los e formar uma definição adequada do termo, opta-se pelo sentido inverso: apresenta-se de início um conceito para as medidas cautelares administrativas para, a partir de então, ir esmiuçando os elementos e princípios afins.

Desta feita, a definição[29] que melhor se enquadra na construção realizada nesta obra seria no sentido de que as medidas cautelares administrativas são provimentos concretos, adotados por agentes públicos competentes, no exercício da função administrativa, em face, como regra, de sujeitos determinados, diante de situações de risco, visando a,

---

[29] Embora focando no direito sancionador, calha indicar a definição de medidas provisionais administrativas trazida por Ferran Pons Cánovas, que, apesar de mais restrita, possui elementos semelhantes à definição dada neste livro: "*Aquella decisión administrativa de carácter provisional, excepcional e instrumental, que se adopta en el seno de un procedimiento administrativo sancionador, o con carácter previo al mismo, con las debidas garantías y limitaciones, ya sea para poder fin a los efectos prejudiciales de la conducta infractora, ya sea para proteger el ingres general perturbado por la infracción, ya sea, en fin, para asegurar – en sentido amplio – la eficacia de la resolución que pude recaer*" (PONS CÁNOVAS, Ferran. *Las medidas provisionales en el procedimiento administrativo sancionador*. Marcial Pons, Madrid, 2001, p. 17).

de maneira acautelatória e provisional, impedir e/ou minimizar danos a bens jurídicos tutelados.

1.3.1 Distinção entre figuras afins

À luz da definição esposada previamente, é possível retirar traços ímpares que são capazes de apartar as medidas cautelares administrativas de outras figuras próximas existentes nos ordenamentos jurídicos, inclusive no brasileiro.

Cabe, portanto, indicar algumas situações que se aproximam da cautelaridade administrativa, mas que com ela não se confundem (ainda que gerem dúvidas na via doutrinária, legislativa e jurisprudencial) ante a existência de elementos constitutivos que as apartam.

1.3.1.1 Sanções administrativas

Sem sombra de dúvidas, a figura que mais gera confusão com relação aos provimentos acautelatórios são as sanções administrativas.[30] Como se observará na análise dogmática brasileira, o próprio legislador traz previsões normativas duvidosas, que permitem uma interpretação no sentido de serem elas figuras da mesma espécie (gerando confusões também entre os Tribunais brasileiros[31] quando estes interpretam/aplicam a legislação). No entanto, em que pese a possível similitude, elas não podem ser tratadas da mesma maneira.

---

[30] "(...) en la práctica se presentan casos dudosos y la frontera entre sanciones administrativas y otras decisiones administrativas perjudiciales para los ciudadanos no siempre es nítida. En realidad, hay decisiones administrativas con el mismo contenido aflictivo que pueden ser en unos casos sanciones y en otros no: depende de que sean un castigo o no. Así, la retirada del permiso de conducir es unas veces sanción administrativa y otras una medida para garantizar la seguridad del tráfico; los recargos por pagar los impuestos con retraso son considerados sanciones sólo cuando son muy elevados; la expulsión de extranjeros puede ser configurada como sanción o como una medida para restablecer la legalidad; la revocación de actos administrativos favorables puede ser en unos casos sanción y en otros una medida para asegurar el interés general en el futuro, etc" (REBOLLO PUIG, Manuel et al. Panorama del derecho administrativo sancionador en España. Los derechos y las garantías de los ciudadanos. Estud. Socio-Juríd, Bogotá, v. 7, nº 1, Jan. 2005, p. 26).

[31] A problemática de os Tribunais não diferenciarem corretamente sanções de medidas cautelares administrativas persiste em vários ordenamentos. Mencionando o Tribunal Constitucional do Chile, Eduardo Cordero Quinzacara sustenta que em diversas ocasiões (citando-se como exemplo a Sentencia Rol n°38 de 1986) a Corte acaba tratando como sanção administrativa medidas que buscam, em realidade, somente o restabelecimento da ordem jurídica, sem ter um caráter reacional. (CORDERO QUINZACARA, Eduardo. Concepto y naturaleza de las sanciones administrativas en la doctrina y jurisprudencia chilena. *RDUCN*, Coquimbo, v. 20, n. 1, 2013, p.87).

A despeito de as medidas cautelares e as sanções terem em comum o fato de impor uma restrição a direitos[32] de determinado sujeitos (não se incluindo aqui as medidas cautelares administrativas positivas), isso não é o suficiente para equiparar as espécies administrativas. Afinal, *"muchas de las medidas que pueden ser adoptadas por las autoridades administrativas implican una carga para el indivíduo, pero ello no es un indicador de que se trate del ejercicio del poder punitivo sobre él"*.[33]

A respeito, María Lourdes Ramírez Torrado, valendo-se da expressão "medidas de polícia", que, na sua definição, incluiria os provimentos acautelatórios administrativos, consigna que *"a diferencia de la sanción administrativa, las medidas de policía no son una manifestación del ius puniendi del Estado, como tampoco una consecuencia de las medidas prohibitivas. Y por ende, al no ser una expresión del poder sancionador de la Administración, es totalmente posible la acumulación con la sanción administrativas, sin quebrantar con ello el principio non bis in ídem"*.[34]

Fábio Medina Osório esclarece que as sanções administrativas são uma consequência do cometimento de uma infração administrativa, constituindo uma repressão, ao passo que as medidas preventivas pretendem uma proteção provisória[35] a direitos e não uma resposta cabal a um fato ilícito.[36]

Essa diferenciação traz consequências práticas. Primeiro, para que seja imposta uma sanção é necessário uma cognição exauriente, de modo a que se possa apurar de maneira completa a verdade dos fatos (ainda que uma verdade processual). Já as medidas cautelares administrativas se bastam pela cognição sumária, sendo que a análise

---

[32] No mesmo sentido, VORONOFF, Alice. *Direito administrativo sancionador no Brasil*: Justificação, interpretação e aplicação. Belo Horizonte: Fórum, 2018, p. 26.
[33] RAMIREZ TORRADO, María Lourdes. La sanción administrativa y su diferencia con otras medidas que imponen carga a los administrados en el contexto español. *Revista de Derecho*, Barranquilla, nº 27, Ene./Jun. 2007, p. 278.
[34] RAMIREZ TORRADO, María Lourdes. La sanción administrativa y su diferencia con otras medidas que imponen carga a los administrados en el contexto español. *Revista de Derecho*, Barranquilla, nº 27, Ene./Jun. 2007, p. 281.
[35] *"De otra parte, y éste suele ser el principal criterium, la finalidad perseguida. Porque con la medida de reacción, a diferencia de lo que ocurre con la sanción, no se pretende castigar al interesado por su conducta. No hay, en fin, una finalidad aflictiva, un reproche de tinte culpabilístico en contra de un infractor. Se trata, simplemente, de neutralizar el riesgo, sin ningún añadido punitivo"* (CIERCO SEIRA, César. Las Medidas Preventivas de Choque adoptadas por la Administración frente a los productos insalubres. *Revista de Administração Pública*, nº 175, ene.abr. 2008, p. 62).
[36] OSÓRIO, Fabio Medina. *Direito administrativo sancionador*. 6. ed. São Paulo: Thomson Reuters Brasil, 2019, p. 115.

do mérito da infração e da situação hábil a ensejar a medida provisional ocorrem em momentos e de maneiras díspares.

Nessa linha, Rafael Munhoz de Mello acrescenta que a aplicação de uma sanção somente pode ocorrer após o curso de um processo administrativo no qual seja assegurado o respeito ao devido processo legal. Já as medidas preventivas exigem uma pronta e imediata atuação, não sendo possível um prévio processo administrativo, sob pena de inviabilizá-las.[37]

Além disso, a sanção tem que, como um dos seus escopos, punir alguém por um comportamento desajustado do Direito. Os atos cautelares, por sua vez, não possuem o viés punitivo, mas sim assecuratório. Buscam assegurar a proteção a bens jurídicos, seja garantindo o resultado útil de processos administrativos, seja evitando ou minimizando o dano àqueles bens.

Por último, cabe mencionar que os provimentos acautelatórios administrativos têm a urgência como pressuposto, o que não ocorre com as sanções. Justamente para se assegurar o respeito ao devido processo legal e à busca da verdade real-processual, a aplicação de sanções, respeitados os prazos prescricionais, por vezes demanda tempo para a correta apuração. Já em relação às medidas provisionais, há o aspecto da urgência a nortear a sua invocação, o que justifica a realização de uma cognição sumária para esse tipo de provimento.

1.3.1.2 Medidas de urgência judiciais

Outra figura que, por vezes, pode causar confusão se refere às medidas de urgência adotadas na função jurisdicional.[38]

Em relação à função cautelar jurisdicional e à existência de um verdadeiro poder geral de cautela, Fredie Didier Jr. apresenta suas

---

[37] MELLO, Rafael Munhoz de. *Princípios constitucionais do direito administrativo sancionador*: as sanções administrativas à luz da Constituição Federal de 1988. São Paulo: Malheiros, 2007, p. 83-84.

[38] Trazendo essa distinção também, Carmen Uriol Egido escreve que *"atendiendo al órgano que puede adoptar estas medidas, y quizás sea éste el criterio distintivo más relevante a efectos metodológicos, es posible diferenciar entre medidas cautelares jurisdiccionales y medidas cautelares no jurisdiccionales o administrativas, en función de que tengan lugar con ocasión de un proceso judicial, -sede en la que nació la institución cautelar-, o que se adopten por parte de la Administración en el seno de un procedimiento administrativo"* (*Las medidas cautelares que aseguran el cobro de la deuda tributaria en los procedimientos de aplicación del tributo*. 2012. 511 f. Tese (Doutorado) – Curso de Direito Público, Universidade de Oviedo, Oviedo, 2012, p. 129).

considerações proclamando que aquele é atribuído ao magistrado, para que adote medidas provisórias e urgentes de natureza cautelar, ainda que sem previsão legal expressa, uma vez verificada a fumaça do bom direito e o perigo da demora, tratando-se de uma previsão legal de atipicidade cautelar.[39]

O novo Código de Processo Civil (Lei nº 13.105/2015), embora tenha tido o mérito de unificar o regime jurídico da tutela antecipada e das medidas cautelares[40] enquadrando-as no gênero da tutela de urgência (artigos 294 e seguintes), manteve o delineamento dos requisitos do poder cautelar judicial, é dizer, a demanda pela verificação do perigo da demora e do *fumus boni iuris*.

Nota-se que apesar da semelhança quanto ao intuito de prevenção/precaução, com a existência de requisitos mínimos (que serão vistos nos itens seguintes), o ponto fulcral que diferencia essas figuras é justamente a função por meio da qual se manifestam essas medidas. Enquanto as medidas de urgências judiciais decorrem do exercício da função jurisdicional (com todas as consequências que daí advêm), as medidas cautelares administrativas ocorrem no bojo da função administrativa (*vide* item 1.8.1).

Ainda que as medidas cautelares judiciais tenham pertinência com atos emitidos na função administrativa, o que importa é o caráter do provimento acautelatório, e não do ato contra o qual a medida cautelar se volta. Assim, medidas cautelares de indisponibilidade de bens decretadas pelo magistrado no bojo de uma ação de improbidade, ainda que tenham relação com atos administrativos, não são medidas

---

[39] DIDIER JR., Fredie. *Curso de direito processual civil*: teoria da prova, direito probatório, teoria do precedente, decisão judicial, coisa julgada e antecipação de tutela. 6. ed. Salvador: Jus Podium, 2011, p. 475.

[40] "Sob o rótulo de 'Tutela Provisória', o novo CPC reúne três técnicas processuais de tutela provisória, prestáveis eventualmente em complemento e aprimoramento eficacial da tutela principal, a ser alcançada mediante o provimento que, afinal, solucionará definitivamente o litígio configurador do objeto do processo. Nesse aspecto, as ditas 'tutelas provisórias' arroladas pela legislação processual civil renovada correspondem, em regra, a incidentes do processo, e não a processos autônomos ou distintos. De tal sorte que a antiga dicotomia do processo principal (de cognição ou execução) e cautelar, existente no Código revogado, não mais subsiste na nova lei, pelo menos como regra geral, restando bastante simplificado o procedimento. Correspondem esses provimentos extraordinários, em primeiro lugar, às tradicionais medidas de urgência – cautelares (conservativas) e antecipatórias (satisfativas) –, todas voltadas para combater o perigo de dano que possa advir do tempo necessário para cumprimento de todas as etapas do devido processo legal" (THEODORO JÚNIOR, Humberto. *Novo Código de Processo Civil anotado*. 20. ed. Rio de Janeiro: Forense, 2016, p. 786).

cautelares administrativas, já que decretadas no exercício da função jurisdicional.

Apesar de ser possível se considerar que há uma cautelaridade estatal como um todo, fruto do dever-poder de prevenção do Estado, que abarcaria inúmeras feições cautelares dentro das variadas funções do Estado, cada uma possui particularidades e regimes jurídicos próprios. Isso permite, de um lado, que haja a comunhão de algumas lições, quando decorrentes da ideia ampla e geral de cautelaridade, e, de outro, que haja um regramento específico e inerente à função estatal por meio da qual o poder cautelar se manifesta.

1.3.1.3 Atos *ope legis*

Há certos atos que, apesar de demonstrarem o traço da cautelaridade, possuem por ponto característico a sua automaticidade decorrente da legislação. É dizer, havendo a subsunção normativa do cenário fático, independente da análise administrativa quanto à existência ou não de um perigo de demora, o legislador já realiza esse juízo prévio tratando como automático o provimento cautelar. São os chamados atos *ope legis*.[41]

Embora esses atos possam ser compreendidos como uma espécie de cautela administrativa de maneira ampla, em que o legislador realiza uma avaliação *a priori*, vinculando, em certa medida, a atuação administrativa, opta-se por não incluí-las no rol das medidas cautelares administrativas ora estudadas, as quais apresentam, por peculiaridade inerente, a sua prática dentro do exercício da função administrativa, por meio de uma declaração de vontade (*vide* item 1.8.7).

O exercício de uma função administrativa demanda uma declaração de vontade, o que, como regra, não ocorre nos atos cuja cautelaridade se opera *ope legis*. Apesar de haver o traço amplo da cautelaridade, não há o seu exercício atrelado diretamente ao exercício de uma atividade essencialmente administrativa, tendo havido uma atuação legislativa prévia, a qual já realizou a ponderação dos pressupostos de urgência.

---

[41] Belén Marina Jalvo segue a mesma trilha argumentativa explanando que as medidas provisionais *ope legis* não carecem de um ato administrativo declarativo prévio, o que as excluiria do conceito de medidas provisionais em sentido estrito, embora, em termos práticos, as consequências de ambos os atos (os *ope legis* e os que decorrem dessa declaração administrativa) seriam essencialmente os mesmos (MARINA JALVO, Belén. *Medidas provisionales en la actividad administrativa*. Valladolid: Lex Nova, 2007, p. 19).

É o caso, por exemplo, da previsão do artigo 102, inciso I, alíneas a e b, combinado com §2º da antiga Lei de Licitações (Lei nº 8.666/93), que previa um efeito suspensivo automático ao recurso administrativo interposto em face do ato de inabilitação ou desclassificação dos licitantes ou, ainda, o artigo 167 da Nova Lei de Licitações (ainda não sancionada até o fechamento desta obra), que também traz o efeito suspensivo automático do recurso em face de sanção administrativa aplicada em relação ao contrato administrativo. Nesses casos, apesar de o efeito suspensivo ter um propósito acautelatório, ele decorre diretamente da lei, já tendo havido um juízo prévio do legislador acerca da presença dos requisitos da fumaça do bom direito e do perigo da demora, não cabendo ao agente, no exercício da função administrativa, adotar alguma medida para que esse efeito se produza. Assim, distingue-se das medidas cautelares administrativas aqui tratadas, por não permitir a voluntariedade do agente público.

1.3.1.4 Limitações administrativas cautelares

As limitações administrativas se apartam dos provimentos cautelares administrativos em razão da generalidade e indeterminação dos sujeitos, características que são próprias das primeiras. As medidas cautelares administrativas, por sua vez, são atos concretos, direcionados a sujeitos determinados.

De fato, ponto caracterizador das limitações é a circunstância de serem medidas que condicionam o exercício do direito de um particular, de modo geral e sem onerosidade, atingindo indistintamente todos os bens ou pessoas que estejam em determinada situação.[42]

Contudo, pode ocorrer que em razão da limitação sejam praticados atos concretos cautelares para dar obediência àquela previsão geral e abstrata. Neste caso, temos ambas as figuras convivendo de maneira harmônica: de um lado, a previsão da limitação, referente a sujeitos indeterminados, e, de outro, o provimento cautelar administrativo, aplicado no caso concreto, para que se respeite a previsão do condicionante limitativo.

Dentro das limitações administrativas é possível encontrar, ainda, limitações de cunho eminentemente cautelar, inclusive quanto ao aspecto da provisoriedade. Essa figura, de rara ocorrência, teria,

---

[42] HEINEN, Juliano. *Curso de direito administrativo*. Salvador: JusPodium, 2020, p. 1268.

como ponto em comum com as medidas provisionais administrativas, justamente o aspecto acautelatório, que busca, de maneira provisória, evitar consequências danosas. Mas, como aspecto diferenciador, persiste o fato de, por se tratar de uma limitação administrativa, tem por feição ser geral e abstrata, afetando sujeitos indeterminados (ainda que passíveis de determinação caso a caso).

Encontramos um exemplo dessa figura, uma "limitação provisória",[43] no artigo 22-A da Lei nº 9.985/2000, regulamentado pelo Decreto nº 2/06. De acordo com o artigo, o Poder Público poderá, ressalvadas as atividades agropecuárias e outras atividades econômicas em andamento e obras públicas licenciadas, na forma da lei, decretar limitações administrativas provisórias ao exercício de atividades e empreendimentos efetiva ou potencialmente causadores de degradação ambiental, para a realização de estudos com vistas na criação de Unidade de Conservação, quando, a critério do órgão ambiental competente, houver risco de dano grave aos recursos naturais ali existentes. O Decreto nº 02/06 estipulou uma limitação administrativa provisória relacionada à região de entorno da BR-319, no Estado do Amazonas, impondo como prazo dessa limitação o período de 7 meses, sendo que deverá se dar uma destinação específica a essa área durante esse transcurso temporal. Ressalte-se que, mesmo o Decreto trazendo uma limitação específica, ele continua possuindo um aspecto geral e sem individualizar sujeitos (mesmo que estes possam ser individualizados casuisticamente).

1.3.1.5 Requisições administrativas

Outra figura que se aproxima das medidas cautelares administrativa diz respeito às requisições administrativas (figura que volta a ganhar destaque prático e teórico diante da pandemia oriunda da COVID-19).

O traço em comum entre ambas é justamente a urgência para a sua adoção e a situação de que ocorrem no exercício da função

---

[43] Em sentido contrário, entendendo que se trata de uma medida cautelar administrativa, independentemente de ser geral, *vide* Heraldo Garcia Vitta: "Trata-se, a nosso ver, de *medida cautelar* do Poder Público, por meio de *ato administrativo* (decreto), fundado na lei (princípio da legalidade). A 'restrição' à propriedade é *circunstancial e provisória*, e tem como critério *evitar danos ao ambiente*" (VITTA, Heraldo Garcia. Apontamentos da "coação administrativa". As medidas acautelatórias do poder público. *Revista TRF 3ª Região*, nº 108, jul./ago. 2011, p. 10).

administrativa. De outro lado, apartam-se pelo fato de a requisição ter por objeto a utilização de um bem ou serviço[44] do particular. Explica-se: no caso das requisições, a utilização do bem do administrado serve como instrumento para se impedir ou minimizar danos. O bem se presta a, portanto, ser utilizado como um mecanismo que auxiliará a combater o perigo urgente que se evidencia. Já nos provimentos cautelares que porventura afetem bens dos particulares, a constrição patrimonial ou tem por escopo assegurar uma eventual cobrança futura, ou é o próprio bem que está gerando o risco de dano. O bem particular, na hipótese das cautelares, não é um impulsionador para que se evite o dano, mas sim o próprio gerador do dano.

Além disso, a urgência demandada para a requisição ("perigo público iminente") sempre se mostra em grau máximo. Em contrapartida, a urgência para a adoção dos provimentos acautelatórios admite "graus" variados, cambiando caso a caso, podendo se referir a "perigos públicos iminentes", mas também a situações que, ainda que se mostrem dentro do campo da urgência, não possuem a iminência absoluta como predicado.

Um exemplo pode aclarar o aparte feito: tivemos, durante a pandemia originada pela COVID-19, diversas requisições estatais de equipamentos médicos, de hospitais e empresas particulares, em especial respiradores, para que se pudesse atender, na rede pública de saúde, pacientes graves. Nota-se que o bem requisitado servia para que fosse utilizado pelo Estado de modo a atender a situação urgente e grave. Não havia nenhuma ilegalidade na manutenção ou no funcionamento desses bens pelos particulares, tampouco esses bens geravam risco a algum bem jurídico ou ao resultado útil de algum processo administrativo.

1.4 Natureza jurídica dos provimentos cautelares administrativos

A melhor compreensão acerca das medidas cautelares administrativas demanda que se entenda o que esses provimentos representam para o Direito, ou melhor, a sua natureza jurídica.

---

[44] Cabe mencionar que a requisição de serviços é questão problemática, uma vez que não há uma previsão expressa no texto constitucional (diferente da requisição de bens – artigo artigo 5º, inciso XXV). Apesar de existirem leis infraconstitucionais que autorizam tais medidas (Lei nº 8.080/90 e Lei nº 13.979/20), elas nos parecem inconstitucionais, pois configurariam trabalho forçado (ainda que remunerado), o que, salvo a hipótese constitucional de serviço militar obrigatório, é vedado pelo texto da Constituição de 1988.

Em uma primeira abordagem mais ampla, é fácil constatar que as medidas cautelares administrativas negativas seriam atos restritivos de direitos, enquanto as positivas seriam atos ampliativos. De fato, há determinadas atividades estatais cujo cerne é ampliar direitos, ao passo que há outras cujo fim almejado é justamente restringi-los, ambas visando a, em última instância, alcançar o interesse público. Trata-se da já conhecida distinção entre atos administrativos ampliativos e restritivos, bem explorada por autores nacionais como Angélica Petian[45] e Celso Antônio Bandeira de Mello.[46]

Porém, especificamente no que tange as medidas acautelatórias negativas, que possuem maior incidência no Direito brasileiro e detêm uma importância ímpar, por afetar direitos dos administrados (inclusive direitos fundamentais, como se verá), precisamos afunilar um pouco mais a compreensão sobre sua natureza.

1.4.1 Teoria das ordens ou teoria das ablações

Na linha do que foi dito, além de atos que ampliam ou beneficiam a esfera jurídica dos administrados, há também aqueles que têm por finalidade restringir, afetar em sentido negativo, produzir obrigações, deveres, encargos, limitações ou até extinções de titularidades prévias.[47]

As medidas administrativas acautelatórias negativas se enquadram com precisão nessas categorias. Tais agrupamentos de atos emergem, em maior ou menor medida, apesar das críticas que lhe são lançadas,[48] da teoria das ordens construída no Direito alemão, com especial destaque às lições de Otto Mayer.

---

[45] PETIAN, Angélica. *Regime jurídico dos processos administrativos ampliativos e restritivos de direito*. São Paulo: Malheiros, 2011, p. 100-110.
[46] BANDEIRA DE MELLO, Celso Antônio. *Curso de direito administrativo*. 33. ed. Paulo: Malheiros, 2017, p. 437-438.
[47] GARCÍA DE ENTERRÍA, Eduardo; FERNÁNDEZ, Tomás-Ramón. *Curso de direito administrativo*. v.2. Tradução de José Alberto Froes Cal. São Paulo: Revista dos Tribunais, 2014, p. 132.
[48] A crítica destilada à Teoria das Ordens de Otto Mayer reside principalmente na sua aplicação restrita à atividade de polícia. Como explica Santiago Muñoz Machado, a partir do século XX, *"se hizo imposible sostener la vinculación entre la policía y el orden y la seguridad, ya que muchas de las instituciones y técnicas formadas alrededor de dicha noción empezaron a aplicarse por la Administración a otros diferentes problemas de interés general. Muy especialmente a la actividad económica"* (*Tratado de derecho administrativo y derecho público general*. La actividad regulatoria de la Administración. Madrid: Agencia Estatal Boletín Oficial del Estado, 2015, p. 14). Apesar dessas constatações, a construção alemã de Otto Mayer continua sendo um referencial imprescindível para a edificação do conteúdo de ordens administrativas, tanto para o poder de polícia, como o seu extrapolamento a outras áreas.

Muito embora a teoria das ordens de Otto Mayer tenha sido edificada sob uma perspectiva estruturada ao redor do poder de polícia (afinal, o Direito alemão à época tinha a atividade de polícia como uma atividade totalizante da Administração Pública), suas considerações, no sentido de determinações de cunho restritivo aos administrados, são cabíveis em diversas outras atividades estatais que vão além das medidas de polícia.

Nesses termos, trabalhando sob o rótulo do Poder de Polícia, Otto Mayer entendia que esta tinha por finalidade evitar os perigos à prosperidade e à segurança dos cidadãos.[49] Era patente, portanto, o aspecto preventivo do poder de polícia.[50]

À luz da teoria das ordens, ainda que de maneira diversa à originalmente construída na Alemanha, Eduardo García de Enterría e Tomás-Ramón Fernández apresentam os vários tipos de ordens estatais, mencionando a classificação das ordens em preventivas, diretivas e repressivas. As preventivas são ordens normalmente proibitivas que visam a evitar perigos e riscos; as diretivas impõem um dever de conformação ao particular, direcionando sua atividade para determinado fim; as repressivas, que não são sanções, pretendem a eliminação de uma situação ilegal já consumada ou cujos efeitos persistem.[51]

As medidas cautelares administrativas se amoldam de maneira tranquila à ideia de ordens preventivas e repressivas. Sejam medidas cautelares estrito senso, sejam as inibitórias, elas assumem a feição de determinações estatais aos particulares que buscam evitar riscos/perigos e restaurar situações de legalidade quando se constata a existência de infrações administrativas.

Tratando especificamente sobre as medidas corretivas no Direito peruano, que equivalem às aqui denominadas medidas cautelares-inibitórias, Juan Carlos Morón Urbina segue a mesma linha sustentando

---

[49] MAYER, Otto. *Derecho administrativo alemán*. Parte General. Tradução de Horacio H. Heredia e Ernesto Krotoschin. t. I, Buenos Aires: Depalma, 1949, p. 4-18.
[50] Ricardo Marcondes Martins salienta que essa é uma visão clássica do poder de polícia, sendo que na perspetiva neoconstitucional se admite que o administrador, por meio de ponderações, além de evitar danos também concretize direitos fundamentais (*Estudos de direito administrativo neoconstitucional*. São Paulo: Malheiros, 2015, p. 478-485). No entanto, a visão clássica não perde sua importância, tendo havido um acréscimo a ela, não à sua refutação total.
[51] GARCÍA DE ENTERRÍA, Eduardo; FERNÁNDEZ, Tomás-Ramón. *Curso de direito administrativo*. v.2. Tradução de José Alberto Froes Cal. São Paulo: Revista dos Tribunais, 2014, p. 156-157.

que "*existe lo que el derecho clásico conocía como la 'orden administrativa' u 'orden policial', esto es, una especie de acto administrativo de gravamen a través del cual se manifestaba el poder de policía ostentado por las autoridades administrativas para imponer una conducta determinada*".[52]

No Direito italiano, de maneira próxima, desenvolveu-se, em especial através da obra de Massimo Giannini, a teoria das ablações. Referida noção retoma o termo *ablatio* no sentido de um sacrifício, privação ou eliminação de um interesse privado pelo Poder Público. Haveria, assim, ablações pessoais (a teoria das ordens se enquadraria num primeiro momento nesta espécie),[53] reais e obrigacionais.[54] Nesse tocante, León Cortiñas-Peláez explica que há os procedimentos ablatórios pessoais (requisições pessoais, como o serviço obrigatório militar; ordens administrativas, como as medidas de polícia; sanções administrativas etc.), procedimentos ablatórios reais (cargas tributárias, expropriações e outras transferências coativas da propriedade, ocupações provisórias, requisições administravas, servidões legais e outras limitações forçadas da propriedade etc.) e procedimentos ablatórios obrigacionais (tarifas e preços públicos, assunções e cláusulas contratuais obrigatórias etc..).[55]

Os provimentos acautelatórios administrativos, de igual forma, seriam enquadráveis entre os procedimentos ablatórios pessoais. Afinal, nessa classificação haveria as chamadas "ordens" (o que demonstra a imbricação entre as teorias das ordens e das ablações), que poderiam assumir finalidades preventivas, repressivas ou diretivas. As preventivas têm por fim ordenar as atividades de interesse coletivo ou evitar perigos (função essencial dos provimentos cautelares administrativos). Já as repressivas teriam por escopo reprimir ou eliminar violações de normas e atos,[56] como ocorre com as medidas administrativas cautelares inibitórias.

---

[52] MORÓN URBINA, Juan Carlos. Los actos-medidas (medidas correctivas, provisionales y de seguridad) y la potestad sancionadora de la Administración. *Revista de Derecho Administrativo*, nº 9, 2010, p. 140.

[53] MUÑOZ MACHADO, Santiago. *Tratado de derecho administrativo y derecho público general.* La actividad regulatoria de la Administración. Madrid: Agencia Estatal Boletín Oficial del Estado, 2015, p. 14.

[54] GIANNINI, Massimo Severo. *Derecho administrativo*. Madrid: Marcial Pons, 1982, p. 1181 e ss.

[55] CORTIÑAS-PELÁEZ, León. *Archivo de derecho público y ciencias de la administración*. v.2. Caracas: Universidad Central de Venezuela, 1972, p. 144.

[56] PÉREZ LUCIANI, Gonzalo. La intervención administrativa de los bancos o institutos de crédito. *Revista de Derecho Público*, nº 18, 1984, p. 48-49.

Em síntese, a depender da linha teórica adotada,[57] as medidas cautelares administrativas negativas se constituem como ordens administrativas[58] ou procedimentos ablatórios temporários, o que justifica seu caráter restritivo de direitos.

1.4.2 Sacrifícios de direito

Como visto, ao contrário de diversos atos administrativos, as medidas provisionais têm por fim atingir pessoas determinadas, restringindo, afetando ou mitigando seus direitos. A razão de serem assim é que elas detêm o objetivo de resguardar os interesses de toda a sociedade, atuando de maneira preventiva, com o propósito de minimizar possíveis danos.

Nota-se, nessa constatação inicial, que beira um truísmo, que uma das marcas indeléveis dos provimentos cautelares que afetam o patrimônio reside justamente no seu conteúdo ser direcionado primordialmente em face de um direito de terceiro. O atingimento do direito do particular não é questão reflexa ou acidental, mas sim seu propósito primeiro.

Quando a autoridade administrativa competente determina a indisponibilidade de bens do administrado ou realiza a apreensão de mercadorias, *e.g.*, de maneira a atender ao interesse público, tais atos são voltados diretamente contra o direito de propriedade dos particulares. O conteúdo desses atos consiste exatamente em afetar algum(ns) dos elementos do direito de propriedade (usar, gozar, dispor ou reivindicar).

---

[57] Alexandre Santos de Aragão, por exemplo, diferencia as intervenções estatais na propriedade em limitações administrativas, restrições administrativas e ablações administrativas. Estas últimas seriam totais, enquanto as restrições somente afetariam alguns aspectos do direito de propriedade (Limitações administrativas e sua excepcional indenizibilidade. *In:* MEDAUAR, Odete; SCHIRATO, Vitor Rhein. *Poder de polícia na atualidade.* Anuário do Centro de Estudos de Direito Administrativo, Ambiental e Urbanísticos – CEDAU do ano de 2011. Belo Horizonte: Fórum, 2014, p. 114). Assim, seguindo essa corrente, as medidas cautelares administrativas seriam restrições e não ablações.

[58] No mesmo sentido, confira-se PÁEZ PÁEZ, Iván Andrés; RODRÍGUEZ, Gloria Amparo. Las medidas preventivas ambientales: una aproximación desde el derecho administrativo. *Opinión Jurídica*, v. 12, nº 23, p. 17-30, ene./jun. 2013. Em relação às medidas preventivas prudenciais emitidas pelo Banco Central do Brasil, que seriam exemplos de provimentos acautelatórios administrativos, Leandro Sarai também defende que elas assumem "a natureza de ordem, assim como a ordem mandamental do mandado de segurança" (SARAI, Leandro. *Crise financeira e medidas prudenciais*: a experiência brasileira. Saarbrücken: Novas Edições Acadêmicas, 2014, p. 182).

Essa apuração é, sem dúvidas, a nota característica que marca as medidas cautelares administrativas patrimoniais e as diferencia de grande parte das demais espécies de atos administrativos. É a atuação preordenada do Estado, direcionada a atingir direitos de terceiro, com a devida autorização normativa e visando a alcançar o interesse público, que reveste um ato cautelar administrativo, enquanto que nos atos administrativos em geral, as eventuais lesões a direito que possam surgir decorrem de: a) uma ilicitude do ato ou b) um efeito reflexo do ato em relação a terceiros não previstos normativamente.

Com essa análise, umbilicalmente atrelada com o conteúdo do ato administrativo cautelar, apura-se a existência de uma figura jurídica ainda pouco investigada no Direito Administrativo brasileiro, mas que se mostra capaz de elucidar, com maior precisão ainda, a natureza jurídica daqueles provimentos (que, como visto, são procedimentos ablatórios ou ordens administrativas) e as consequências decorrentes. Está-se a falar aqui do chamado sacrifício de direito.

Tal figura, o sacrifício de direito, conforme sintetiza Patrícia Ferreira Baptista, pode ser encarada como "todos os gravames excepcionalmente impostos pela Administração Pública que importem na eliminação de titularidades específicas de direitos subjetivos em favor do todo social".[59]

É na doutrina italiana,[60] bem representada por Renato Alessi, que se encontra o desenvolvimento mais celebrado acerca do sacrifício do direito. Para o jurista italiano,[61] em sua obra *"La responsabilità della*

---

[59] BAPTISTA, Patrícia Ferreira. Limitação e sacrifícios de direito: o conteúdo e as conseqüências dos atos de Intervenção da Administração Pública sobre a propriedade privada. *Revista de Direito*, Rio de Janeiro, v. 7, 2003, p. 53.

[60] Com propriedade, Fernando Garrido Falla confirma o papel dos juristas italianos nessa distinção: *"Pero, sin duda, ha sido la doctrina italiana la que ha puesto particular énfasis en distinguir los supuestos de indemnización que tienen su origen en actividad lícita o en actividad ilícita del Estado. Lo que se ha venido a subrayar es el distinto título jurídico en virtud del cual se puede exigir una indemnización a la Administración Pública, en función precisamente del carácter legítimo o no de su actuación"* (La constitucionalización de la responsabilidad patrimonial del Estado. *Revista de Administración Pública*, nº 119, may./ago. 1989, p. 10).

[61] Segundo Renato Alessi: *"Ciò non pertanto in molti casi in cui da una norma giuridica viene previsto il sacrificio di un diritto privato per il soddisfacimento di un interesse pubblico, dalla norma stessa viene disposta la rifusione del danno per tal modo cagionato al cittadino, dando luogo così a quella forma speciale di responsabilità della pubblica amministrazione cui si è accennato, e cioè alla responsabilità per danni legittimi. È chiaro però, naturalmente, che questa rifusione del danno non avrà la natura di un vero e proprio risarcimento (e di fatti dalle leggi che lo contemplano è denominata per lo più indennizzo anzichè risarcimento), così come il fondamento teorico e positivo di questa speciale forma di responsabilità sarà sostanzialmente diverso dal fondamento teorico e positivo della vera e propria responsabilità, la quale presuppone la violazione di un diritto soggettivo"* (ALESSI, Renato. *La responsabilità della Pubblica Amministrazione*. Milano: Dott.

Pubblica Amministrazione", quando se está diante de atos lícitos, há ***lesão*** a direitos, enquanto que, ao se falar de atos ilícitos, há uma ***violação*** do direito. No caso de ato lícito, fala-se em sacrifício de direito que gera direito a uma indenização, ao passo que no ato ilícito a violação do direito ocasiona um ressarcimento decorrente da responsabilidade do Estado.[62]

Observa-se que em Alessi não haveria que se falar em responsabilidade por atos lícitos[63] (instituto que estaria reservado às violações de direito), mas somente em sacrifício de direito (atos lícitos) ou responsabilidade por atos ilícitos.

No Direito pátrio, um dos poucos autores que deu a atenção devida ao sacrifício de direito, ainda que trabalhando com a possibilidade de convivência com a responsabilidade por atos lícitos,[64] foi Celso Antônio Bandeira de Mello. Para o administrativista, o sacrifício é originário da atuação estatal norteada com intuito de retirar, restringir ou extinguir direitos de particulares com a finalidade de alcançar o interesse coletivo. São os casos em que a ordem jurídica confere à Administração Pública o poder de investir diretamente contra esses direitos, sacrificando consequentemente interesses privados e convertendo-os em sua correspondente expressão patrimonial.[65]

A. Giuffrè, 1951, p. 246).

[62] ALESSI, Renato. *La responsabilità della Pubblica Amministrazione*. Milano: Dott. A. Giuffrè, 1951, p. 244-246.

[63] Da mesma forma é como defende, perante a ordem jurídica italiana, Guido Zanobini (*Corso di diritto amministrativo*. Milano: Dott. A. Giuffré, 1958, p. 335-338).

[64] Deve-se ressaltar que essa diferenciação não é pacífica. Mencione-se, de forma ilustrativa, que Enrique Sayagués Laso (*Tratado de derecho administrativo*, Tomo II. 3. ed. Montevideo: Talleres Gráficos Barreiro y Ramos S.A., 1974) estuda a questão de maneira monolítica, entendendo casos como o da desapropriação como sendo hipóteses de responsabilidade civil do Estado. Da mesma forma, Sérgio Severo expõe que "se há uma justificativa histórica para o contraste da hipótese de indenização e reparação, na medida em que a concepção subjetiva da responsabilidade pública não admitiria uma responsabilidade sem culpa sobretudo na esfera dos atos lícitos e necessários à ação administrativa, de outro lado não prospera a distinção, pois se trata de hipóteses sujeitas ao regime de responsabilidade" (*Tratado da responsabilidade pública*. São Paulo: Saraiva, 2009, p. 234). Sem embargo, conforme se nota ao longo do texto, entende-se recomendável e juridicamente adequado realizar a diferenciação, seja devido ao fato gerador de cada uma das hipóteses (nos casos de responsabilidade a lesão ao direito é reflexa, ao passo que no sacrifício trata-se de seu próprio conteúdo), seja no que tange ao *quantum* a ser pago pelo Estado – quando cabível –, cabendo na responsabilidade abarcar os lucros cessantes, o que não ocorre no sacrifício (limita-se aos danos emergentes).

[65] BANDEIRA DE MELLO, Celso Antônio. *Curso de direito administrativo*. 29. ed. São Paulo: Malheiros, 2012, p. 222.

Exemplo mais notório de sacrifício de direito se refere à desapropriação, que consiste na aquisição, forçada pelo Estado, de um bem com valor econômico, pertencente a um particular, mediante o pagamento de justa indenização. Patrícia Ferreira Baptista acrescenta que se apontam normalmente como sendo espécies[66] de sacrifícios de direitos "as desapropriações, as servidões administrativas e, em alguns casos, até os tombamentos, quando estes importem em esvaziamento econômico do bem tombado".[67]

No sacrifício de direito, o ordenamento jurídico confere à Administração o poder de retirar, restringir ou extinguir direito de particular, como finalidade primária de sua atuação. Ou seja, não é um dano causado indiretamente como simples consequência por atuação estatal revestida de licitude. A expropriação de direito de terceiro é o conteúdo do ato autorizado pelo ordenamento.

Portanto, é necessário retirar do campo da responsabilidade os casos em que o Direito confere à Administração o poder jurídico diretamente preordenado ao sacrifício de um direito (ainda que parcial)[68] e incluir, na responsabilidade, os casos de atividades lícitas do Estado que gerem dano somente de maneira reflexa ou indireta.

Questão relevante acerca do sacrifício de direito diz respeito a sua diferenciação com as limitações administrativas ou condicionamentos de direito. Carlos Ari Sundfeld elenca que doutrinariamente se invocam, como fatores diferenciadores entre as aludidas figuras, os

---

[66] Carlos Ari Sundfeld traz os mesmos apontamentos: "Sustento que os sacrifícios devem ser visualizados como a expropriação, pelo Estado, de direitos patrimoniais pertencentes aos particulares. Sacrificar direitos é sinônimo de expropriar. Os sacrifícios revestem variadas formas. Podem atingir direito de propriedade sobre imóvel, visando sua transferência para o Estado. Por vezes afetam móveis, que desaparecem com o uso (ex.: gêneros alimentícios). Em outros casos, o Poder Público necessita usar temporariamente do bem privado, móvel (ex.: requisição de ônibus para substituir veículos destruídos em acidente) ou imóvel (ex.: ocupação temporária de terreno vago, vizinho de obra pública). Há situações em que são suprimidas apenas alguma ou algumas das faculdades do domínio (ex.: o tombamento de prédio histórico, eliminando o direito à demolição). Hipóteses há em que se atingem direitos de créditos, direitos de acionista, e assim por diante" (Revisão da desapropriação no Brasil. *Revista de Direito Administrativo – RDA*, v.192, abr./jun. 1993, p. 38).

[67] BAPTISTA, Patrícia Ferreira. Limitação e sacrifícios de direito: o conteúdo e as conseqüências dos atos de intervenção da Administração Pública sobre a propriedade privada. *Revista de Direito*, Rio de Janeiro, v. 7, 2003, p. 53.

[68] "A instituição de sacrifícios de direitos efetua-se através da imposição de restrições ao direito de propriedade, ou da extinção do direito de propriedade" (OLIVEIRA, José Roberto Pimenta. Atividade administrativa de ordenação da propriedade privada e tombamento: natureza jurídica e indenizabilidade *Revista Trimestral de Direito Público – RTDP*, ano 7, nº 55, out./ dez. 2013, p. 117).

elementos: a) da transferência patrimonial (haveria sacrifício quando um bem fosse deslocado permanentemente da mão de seu titular para o Estado, como ocorre com a desapropriação); b) do veículo instituidor (o condicionamento seria imposto por meio de lei, enquanto o sacrifício estaria veiculado por qualquer outra espécie de ato); c) da generalidade e singularidade (o condicionamento seria decorrente de ato geral e abstrato, ao passo que o sacrifício decorreria de atos singulares).[69]

O próprio autor critica os dois primeiros critérios comumente apontados e propõe um avanço do último, argumentando que: a) o primeiro critério desconsidera por completo a possibilidade do sacrifício parcial ou temporário e serve como fundamento ao Estado para adotar medidas que configuram expropriações disfarçadas; b) o segundo fator discriminante levaria em conta somente um aspecto formal, mas que, sob a ótica do particular, não possuiria qualquer relevância, já que produziria efeitos idênticos; c) o último ponto, malgrado não deva ser completamente abandonado, deve ser substituído pelo critério da normalidade do gravame sofrido. Assim, onerosidades normais, condizentes com o grau de exigência da vida social, seriam próprias dos condicionamentos; já constrangimentos extraordinários, que excedam a normalidade habitualmente aceita, representariam sacrifícios de direito.[70]

Com uma abordagem próxima, Luis Manuel Fonseca Pires discorre que as limitações são intervenções estatais que compõem a própria conformação do direito de propriedade, delineando o seu significado jurídico. Já o sacrifício seria resultante de restrições externas ao direito de propriedade, autorizadas ao Estado, ou seja, não faz parte da conformação do direito, mas sim avança sobre o próprio direito.[71]

Trazendo essas considerações para os provimentos cautelares administrativos de cunho patrimonial, objeto de estudo deste trabalho,

---

[69] SUNDFELD, Carlos Ari. Condicionamentos e sacrifícios de direitos – distinções. *Revista Trimestral de Direito Público*, nº 04, 1993, p. 79-80.

[70] SUNDFELD, Carlos Ari. Condicionamentos e sacrifícios de direitos – distinções. *Revista Trimestral de Direito Público*, nº 04, 1993, p. 81-83.

[71] PIRES, Luis Manuel Fonseca. Limitações administrativas à liberdade e à propriedade e sacrifícios de direitos. *Enciclopédia jurídica da PUC-SP*. Celso Fernandes Campilongo, Alvaro de Azevedo Gonzaga e André Luiz Freire (coords.). Tomo: Direito Administrativo e Constitucional. Vidal Serrano Nunes Jr., Maurício Zockun, Carolina Zancaner Zockun, André Luiz Freire (coord. de tomo). 1. ed. São Paulo: Pontifícia Universidade Católica de São Paulo, 2017. Disponível em: https://enciclopediajuridica.pucsp.br/verbete/112/edicao-1/limitacoes-administrativas-a-liberdade-e-a-propriedade-e-sacrificios-de-direitos. Acesso em: 12 jan. 2020.

apura-se que não há como enquadrar as indigitadas medidas como limitações/condicionamentos de direito. Pelo critério levantado por Carlos Ari Sundfeld, é evidente que as restrições decorrentes das medidas cautelares não podem ser tidas como gravames normais, decorrentes da vida em sociedade (inconcebível pensar que a apreensão de bens ou indisponibilidade do patrimônio pelo Estado, por exemplo, sejam atos comuns da vida social). Da mesma forma, valendo-se do critério da generalidade e abstração em oposição à singularidade, as medidas provisionais sempre são praticadas por meio de atos administrativos concretos, em especial pelo fato de haver a necessidade de preenchimento dos requisitos mínimos, como o *periculum in mora* e o *fumus boni iuris*. Por último, pelas lições de Luis Manuel Fonseca Pires, a conformação do direito de propriedade não incluiu eventuais restrições gravosas como o são as medidas cautelares administrativas. Precisamente por serem decorrentes de atos concretos, o contorno do direito de propriedade não é feito levando em consideração as intervenções estatais oriundas das medidas provisionais. Estas, pelo contrário, restringem um direito já estruturado, com a autorização da ordem jurídica.

Pelo exposto, nos parece adequado enquadrar as medidas cautelares administrativas negativas e patrimoniais como espécie de sacrifício parcial de direito (são atos voltados especificamente para restringir, temporariamente e parcialmente, o direito de pessoas determinadas). Essa natureza jurídica terá consequências importantes na questão da responsabilidade do Estado, conforme será abordado no capítulo 3.

1.5   O princípio da legalidade e o poder cautelar

Rule of law not of men. A máxima inglesa representa a evolução do Estado autoritário para o Estado de Direito, onde emerge, como alicerce normativo do Estado, o princípio da legalidade. Nos dizeres de Maria Sylvia Zanella Di Pietro, a legalidade, conjuntamente com o princípio do controle da Administração pelo Poder Judiciário, nasceu com o Estado de Direito e constitui uma das principais garantias de respeito aos direitos individuais, uma vez que ao mesmo tempo em que a lei define os direitos, estabelece também os limites da atuação administrativa que tenha por objeto a restrição ao exercício de tais direitos em benefício da coletividade.[72]

---

[72]   DI PIETRO, Maria Sylvia Zanella. *Direito administrativo*. 19. ed. São Paulo: Atlas, 2006, p. 81.

A legalidade[73] como princípio aplicável à Administração Pública (limitando a atividade estatal) assume seu corpo somente com o surgimento do Estado de Direito.[74-75] Essa tipologia de Estado, que é a verdadeira origem e fonte essencial das normas, como anota Héctor Jorge Escola, encontra-se submetida a esse Direito que ele mesmo criou, como resultado de uma auto-obrigação ou autolimitação que ele mesmo se impôs e aceitou.[76]

O princípio da legalidade, um dos pilares[77] de todo o regime jurídico de Direito Público, sempre foi entendido classicamente, segundo narra Adolf Merkl, como a exigência de um fundamento legal para cada

---

[73] Caio Tácito narra que a lei, como regra de conduta entre pessoas privadas, tem origem no direito romano. No entanto, no que tange ao direito público, a vontade da autoridade real era absoluta, determinando a conduta coletiva. Posteriormente, é possível notar as primeiras sementes dos direitos individuais já durante a Idade Média, por meio dos forais ou cartas de franquias outorgadas em benefício das comunidades locais, manifestando-se com mais vigor na Magna Carta de 1215, na *Petition of Rights* de 1628 e no *Bill of Rights* de 1689, que confirmam o controle do Parlamento sobre a autoridade real. Prossegue o autor apontando que a consagração da divisão dos poderes e suas limitações tem como marco o reconhecimento dos direitos fundamentais e a afirmação das liberdades públicas, que possuem como referência histórica a Revolução Francesa do final do século XVIII, destacando-se os documentos da Declaração do Direitos do Homem e do Cidadão de 1789. A Declaração estabelecia o princípio da legalidade como fundamento de direitos individuais e, por conseguinte natural, de direitos políticos da representação popular na constituição dos poderes, reprimindo o absolutismo do Poder estatal e condicionando a atividade da Administração Pública (O princípio de legalidade: ponto e contraponto. *Revista de Direito Administrativo – RDA*, Rio de Janeiro, v.242, out./dez. 2005, p. 125-126).

[74] Nessa mesma linha, Victor Nunes Leal acrescenta que o "regime da legalidade é uma conquista jurídica e política da consciência universal, traduzida no chamado Estado de Direito". No entanto, explica que a expressão da legalidade acabou sendo esvaziada de seu sentido original, que significava a limitação do poder estatal em face dos direitos da pessoa humana, passando a assumir um caráter primordialmente técnico, a indicar que a lei obriga tanto o particular quanto o Estado (*Problemas de direito público*. Rio de Janeiro: Forense, 1960, p. 61).

[75] Para um panorama da evolução do Estado de Polícia até o Estado Democrático de Direito, com o papel desempenhado pela legalidade nessa transição, confira-se DI PIETRO, Maria Sylvia Zanella. *Discricionariedade administrativa na Constituição de 1988*. São Paulo: Atlas, 1991, p. 11-34.

[76] ESCOLA, Héctor Jorge. *Compendio de derecho administrativo*. V.I. Buenos Aires: Depalma, 1990, p. 146.

[77] Não se ignora uma série de problemáticas envolvendo a legalidade, em especial no último século, ao que parte da doutrina tem denominado de "crise da legalidade". Um dos autores brasileiros que mais bem se aprofundou no assunto, Gustavo Binenbojm, proclama que a crise da lei é um fenômeno universal, que do ponto de vista estrutural confunde-se com a própria crise de representação e legitimidade dos parlamentos, e, do ponto de vista funcional, é a própria crise da ideia de legalidade como parâmetro de conduta aos particulares e ao Estado. Para essa crise, o autor elenca cinco principais razões: 1ª) a inflação legislativa, notadamente em países de tradição romano-germânica; 2ª) a constatação histórica de que a lei pode, muito mais que vincular injustiças, servir de fundamento para barbáries (*vide* os notáveis regimes fasci-nazistas durante a 2ª Guerra Mundial); 3ª) a lei deixa de ser a principal e mais importante forma de manifestação da vontade geral do povo, sendo o constitucionalismo o grande vitorioso dessa derrota

uma das atuações administrativas, qualquer que seja seu conteúdo.[78]

Perante a ordem jurídica brasileira pretérita, anteriormente ao texto constitucional de 1988, mas cujas lições ainda permanecem, em certa medida, válidas, Hely Lopes Meirelles explicava que o princípio da legalidade assume diferente conteúdo quando se refere ao particular ou à Administração Pública. Ao passo que ao particular é lícito fazer tudo o que a lei não proíbe,[79] destaca o administrativista, na Administração Pública só é permitido fazer o que a lei autoriza.[80]

As considerações acima, no que tange ao Poder Público, representam o princípio da legalidade sob as vestes da fórmula da primazia da lei, ou seja, há uma vinculação pontual do administrador, limitada aos temas e termos que o legislador quiser intervir.[81]

Essa primeira concepção do princípio da legalidade é um dos possíveis conteúdos atribuídos à legalidade, como pontua Charles Eisenmann. Para o administrativista francês, seria essa a noção máxima de legalidade, significando que "a Administração não poderia praticar outros atos que não sejam atos conforme a uma tal regulamentação".[82]

---

legal; 4ª) tem-se atualmente uma série de outros atos normativos infraconstitucionais que são, por si só, capazes de servir de fundamento da atuação administrativa; e 5ª) o Poder Legislativo não possui muito espaço para uma atuação independente, ficando à mercê do Poder Executivo, que nos Estados ocidentais controla parte significativa do processo legislativo (*Uma teoria do direito administrativo*: direitos fundamentais, democracia e constitucionalização. 2. ed. Rio de Janeiro: Renovar, 2008, p. 125-134). Sem embargo, ainda que se reconheçam as razões apresentadas como procedentes, mantendo-se total deferência à função ímpar que o texto constitucional, com seus princípios e direitos fundamentais, assume na ordem jurídica brasileira vigente, enxerga-se que o princípio da legalidade continua a exercer papel fundante do regime de direito público. Se é o certo que o quadro atual da legalidade encontra-se em crise, não menos correta é a constatação de que, sem o respeito a ele (princípio da legalidade), esse fenômeno se transformará em uma verdadeira crise da própria Administração Pública, que ruirá por não ter uma viga mestra que a mantenha. A limitação do poder estatal, bem como o direcionamento do comportamento dos agentes públicos, ainda hoje depende da lei, mesmo com todas suas deficiências. Retirar tal primazia é abrir um perigoso caminho para um retorno ao autoritarismo ou a um constitucionalismo de fachada.

[78] MERKL, Adolf. *Teoria general del derecho administrativo*. Tradução de José Luis Monereo Peréz. Granada: Comares, 2004, p. 209.

[79] Seria a concepção mínima de legalidade, intitulada da não contrariedade ou da compatibilidade, seguindo-se a nomenclatura de Charles Eisenmann (O Direito Administrativo e o princípio da legalidade. *Revista de Direito Administrativo – RDA*, Rio de Janeiro, v.56, 1959, p. 54).

[80] MEIRELLES, Hely Lopes. *Direito administrativo brasileiro*. 7. ed. São Paulo: Revista dos Tribunais, 1979, p. 70.

[81] SUNDFELD, Carlos Ari. *Direito Administrativo para céticos*. 2. ed. São Paulo: Malheiros, 2014, p. 225.

[82] EISENMANN, Charles. O Direito Administrativo e o princípio da legalidade. *Revista de Direito Administrativo – RDA*, Rio de Janeiro, v. 56, 1959, p. 55.

Referida noção máxima poderia ser subdivida em duas variantes: a primeira, mais radical, que exige que os atos constituam uma pura e simples reprodução da lei, havendo uma conformidade material ou física; e a segunda, mais sutil e menos literal, que representaria uma conformidade lógica ou racional, que demanda que a Administração emita atos que se fundam em norma legal, a qual predetermina seus conteúdos.[83]

Sem embargo das conceituações de legalidade que ainda trabalham sob o prisma da primazia da lei ou legalidade máxima, tem-se que o texto Constitucional vigente autoriza a construção de uma diferente norma no que tange ao princípio da legalidade, apontando-se para a direção da genérica dependência de lei:[84] há uma vinculação extensa, abrangendo todas as matérias, porém a profundidade de vinculação ao legislador em cada hipótese dependerá da política legislativa, que pode ser mais ou menos restritiva.[85]

Deste modo, o princípio da legalidade, no bojo da Lei Maior de 1988, com embasamento nos artigo 48, inciso II; 5º, inciso II; e 37, *caput*, e diversos incisos dispersos, vincula as condutas da Administração Pública à previsão legal, mas o grau de profundidade dessas vinculações, que podem ser brandas ou restritas, a depender da matéria, dependem de escolhas legislativas.[86]

Nesses termos, quando se cogita a existência de um poder cautelar administrativo, é certo que ele se encontra, em regra, na dependência da existência de normas legais expressas (ainda que só autorizativas de competências), não podendo a Administração adotar determinadas medidas não previstas em lei ou instrumentos normativos correlatos

---

[83] EISENMANN, Charles. O Direito Administrativo e o princípio da legalidade. *Revista de Direito Administrativo – RDA*, Rio de Janeiro, v. 56, 1959, p. 55.

[84] Partindo-se da análise de Charles Eisenmann, a legalidade como essa vinculação genérica à lei é bem resumida por Alexandre Santos de Aragão: "A Administração Pública pode fazer o que uma norma superior, legal ou constitucional, a autorize, a habilite a fazer, ainda que não entre nos detalhes do conteúdo dos atos a serem emitidos. Nesta perspectiva, a Administração não possui liberdade na ausência de lei, mas basta que esta lhe atribua competência. Privilegia-se, portanto, a existência de habilitação formal para o exercício de competência para a realização de determinados fins" (A concepção pós-positivista do princípio da legalidade. *Revista de Direito Administrativo – RDA*, Rio de Janeiro, v. 236, abr./jun. 2004, p. 51-52).

[85] SUNDFELD, Carlos Ari. *Direito administrativo para céticos*. 2. ed. São Paulo: Malheiros, 2014, p. 255.

[86] SUNDFELD, Carlos Ari. *Direito administrativo para céticos*. 2. ed. São Paulo: Malheiros, 2014, p. 256-258.

(a própria Constituição, leis delegadas, medidas provisórias, emendas constitucionais etc.).

É nesse sentido que expõe inicialmente Victor Rafael Hernández-Mendible ao analisar as providências cautelares administrativas na Venezuela, assentando que a autoridade administrativa somente deve conceder medidas administrativas cautelares se houver uma norma legal[87] expressa que as autorize.[88]

Embora seja esse o pensamento predominante, tal linha argumentativa tem sido matizada por alguns autores que buscam outros fundamentos e limites à adoção das medidas provisionais administrativas, ainda que em face da carência de uma normatização legal.

O próprio Victor Rafael Hernández-Mendible apresenta a conclusão que se extrai da resolução administrativa emitida pela Sala Político-Administrativa da Corte Suprema de Justiça Venezuelana, assentando a possibilidade do emprego da analogia para permitir medidas cautelares administrativas, mesmo ante a ausência de permissivo expresso legal:

> *Las medidas cautelares pueden ser concedidas con justificación en la aplicación analógica – no obstante que, rigurosamente, el principio de legalidad exige que toda actuación de la autoridad administrativa tenga como fundamento una norma legal expresa –, por lo que, en virtud, de la obligación de sujeción de la actividad administrativa al Derecho, la analogía permite acudir a ella para llenar el vacío legal. En consecuencia, las medidas administrativas cautelares pueden ser concedidas aplicando las normas del Código de Procedimiento Civil, en materia de medidas cautelares judiciales.*[89]

No Brasil, outrossim, tem-se sustentado em determinados casos uma relativização, em certa medida, do princípio da legalidade no que tange as medidas cautelares administrativas, invocando-se a aplicação da teoria dos poderes implícitos, que não exige uma previsão

---

[87] A atuação administrativa não pode ser outra senão a que se mostre de acordo com a dicção legal, é dizer, cumpre ao administrador público somente aplicar as determinações previstas em lei, não podendo atuar fora desses limites. Não são diferentes as palavras de Belén Marina Jalvo: *"Con carácter general, toda actuación administrativa con incidencia en los derechos, libertades o, más ampliamente, en la esfera jurídica de los ciudadanos debe resultar amparada en la correspondiente habilitación legal"* (MARINA JALVO, Belén. *Medidas provisionales en la actividad administrativa.* Valladolid: Lex Nova, 2007, p. 57).
[88] HERNÁNDEZ-MENDIBLE, Víctor Rafael. La ejecución de los actos administrativos. *Revista de la facultad de derecho PUCP.* nº 67, 2011, p. 317.
[89] HERNÁNDEZ-MENDIBLE, Víctor Rafael. La ejecución de los actos administrativos. *Revista de la facultad de derecho PUCP*, nº 67, 2011, p. 375.

legal expressa imediata daqueles provimentos para sua validade (*vide* item 1.6.2).

A questão parece tentadora, ainda mais quando se busca uma desburocratização estatal e um maior dinamismo na condução do Estado, mas necessita ser analisada com precaução, sob pena de se romper com um dos pilares mais fortes que asseguram o Estado de Direito.

A legalidade em hipótese alguma pode ser completamente afastada para dar lugar a outros elementos que preguem uma atuação administrativa desregrada e à margem das determinações legais. Permitir dita forma de conduta seria retroagir ao autoritarismo revestido de falaciosos argumentos justificantes, trocar um Estado de Direito por um Estado despótico.

No entanto, a legalidade vista como um sistema fechado, vinculado exclusivamente à lei em sentido formal e estrito, não mais representa, em sua plenitude, o conteúdo jurídico do princípio, afinal os próprios princípios, em especial pela difusão de sua construção como sendo espécie de normas, entre outros, já são vistos atualmente como dotados de normatividade, não estando mais o Direito dependente exclusivamente das leis formais.[90] A famigerada vinculação da Administração Pública à lei,[91] no sentido de só ser permitida atuar caso haja permissão legal, assume nesse contexto diferentes contornos, passando-se agora a uma certa concepção mais ampla de juridicidade[92] (não somente leis em

---

[90] "A necessidade de a Administração Pública apresentar respostas rápidas, a maior importância conferida às normas do núcleo de Direito Administrativo, de estatura constitucional, cuja aplicação não depende necessariamente de lei, os processos de integração supranacionais, que conferem aos tratados internacionais importância nunca antes exercida para a organização das novas entidades administrativas são alguns fatores que têm contribuído para que as leis formais percam sua importância como fonte de Direito Administrativo e para a redefinição do princípio da legalidade" (FURTADO, Lucas Rocha. *Curso de direito administrativo*. 4. ed. Belo Horizonte: Editora Fórum, 2013, p. 53).

[91] "A subordinação da administração pública à ordem jurídica, portanto, se entende no sentido de que as normas de direito objetivo funcionam como limitações e restrições à sua vontade" (FALCÃO, Amílcar de Araújo. *Introdução ao direito administrativo*. Brasília: D.A.S.P, 1960, p. 59).

[92] Um dos primeiros nomes no Direito Administrativo a aventar o chamado "princípio da juridicidade da administração" foi Adolf Merkel (*Teoria general del derecho administrativo*. Tradução de José Luis Monereo Peréz. Granada: Comares, 2004, p. 204-208), que o compreendia de maneira mais ampla e diferente do que se entende por legalidade, indicando que toda ação administrativa concreta deve ser analisada desde o ponto de vista de sua relação com todo o ordenamento jurídico. Sobre a juridicidade administrativa, Cármen Lúcia Antunes Rocha ainda discorre que a Administração Pública é o próprio Direito, tornada em movimento realizador de seus efeitos de modo a interferir na realidade social sobre a qual incide. Portanto, ela não é apenas "a lei formalmente perfeita e posta à observância, mas todo o sistema de Direito vigente em determinado Estado (...)" (*Princípios constitucionais da administração pública*. Belo Horizonte: Del Rey, 1994, p. 82-84).

sentido formal), retomando-se novamente a total imprescindibilidade e relevância dos princípios jurídicos.

Assim, além dos matizes já mencionados, observa-se, dos inúmeros sistemas jurídicos que admitem medidas cautelares administrativas, a existência de regras abertas no que tange a adoção desses provimentos. São elas verdadeiras cláusulas gerais, pois não relacionam *numerus clausus* as possibilidades de provimentos cautelares, mas sim preveem uma cláusula geral cautelar, devendo a autoridade administrativa, diante do caso concreto, adotar a medida que melhor se adéque à situação e seja compatível com o ordenamento jurídico em questão.

De fato, é o que sublinha José Antonio Tradío Pato ao tratar da Lei Espanhola nº 30/92, que versa sobre o *"Régimen Jurídico de las Administraciones Públicas y del Procedimiento Administrativo Común"*,[93] descrevendo que não se tipificam na lei todos os provimentos cautelares de forma exaustiva, tendo em vista a diversidade de procedimentos e possíveis resoluções a que podem servir as medidas provisionais administrativas, estando-se diante de um rol *numerus apertus*.[94]

Logo, diferente não pode ser a conclusão senão a de que não há incompatibilidades entre o princípio da legalidade, tão caro à Administração, e a existência de um poder geral cautelar. No entanto, a própria presença de um poder geral de cautela não se mostra condizente com um rol taxativo de providências a serem adotadas, o que retiraria daquele poder as qualidades inerentes ao adjetivo "geral". Então, embora

---

[93] A lei trata, em seu artigo 72, das medidas provisionais, possuindo o seguinte texto: *"Artículo 72. Medidas provisionales. 1. Iniciado el procedimiento, el órgano administrativo competente para resolverlo, podrá adoptar, de oficio o a instancia de parte, las medidas provisionales que estime oportunas para asegurar la eficacia de la resolución que pudiera recaer, si existiesen elementos de juicio suficiente para ello. 2. Antes de la iniciación del procedimiento administrativo, el órgano competente, de oficio o a instancia de parte, en los casos de urgencia y para la protección provisional de los intereses implicados, podrá adoptar las medidas correspondientes en los supuestos previstos expresamente por una norma de rango de Ley. Las medidas provisionales deberán ser confirmadas, modificadas o levantadas en el acuerdo de iniciación del procedimiento, que deberá efectuarse dentro de los quince días siguientes a su adopción, el cual podrá ser objeto del recurso que proceda. En todo caso, dichas medidas quedarán sin efecto si no se inicia el procedimiento en dicho plazo o cuando el acuerdo de iniciación no contenga un pronunciamiento expreso acerca de las mismas. 3. No se podrán adoptar medidas provisionales que puedan causar perjuicio de difícil o imposible reparación a los interesados o que impliquen violación de derechos amparados por las leyes. 4. Las medidas provisionales podrán ser alzadas o modificadas durante la tramitación del procedimiento, de oficio o a instancia de parte, en virtud de circunstancias sobrevenidas o que no pudieron ser tenidas en cuenta en el momento de su adopción. En todo caso, se extinguirán con la eficacia de la resolución administrativa que ponga fin al procedimiento correspondiente".*
[94] TARDÍO PATO, José Antônio. Las medidas provisionales en el procedimiento administrativo. *Revista Jurídica de Navarra*, nº 38, jul.-dic. 2004, p. 119.

referida potestade não possa se sustentar completamente desvinculada do princípio da legalidade, certo é que a leitura a ser feita desse princípio modernamente permite determinados abrandamentos e relativizações, permitindo-se que se valha de leis mais abertas e gerais, que sejam assim maleáveis à adaptação em um sem número de situações que se mostrem compatíveis com aquelas previsões.

A respeito da leitura da legalidade e sua relação com as medidas cautelares administrativas, o Tribunal Regional Federal da 4ª Região bem expressa essa circunstância explicando que a desvinculação do princípio da tipicidade legal[95] é a tônica nesta seara, uma vez que a medida preventiva terá cabimento sempre que a Administração tiver de evitar a ocorrência de uma lesão contra bem jurídico cuja proteção a lei lhe impõe. Bem por isso, as cláusulas autorizadoras de providências acauteladoras são consideravelmente abertas, como se vê daquela estampada na Lei 9.784/99, em seu artigo 45.[96]

1.5.1 Regulamentação por atos administrativos

Os provimentos acautelatórios, especialmente por envolverem, em sua grande maioria, restrições aos direitos dos administrados, dependem de previsão legal, ainda que nos termos amplos dispostos previamente. Assim, encontram-se diversos diplomas legislativos com indicações de medidas cautelares administrativas, inibitórias e em sentido estrito, inclusive com a previsão de um poder geral de cautela na Lei nº 9.784/99 (o microssistema cautelar administrativo é investigado no capítulo 2).

Sem embargo, encontram-se também atos infralegais que dispõem normativamente sobre certos provimentos acautelatórios. Seriam eles válidos?

O poder-dever regulamentar da Administração Pública consiste na prática de dever normativo subordinado, "obediente". Não se trata de mera repetição legal, mas de especializações e orientações

---

[95] O Tribunal Regional Federal da 2ª Região, em uma linha parecida, atesta que a cautelaridade administrativa, mesma não havendo previsão expressa, decorreria da ideia de poder de polícia (TRF-2 – AC: 200951010028044 RJ 2009.51.01.002804-4, Relator: Desembargador Federal POUL ERIK DYRLUND, Data de Julgamento: 05.05.2010, OITAVA TURMA ESPECIALIZADA, Data de Publicação: E-DJF2R – Data: 12.05.2010 – Página: 288).

[96] TRF-4 – AG: 50139846020134040000 5013984-60.2013.404.0000, Relator: LUÍS ALBERTO D'AZEVEDO AURVALLE, Data de Julgamento: 28.06.2013, QUARTA TURMA, Data de Publicação: D.E. 28.06.2013.

aos administradores e administrados quanto à aplicação normativa. Caio Tácito há muito já esclarecia que regulamentar não é somente reproduzir analiticamente a lei, mas ampliá-la e completá-la, sobretudo nos aspectos que a própria lei, expressa ou implicitamente, outorga à esfera regulamentar.[97]

Temos duas espécies de atos regulamentares versando sobre provimentos acautelatórios administrativos. Alguns, de fato, de forma clara, parecem se circunscrever aos limites regulamentares, servindo para operacionalizar as previsões trazidas em lei. Nesses casos, o que se verifica é a presença de legislações que trazem um panorama minimamente específico sobre as provisões cautelares administrativas. É o que se apura, por exemplo, na relação entre a Lei nº 13.506/17 e a correspondente Circular nº 3.857, de 14 de novembro de 2017 (medidas provisionais desempenhadas pelo Banco Central do Brasil – BACEN), ou na Lei nº 9.019/95, cujas medidas provisórias *antidumping* encontram-se reguladas pelo Decreto nº 8.058/2013.

Um segundo grupo de atos regulamentares, por outro lado, busca seu fundamento normativo superior na previsão geral e aberta da Lei nº 9.784/99, trazendo minúcias e espécies restritivas não constantes expressamente na lei. Nesses termos, tem-se a Resolução ANAC nº 472/2008, que, referindo-se expressamente em seu preâmbulo à Lei nº 9.784/99, regula no Capítulo I as "providências administrativas preventivas", prevendo atos cautelares específicos como o Aviso de Condição Irregular (ACI) e a Solicitação de Reparação de Condição Irregular (SRCI). De igual forma, ainda que não fazendo menção necessariamente ao dispositivo legal referido, tem-se a Resolução CONMETRO nº 8/2016 (artigos 4º a 6º); o Decreto nº 9.013/17, que versa sobre a atuação do MAPA (artigo 495); a Resolução do Conselho Federal de Medicina nº 1789/2006 (trata integralmente sobre a interdição cautelar do exercício profissional do médico); a Resolução CONAMA nº 237/97 (artigo 19, no que tange à suspensão de licenças ambientais); a Portaria nº 111/2016 do Ministério da Saúde, que possibilita, em seu artigo 38, a suspensão preventiva dos pagamentos e/ou a conexão com os Sistemas DATASUS sempre que detectar indícios ou notícias de irregularidade(s) na execução do Programa Farmácia Popular do Brasil pelos estabelecimentos; e a Portaria MEC nº 40/2007, que em seu §4º do art. 36 possibilita a suspensão cautelar da admissão de novos alunos.

---

[97] TÁCITO, Caio. As delegações legislativas e o poder regulamentar. *Revista de Direito Administrativo – RDA*, Rio de Janeiro,. v. 34, 1953, p. 473.

Quanto ao primeiro grupo, não há grandes debates. Desde que não extrapolem os termos da própria lei específica (análise a ser feita caso a caso), eles buscam regulamentar questões que possuem um conteúdo mínimo estipulado na própria lei.

A questão mais problemática repousa no segundo grupo. Por buscar seu fundamento de juridicidade na previsão geral e aberta da Lei nº 9.784/99, acabam detendo, aparentemente, uma maior discricionariedade regulamentar. Aqui temos dois pontos que necessitam ser conciliados. De um lado, há a necessidade de se permitir a criação de um poder geral de cautela, justamente pelo fato de que, por envolver situações variadas de risco, as medidas cautelares necessitam, para cobrir as diversas áreas da atuação administrativa, de um grau de flexibilidade conferido pela atipicidade própria deste poder. De outro, a legislação não pode, em regra, conceder delegações tão abertas e amplas ao Executivo (salvo hipóteses em que haja relações de sujeição especial, conforme item 1.6.3.1), ainda que de maneira velada (as delegações disfarçadas mencionadas por Celso Antônio Bandeira de Mello).

A regulamentação sempre traz ínsita algum grau de afunilamento restritivo em relação às previsões legais. Uma lei que preveja, sem a estipulação de forma ou prazos, que o sujeito terá que requerer, administrativamente, ao Poder Público, determinado benefício para fazer jus a ele, com certeza será restringida quando, no exercício da atividade regulamentar, a Administração Pública prever o envio de determinados formulários ou estipular prazos específicos, por exemplo. Quanto mais detalhada se mostrar a lei, menos espaço haverá para o administrador público restringi-la por intermédio de atos normativos infralegais.

De modo a equalizar este imbróglio, alguns limites devem ser impostos ao poder regulamentar no que tange às medidas cautelares administrativas.

Primeiro, não pode haver a supressão por meio regulamentar das garantias e previsões mínimas. Assim, não é possível que os atos infralegais a versar sobre as medidas cautelares administrativas, com base na Lei nº 9.784/99, desconsiderem o dever de motivação ou não tenham como pressuposto o risco iminente.

Além disso, da mesma maneira, não podem desconsiderar o núcleo próprio da cautelaridade, questão que se atém à Teoria Geral do Direito, que é a exigência de verossimilhança e de perigo da demora.

Outro aspecto limitador se refere à proporcionalidade das medidas ali impostas. Como se verá no item 1.7.3, a proporcionalidade, além de se constituir como parâmetro para aferir a validade dos provimentos cautelares adotados diante do caso concreto, também serve como balizador do poder regulamentar estatal. Relacionado com a proporcionalidade, há que se exigir igual pertinência entre a finalidade cautelar, o bem jurídico tutelado e os provimentos cautelares específicos criados pelos atos normativos administrativos.

1.5.2 Situações urgentes e de necessidade

Apesar de todas as considerações pertinentes à relação entre legalidade e a existência de um poder cautelar da Administração Pública, questiona-se: não havendo lei que preveja as medidas cautelares administrativas, ainda assim poderia o Poder Público delas se valer?

Heraldo Garcia Vitta reconhece a existência de situações graves em virtude das quais a Administração tem de determinar e realizar a medida acautelatória, independentemente de previsão legal. Para ele, em casos tais, por causa da ausência de lei, há uma atipicidade quanto aos meios e formas do agir do Poder Público nas providências administrativas, devendo a Administração atuar conforme a necessidade do interesse público concreto, protegido pela norma. O teórico ressalta, contudo, que isso só ocorre quando o caso for de "extrema urgência" e a Administração não tiver condições (justamente por causa da urgência) de socorrer-se do Judiciário.[98]

Tratando sobre situações de necessidade, Vicente Alvarez Garcia esclarece que a necessidade pode se operar de duas maneiras: em primeiro lugar, ela é traduzida por meio de normas positivadas previamente pelo legislador; em segundo lugar, ela serve como princípio geral de Direito, integrador do ordenamento jurídico, funcionando de base jurídica para que o Poder Público possa adotar medidas *praeter legem* e, segundo ele, até mesmo *contra legem*, de modo a lograr a realização de determinados fins essenciais à sociedade quando as circunstâncias fáticas puseram em perigo essa finalidade.[99]

Como se verá nos capítulos seguintes, embora, como regra, haja a necessidade de uma lei que preveja, ainda que de maneira ampla, a

---

[98] VITTA, Heraldo Garcia. Apontamentos da "coação administrativa". As medidas acautelatórias do poder público. *Revista TRF 3ª Região*, nº 108, jul./ago. 2011, p. 10.
[99] GARCIA, Vicente Alvarez. *El concepto de necesidad en derecho publico*. Madrid: Civitas, 1996, p. 573-574.

possibilidade de se adotar medidas cautelares administrativas, existem outros fundamentos que embasam a existência de um poder cautelar estatal, a exemplo do princípio da supremacia do interesse público, da eficiência, da boa administração entre outros. Isso significa que, em situações limites, em casos de evidente e patente risco de danos a bens jurídicos constitucionalmente tutelados, cuja atuação para impedir esses danos se mostre de extrema urgência, dentro da lógica da juridicidade (ultrapassando a simples legalidade), pode-se acolher, de maneira juridicamente legítima, a existência de provimentos cautelares administrativos sem que haja uma lei formal que assim autorize de maneira expressa. É certo, contudo, e isso precisa estar plenamente claro, que se trata de medida excepcionalíssima, somente justificada diante dos inúmeros aspectos contextuais fáticos que atestem a situação anormal a exigir máxima urgência.

Apesar do exposto, no sistema jurídico brasileiro essa questão não apresenta maior relevância prática, ao menos atualmente, pois o artigo 45 da Lei nº 9.784/99 (*vide* item 2.2) traz uma previsão genérica da possibilidade de utilização de provimentos cautelares administrativos, permitindo a adoção de medidas atípicas, o que acaba sendo um permissivo geral para essas situações de extrema urgência (em alinhamento à relação legalidade/juridicidade/poder geral de cautela vista nos itens antecedentes).

A importância do permissivo legal em cotejo com situações extremadas de urgência se evidencia quando se observa que a legislação usa o termo "providências administrativas" e não atos administrativos. Assim, alinhado justamente a essas circunstâncias fáticas excepcionais que podem surgir, haveria a possibilidade de adoção de atos materiais, não formais, com o cunho acautelatório (que, por certo, demandariam posteriormente sua materialização em linguagem adequada, nos termos exigidos pela legislação).

Com a mesma intelecção, José dos Santos Carvalho Filho, ao comentar o artigo 45 da Lei nº 9.784/99, sustenta que as providências acauteladoras mencionadas são aquelas condutas administrativas que têm o objetivo de prevenir a ocorrência do fato danoso, possuindo sentido diverso do de ato administrativo: a providência encerra atividade, conduta, ação administrativa, ao passo que o ato retrata a manifestação formal de vontade do administrador. Segundo o administrativista carioca, normalmente o agente pratica o ato indicando, no objeto, a providência a ser adotada; em outras ocasiões, todavia, dependendo da excepcionalidade das circunstâncias, pode a medida administrativa ser tomada sem ter sido precedida de ato administrativo formal.[100]

Dessa maneira, pense-se no caso de um agente ambiental que se depara com uma extração ilegal de madeira prestes a acontecer. Ainda que talvez não esteja em posse dos formulários corretos para a lavratura de um ato formal de apreensão cautelar do material, ou mesmo interdição do local, poderá materialmente adotar os meios hábeis a impedir esse ilícito que geraria danos ao meio ambiente (por meio de ordem verbal[101] de cessação e/ou da apreensão fática de instrumentos como machados, motosserras etc., ainda que esses atos sejam desprovidos do devido termo formalizado naquele momento).

1.5.3 Competências legislativas

As competências para se legislar acerca de medidas cautelares administrativas variam a depender do bem jurídico tutelado pela medida provisional em questão. Deste modo, medidas acautelatórias administrativas relacionadas às infrações de trânsito, por exemplo, seriam de competência privativa da União (artigo 22, inciso XI, da CF). Por outro lado, provimentos acautelatórios relacionados à proteção do meio ambiente enquadrariam-se como de competência concorrente (artigo 24, incisos VI, VII e VIII, da CF), cabendo à União editar as normas gerais, e, aos demais entes, suplementá-las no que for cabível.

Logo, o aspecto instrumental dos provimentos acautelatórios administrativos, que se vinculam a um bem constitucionalmente tutelado, faz com que a competência legislativa a seu respeito siga o mesmo caminho da repartição de competências já assegurada constitucionalmente.

1.6 Fundamentos teóricos

A existência de um poder cautelar no âmbito da Administração Pública não possui um suporte teórico bem delimitado, havendo

---

[100] CARVALHO FILHO, José dos Santos. *Processo administrativo federal:* comentário à Lei nº 9.784 de 29/1/1999. 2. ed. Rio de Janeiro: Lumen Juris, 2005, p. 218.

[101] Em situações de natureza semelhante, Agustín Gordillo já expressou o mesmo entendimento, esclarecendo que *"si bien la regla general es que el acto debe ser escrito, es admisible que em esos casos de urgência, pueda darse verbalmente, pero con suficiente explicación o fundamentación"* (*Tratado de derecho administrativo y obras selectas*: teoría general del derecho administrativo. Buenos Aires: Fundación de Derecho Administrativo, 2013, p. 37).

divergências sobre seus fundamentos e até mesmo – sendo, infelizmente, o que tem prevalecido – ausência de reflexão a seu respeito. Seu tratamento definitivamente não é uniforme no universo jurídico.

Por se tratar de uma situação havida na órbita da Administração Pública, por certo que a existência ou não de determinados poderes remete inicialmente à legalidade – cujo aporte teórico encontra-se presente no item 1.5 –, de forma que a atuação administrativa encontra-se limitada pela autorização legal (com as relativizações necessárias).

No entanto, a despeito de a lei constituir suporte imprescindível para a existência de poderes cautelares administrativos, não é ela – ou pelo menos não só ela – que configura a função axiológica daquelas medidas, devendo sua fundamentação teórica ser mais bem desenvolvida, como se passará a fazer a seguir, com especial atenção à realidade brasileira.

Somente se deve ressaltar que as bases fundantes[102] de um poder cautelar administrativo, que serão apresentadas adiante, não são excludentes; pelo contrário, mostram-se complementares entre si, formando um conjunto teórico robusto o suficiente para sustentar a existência daquele instituto jurídico e evidenciar seu mister.

1.6.1 A eficiência do processo administrativo

O princípio da eficiência adquiriu ares constitucionais na ordem jurídica brasileira, pelo menos de forma textual expressa e formal no que diz respeito exclusivamente à Administração Pública,[103] por meio

---

[102] Edite Hupsel elenca, dentre os fundamentos para a existência de um poder de cautela da Administração Pública, o dever da boa administração e os princípios de supremacia do interesse público, da autotutela, da eficiência, da razoabilidade e mesmo o da moralidade (*O poder geral de cautela da administração pública no processo de licitação e de contratação*: a proteção do patrimônio público através de medidas atípicas. Palestra conferida no X Congresso Brasileiro de Licitações, Contratos e Compras Governamentais. Salvador, 26 a 28 nov. 2014). Dentre esses, temos que a autotutela serviria como embasamento somente em uma parcela da atividade acautelatória, já que nem sempre a pretensão da Administração Pública é rever seus próprios atos (a maior incidência das medidas cautelares administrativas ocorre no exercício do poder de polícia). Além disso, a razoabilidade deve ser enxergada mais como limite do que como embasamento da cautelaridade. Por fim, a moralidade nos parece uma invocação bastante genérica para o poder cautelar administrativo, não tendo havido, por parte da autora, uma explicação mais pontual da razão de indicação como fundamento. Quanto aos demais, conforme se verá no texto, serão abordados devidamente, em conjunto com tantos outros que conformam a base cautelar administrativa na sistemática brasileira.

[103] Paulo Modesto questiona a assertiva da introdução do princípio da eficiência somente com a emenda constitucional nº 19/98: "Essa afirmação pode ser contestada sob diferentes

da emenda constitucional nº 19/98, fazendo parte atualmente do rol dos princípios da Administração Pública constantes do artigo 37, *caput*, da Constituição, além de constar no elenco dos princípios aplicáveis ao procedimento administrativo federal, como se extrai do artigo 2º da Lei nº 9.784/99.

De acordo com o escólio de Odete Medauar, eficiência administrativa "liga-se à ideia de ação, para produzir resultado de modo rápido e preciso, com a menor onerosidade possível".[104] O referido princípio também pode ser compreendido como o dever que o Estado possui de alcançar a solução ótima ao atendimento das finalidades públicas.[105]

Muito embora constitua a eficiência princípio autônomo e dotado de suficiente normatividade, sua aplicação não pode se dar desassociada do princípio da legalidade – norma básica e fundante das relações de Direito Público –, já que jamais uma suposta busca pela eficiência administrativa validaria o abandono da legalidade, que é o dever administrativo por excelência.[106]

A eficiência como diretriz a ser seguida pelo Estado representa a tentativa[107] da incorporação da feição gerencial à gestão estatal, vi-

---

perspectivas. Em primeiro lugar, admite uma desconfirmação formal, literal, no nível do texto constitucional, pois a própria redação original da lei fundamental de 1988 contemplava de forma expressa a exigência de eficiência na administração pública em diferentes disposições. Em outro plano, menos superficial, no plano estruturante dos princípios constitucionais, a afirmação também merece reparos" (Notas para um debate sobre o princípio da eficiência. *Revista do Serviço Público – RSP*, a.51, nº 2, abr.-jun. 2000, p. 108).

[104] MEDAUAR, Odete. *A processualidade no direito administrativo*. 2. ed. São Paulo: Revista dos Tribunais, 2008, p. 98.

[105] HARGER, Marcelo. *Princípios constitucionais do processo administrativo*. 2. ed. Rio de Janeiro: Forense, 2008, p. 126.

[106] BANDEIRA DE MELLO, Celso Antônio. *Curso de direito administrativo*. 29. ed. São Paulo: Malheiros, 2012, p. 125.

[107] Fala-se em tentativa porque, na prática, o choque de ideologias acabou por desvalorizar o aludido princípio. Conforme já expusemos: "O embate ideológico que cercou a EC 19/98 parece ter, em certa medida, obstaculizado uma maior eficácia social acerca da norma da eficiência administrativa. Muitos dos defensores da crença neoliberal, inclusos administradores e juristas, tinham em mente uma mais elevada flexibilização do regime jurídico de Direito Público com a inserção expressa da eficiência (*vide* o trecho da exposição de motivos da emenda constitucional transcrito alhures no qual salta aos olhos a intenção de se livrar de determinados controles institucionais). Ao verificar que a ordem constitucional não permitiria essa interpretação, houve, por certo, um desapontamento, passando a não enxergar mais a eficiência administrativa como 'solução' miraculosa para a burocracia estatal. Por outro lado, os que refutavam as concepções neoliberais mantiveram um ranço em relação aos instrumentos oriundos da emenda, impedindo o esperado acolhimento da eficiência administrativa como norma jurídica dotada de autonomia e conteúdo jurídico próprio, ora negando seu caráter principiológico, ora refutando sua importância, ou mesmo questionando sua aplicabilidade. A consequência

sando a uma maior racionalização administrativa, atrelada à economia de recursos e uma otimização dos gastos realizados. Não basta mais atuar de acordo com a lei, mas deve-se agir, nos limites da legalidade, da melhor forma possível em termos de economicidade.

O conceito de eficiência administrativa, pelas próprias razões acima mencionadas, remete invariavelmente à noção de eficácia ou efetividade, constituindo essa, no entender de Alexandre de Moraes, uma das características daquela, sendo que "eficácia material da administração se traduz no adimplemento de suas competências ordinárias e na execução e cumprimento dos entes administrativos dos objetivos que lhes são próprios (...)".[108]

Tratando ainda sobre as diferenças entre eficiência, eficácia e efetividade, temos Lucas Rocha Furtado, que conclui que as três figuras caminham em conjunto, sendo a eficiência a relação de custos e benefícios, que pode ser estruturada primeiramente pelo planejamento dos gastos, seguida da definição de metas e concluída pelo exame dos custos necessários para atingir as metas; já a eficácia se refere ao controle de resultados, ao passo que a efetividade representa o atendimento da eficiência e da eficácia, ou seja, a comparação entre as metas/objetivos fixados e os resultados alcançados.[109]

Apesar das diferenças acima, para os fins deste ensaio, ao se invocar o princípio da eficiência administrativa como fundamento jurídico para a existência de um poder cautelar da Administração Pública, entendem-se englobados todos os três aspectos supra mencionados (economicidade, eficácia e efetividade). Afinal, conforme já tivemos a oportunidade de explicar em obra monográfica exclusiva sobre o tema, consideramos que eficácia e efetividade configuram-se como sinônimas, ambos os termos encontrando-se inseridos dentro do conceito mais amplo de eficiência. Em nossa definição, a norma representante do princípio da eficiência administrativa é aquela que

---

desse atrito ideológico acarretou no tratamento da eficiência administrativa com somenos importância, impedindo sua aplicação plena, formando um quadro pragmático de desprezo e/ou desconfiança. Ainda que parcela significativa da doutrina tenha buscado conferir um tratamento constitucionalmente adequado ao princípio, ainda se mostra diminuto frente aos demais princípios de Direito Administrativo, em um tratamento menor do que se esperaria diante de uma norma principiológica constitucional" (CABRAL, Flávio Garcia. *O conteúdo jurídico da eficiência administrativa*. Belo Horizonte: Fórum, 2019, p. 208-209).

[108] MORAES, Alexandre de. *Direito constitucional*. 24. ed. São Paulo: Atlas, 2009, p. 334.
[109] FURTADO, Lucas Rocha. *Curso de direito administrativo*. 4. ed. Belo Horizonte: Editora Fórum, 2013, p. 97-98.

determina à Administração Pública, bem como àqueles que exerçam função administrativa no desempenho de suas atividades, a escolha de meios que sejam capazes de atingir a finalidade legal pretendida (eficácia ou efetividade), sendo que tais meios devem ser os melhores, ou seja, os menos onerosos à Administração Pública (direta e indiretamente), tanto em relação aos demais meios existentes, como em relação à própria finalidade almejada (economicidade).[110]

É justamente o mister da Administração Pública em atuar da forma mais eficiente possível – sendo tal premissa inclusive mandamento constitucional brasileiro –, buscando adotar atos que se mostrem eficazes,[111] que justifica a adoção de medidas de cunho cautelar administrativo.[112] Afinal, há tempos não se pode mais conviver com tutelas meramente reparatórias, sendo preferível prevenir o dano – ou, se não for possível, minimizá-lo – a ter que repará-lo.

Não é outra a conclusão que alcançou Fernão Borba Franco ao analisar referidas medidas nos procedimentos administrativos, declarando que a tutela de urgência tem, como razão, justamente o risco de ineficácia do provimento final, seja porque se tornará inútil, seja porque a demora ocasionará o risco de danos de difícil ou impossível reparação.[113]

Um processo administrativo que, ao final de todo seu trâmite, mostra-se ineficaz em razão da ausência da adoção das medidas reclamadas no momento correto, configura um exercício de futilidade, que gera gastos desnecessários para a Administração e frustra expectativas do próprio Estado e da coletividade que candidamente aguarda a melhor providência possível, não atingindo o fim a que se pretendia. Em epítome, o poder cautelar conferido à Administração na condução de seus procedimentos administrativos é medida imprescindível para o escorreito funcionamento da máquina estatal, que acaba eventualmente sofrendo os males do tempo.

---

[110] CABRAL, Flávio Garcia. *O conteúdo jurídico da eficiência administrativa*. Belo Horizonte: Fórum, 2019, p. 276-277.

[111] *"La eficacia debe tener su concreción en toda la actividad prestacional y en la pronta tramitación y resolución de los procedimientos. La eficacia es, en definitiva, un criterio de legitimidad de la Administración"* (MARINA JALVO, Belén. *El régimen disciplinario de los funcionarios públicos*. 3. ed. Valladolid: Lex Nova, 2006, p. 48).

[112] Com igual visão se manifesta Romeu Felipe Bacellar Filho: "a eficiência é um dos critérios orientadores da sumarização do procedimento administrativo (e não do processo) com vistas à simplicidade e celeridade, de um lado, e à proteção das situações de emergência do outro" (*Processo administrativo disciplinar*. 3. ed. São Paulo: Saraiva, 2012, p. 223).

[113] FRANCO, Fernão Borba. *Processo administrativo*. São Paulo: Atlas, 2008, p. 146.

1.6.1.1 Considerações

De uma maneira mais imediata, a cautelaridade administrativa teria por embasamento a eficácia do processo administrativo. As medidas provisionais teriam por fim garantir o resultado útil do processo ou da ação administrativa. Contudo, a menção à eficiência administrativa como sendo um dos seus pilares parte de uma visão mais ampla e global da atividade administrativa.

Conforme visto, a eficiência administrativa demanda a escolha dos meios que sejam capazes de atingir a finalidade legal pretendida, sendo que tais meios devem ser os melhores, ou seja, os menos onerosos à Administração Pública (direta e indiretamente), tanto em relação aos demais meios existentes, como em relação à própria finalidade almejada.

A cautelaridade administrativa, que somente existe no exercício da função administrativa, implica em custos ao Estado. Ainda que por vezes não haja custos financeiros diretos, o que poderia afastar a aplicação imediata da eficiência administrativa,[114] certo é que o conjunto de custos financeiros diretos e custos sociais sempre se encontram presentes nesses tipos de provimentos. Limitar a cautelaridade somente à eficácia seria desconsiderar que o propósito das medidas cautelares administrativas é justamente tutelar o interesse público, o que só ocorre caso levem-se em consideração os custos dos meios escolhidos, tanto financeiros como sociais, o que ultrapassaria conteúdo jurídico somente da eficácia.

1.6.2 Teoria dos poderes implícitos

No Brasil tem-se construído a argumentação jurídica de que o poder de cautela decorreria da aplicação da teoria norte-americana dos poderes implícitos,[115] sendo tal entendimento expressado principalmente em relação à atuação dos Tribunais de Contas (cujas medidas cautelares administrativas em espécie serão abordadas mais detalhadamente adiante).

---

[114] *Vide* CABRAL, Flávio Garcia. *O conteúdo jurídico da eficiência administrativa*. Belo Horizonte: Fórum, 2019, p. 153-163.

[115] Embora de origem norte-americana, outras ordens jurídicas também acatam as premissas oriundas da teoria dos poderes implícitos. Juliano Heinen informa que o Conselho de Estado Francês há tempos reconhece essa noção como forma de a autoridade pública conseguir bem exercer os deveres a ela afetos. Neste tocante, menciona-se: CE, 29 jun. 1950. *Comité de défense des libertés professionnelles des experts-comptables brevetés par l'Etat* (*Curso de Direito Administrativo*. Salvador: JusPodium, 2020, p. 522).

A teoria dos poderes implícitos (*inherent powers*), de nítido viés liberal-burguês, remonta especialmente aos célebres casos judiciais McCulloch *vs*. Maryland (1819) e Myers *vs*. Estados Unidos da América (1926), ocasião em que o *Justice Marshal*, no primeiro dos casos, assentou:

> Pode-se com assaz razão sustentar que um governo, ao qual se cometeram tão amplos poderes (como o dos Estados Unidos), para cuja execução a felicidade e a prosperidade da nação dependem de modo tão vital, deve dispor de largos meios para sua execução. Jamais poderá ser de seu interesse, nem tampouco se presume haja sido sua intenção, paralisar e dificultar-lhe a execução, negando para tanto os mais adequados meios.[116]

Referida teoria foi abraçada quase que de forma automática pela doutrina brasileira – muito embora sem que tivesse havido maior reflexão a seu respeito –,[117] servindo de embasamento para diversos julgados proferidos pelo Supremo Tribunal Federal.[118]

De forma ampla, pode-se então conceituar a teoria dos poderes implícitos como aquela que teorizou o axioma jurídico ou racional segundo o qual onde se pretende o fim se autorizam os meios, ou seja, sempre que houver outorga de um poder geral, está-se incluído – ainda que implicitamente – todo o poder particular necessário a efetivá-lo.[119]

Deve-se aqui fazer um pequeno apontamento acerca da amplitude da teoria. Na forma como tem sido utilizada pela Suprema Corte Brasileira, remetendo ao caso McCulloch *vs*. Maryland,[120] julgado pela

---

[116] BONAVIDES, Paulo. *Curso de direito constitucional*. 27. ed. São Paulo: Malheiros, 2012, p. 487.
[117] Tem sido prática costumeira no Brasil a importação automática de conceitos e doutrinas estrangeiros, ainda mais no âmbito jurídico, o que, por vezes, desconfigura institutos consagrados, ou transfigura teorias que não se amoldam a determinados contextos sociais.
[118] *Vide*, por exemplo, HC 89.837, Rel. Celso de Mello, 20.10.2009; HC 94.173, Rel. Celso de Mello, 27.10.2009; HC 107644, Rel. Ricardo Lewandowski, 06.09.2011.
[119] BONAVIDES, Paulo. *Curso de direito constitucional*. 27. ed. São Paulo: Malheiros, 2012, p. 489.
[120] O caso decorreu da rivalidade dos estados norte-americanos com o Segundo Banco nacional, de modo que alguns deles começaram a tomar medidas agressivas contra a instituição. Entre elas está a tributação instituída pelo estado de Maryland sobre as notas emitidas pelo Banco federal, que gerou o caso em questão, que se tratou de uma ação de débito contra James W. McCulloch em razão do não recolhimento do tributo que incidia sobre as notas. A decisão McCulloch v. Maryland foi muito significativa para a consolidação do governo federal norte-americano e um passo importante na formação da identidade dos EUA como nação. Além disso, a decisão consolidou algumas teorias, como a dos poderes implícitos, a da limitação do poder de tributar dos Estados e da visão da Constituição como um texto de diretrizes gerais, cujos pormenores são deduzidos por

Suprema Corte Norte-Americana, a teoria dos poderes implícitos diz respeito, de forma mais precisa, à atribuição de competência a órgãos e instituições, sendo, pelos termos utilizados nas decisões norte-americanas, mais correto, portanto, a invocação da tradução literal "poderes inerentes".

Contudo, também se faz uso da teoria dos poderes implícitos – ora sendo tratada de forma monolítica, ora versada em termos separados – para tratar acerca das questões de repartição de competência nos estados federados, sendo utilizada para tais propósitos principalmente a terminologia *implied powers*.

Sobre os *implied powers*, W. F. Dodd sintetiza que *"it is a well recognized principle of American constitutional law that the state legislature has all powers not forbidden to it by the national Constitution and by the constitution of the particular state"*.[121]

Portanto, vê-se que, embora a doutrina brasileira utilize frequentemente um só termo (poderes implícitos),[122] há, pelo menos na forma que vem sendo majoritariamente utilizada,[123] uma pequena diferença entre os *implied powers* e os *inherent powers*. Os primeiros voltam-se essencialmente às competências federativas, o que implica dizer que na ausência de uma proibição ou limitação prevista na Constituição Federal, os entes federativos menores teriam implicitamente competências para legislarem sobre questões diversas. Já os segundos estariam mais limitados às competências de órgãos ou instituições, significando que na atribuição de determinadas funções, exigiria-se que também fossem conferidas, ainda que de maneira implícita, competências para o atingimento do fim previsto.

---

meio de sua interpretação (CASAGRANDE, Cássio Luís; BARREIRA, Jônatas Henriques. O caso McCulloch v. Maryland e sua utilização na jurisprudência do STF. *Revista de Informação Legislativa: RIL*, Brasília, DF, v. 56, nº 221, p. 247-270, jan./mar. 2019).

[121] DODD, W. F.. Implied Powers and Implied Limitations in Constitutional Law. *The Yale Law Journal*, Vol. 29, nº 2, Dec. 1919, p. 137.

[122] A terminologia acaba sendo variante entre os autores brasileiros, podendo-se mencionar José Afonso da Silva, que coloca como sinônimos poderes implícitos, poderes decorrentes, poderes inerentes ou ainda poderes resultantes (*Curso de direito constitucional positivo*. 33. ed. São Paulo: Malheiros, 2010, p. 480).

[123] Ressalte-se que a própria doutrina norte-americana acaba por utilizar as terminologias de forma intercambiável, o que permite a conclusão de que a invocação brasileira do nome "poderes implícitos" de forma ampla não constitui nenhum equívoco. Deveras, ao proceder a crítica acerca da questão dos poderes implícitos, o Justice Robert H. Jackson, em seu voto no julgamento do caso Youngstown Sheet & Tube Co. v. Sawyer, pontificou: *"Loose and irresponsible use of adjectives colors all nonlegal and much legal discussion of presidential powers. 'Inherent' powers, 'implied' powers, 'incidental' powers, 'plenary' powers, 'war' powers and 'emergency' powers are used, often interchangeably and without fixed or ascertainable meanings"*.

No entanto, como já mencionado, apesar das sutilezas de cada uma delas, certo é que em sua essência se aproximam – senão se identificam. De fato, ao tratar dos poderes implícitos concernentes às competências federativas, José Afonso da Silva traz basicamente a estrutura dos chamados *inherent powers*, mostrando que dar tratamento uniforme a ambas as questões não traz nenhum prejuízo ao entendimento final. Assim, a teoria dos poderes implícitos, seja no que se refere a competências legislativas, seja em torno das competências administrativas dos órgãos, ocorre "quando se refere à prática de atos ou atividades razoavelmente considerados necessários ao exercício de poderes expressos, ou reservados".[124]

Ultrapassada essa primeira questão terminológica, cumpre verificar como a teoria dos poderes implícitos tem sido tratada para fundamentar a existência de um poder de cautela no âmbito administrativo.

Como já advertido inicialmente, aludida teoria tem servido de base para justificar o poder de cautela em particular na esfera de atuação dos Tribunais de Contas, sendo o marco dessa compreensão o acórdão proferido pelo Supremo Tribunal Federal no julgamento do Mandado de Segurança nº 24.510.

Referida ação constitucional versava sobre o procedimento licitatório aberto pela CODESP (Cia Docas do Estado de São Paulo), na modalidade tomada de preços, para a contratação de serviços advocatícios em Brasília. No caso, diante da impugnação administrativa de um dos licitantes na fase de habilitação, ante a ausência de resposta a seus reclamos, determinou o TCU, ao ser provocado, a imediata suspensão do certame, até que fosse apreciado o mérito da referida impugnação. Ato seguido, contra a decisão cautelar da Corte de Contas, interpôs-se o *mandamus* em questão para apreciação pela Suprema Corte Federal.

No parecer emitido pelo Ministério Público Federal, cuja argumentação foi adotada no voto da Ministra Relatora Ellen Gracie, que se sagrou vencedor,[125] a fundamentação utilizada remete à teoria dos poderes implícitos (embora não verse expressamente sobre ela), como se extrai do seguinte excerto:

---

[124] SILVA, José Afonso da. *Curso de direito constitucional positivo*. 33. ed. São Paulo: Malheiros, 2010, p. 480.

[125] Somente um dos Ministros votou de maneira dissidente, estando-se referindo ao Ministro Carlos Ayres Britto, que entendeu que as competências do TCU previstas na Constituição seriam *numerus clausus*, não estando a medida cautelar tratada na lide sob apreciação ali incluída.

Por outro lado, se as Cortes de Contas têm legitimidade para determinar que os órgãos ou entidades da Administração interessada adotem as medidas necessárias ao exato cumprimento da lei, com maior propriedade, possuem legitimidade para expedição de medidas cautelares, como a ora impugnada, a fim de prevenir a ocorrência de lesão ao erário ou a direito alheio, bem como garantir a efetividade de suas decisões.

Além disso, seguindo a mesma linha argumentativa, mas adentrando de forma mais expressa na temática dos poderes implícitos, o voto do Ministro Celso de Mello – que inclusive é o voto referencial deste julgado, sobrepondo-se inclusive às palavras da relatora e dos demais Ministros – expressa as lições abaixo transcritas:

> Isso significa que a atribuição de poderes explícitos ao Tribunal de Contas, tais como enunciados no art. 71 da Lei Fundamental da República, supõe que se lhe reconheça, ainda que por implicitude, a titularidade de meios destinados a viabilizar a adoção de medidas cautelares vocacionadas a conferir real efetividade às suas deliberações finais, permitindo, assim, que se neutralizem situações de lesividade, atual ou iminente, ao erário público. Impede considerar, no ponto, em ordem a legitimar esse entendimento, a formulação que se fez em torno dos poderes implícitos, cuja doutrina, construída pela Suprema Corte dos Estados Unidos da América, no célebre caso McCULLOCH v. MARYLAND (1819), enfatiza que a outorga de competência expressa a determinado órgão estatal importa em deferimento implícito, a esse mesmo órgão, dos meios necessários à integral realização dos fins que lhe foram atribuídos.

Sem esgotar o debate travado na decisão sob análise, mencione-se ainda a síntese trazida à baila pelo Ministro Sepúlveda Pertence, à época Presidente da Corte Suprema, na qual se afirmou que "nenhum poder decisório constitucional é dado tornar-se ineficaz: e, por isso, tenho como implícito, na norma que outorga o poder de decidir, o poder cautelar necessário a garantir a eficácia da eventual decisão futura".

Percebe-se deste último trecho transcrito a conexão umbilical existente entre os poderes implícitos e a necessidade da garantia da eficiência das decisões, mostrando que ambas as fundamentações, como já salientado inicialmente, são complementares, mostrando-se a primeira (poderes implícitos) instrumental à segunda (eficiência das decisões).

Assim sendo, conclui-se que a teoria dos poderes implícitos tem servido no Brasil como suporte à concessão de um poder cautelar aos

Tribunais de Contas, sendo ainda possível asseverar que, extrapolando o entendimento conferido pelo Supremo Tribunal Federal, o poder de cautela encontra-se assegurado de forma ampla aos demais órgãos administrativos,[126] que no cumprimento de suas competências expressas possuem, em regra, a atribuição de uma competência preventiva implícita.[127] Afinal, seguindo tal entendimento, seria estranho pressupor que, para exercer as atribuições conferidas legislativamente, careceriam os órgãos dos meios necessários para efetivá-las.

1.6.2.1 Considerações

A teoria dos poderes implícitos, ao menos da forma como ela tem sido adotada no Brasil, pode se mostrar extremamente perigosa e de duvidoso respaldo jurídico, se não for vista com cautela. Afinal, a máxima "onde se dão os fins autorizam-se os meios" lida em um sentido absoluto nada mais significa que uma variação da perniciosa constatação de cunho utilitarista de que os "fins justificam os meios".

Embora seja certo que a legalidade hoje se encontra abarcada em um conceito mais amplo de juridicidade, e que não é possível que se exija do legislador a previsão, por lei formal, de todos os atos possíveis de prática pelo Poder Público, também é certo que uma autorização aberta de que, mesmo sem qualquer previsão normativa, seja cabível a invocação de todos os meios que se mostrarem necessários a alcançar certas finalidades estatais, não é compatível com bases constitucionais democrático-republicanas.

---

[126] A possibilidade de extrapolamento da teoria dos poderes implícitos a fim de justificar a existência de um poder de cautela no âmbito de determinadas instituições tem sido sentida por diversos autores, em especial na doutrina estrangeira, quando tratam da figura dos tribunais internacionais, que não exercem jurisdição propriamente dita. É o que se pode extrair de forma exemplificativa das palavras de Montserat Abad Castelos, ao analisar as medidas provisionais emitidas pelo Tribunal Internacional de Justiça: *"Tanto los poderes inherentes como los implícitos guardan una estrecha relación con la competencia o con la fuente de capacidad de que la Corte precisa para adoptar las medidas cautelares, aunque poseen una relación sólo indirecta con el carácter, vinculante o no, de las mismas"* (*El tribunal internacional de justicia y la protección cautelar de los derechos de los Estados*. Madrid: Dykinson, 2002, p. 62).

[127] É como entende Heraldo Garcia Vitta, que, apesar de não mencionar o termo "poderes implícitos", expõe seu conteúdo para justificar certas providências acautelatórias do Estado. De acordo com suas lições, "quem quer os fins não pode negar os meios! Se a Constituição estipulou providências da Administração Pública – medidas, essas, de natureza comum à União, aos Estados e aos Municípios –, não pode o intérprete restringir, ou impossibilitar, atos e medidas urgentes do Poder Público que visem a resguardar o interesse público, protegido pela norma constitucional" (VITTA, Heraldo Garcia. *Soberania do Estado e poder de polícia*. São Paulo: Malheiros, 2011, p. 124).

Nina Laporte Bonfim e Carolina Barros Fidalgo, conquanto entendam que a atribuição e o uso de poderes pela Administração, como regra, tenham de ser expressos, em decorrência do princípio da legalidade, reconhecem que há inúmeros campos em que se permite à Administração uma série de poderes implícitos, que, ainda que não atribuídos expressamente por lei, são absolutamente indispensáveis para o mínimo desempenho das funções nela previstas. No entanto, as próprias autoras admitem que a utilização da referida teoria encerra cuidados redobrados a sua efetiva aplicação, encontrando limites não só na legalidade como também na razoabilidade da extensão interpretativa.[128]

De fato, deve-se advertir, de acordo com as lições de Pedro Lenza, que "(...) os meios implicitamente decorrentes das atribuições explicitamente estabelecidas devem passar por uma análise de razoabilidade e proporcionalidade".[129] Logo, não se deve invocar a teoria dos poderes implícitos como um "cheque em branco",[130] hábil a permitir o exercício de qualquer competência,[131] mas sim observar, dentro de parâmetros razoáveis e proporcionais, em plena consonância com o texto constitucional, se a medida pretendida corresponde à finalidade

---

[128] BOMFIM, Nina Laporte; FIDALGO, Carolina Barros. Releitura da auto-executoriedade como prerrogativa da Administração Pública. In: ARAGÃO, Alexandre Santos de; MARQUES NETO, Floriano de Azevedo (Coord.). *Direito administrativo e seus novos paradigmas*. Belo Horizonte: Fórum, 2012, p. 301-302.

[129] LENZA, Pedro. *Direito constitucional esquematizado*. 15. ed. São Paulo: Saraiva, 2011, p. 569.

[130] Nota-se atualmente que a própria doutrina norte-americana tem questionado a invocação dos poderes inerentes conferidos ao Presidente da República, especialmente a forma como tem servido de sustentáculo à adoção de medidas restritivas à liberdade, principalmente no período pós 11 de setembro, pela antiga administração Bush. É o que sustenta, por exemplo, Louis Fisher: "[e]n tiempos de emergencia, los oficiales gubernamentales empujan las fronteras para hacer lo que creen que es necesario. En lugar de perseguir una estrategia legislativa y trabajar conjuntamente con el Congreso, la Administración Bush decidió actuar unilateralmente e invocar un poder presidencial inherente, que es un campo del derecho constitucional repleto con dudas, ambigüedades e invitaciones abiertas para el abuso. El ejercicio de poderes inherentes siempre viene a expensas de los frenos y contrapesos, la separación de poderes y las salvaguardias estructurales que los redactores adoptaron para asegurar que una concentración de poder no ponga en peligro las libertades individuales" (apud OBANDO CAMINO, Iván. The Constitution and 9/11: Recurring Threats to America's Freedoms. *Revista Ius et Praxis*, a.16, nº 2, 2010, p. 509).

[131] Acerca da tentativa de desvelar as verdadeiras competências implícitas, destaca José Adércio Leite Sampaio: "A doutrina, dentro e fora dos Estados Unidos, passou, desde então, a catalogar uma série de princípios ou métodos de revelação de competências federais implícitas, destacadamente o princípio da pressuposição ou da conexão material e o método das consequências (*Verfahren des Konsequens*), segundo seus diversos desdobramentos: a interpretação extensiva e a aplicação analógica, a aplicação do argumento *a maiori ad minus* e o princípio teleológico e da adequação" (*A constituição reinventada pela jurisdição constitucional*. Belo Horizonte: Del Rey, 2002, p. 601).

institucional do órgão que a pretende e se ela possui respaldo na competência expressa[132] a ele atribuída, sem que haja violação das demais regras e princípios jurídicos.

1.6.3 Supremacia do interesse público

Os estudos jurídicos referentes à esfera de atuação da Administração Pública – a bem da verdade, de toda a disciplina do Direito Público – hão de desembocar invariavelmente na tutela do interesse público.

A relevância do interesse público nas relações regidas pelo Direito Público é tamanha, que hoje constitui um verdadeiro dogma[133] na disciplina administrativista que "as normas de direito público, embora protejam reflexamente o interesse individual, têm o objetivo primordial de atender ao interesse público, ao bem-estar coletivo".[134]

A despeito da obrigatoriedade da defesa do interesse público pela Administração ser premissa que tem se evidenciado inconteste, lograr encontrar uma definição jurídica para esse termo plurissignificativo, que constitui um conceito jurídico indeterminado, já não se mostra tarefa das mais simples.

Iniciando por uma perspectiva negativista, Marçal Justen Filho discorre primeiramente sobre o que não é interesse público – pelo menos o que não deveria ser almejado pela Administração –, ponderando que "não é cabível confundir interesse público com interesse estatal, o que geraria um raciocínio circular: o interesse é público porque é atribuído

---

[132] Sobre a questão, lançando ressalvas sobre uso dos poderes implícitos, Eduardo García de Enterría e Tomás-Ramon Fernández pontuam que *"este proceso deductivo no legitima por sí mismo ninguna interpretación extensiva, y ni siquiera analógica, de la legalidad como atributiva de poderes a la Administración; tal interpretación extensiva o la aplicación de la analogía están aquí más bien excluídas del principio"* (GARCÍA DE ENTERRÍA, Eduardo; FERNÁNDEZ, Tomás-Ramon. *Curso de derecho administrativo* – v.2. 9. ed. Madrid: Civitas, 1999, p. 443).

[133] Arnaldo Sampaio de Moraes Godoy esclarece que "o dogma da supremacia do interesse público foi construído pelo direito brasileiro com base em percepção vigorosa de Estado, detentor de vontade, que é concebida como uma vontade geral. Esta última idéia remonta a Rousseau, para quem a vontade geral seria invariavelmente reta e tenderia sempre à utilidade pública; embora, bem entendido, e como apontado pelo filósofo de Genebra, não se poderia deduzir que as deliberações do povo sempre guardassem a mesma retidão. A vontade geral e o consequente interesse público lá identificado seriam os fundamentos da lei justa e eficaz. Há traços muito nítidos de percepções jusnaturalistas" (Construção e desconstrução doutrinária do conceito de interesse público no direito brasileiro. *Revista da AGU*, Brasília, nº 28, abr./jun. 2011, p. 7-8).

[134] DI PIETRO, Maria Sylvia Zanella. *Direito administrativo*. 19. ed. São Paulo: Atlas, 2006, p. 83.

ao Estado, e é atribuído ao Estado porque é público". Do mesmo modo, "interesse público não consiste no 'interesse do aparato estatal'", nem com "interesses privados e egoísticos do agente público".[135]

Quanto à segunda conceituação excludente do interesse público acima citada, nota-se que a doutrina brasileira tem invocado, ultimamente, lições que já beiram o senso comum nos estudos jurídicos italianos,[136] qual seja, a distinção entre interesse público primário e secundário, sendo o primeiro representante do interesse da coletividade como um todo, enquanto o segundo remete ao interesse do Estado como sujeito de direitos, atuante na qualidade de pessoa jurídica.[137] Por certo que a definição ora buscada somente se mostrará aceitável se for compatível com a primeira espécie (interesse público primário).

Conceito que parece se amoldar aos princípios republicanos norteadores da maior parte dos Estados constitucionais modernos, que prima por um Estado social, mas sem se esquecer dos valores e projetos individuais, é o apresentado por Celso Antônio Bandeira de Mello, que se tornou consagrado na doutrina brasileira. São essas as palavras do autor: "O interesse público deve ser conceituado como o interesse resultante do conjunto dos interesses que os indivíduos pessoalmente têm quando considerados em sua qualidade de membros da Sociedade e pelo simples fato de o serem".[138]

Com similar compreensão, Agustín Gordillo também esclarece que o interesse público não representa só o interesse da massa, mas sim os interesses individuais coincidentes. Afinal, não seria aquele um bem-estar geral, onipresente, mas sim uma síntese da maioria dos interesses concretos individuais coincidentes, sendo, assim, falsa a ideia de contraposição entre interesse público e interesses individuais.[139]

Assim, perceba-se que a compreensão de ambas as passagens supra transcritas indicam que quando se tutela o interesse público, também se está a proteger os interesses individuais, não sendo ambos os conceitos desassociados ou divergentes.

---

[135] JUSTEN FILHO, Marçal. *Curso de direito administrativo*. 8. ed. Belo Horizonte: Fórum, 2012, p. 119-120.

[136] ALESSI, R.. *Sistema istituzionale del diritto amministrativo italiano*, 3. ed. Milán: Giuífré, 1960, p. 197.

[137] BANDEIRA DE MELLO, Celso Antônio. *Curso de direito administrativo*. 29. ed. São Paulo: Malheiros, 2012, p. 73.

[138] BANDEIRA DE MELLO, Celso Antônio. *Curso de direito administrativo*. 29. ed. São Paulo: Malheiros, 2012, p. 62.

[139] GORDILLO, Agustín. *Tratado de derecho administrativo – tomo II*. Buenos Aires: F.D.A, 2005, p. 182.

Visto em que consiste o interesse público buscado pela Administração, outra não é a conclusão senão a de que a potestade conferida aos órgãos administrativos de adotarem medidas cautelares administrativas não constitui um fim em si mesma, buscando aquelas entidades, na realidade, acautelar o próprio interesse público,[140] que é o fim primeiro e último a ser alcançado, sob pena de haver algum ato praticado com desvio de finalidade e, portanto, eivado de nulidade insanável.

É nesse viés, inclusive, que Carlos Alberto Urdaneta Sandoval tem definido as medidas cautelares administrativas, proclamando que são *"disposiciones, produto del ejercício de una potestad de la Administración, que tienen naturaliza instrumental, provisional y excepcional, son dictadas en el curso de un procedimiento y tienen por finalidad tutelar en sede cautelar el interés público (...)"*.[141]

Soma-se ainda a conclusão de Shirlei Silmara de Freitas Mello, que, de sorte coincidente ao já exposto, robustecendo em definitivo o aporte jurídico conferido às medidas cautelares administrativas pela busca da tutela do interesse público, dispõe que "a tutela cautelar existe em razão do interesse público na defesa do instrumento criado pelo Estado para o exercício de suas funções – processo".[142]

Em remate, tenha-se em conta que afirmar que a tutela cautelar administrativa é validada pela busca da preservação do interesse público – que, no final das contas, representa o fim que deve sempre ser ansiado pela Administração – não exclui as finalidades específicas existentes em cada processo[143] administrativo particularizado, nos quais as medidas cautelares procuram assegurar sua efetividade final.

---

[140] *"Es más, se afirma que es la necesidad de proteger el interés público lo que justifica cabalmente la posibilidad de acordar estas medidas [cautelares]"* (MARINA JALVO, Belén. *Medidas provisionales en la actividad administrativa*. Valladolid: Lex Nova, 2007, p. 23).

[141] URDANETA SANDOVAL, Carlos Alberto. Introducción al análisis sistemático de las medidas cautelares atípicas del Código de Procedimiento Civil Venezolano. *Revista de la Facultad de Derecho*, Caracas, nº 59, 2004, p. 154.

[142] MELLO, Shirlei Silmara de Freitas. *Tutela cautelar no processo administrativo*. Belo Horizonte: Mandamentos, 2003, p. 462.

[143] Conquanto exista um embate doutrinário entre a diferenciação dos termos "processo" e "procedimento", entendendo-se, majoritariamente, que o segundo se refira simplesmente ao rito estabelecido acerca do primeiro, para os fins desse trabalho, por não vislumbrar maior relevância prática, tampouco teórica, utilizar-se-ão ambos os vocábulos de forma indistinta. De fato, é o que faz também Celso Antônio Bandeira de Mello: "Quanto a nós, tendo em vista que não há pacificação sobre este tópico e que em favor de um milita a tradição ('procedimento') e em favor de outra a recente terminologia legal ('processo'), daqui por diante usaremos indiferentemente uma ou outra" (*Curso de direito administrativo*. 29. ed. São Paulo: Malheiros, 2012, p. 496).

Contudo, carecerá de juridicidade a finalidade específica prevista que se mostre desconexa da finalidade correspondente ao interesse público, que, insista-se, é o ápice jurídico pretendido pelo Estado.

1.6.3.1 Considerações

As medidas cautelares administrativas encontram seu embasamento tanto na supremacia geral como na supremacia especial do interesse público.

A teorização das relações de sujeição especial ou de supremacia especial do interesse público remete ao final do século XIX, com especial destaque à construção de Otto Mayer.[144] A relação especial de sujeição diria respeito às relações específicas (servidores públicos, presos, alunos de instituições públicas etc)[145] entre o Estado e determinado indivíduo ou grupo de indivíduos (e não aos sujeitos que habitem o território estatal num geral),[146] sujeitando-os a poderes estatais especiais.[147]

Originalmente o intento desta edificação, que apontava relações jurídicas diferentes firmadas pelo Estado, era justamente validar uma atuação à margem da lei em face de determinados grupos. Legitimava-se a violação de direitos ao argumento de que seus titulares estariam inseridos em uma relação de sujeição especial de poder.

---

[144] MAYER, Otto. *Derecho administrativo alemán*. Parte General. Tradução de Horacio H. Heredia e Ernesto Krotoschin. t. I, Buenos Aires: Depalma, 1949, p. 140-145. Sem embargo da repercussão da obra de Otto Mayer sobre a questão, conforme explica Mariano López Benítez, o grande precursor dessa teorização teria sido Paul Laband, sendo o mérito de Otto Mayer sistematizar suas lições (*Naturaleza y presupuestos constitucionales de las relaciones especiales de sujeción*. Madrid: Civitas, 1994, p. 49).

[145] "Com efeito, segundo proclamado por essa teoria, aqueles que voluntariamente se subsumem debaixo da estrutura orgânica da administração estão, ou podem estar, submetidos à sujeição especial. Além destes – que voluntariamente aderem às relações jurídicas gestadas na intimidade do aparato estatal –, também se aplica a sujeição especial àqueles que impositivamente são colocados sob o manto dessas mesmas relações, caso dos presos, dos alunos matriculados em repartições oficiais de ensino, aos enfermos em hospitais públicos etc." (ZOCKUN, Maurício; ZOCKUN, Carolina Zancaner. A relação de sujeição especial no direito brasileiro. *A&C – Revista de Direito Administrativo & Constitucional*, Belo Horizonte, ano 19, nº 77, jul./set. 2019, p. 130).

[146] "Segundo essa teoria, nos casos de sujeição especial, o Estado produz normas jurídicas destinadas a disciplinar o seu aparato e quem com ele se relaciona e criar comandos normativos para disciplinar sua atuação nas relações jurídicas intestinas; relações jurídicas nascidas, portanto, na intimidade da sua estrutura orgânica" (ZOCKUN, Maurício; ZOCKUN, Carolina Zancaner. A relação de sujeição especial no direito brasileiro. *A&C – Revista de Direito Administrativo & Constitucional*, Belo Horizonte, ano 19, nº 77, jul./set. 2019, p. 129).

[147] ANDRADE, Letícia Queiroz de. *Teoria das relações jurídicas da prestação de serviço público sob regime de concessão*. São Paulo: Malheiros, 2015, p. 44.

Sem embargo, essa forma de se encarar a sujeição especial não mais subsiste, nem mesmo no país de sua origem.[148] Focando-se no Brasil, não há espaço para nenhuma atuação estatal que se mostre desassociada do Direito (*vide* item 1.5). Tal forma de agir, à margem do Direito, nada mais representa do que um autoritarismo, ainda que disfarçado e justificado sob o manto de pretensas teorias jurídicas.

Ainda assim, esse vínculo diferenciado do Estado com grupos determinados de indivíduos continua a existir, o que gera relações jurídicas com um caráter ímpar. O diferencial nas chamadas relações de sujeição especial, no entanto, encontra-se no fato de que se permite a sua regulação não diretamente e exclusivamente por leis em sentido formal, mas sim por regras advindas da própria relação jurídica e/ou de estatutos infralegais (mas sempre dentro dos limites jurídicos, jamais alheio ao Direito).[149]

Do mesmo modo é como se manifestam Maurício Zockun e Carolina Zancaner Zockun, expondo que a lei poderá disciplinar a figura de sujeição especial admitindo que a Administração confira a certo tema o tratamento normativo que lhe for apropriado para a tutela do interesse público, desde que o destinatário desses comandos não seja a coletividade em geral, mas sim aqueles que voluntariamente se põem debaixo da estrutura ou do aparato estatal. Na hipótese do silêncio legal, a edição de comandos normativos fundados na sujeição especial será possível desde que imprescindível à tutela do interesse público.[150]

O que se quer apontar é que as medidas cautelares administrativas ocorrem tanto em atividades decorrentes do poder de polícia, respaldadas na ideia de supremacia geral, como em diversas outras atuações do Poder Público nas quais há uma relação de sujeição especial, a exemplo do poder disciplinar. Essa é mais uma razão pela qual as medidas cautelares administrativas não se limitam às chamadas "medidas de polícia", comumente invocadas pela doutrina.

---

[148] Como explicam Maurício Zockun e Carolina Zancaner Zockun, "em 1972, a Suprema Corte Alemã decidiu que não se aplica aos presos a teoria da sujeição especial, senão que a integralidade do princípio da legalidade; o mesmo pensamento foi estendido, posteriormente, aos alunos de estabelecimentos oficiais de ensino" (ZOCKUN, Maurício; ZOCKUN, Carolina Zancaner. A relação de sujeição especial no direito brasileiro. *A&C – Revista de Direito Administrativo & Constitucional*, Belo Horizonte, ano 19, nº 77, jul./set. 2019, p. 130).

[149] ANDRADE, Letícia Queiroz de. *Teoria das relações jurídicas da prestação de serviço público sob regime de concessão*. São Paulo: Malheiros, 2015, p. 46.

[150] ZOCKUN, Maurício; ZOCKUN, Carolina Zancaner. A relação de sujeição especial no direito brasileiro. *A&C – Revista de Direito Administrativo & Constitucional*, Belo Horizonte, ano 19, nº 77, jul./set. 2019, p. 132.

Além disso, com base nessas considerações observa-se que nas situações de relações especiais de sujeição, mesmo na ausência de uma previsão legal expressa autorizando o uso de medidas cautelares administrativas em relação a grupos específicos de sujeitos (servidores públicos municipais, por exemplo), seria possível uma regulamentação infralegal neste sentido.[151]

1.6.4 Princípio da boa administração pública e o aspecto da prevenção/precaução

A monografia mais celebrada sobre o princípio da boa administração[152] pertence ao italiano Guido Falzone,[153] o qual depõe que a boa administração no exercício da função administrativa constitui um meio para o alcance de um fim a ele inerente. Para o autor, a boa administração decorre do próprio exercício de uma função, mas que encontra também abrigo na ordem jurídica constitucional italiana, mais precisamente no artigo 97, que demanda que a organização administrativa assegure o bom andamento e imparcialidade da Administração.[154]

---

[151] A teoria dos poderes implícitos, elencada previamente, parece encontrar muito mais espaço nas relações de sujeição especial para fundamentar o uso do poder cautelar do que nas relações de supremacia geral.

[152] É comum encontrar autores que associem a boa administração como sendo sinônima do princípio da eficiência administrativa. Mencione-se, nessa toada, Ricardo Marcondes Martins, que diz que o "dever de eficiência nada mais significa do que o dever de boa administração" (MARTINS, Ricardo Marcondes. *Estudos de direito administrativo neoconstitucional*. São Paulo: Malheiros, 2015, p. 61), ou a administrativista Alice Gonzalez Borges, conforme se apura na seguinte colocação por ela feita: "Mas é preciso considerar o verdadeiro alcance do que efetivamente significa esse princípio, agora formalmente integrado entre os norteadores de toda a conduta da Administração Pública. Dizemos formalmente, porque o princípio da eficiência, ou de boa administração já emergia de todo o nosso ordenamento jurídico constitucional, inclusive integrando expressamente o texto do art. 74, inc. I" (BORGES, Alice Gonzales. Princípio da eficiência e avaliação de desempenho de servidores. *JAM – Jurídica Administração Municipal*, Salvador, a. VI, nº 7, jul. 2001, p. 21). Em ordem jurídica alienígena, pode-se citar Franco Bassi (BASSI, Franco. *Lezioni di Diritto Amministrativo*. 8. ed. Milano: Dott. A. Giuffre, 2008, p. 68), que se refere ao princípio da boa administração ou da eficiência no Direito italiano. Igualmente, Sabino Cassesse (CASSESSE, Sabino. *Corso di diritto amministrativo*: Istituzioni di diritto amministrativo. Millan: Dott. A. Giuffre, 2009, v. 1, p. 248) diferencia eficiência em um sentido amplo e restrito, depondo que em termos genéricos é "*sinonimo di buon andamento; in termini specifici, riguarda il rapporto tra costi e benefici, quindi implica l'effettiva utilità della decisione*". Sem embargo, temos que são princípios distintos, sendo a eficiência somente um dos elementos que compõe a boa administração pública. Conforme já apontamos em obra monográfica sobre o tema, atender à boa administração pública implica ao Estado, além de ser eficiente, o dever de ser transparente, ético, imparcial etc. (CABRAL, Flávio Garcia. *O conteúdo jurídico da eficiência administrativa*. Belo Horizonte: Fórum, 2019, p. 100-112).

Sobre aludido princípio, com forte construção europeia e que extrapola os limites privativos do ordenamento jurídico italiano,[155] pode-se entendê-lo igualmente como "um permanente lembrete às Administrações Públicas de que sua atuação há de se realizar com observância de determinados cânones ou padrões que têm como elemento medular a posição central dos cidadãos".[156] Jaime Rodríguez-Arana Muñoz, mesmo autor da anterior passagem, acrescenta 24 (vinte e quatro) princípios que seriam corolários do princípio da boa administração, entre eles os da eficácia, da transparência, da celeridade, da imparcialidade e da independência.[157]

De sorte equivalente, mas agora edificando-se o princípio da boa administração na ordem jurídica brasileira, Juarez Freitas o define como sendo aquele direito fundamental à administração pública eficiente e eficaz, "proporcional cumpridora de seus deveres, com transparência, sustentabilidade, motivação proporcional, imparcialidade e respeito à moralidade, à participação social e à plena responsabilidade por suas condutas omissivas e comissivas".[158] Referido administrativista extrai

---

[153] FALZONE, Guido. *Il dovere di buona amministrazione*. Milano: Dott. A. Giuffré, 1953, p. 65.

[154] FALZONE, Guido. *Il dovere di buona amministrazione*. Milano: Dott. A. Giuffré, 1953, p. 118.

[155] De fato, Vanice Regina Lírio do Valle nos dá conta acerca do papel desempenhado pelo Parlamento Europeu, pelo Conselho da União Europeia e pela Comissão Europeia, que, em 07 de dezembro de 2000, explicitaram o artigo 41 na Carta de Nice (Carta dos Direitos Fundamentais da União Europeia), tratando expressamente sobre o princípio da boa administração na União Europeia, bem como a relevante participação do Provedor de Justiça (*Ombudsman*) e do Tribunal de Justiça das Comunidades Europeias para a tutela do direito à boa administração em âmbito europeu (VALLE, Vanice Regina Lírio do. *Direito fundamental à boa administração e governança*. Belo Horizonte: Fórum, 2011, p. 60-75). Segundo dispõe o aludido artigo, o conteúdo de uma boa administração se expressa pelos seguintes direitos: "1. Todas as pessoas têm direito a que os seus assuntos sejam tratados pelas instituições e órgãos da União de forma imparcial, equitativa e num prazo razoável. 2. Este direito compreende, nomeadamente: o direito de qualquer pessoa a ser ouvida antes de a seu respeito ser tomada qualquer medida individual que a afete desfavoravelmente, o direito de qualquer pessoa a ter acesso aos processos que se lhe refiram, no respeito dos legítimos interesses da confidencialidade e do segredo profissional e comercial, a obrigação, por parte da administração, de fundamentar as suas decisões. 3. Todas as pessoas têm direito à reparação, por parte da Comunidade, dos danos causados pelas suas instituições ou pelos seus agentes no exercício das respectivas funções, de acordo com os princípios gerais comuns às legislações dos Estados-Membros. 4. Todas as pessoas têm a possibilidade de se dirigir às instituições da União numa das línguas oficiais dos Tratados, devendo obter uma resposta na mesma língua".

[156] RODRÍGUEZ-ARANA MUÑOZ, Jaime. *Direito fundamental à boa administração pública*. Tradução de Daniel Wunder Hachem. Belo Horizonte: Fórum, 2012, p. 169.

[157] RODRÍGUEZ-ARANA MUÑOZ, Jaime. *Direito fundamental à boa administração pública*. Tradução de Daniel Wunder Hachem. Belo Horizonte: Fórum, 2012, p. 169-170.

[158] FREITAS, Juarez. *Direito fundamental à boa administração pública*. 3. ed. São Paulo: Malheiros, 2014, p. 21.

da boa administração pública, sem pretender esgotar a questão, os seguintes direitos: a) direito a uma administração transparente e que atenda a publicidade; b) direito ao contraditório, ampla defesa e devido processo legal, com a sua razoável duração; c) direito à motivação e a decisões proporcionais; d) direito a uma administração proba e ética; e) direito a uma administração imparcial; f) direito a uma legalidade temperada (uma análise da lei sem uma observância cega a toda e qualquer regra jurídica); g) direito à participação social; h) direito a uma administração eficiente e eficaz; i) direito à reparação dos danos causados pela Administração.[159]

Ainda que não haja, de maneira expressa e textual, a menção à boa administração no texto constitucional brasileiro, sua conformação jurídica é composta por princípios voltados à Administração Pública, como os do *caput* do artigo 37 e outros de igual posição constitucional, como a responsabilidade estatal (artigo 37, §6º), a participação popular (artigo 37, §3º) ou ainda uma atuação sustentável (artigo 225, §1º).[160]

O destaque que possui a figura jurídica da boa administração é justamente lidar com diversos princípios que individualmente têm autonomia e conteúdos próprios, porém, de forma conjunta e coordenada, no sentido de que não basta à Administração atender a um ou outro isoladamente. Essa série de princípios que estruturam a boa administração pública tem, em primeira e última medida, o escopo de atender aos administrados. Trata-se de um princípio-síntese que tem no cidadão[161] o seu centro de atuação.

Esse caráter de princípio aglutinador, reunindo inúmeros princípios aplicáveis à Administração Pública, é a forma pela qual a boa administração é encarada na maior parte das ordens constitucionais que não possuem uma determinação textual clara e expressa. Beatriz Tomás Mallén apresenta que a referência ao direito à boa administração

---

[159] FREITAS, Juarez. *Discricionariedade administrativa e o direito fundamental à boa administração pública*. São Paulo: Malheiros, 2007, p. 20-21.

[160] REICHEL, Dafne. *O controle externo como instrumento para a concretização do direito fundamental à boa administração pública*. 2017. 173 f. Dissertação (Mestrado em Direito) – Faculdade de Direito, Universidade Federal de Mato Grosso do Sul, 2017, p. 53.

[161] É com o mesmo entendimento que se posicionam Daniel Wunder Hachem e Diana Valencia-Tello ao defenderem que a finalidade principal deste direito síntese é ampliar a proteção do cidadão em relação aos Poderes Públicos em todos os Estado constitucionais e democráticos de direito (HACHEM, Daniel Wunder; VALENCIA-TELLO, Diana. Reflexiones sobre el derecho fundamental a la buena administración pública en el derecho administrativo brasileiro. *Revista Digital de Derecho Administrativo – Universidad Externado de Colombia*, nº 21, 2019, p. 49).

ocorre, como regra geral, pelo conjunto dos princípios e subdireitos constitucionais relativos à Administração Pública, disseminados ao largo dos respectivos textos constitucionais, ainda que de maneira assistemática. É como ocorre, por exemplo, nas Constituições Espanhola, Sueca, Austríaca e Belga.[162]

Com foco no aspecto dos administrados, Jaime Rodríguez-Arana Muñoz[163] expõe que uma boa administração coloca como centro do sistema a pessoa e os seus direitos fundamentais, é dizer, as políticas devem possuir compromisso com as condições de vida dos cidadãos e não com as possíveis ascensões em uma carreira político-partidária ou outros benefícios pessoais e egoístas (*e.g.* promoção pessoal ou angariamento de clientes) e, quando as pessoas se tornam a referência da organização administrativa, há sustentação para a vida democrática, o que consequentemente faz desaparecer bipolarizações simplistas, visto que o fundamental são as pessoas e não ideologias, como as de esquerda e direita.

É necessário entender que ter como elemento medular a posição central dos cidadãos ajuda a eliminar os vícios de uma má administração que, por muitas vezes, acaba deixando de realizar as ações com observância aos cânones necessários, justamente por terem deslocado, equivocadamente, o elemento central para a promoção do administrador e não do administrado.[164]

Mais do que um mero princípio ou direito, a boa administração pública, na ordem jurídica brasileira, sobreleva-se por possuir verdadeiro *status* de direito fundamental. Conforme narra Dafne Reichel, tanto na perspectiva formal dos direitos fundamentais (aqueles inseridos no texto constitucional), como na perspectiva material (direitos cujo núcleo se refiram à proteção da pessoa humana), a boa administração é merecedora da qualificação de direito fundamental.[165] Explica a jurista

---

[162] TOMÁS MALLÉN, Beatriz. *El derecho fundamental a una buena administración*. Madrid: Instituto Nacional de Administración Pública, 2004, p. 100-103.

[163] RODRÍGUEZ-ARANA MUÑOZ, Jaime. *Direito fundamental à boa administração pública*. Tradução de Daniel Wunder Hachem. Belo Horizonte: Fórum, 2012, p. 190-191.

[164] REICHEL, Dafne. *O controle externo como instrumento para a concretização do direito fundamental à boa administração pública*. 2017. 173 f. Dissertação (Mestrado em Direito) – Faculdade de Direito, Universidade Federal de Mato Grosso do Sul, 2017, p. 51.

[165] REICHEL, Dafne. *O controle externo como instrumento para a concretização do direito fundamental à boa administração pública*. 2017. 173 f. Dissertação (Mestrado em Direito) – Faculdade de Direito, Universidade Federal de Mato Grosso do Sul, 2017, p. 53.

supracitada[166] que, tendo em vista o fato da boa administração ser um princípio que congrega, de maneira coordenada, diversos outros princípios expressos formalmente na Constituição, do ponto de vista formal outra não pode ser a conclusão senão a de que seu conteúdo jurídico também faz parte da Lei Maior. De igual maneira, tendo a boa administração a finalidade essencial do atendimento da sociedade civil e da pessoa humana, sendo o administrado o foco da atuação da Administração Pública, também se apura a fundamentalidade material daquele princípio.

É dentro dessa perspectiva que emerge que um poder de cautela do Estado se insere dentro dessa construção da boa administração. Os provimentos acautelatórios são essenciais para a consolidação de uma Administração Pública eficaz,[167] que motive seus atos, que aja de maneira proporcional, de forma célere e que atenda ao administrado.

Além disso, de maneira mais precisa, sob a ótica da cautelaridade, outros dois princípios estruturantes da boa administração pública que se destacam são o da precaução e o da prevenção.[168]

Prevenir-se e precaver-se representam a adoção, com antecipação, das medidas necessárias para evitar o dano. Norma Sueli Padilha, trabalhando ambos os princípios sob a perspectiva ambiental, esclarece que a prevenção diz respeito a riscos ou impactos já conhecidos pela ciência (risco certo e perigo concreto), ao passo que a precaução se refere a riscos incertos e perigos abstratos.[169]

Tais princípios, pensados e trabalhados por diversos autores como sendo próprios do Direito Ambiental,[170] em realidade estão presentes em toda uma sistemática decorrente do regime jurídico de Direito

---

[166] REICHEL, Dafne. *O controle externo como instrumento para a concretização do direito fundamental à boa administração pública*. 2017. 173 f. Dissertação (Mestrado em Direito) – Faculdade de Direito, Universidade Federal de Mato Grosso do Sul, 2017, p. 53.

[167] No Direito espanhol, o Tribunal Supremo de 18 de dezembro de 2019 (rec. 4442/2018) reafirma que o direito à boa administração deriva de uma série de direitos dos cidadãos, encontrando-se, entre eles, o direito a uma tutela administrativa efetiva, e que o processo administrativo ocorra em um prazo razoável.

[168] FREITAS, Juarez. *Sustentabilidade*: direito ao futuro. Belo Horizonte: Fórum, 2019, p. 244.

[169] PADILHA, Norma Sueli. *Fundamentos constitucionais do direito ambiental brasileiro*. Rio de Janeiro: Campus, 2010, p. 254.

[170] "Os princípios da prevenção e precaução, conquanto formulados inicialmente no âmbito do Direito Ambiental Internacional, atualmente são empregados para nortear todas as decisões sobre sustentabilidade multidimensional e aplicados a diversas relações administrativas" (MOREIRA, Rafael Martins Costa. *Direito administrativo e sustentabilidade:* o novo controle judicial da administração pública. Belo Horizonte: Fórum, 2017, p. 183).

Público, abarcando, deste modo, o exercício da função administrativa por meio da qual se manifesta a cautelaridade administrativa.

Juarez Freitas já apontava que os princípios da prevenção e da precaução recebem destaque na administração moderna, pois ensejam que o Direito Administrativo evite sofrimentos (diretos e colaterais).[171] Versando sobre um dos aspectos da atuação administrativa, a saúde pública, César Cierco Seira assinala que *"la esencia de esta idea, que no por elemental ha perdido vigencia (el viejo refrán 'más vale prevenir que curar' nunca ha perdido actualidad), se encuentra condensada en el principio de prevención, auténtica piedra de toque en la vertebración de la actuación de la Administración en el terreno de la salud pública"*.[172]

Portanto, seja diante de riscos certos e conhecidos, seja diante de riscos ainda desconhecidos, mas com alta probabilidade danosa, cabe ao Estado atuar de maneira cautelar de modo a tutelar o interesse público.

1.6.4.1 Considerações

A boa administração pública representa um princípio síntese que tem por finalidade atender aos interesses do cidadão. Logo, evidente que acautelar direitos, individuais ou coletivos, mostra-se como uma faceta clara daquele princípio.

O aspecto de prevenção, em sentido amplo, deve ser tomado como um dos mais importantes para a cautelaridade (embora não possa ser uma "carta coringa" que legitime todo tipo de ação). A Administração Pública que somente age repressivamente, após o dano efetivado, com um viés exclusivo de punição, não encontra mais espaço nos modelos implementados – ou desejados – de um Estado consensual e concretizador de direitos.

Esta nova forma de agir do Estado vem sendo sentida inclusive por meio da proposta de fuga do Judiciário. Este, que no Brasil se ergueu como sendo a solução de todas as mazelas, agora, diante do congestionamento de processos e de uma série de decisões que acabam se mostrando desajustadas diante do cenário global da Administração, não mais parece ser a principal solução, nem a mais célere e eficaz.

---

[171] FREITAS, Juarez. *Sustentabilidade*: direito ao futuro. Belo Horizonte: Fórum, 2019, p. 240.
[172] CIERCO SEIRA, César. Las Medidas Preventivas de Choque adoptadas por la Administración frente a los productos insalubres. *Revista de Administración Pública*, nº 175, ene./abr. 2008, p. 56.

Buscam-se, pois, soluções de cunho administrativo, sem a necessidade de se socorrer ao Poder Judiciário, o que evidencia um dos traços da atuação pautada na prevenção e na precaução.

1.6.5 Conclusões parciais

Por todo o exposto, apura-se que, sem desconsiderar o papel de destaque conferido à legalidade para que se possa falar em provimentos cautelares administrativos, é na própria ideia de juridicidade que se encontram os fundamentos teórico-jurídicos de tais provimentos.

Assim, a existência de uma cautelaridade administrativa se estriba não em um único princípio, ou em uma única teoria jurídica, mas sim em um robusto conjunto teórico-normativo que, analisado conjuntamente, confere sustentáculo hábil a se invocar a presença do dever-poder de cautela da Administração Pública.

Desta feita, pode-se sustentar que a cautelaridade administrativa pode ser defendida à luz da necessidade de eficiência da atuação administrativa, decorrente de um dever de prevenção/precaução próprio do princípio da boa administração pública, sendo o instrumento hábil, conferido pela ordem jurídica, ainda que de maneira implícita, para alcançar, no maior grau possível, o interesse público.

Essas conclusões primeiras são valiosas para demonstrar que as medidas cautelares administrativas, se corretamente aplicadas, não constituem nenhum arbítrio ou capricho do administrador público. Também afasta a inadvertida alegação de que restrições patrimoniais estariam sujeitas à reserva de jurisdição. Como visto, tais provimentos encontram guarida dentro do regime jurídico administrativo.

1.7 Requisitos para a aplicação de medidas cautelares administrativas

A própria função e natureza das medidas cautelares administrativas demonstram que elas não constituem a regra na atividade administrativa, devendo estar presentes requisitos mínimos para que possam ser juridicamente realizáveis.

Aqui, ao se trabalhar os chamados requisitos, não se procurará apresentar um maior rigor na terminologia. Isso, porque, apesar de ciente de que alguns dos "requisitos" elencados a seguir por vezes se mostram externos à medida e, por vezes, integram o próprio ato cautelar (fato que demandaria uma alternância de termos), entende-se que, para os fins almejados neste trabalho, podem todos eles ser abarcados sob o mesmo rótulo, seja em razão de a doutrina, nacional ou estrangeira, não se deter nesse primor terminológico, seja pelo fato de importar, por ora, apenas evidenciar certas condições necessárias para que se possa produzir uma medida cautelar administrativa juridicamente válida.

1.7.1 Perigo da demora (*periculum in mora*) e fumaça do bom direito (*fumus boni iuris*)

À semelhança das medidas de urgência jurisdicionais,[173] as de cunho administrativo demandam igualmente a verificação de dois pressupostos fundamentais, quais sejam, o *periculum in mora* e o *fumus boni iuris*. É o que se extrai das palavras de José dos Santos Carvalho Filho, inclusive, quando expressa que a tutela preventiva é justificada por dois pressupostos: por haver um risco ao titular de este sofrer um dano irreparável ou de difícil reparação, em razão da demora em se decidir acerca da matéria pertinente a seu direito – é o risco da demora (*periculum in mora*); e por o direito ameaçado ter um mínimo de plausibilidade jurídica, ou seja, ser razoável a um primeiro exame do intérprete – é a fumaça do bom direito (*fumus boni iuris*).[174]

Ressalte-se que a exigência desses pressupostos mínimos constitui matéria afeta ao plano da teoria geral do processo, e não somente às esferas jurídico-positivas particularizadas, podendo-se estender tais requisitos para além do ordenamento jurídico brasileiro. De fato, de modo exemplificativo, a fim de demonstrar a mesma conclusão em ordens jurídicas diversas, tem-se semelhante lição na doutrina italiana:

---

[173] "Tratou o nCPC de cuidar da fundamentação da tutela provisória, que na dicção legal ou é de urgência ou de evidência. Como dito por vários teóricos, a tutela de urgência é gênero, que abarca tanto a medida cautelar como a antecipação de tutela. Medida cautelar é a compreendida pela busca em proteger o direito perseguido ou o resultado prático do processo, e a antecipação de tutela a que busca adiantar o próprio direito perseguido. A urgência baseia-se no perigo da demora, na situação onde o passar do tempo inflige dano ao direito, sendo que para a sua concessão há de se ter também o *fumus boni iuris*" (SILVA, Alexandre Carnevali da. Comentário ao Livro V – Da Tutela Provisória. In: CAMPO, Rogério et al (Coord.) *Novo Código de Processo Civil comentado na prática da Fazenda Nacional*. São Paulo: Editora Revista dos Tribunais, 2017, p. 467).

[174] CARVALHO FILHO, José dos Santos. *Processo administrativo federal*: comentário à Lei nº 9.784 de 29/1/1999. 2. ed. Rio de Janeiro: Lumen Juris, 2005, p. 209.

Per la concessione della misura cautelare occorre il duplice presupposto del: i) periculum in mora, ossia il pericolo che la durata del processo comporti un pregiudizio irreversibile per il ricorrente e l'impossibilità di conseguire il bene della vita richiesto? ii) fumus boni iuris, ossia la probabile fondatezza del ricorso, ad un sommario esame, proprio dela fase cautelare.[175]

Da mesma forma é o que se extrairá ao analisar a legislação e o entendimento doutrinário mexicano,[176] venezuelano,[177] argentino,[178] peruano,[179] espanhol,[180] português,[181] cubano,[182] colombiano,[183] francês[184] e todos os demais que prevejam medidas cautelares administrativas, já que ambos os requisitos, em maior ou menor medida, de forma expressa ou implícita, fazem parte do núcleo da tutela preventiva, independente do direito posto.

---

[175] COLAPINTO, Filippo. La tutela cautelare nel processo amministrativo. *A&C Revista de Direito Administrativo & Constitucional*, Belo Horizonte, ano 9, nº 37, jul./set. 2009, p. 59.

[176] "*La procedencia de las medidas cautelares se justifica, en principio, en la necesidad de mantener la igualdad de las partes y evitar que se convierta en ilusoria la sentencia que ponga fin al pleito. Dicha procedencia queda subordinada al cumplimiento de los siguientes presupuestos: juez competente o incompetente, verosimilitud del derecho invocado, peligro en la demora, interés social y orden público, y la garantía*" (LÓPEZ OLVERA, Miguel Alejandro. La tutela cautelar en el proceso administrativo en México. *A&C Revista de Direito Administrativo & Constitucional*, Belo Horizonte, ano 7, nº 30, out./dez. 2007, p. 45-46).

[177] *Vide* HERNÁNDEZ-MENDIBLE, Víctor Rafael. La ejecución de los actos administrativos. *Revista de la facultad de derecho PUCP*, nº 67, 2011.

[178] *Vide* FRIGUGLIETTI, Paulo. Las medidas provisionales en el procedimiento administrativo. Especial referencia a la regulación en la provincia de Santa Fe. *Revista RAP*, .462, p. 73-85, mar. 2017, p. 76.

[179] *Vide* BARRERA, Eloy Espinosa-Saldaña. Medidas cautelares en el Procedimiento Administrativo Peruano: Una mirada crítica a lo realizado y un adelanto sobre aquello que debiera hacerse al respecto. *Revista de Derecho Administrativo*, nº 9, p. 177-184, 2010, p. 178.

[180] *Vide* REBOLLO PUIG, Manuel et al. *Derecho administrativo sancionador*. 1. ed. Valladolid: Lex Nova, 2010, p. 528-529.

[181] *Vide* SILVA, Artur Flamínio da. Medidas provisórias e suspensões preventivas no direito disciplinar administrativo. *Julgar-Online*, p. 1-27, jan. 2019.

[182] *Vide* MARCHECO ACUÑA, Benjamín. La tutela cautelar en lo contencioso administrativo. El caso de Cuba. *Opinión Jurídica*, v.14, nº 28, p. 215-234, jul./dic. 2015.

[183] Dentre o conjunto normativo colombiano encontra-se, como origem dos provimentos acautelatórios administrativos, a previsão de medidas de segurança no Código Sanitário Nacional, instituído pela Lei nº 9 de 1979. Ademais, destaca-se atualmente a Lei nº 1333 de 2009, que versa sobre o procedimento sancionatório ambiental, na qual há tratamento específico acerca de medidas provisionais administrativas. Em seu artigo 12, define o objeto dessas medidas: "*Las medidas preventivas tienen por objeto prevenir o impedir la ocurrencia de un hecho, la realización de una actividad o la existencia de una situación que atente contra el medio ambiente, los recursos naturales, el paisaje o la salud humana*".

[184] Como exemplo de um provimento cautelar administrativo na sistemática francesa, fora do contencioso administrativo, mencione-se a medida urbanística de "*sursis à statuer*", a qual se refere à suspensão temporária (prazo máximo de 2 anos) na outorga de autorização de obra quando haja risco de prejuízo a planejamentos urbanos em andamento. De igual

O perigo da demora nos procedimentos administrativos representa a ameaça à eficácia do provimento final do processo, é dizer, o motivo para a adoção de medidas cautelares é a existência de indícios de que o resultado final do processo possa se tornar ineficaz.[185] No caso de provimentos cautelares inibitórios, esse requisito é o risco de dano (ou seu agravamento) a algum bem jurídico, decorrente de alguma ilegalidade.

O aspecto do perigo da demora relaciona-se diretamente ao núcleo fundamental da cautelaridade, qual seja, a urgência. Vicente Alvarez Garcia explica que a necessidade possui dois fatores determinantes: a iminência (aspecto temporal) e a gravidade (aspecto qualitativo). Da análise desses fatores surgem três situações de necessidade a demandar respostas do Poder Público: a necessidade urgente, a necessidade extraordinária e a necessidade urgente e extraordinária. A urgente fundamenta-se no elemento temporal, exigindo do Estado uma resposta rápida diante da iminência do perigo. A extraordinária se relaciona com o aspecto qualitativo de forma a implicar uma atuação estatal enérgica em razão da gravidade dos fatos. Já a necessidade extraordinária e urgente conjuga a presença dos dois elementos, exigindo-se um comportamento estatal instantâneo e eficaz.[186] Para a adoção dos provimentos cautelares, o aspecto temporal é o determinante. Logo, são cabíveis as medidas provisionais no caso de necessidades a) urgentes e b) urgentes e extraordinárias.

O perigo do dano deve ser analisado em uma perspectiva em concreto. O perigo abstrato ou hipotético serve como fundamento para a edição de normas gerais e abstratas, sendo que para a aplicação de medidas cautelares deve-se apurar esse perigo de dano concretamente considerado. Além disso, a probabilidade do dano deve ser aferida objetivamente, o que permite, inclusive, um controle posterior pelo Poder Judiciário.[187]

---

forma, ainda que com suas características próprias, semelhante medida se encontra na Itália (medidas de *"misure de salvaguardia"*). A respeito dessas figuras cautelares administrativas relacionadas ao regime jurídico urbanístico, vide DE DIEGO RECA, Luis Miguel. *La suspensión del otorgamiento de las licencias urbanísticas*. 2017. 543 f. Tese (Doutorado) – Facultad de Derecho, Universidad Complutense de Madrid, Madrid, 2017.

[185] MELLO, Shirlei Silmara de Freitas. *Tutela cautelar no processo administrativo*. Belo Horizonte: Mandamentos, 2003, p. 497.

[186] GARCIA, Vicente Alvarez. *El concepto de necesidad en derecho público*. Madrid: Civitas, 1996, p. 246-247.

[187] SOUSA, Antônio Francisco de. *A polícia no estado de direito*. São Paulo: Saraiva, 2009, p. 86-87.

Cabível acrescentar ainda que o dano apto a ensejar a atuação preventiva do Estado deve se referir a afetações não suportáveis e não toleráveis juridicamente.[188] Esta distinção é importante, uma vez que se convive em sociedade com danos socialmente toleráveis ou aceitáveis (o trânsito, por exemplo, pode gerar incômodos de ordem sonora e ambiental, mas são incômodos aceitos socialmente), os quais não podem ter o condão de ensejar a aplicação de uma medida cautelar administrativa.

Já a "fumaça do bom direito" diz respeito à constatação de um "direito aparente", aquele cuja verificação prescinda de cognição exauriente, bastando uma análise rápida e superficial,[189] uma cognição sumária (vide item 1.8.8). O direito a ser protegido, seja individual ou coletivo, deve estar aparente, de fácil percepção pelo agente público.

Faz-se imprescindível salientar que a adoção de provimentos acautelatórios demanda não um ou outro dos requisitos acima trabalhados (alternativamente), mas sim exige a presença de ambos (cumulativamente). Javier Barcelona Llop se manifestou de forma idêntica acerca da tutela cautelar judicial, mas cujo aporte argumentativo se encaixa com perfeição à cautelaridade administrativa:

> *Una manifiesta inexistencia de periculum in mora difícilmente puede ser sustituída, a mi juicio, por una apariencia de buen derecho por la sencilla razón de que ningún perjuicio causa aguardar, en tal caso, a la decisión final sobre el fondo del asunto. Ello no quiere decir, insisto, que el fumus boni iuris deba ser eliminado del sistema de la tutela judicial cautelar; simplemente que no ha de ser contemplado como el criterio único a considerar.*[190]

É certo que, ademais dos requisitos básicos acima citados, medidas cautelares específicas, agora já adentrando o plano jurídico-positivo de cada ordenamento e diplomas legais, podem acrescer (e assim o fazem) exigências de maior especificidade – algumas delas, previstas no ordenamento brasileiro, serão abordadas nos tópicos próprios –, ou ainda colocar delineamentos que em realidade somente detalham hipóteses trazidas abstratamente pelo legislador como representativas do *periculum* e/ou do *fumus*.

---

[188] SOUSA, Antônio Francisco de. *A polícia no estado de direito*. São Paulo: Saraiva, 2009, p. 90.
[189] MELLO, Shirlei Silmara de Freitas. *Tutela cautelar no processo administrativo*. Belo Horizonte: Mandamentos, 2003, p. 497.
[190] BARCELONA LLOP, Javier. *Ejecutividad, ejecutoriedad y ejecución forzosa de los actos administrativos*. Santander: Servicio de Publicaciones de la Universidad de Cantabria, 1995, p. 268-269.

1.7.2 Motivação

A doutrina especializada acrescenta como elemento fundamental à concessão de provimentos cautelares administrativos a necessidade de motivação do ato provisional.[191] Em que pese a validade dessa premissa, deve-se rememorar que a motivação não configura requisito exclusivo e peculiar das medidas provisionais, sendo verdadeira exigência de praticamente todo ato administrativo.

A atividade administrativa, seja em razão da inafastabilidade do controle judicial (art. 5º, XXXV, da CF), seja devido ao fundamento da cidadania (artigo 1º, inciso II, da CF), demonstrando que todo poder emana do povo[192] ou, na mesma linha, pela estruturação de um Estado Democrático de Direito,[193] deve ser exercida com a obrigatoriedade de que todo ato administrativo seja motivado.

Exteriorizar as razões (tanto as rotuladas como de direito como as de fato) que justificam um ato administrativo configura a chamada motivação do ato administrativo.[194] Deve-se destacar que a motivação não se resume à apresentação dos motivos do ato, sendo mais abrangente, de modo a englobar os argumentos e justificativas (sendo inclusive preferível por alguns a invocação do termo "fundamentação" em vez de "motivação").[195]

Como regra, essa justificação[196] deve ocorrer previamente ou contemporaneamente à emissão do ato, de modo a permitir a verificação da compatibilidade das razões apresentadas com o ato praticado, o que, em inúmeras situações, não seria possível com uma motivação posterior.[197]

---

[191] "Lógicamente, la adopción de medidas provisionales ha de resultar motivada, pues solo de este modo será possible comprobar si efectivamente han existido elementos de juicio suficientes y si la discrecionalidad de la que dispone el órgano competente no se ha tornado en arbitrariedad" (MARINA JALVO, Belén. El régimen disciplinario de los funcionarios públicos. 3. ed. Valladolid: Lex Nova, 2006, p. 292).

[192] BANDEIRA DE MELLO, Celso Antônio. Curso de direito administrativo. 33. ed. São Paulo: Malheiros, 2017, p. 115-116.

[193] FURTADO, Lucas Rocha. Princípios gerais de direito administrativo. Belo Horizonte: Fórum, 2016, p. 118.

[194] BANDEIRA DE MELLO, Celso Antônio. Discricionariedade e controle jurisdicional. São Paulo: Malheiros, 1992, p. 98.

[195] MARTINS, Ricardo Marcondes. Efeitos dos vícios do ato administrativo. São Paulo: Malheiros, 2008, p. 239-241.

[196] Sobre a forma da motivação, Maria Sylvia Zanella Di Pietro explica que ela pode ser feita por órgão diverso daquele que produziu o ato, ademais de poder estar contida em pareceres, laudos, informações, relatórios etc. (Direito administrativo. 30. ed. Rio de Janeiro: Forense, 2017, p. 114).

[197] BANDEIRA DE MELLO, Celso Antônio. Curso de direito administrativo. 33. ed. São Paulo: Malheiros, 2017, p. 83.

A motivação, ademais de se posicionar como aspecto pertinente à formalização do ato administrativo,[198] sendo seu revestimento exterior (dimensão formal), também serve[199] como meio que torna possível a recondução do ato administrativo a um parâmetro jurídico que o torne compatível com as normas jurídicas vigentes (dimensão substancial), traçando, pois, o laço de validade entre o ato e o sistema de Direito positivo.[200]

Atualmente, pode-se dizer que o dever de motivação se espalha por todo o Direito Administrativo moderno, inclusive em ordenamentos alienígenas, pois, conforme salienta Agustín Gordillo, o que no passado era somente exigência jurídica de que o ato administrativo contivesse motivação ou explicação de seus fundamentos, "é hoje também uma exigência política; agora há um dever jurídico e político, social e cultural de explicar ao cidadão ou habitante porque se impõe a ele uma norma e há de convencê-lo com a explicação".[201]

No sistema jurídico brasileiro, a ausência de motivação configura-se como exceção, limitada a casos pontuais, como por exemplo a nomeação e exoneração *ad nutum* para cargos em comissão[202] na Administração Pública.

---

[198] Celso Antônio Bandeira de Mello, ao estruturar a formação dos atos administrativos, coloca como pressuposto de validade formalístico daqueles atos a formalização como sendo a específica maneira pela qual o ato deve ser externado. A motivação, nessa linha, seria um importante requisito da formalização (*Curso de direito administrativo*. 33. ed. São Paulo: Malheiros, 2017, p. 423-424).

[199] A motivação possui uma multifacetada importância na atividade administrativa, podendo-se elencar, sem a pretensão de esgotamento, a demonstração de legalidade e mérito do ato; a redução do risco de arbitrariedade; a facilitação do controle interno e externo; o direcionamento da interpretação do ato; a obtenção da adesão dos administrados mediante persuasão.

[200] FRANÇA, Vladimir da Rocha. Princípio da motivação no direito administrativo. *In: Enciclopédia jurídica da PUC-SP*. Celso Fernandes Campilongo, Alvaro de Azevedo Gonzaga e André Luiz Freire (coords.). Tomo: Direito Administrativo e Constitucional. Vidal Serrano Nunes Jr., Maurício Zockun, Carolina Zancaner Zockun, André Luiz Freire (coord. de tomo). 1. ed. São Paulo: Pontifícia Universidade Católica de São Paulo, 2017. Disponível em: https://enciclopediajuridica.pucsp.br/verbete/124/edicao-1/principio-da-motivacao-no-direito-administrativo.

[201] Tradução de: "(...) *es hoy también una exigencia política; ahora hay un deber jurídico y político, social y cultural, de explicar al ciudadano o habitante por qué se le impone una norma y hay que convencerlo con la explicación*" (GORDILLO, Agustín. *Tratado de derecho administrativo – t. II*. Buenos Aires: F.D.A, 2005, p. 57).

[202] Essas têm sido as hipóteses sempre lembradas pela doutrina administrativista (até por ser uma das únicas que se pode encontrar) há tempos, como se visualiza, já na década de 1970, das palavras de Themístocles Brandão Cavalcanti: "Assim, a demissão de um funcionário ou a sua exoneração, deverá ser motivada quando vinculado o ato pela lei, mas não quando essa própria lei o deixa ao arbítrio da administração, como, por exemplo, nas funções de confiança" (Do poder discricionário. *Revista de Direito Administrativo – RDA*, Rio de Janeiro, v.101, jul./set. 1970, p. 4).

Acerca do dever de motivação, ressalta-se que a legislação federal brasileira, representada pela Lei nº 9.784/99, em seu artigo 50, indica um rol de hipóteses nas quais se faz necessária a exteriorização das razões, dando a entender que, a *contrario sensu*, não haveria a sua necessidade nos demais casos.

Não obstante, o aludido rol abraça um universo tão vasto de situações, que acaba por incluir a maioria esmagadora dos comportamentos administrativos possíveis, além de se referir exclusivamente à Administração Pública Federal.[203] Além disso, como acentua Maria Sylvia Zanella Di Pietro, trata-se de uma enumeração mínima a ser observada, o que não exclui a exigência de motivação em outros casos em que se mostre fundamental a realização do controle dos atos administrativos.[204]

Ademais, voltando-se para a necessidade de motivação dos provimentos cautelares administrativos encontra-se, no inciso I do artigo 50, que é dever da Administração a motivação dos atos que neguem, limitem ou afetem direitos ou interesses. Conforme visto, é da natureza das medidas provisionais a afetação de direitos dos administrados, sendo a exigência de motivação uma decorrência clara do referido dispositivo.

Não restando dúvidas a respeito, destaca-se que o próprio artigo 45 da Lei nº 9.784/99, que trata da adoção das medidas cautelares, expressamente exige a motivação[205] para a prática desses atos.

No Direito estrangeiro, apesar de se tratar de direito positivado diverso, a exigência se repete. O artigo 54.1 da *Ley del Regímen Jurídico y Procedimiento Administrativo Común* (LRJPAC) assim exige, expressamente. Além disso, a posição dos Tribunais espanhóis tem seguido a mesma linha, conforme narram Manuel Rebollo Puig *et al.*, ao indicar que a exigência de motivação nas medidas provisionais é inclusive correlata à garantia da presunção de inocência.[206]

---

[203] FRANÇA, Vladimir da Rocha. Princípio da motivação no direito administrativo. In: *Enciclopédia jurídica da PUC-SP*. Celso Fernandes Campilongo, Alvaro de Azevedo Gonzaga e André Luiz Freire (coords.). Tomo: Direito Administrativo e Constitucional. Vidal Serrano Nunes Jr., Maurício Zockun, Carolina Zancaner Zockun, André Luiz Freire (coord. de tomo). 1. ed. São Paulo: Pontifícia Universidade Católica de São Paulo, 2017. Disponível em: https://enciclopediajuridica.pucsp.br/verbete/124/edicao-1/principio-da-motivacao-no-direito-administrativo.

[204] DI PIETRO, Maria Sylvia Zanella. *Direito administrativo*. 30. ed. Rio de Janeiro: Forense, 2017, p. 113-114.

[205] *Vide* TRF-4 – AC: 50022000320164047107 RS 5002200-03.2016.404.7107, Relator: VIVIAN JOSETE PANTALEÃO CAMINHA, Data de Julgamento: 17.05.2017, QUARTA TURMA.

[206] REBOLLO PUIG, Manuel *et al. Derecho administrativo sancionador*. 1. ed. Valladolid: Lex Nova, 2010, p. 535-536.

Outrossim, o exercício do controle dos provimentos acautelatórios só se mostra viável havendo a devida explanação dos motivos (motivação)[207] que levaram à prática do ato, bem como das demais circunstâncias que o permeiam. O dever de motivação, pois, é pressuposto do regular exercício da função administrativa (função na qual se materializa a cautelaridade administrativa), o qual, por definição, sujeita o Estado ao controle. O controle pelos devidos legitimados ocorre tanto em relação à inexistência de um motivo (fato determinante falso), quanto no que tange à extração de consequências jurídicas incompatíveis com o direito aplicado (fato determinante errôneo), havendo, em qualquer uma das hipóteses, um vício que pode acarretar sua invalidação.[208]

É somente pela dimensão substancial da motivação que será possível traçar a conexão entre o ato levado a efeito e sua compatibilidade com a ordem jurídica. Ainda que se tenha a impossibilidade material de reproduzir todas as reflexões subjetivas do agente quando do exercício da função administrativa, os motivos exteriorizados, ou seja, apresentados por meio de enunciados linguísticos, bastarão para efetuar a vinculação do ato com o ordenamento.

Sobre a mencionada impossibilidade material de se reproduzir, por completo, linguisticamente, as subjetividades do agente, deve-se lembrar, em atenção à adotada teoria francesa dos motivos determinantes,[209] que são os motivos objetivamente apresentados que vinculam a validade do ato administrativo. É dizer, o pensamento do agente público não é relevante para aferir a validade da medida cautelar

---

[207] Não é diferente o arranjo feito por Luis Manuel Fonseca Pires, quando afirma que, sobretudo na atual pós-modernidade, a motivação torna-se essencial, servindo de critério que diferencia entre o discricionário e o arbitrário. Em última análise, é ela que propicia o controle judicial, quando o Poder Judiciário é instigado a tanto, permitindo-o avaliar se houve atuação dentro ou fora dos limites legais (A discricionariedade administrativa e o interesse público líquido. *In*: BANDEIRA DE MELLO, Celso Antônio et al (Coord.). *Direito Administrativo e Liberdade*: estudos em homenagem a Lúcia Valle Figueiredo. São Paulo: Malheiros, 2014, p. 495-496).

[208] OSÓRIO, Fábio Medina. O princípio constitucional da motivação dos atos administrativos: exame de sua aplicabilidade prática aos casos de promoção e remoção de membros do Ministério Público e Magistratura por merecimento nas respectivas carreiras. *Revista de Direito Administrativo – RDA*, Rio de Janeiro, v. 218, out./dez. 1999, p. 41.

[209] De acordo com as considerações de Marcelo Caetano: "Não interessa, aliás, ao jurista conhecer quaisquer motivos da vontade administrativa, mas tão-somente os *motivos determinantes*, aquelas razões de direito ou considerações de fato objetivamente anotadas sem cuja influência a vontade do órgão administrativo não se teria manifestado no sentido em que se manifestou" (*Princípios fundamentais do direito administrativo*. Rio de Janeiro: Forense, 1977, p. 143).

adotada, mas sim as razões por ele exteriorizadas[210] e invocadas como fundamento para a prática do ato.

1.7.3 Proporcionalidade

Como já adiantado, além dos requisitos do *fumus boni iuris* e do *periculum in mora* para que se possa tratar de um provimento cautelar válido, outros os acompanham a fim de conferir legitimidade à sua adoção.

Justamente por se estar diante de provimentos administrativos que imponham restrições a determinados direitos, deve-se ter em mente que tais medidas só podem ocorrer de forma excepcional e dentro dos parâmetros da proporcionalidade.[211]

Confirmando o que se defende, Belén Marina Jalvo assevera que *"cuando sean libertades públicas o derechos fundamentales los que puedan resultar afectados por una medida provisional, las exigencias de proporcionalidad condicionan sensiblemente la adopción de la misma"*.[212]

O bem difundido princípio da proporcionalidade,[213] entendido como critério de aferição da constitucionalidade de medidas restritivas de direito, tem servido de vetor fundamental para se aferir a validade ou não dos provimentos cautelares administrativos,[214] já que seu conceito

---

[210] Em realidade, essa questão se justifica e se explica facilmente pela perspectiva do Direito como linguagem. Somente terão a devida valoração jurídica os fatos relatados na linguagem aceita pelo Direito. Enquanto as vontades do agente permanecerem reclusas no seu interior, sem serem expressas por enunciados linguísticos aceitos pelo sistema jurídico, não terão valor ao ordenamento. Assim, a teoria dos motivos determinantes nada mais é do que uma aplicação tópica de questão basilar do construtivismo lógico-semântico. (CABRAL, Flávio Garcia. *O conteúdo jurídico da eficiência administrativa*. Belo Horizonte: Fórum, 2019, p. 235).

[211] Como se afirma, em diversas hipóteses as medidas cautelares administrativas restringem direitos fundamentais dos administrados, sendo certo que essa restrição somente se mostra legítima se ocorrida de maneira proporcional. Com igual sentido, é o que leciona J.J. Gomes Canotilho: "o campo de aplicação mais importante do princípio da proporcionalidade é o da restrição dos direitos, liberdades e garantias por actos dos poderes públicos" (*Direito constitucional e teoria da constituição*. 7. ed. Coimbra: Almedina, 2003, p. 264).

[212] MARINA JALVO, Belén. *Medidas provisionales en la actividad administrativa*. Valladolid: Lex Nova, 2007, p. 133.

[213] Não há consenso na doutrina acerca da distinção entre os princípios da razoabilidade e da proporcionalidade, havendo uma forte predisposição dos autores brasileiros a indicar que, fora a diferença quanto à origem (o primeiro teria raízes germânicas enquanto o segundo norte-americanas), ambos os princípios não deveriam ser tratados separadamente, já que a proporcionalidade seria somente um aspecto da razoabilidade (DI PIETRO, Maria Sylvia Zanella. *Direito administrativo*. 19. ed. São Paulo: Atlas, 2006, p. 72).

[214] *"El principio de proporcionalidad busca asegurar que el poder público actúe sin excederse en el ejercicio de sus funciones y es aplicable a toda actividad del Estado. No es una labor exclusiva del legislador, sino también de todo operador jurídico. Este principio está orientado exclusivamente*

jurídico traduz uma estrutura de pensamento consistente em avaliar a correlação entre os fins visados e os meios empregados nos atos do Poder Público.[215]

Quando se diz, acima, sobre o "bem difundido"[216] princípio da proporcionalidade (*verghältbismässigkeit*), assim o faz em referência à construção realizada pela jurisprudência constitucional alemã e doutrinariamente desenvolvida, dentre outros, pelo jurista Robert Alexy, cujas lições ganharam adeptos ao redor do globo e, especialmente, no Brasil.[217]

Robert Alexy, seguindo a tradição alemã, trabalha a proporcionalidade sob a perspectiva dos direitos fundamentais, embora não exclua a existência e viabilidade de outras fundamentações.[218] Para ele, a proporcionalidade, com suas respectivas máximas, decorre logicamente da própria natureza dos princípios (mandados de otimização), ou seja, é dedutível dessa natureza.[219]

Segundo o jusfilósofo alemão, a máxima da proporcionalidade comporta três[220] máximas parciais: a adequação, a necessidade (man-

---

  a fundamentar la validez o invalidez de una intervención en derechos fundamentales atendiendo a los límites impuestos al legislador democrático a partir de la propia Constitución" (BARAJAS VILLA, Mauricio. Proporcionalidad en la suspensión temporal del juzgador federal en el procedimiento administrativo disciplinario. *Revista del instituto de la judicatura federal*. México, nº 34, 2012, p. 50).

[215] PEREIRA, Jane Reis Gonçalves. Os imperativos da proporcionalidade e da razoabilidade: um panorama da discussão atual e da jurisprudência do STF. *In:* SARMENTO, Daniel; SARLET, Ingo Wolfgang (Orgs.). *Direitos fundamentais no Supremo Tribunal Federal: balanço e crítica*. Rio de Janeiro: Lumen Juris, 2011, p. 172.

[216] "*Over the past fifty years, proportionality analysis (PA) has widely diffused. It is today an overarching principle of constitutional adjudication, the preferred procedure for managing disputes involving an alleged conflict between two rights claims, or between a rights provision and a legitimate state or public interest*" (SWEET, Alec Stone. Proportionality Balancing and Global Constitutionalism. *Faculty Scholarship Series*, Paper 1296, 2008, p. 73).

[217] Luis Virgílio Afonso da Silva somente ressalva que embora a proporcionalidade, como desenvolvida nos trabalhos jurídicos alemães – que a dividem em três máximas (adequação, necessidade e proporcionalidade em sentido estrito) –, seja bem salientada pela doutrina brasileira, essa subdivisão é praticamente ignorada pelo Supremo Tribunal Federal ou, quando muito, é apresentada em termos extremamente sintéticos ou incompreensíveis (O proporcional e o razoável. *Revista dos Tribunais*, São Paulo, a. 91, v. 798, abr. 2002, p. 35).

[218] "Ela pode ser chamada de 'fundamentação a partir dos direitos fundamentais'. Outras fundamentações, como aquelas que se baseiam no princípio do Estado de Direito, na prática jurisprudencial ou no conceito de justiça, não são por ela excluídas. Na medida em que forem relevantes, são elas reforços bem-vindos à fundamentação a partir dos direitos fundamentais" (ALEXY, Robert. *Teoria dos direitos fundamentais*. 2. ed. Tradução de Virgílio Afonso da Silva. São Paulo: Malheiros, 2015, p. 120).

[219] ALEXY, Robert. *Teoria dos direitos fundamentais*. 2. ed. Tradução de Virgílio Afonso da Silva. São Paulo: Malheiros, 2015, p. 117.

[220] Ainda que a concepção da proporcionalidade como estruturada por três máximas tenha sido amplamente aceita no Brasil e em diversas cortes internacionais, sua estruturação

damento do meio menos gravoso) e a proporcionalidade em sentido estrito (mandamento do sopesamento).[221]

Por adequação, entende-se que, com o auxílio de um meio, o objetivo perseguido pode ser fomentado. Para Moritz Meister e Matthias Klatt, "o objetivo não precisa ser completamente satisfeito por meio do emprego do meio; um fomento é suficiente".[222]

De acordo com Luis Prieto Sanchís, no que concerne à adequação, "se a intromissão na esfera de um bem constitucional não persegue finalidade alguma ou se mostra de todo ineficaz para alcançá-la, isso é uma razão para considerá-la não justificada".[223]

Por seu turno, a máxima da necessidade, por vezes também denominada de exigibilidade,[224] representa um exame essencialmente comparativo por meio do qual se almeja verificar se o objetivo perseguido não poderia ser promovido, com a mesma intensidade, por outro meio que limite, em menor medida, o direito atingido.[225]

O terceiro elemento, chamado de proporcionalidade em sentido estrito, é formulado como uma lei de ponderação ou sopesamento,

---

dessa forma não se constitui como questão unânime. Há quem trabalhe sob a perspectiva de quatro máximas, incluindo também a figura da legitimidade ou do propósito legítimo. Nesse passo, que seria o primeiro a ser aferido, deve ser avaliado se o governo está constitucionalmente autorizado a adotar aquela medida, ou seja, caso a medida não seja constitucionalmente legítima, ela viola uma norma superior (SWEET, Alec Stone. Proportionality Balancing and Global Constitutionalism. *Faculty Scholarship Series*, Paper 1296, 2008, p. 75). No entanto, a posição seguida por nós é a mesma exposta por Javier Barnes (El principio de proporcionalidad. Estudio preliminar. *Cuadernos de derecho público*, v. 5, sep./dic. 1998, p. 27), que encara o exame da legitimidade como um *prius* lógico do juízo de proporcionalidade: "*El juicio de proporcionalidad actúa una vez que ha sido descartada la ilicitud de las dos magnitudes que integran el término de comparación*".

[221] ALEXY, Robert. *Teoria dos direitos fundamentais*. 2. ed. Tradução de Virgílio Afonso da Silva. São Paulo: Malheiros, 2015, p. 116-117.

[222] MEISTER, Moritz; KLATT, Matthias. A máxima da proporcionalidade: um elemento estrutural do constitucionalismo global. *Observatório da Jurisdição Constitucional*, a.7, nº 1, jan./jun. 2014, p. 28.

[223] Tradução: "*(...) si la intromisión en la esfera de un bien constitucional no persigue finalidad alguna o si se muestra del todo ineficaz para alcanzarla, ello es una razón para considerarla no justificada*" (PRIETO SANCHÍS, Luis. El juicio de ponderación constitucional. In: CARBONELL, Miguel (Ed.). *El principio de la proporcionalidad y la interpretación constitucional*. Equador: Ministerio de Justicia y Derechos Humanos, 2008, p. 110).

[224] "Além disso, esse meio deve se mostrar 'exigível', o que significa não haver outro, igualmente eficaz, e menos danoso a direitos fundamentais" (GUERRA FILHO, Willis Santiago. O princípio constitucional da proporcionalidade. *Revista do Tribunal Regional do Trabalho da 15ª Região*, Campinas, nº 20, 2002. Disponível em: http://trt15.gov.br/escola_da_magistratura/Rev20Art6.pdf. Acesso em: 02 jan. 2017).

[225] SILVA, Luís Virgílio Afonso da. O proporcional e o razoável. *Revista dos Tribunais*, São Paulo, a. 91, v. 798, abr. 2002, p. 39-40.

que, relacionada a direitos fundamentais, significa que "quanto mais intensiva é uma intervenção em um direito fundamental, tanto mais graves devem pesar os fundamentos que a justificam".[226]

Nessa terceira máxima, a lei do sopesamento permite a sua divisão em três passos: a) avalia-se o grau de não satisfação ou afetação de um dos princípios; b) depois avalia-se a importância da satisfação do princípio colidente; e c) por fim, avalia-se se a importância da satisfação do princípio colidente justifica a não satisfação ou afetação do outro princípio.[227]

De tal modo, para se aferir a conformidade jurídica de uma medida cautelar de cunho administrativo, além da apuração de sua utilização com a previsão legislativa, deve-se ponderar se o provimento se mostrou adequado (a medida adotada é capaz de realizar o objetivo a que se propõe?), necessário (era possível alcançar o mesmo objetivo de forma menos gravosa ao administrado?) e proporcional no sentido estrito (as vantagens obtidas com o provimento cautelar são superiores às desvantagens?), ou, simplesmente, se foi proporcional no seu sentido amplo.[228]

Tome-se, como situação hipotética, a medida cautelar de embargo de um posto de combustível uma vez detectada a adulteração em somente uma das bombas de gasolina. Na primeira máxima, a da adequação, apura-se que o embargo impede a continuidade da infração administrativa relacionada à irregularidade da manutenção da bomba de combustível. Investigando-se a segunda máxima, porém, vê-se que seria possível a interdição da única bomba na qual havia a irregularidade, não sendo necessário o embargo de todo o posto de gasolina. Desse modo, mostra-se como medida desnecessária, logo, desproporcional.[229]

---

[226] ALEXY, Robert. *Constitucionalismo discursivo*. 2. ed. Tradução de Luís Afonso Heck. Porto Alegre: Livraria do Advogado, 2008, p. 68.

[227] ALEXY, Robert. *Teoria dos direitos fundamentais*. 2. ed. Tradução de Virgílio Afonso da Silva. São Paulo: Malheiros, 2015, p. 594.

[228] Focando especificamente nas medidas cautelares administrativas, Manuel Rebollo Puig *et al.* assinalam que esses provimentos serão proporcionais se houver congruência com o perigo que se apresente, houver proporcionalidade entre a gravidade da medida e o perigo, e for escolhida, entre as que reúnem os predicados anteriores, a que seja menos restritiva ou prejudicial (REBOLLO PUIG, Manuel *et al. Derecho administrativo sancionador*. 1. ed. Valladolid: Lex Nova, 2010, p. 533).

[229] Trabalhando na perspectiva do Direito português, Artur Flamínio da Silva traz o seguinte exemplo que relaciona a proporcionalidade com medidas cautelares ("medidas provisórias") administrativas: "Pense-se, por exemplo, na aplicação de uma suspensão preventiva quando previsivelmente a conduta potencialmente punível disciplinarmente possa somente consubstanciar um ilícito disciplinar leve. Não é, a este respeito,

Deduz-se, pelo apresentado, que a proporcionalidade, atuante como verdadeiro limite ao poder de cautela administrativa, não configura conceito abstrato, mas que, pelo contrário, deve ser apurado no caso concreto,[230] diante das circunstâncias e interesses em jogo. Assim, em processos administrativos disciplinares, por exemplo, a proporcionalidade poderá depender da natureza e gravidade da infração a ser aplicada, dos objetivos almejados pelo provimento ou, ainda, do mal que possa causar ao seu receptor.[231]

De outra maneira, tendo em vista que há medidas cautelares administrativas pontuais que visam a tutelar interesses específicos, a proporcionalidade adquirirá contornos diferentes caso a caso, havendo pesos diversos entre os interesses jurídicos postos em jogo quando da aplicação dos provimentos acautelatórios.

Neste mesmo caminho, robustecendo o que foi afirmado, retira-se do Manual de Processo Administrativo Sanitário, elaborado pelo Estado do Rio Grande do Sul – o que vem a demonstrar a própria percepção do Estado sobre o mister da proporcionalidade na sua atividade cautelar –, o seguinte excerto:

> Assim, basicamente os limites impostos à autoridade sanitária são de avaliação de risco e a necessidade da adoção da medida acauteladora com base em critérios técnicos sanitários e também nos princípios da legalidade, da proporcionalidade e da razoabilidade, uma vez que a ação realizada deverá ser proporcional à necessidade pública, sob pena de caracterização de excesso ou desvio de poder do agente.[232]

---

proporcional (em sede de necessidade) que se opte por uma medida substancialmente mais gravosa (e especialmente danosa) dos interesses privados (do sujeito passivo no âmbito de um procedimento disciplinar) quando o mesmo resultado possa ser alcançado através da adopção de outra medida menos gravosa. Além disso, exige-se que a medida escolhida seja equilibrada (proporcionalidade stricto sensu) no sentido de que o interesse a proteger, em sede de ponderação de colisão de interesses, permita concluir que os danos a infligir nos interesses públicos e privados com a adopção da medida provisória não são superiores aos que derivariam da não adopção da mesma" (Medidas provisórias e suspensões preventivas no direito disciplinar administrativo. *Julgar-online*, jan. 2019, p. 20).

[230] "Uma das peculiaridades do princípio da proporcionalidade consiste no reconhecimento de que a solução jurídica não pode ser produzida por meio do isolamento do aplicador em face da situação concreta. Não é possível extrair a solução pelo exame de textos legais abstratos" (JUSTEN FILHO, Marçal. *Curso de direito administrativo*. 8. ed. Belo Horizonte: Fórum, 2012, p. 133).

[231] MARINA JALVO, Belén. *Medidas provisionales en la actividad administrativa*. Valladolid: Lex Nova, 2007, p. 109.

[232] SECRETARIA DE SAÚDE DO RIO GRANDE DO SUL. *Manual de processo administrativo sanitário*. 2. ed. Porto Alegre: Secretaria de Saúde, 2010, p. 68.

Ainda que o princípio da proporcionalidade não esteja previsto expressamente na Constituição Federal (embora haja quem o retire do devido processo legal), ele encontra abrigo literal na Lei do Processo Administrativo Federal (artigo 2º, *caput* e parágrafo único, inciso IV, da Lei nº 9.784/99).[233]

Não obstante seja inegável a importância e relevância da proporcionalidade como limite às medidas cautelares administrativas, não se pode invocar aquela máxima, por outro lado, de maneira incondicional e vaga, como resposta a todos os problemas que se apresentem, sob pena de esvaziar por completo o seu conteúdo jurídico.

É com essa mesma sutileza que pondera Belén Marina Jalvo sobre a realidade espanhola, mas cujas considerações parecem feitas sob medida ao cenário brasileiro, ao pontuar que a própria falta de clareza das referências normativas e jurisprudenciais sobre as exigências do princípio da proporcionalidade na sua aplicação em face da atividade cautelar administrativa exigem a conveniência de uma invocação prudente daquele.[234]

Ainda trabalhando no prisma da proporcionalidade, destaca Gabriel Domenéch Pascual, partindo-se do pressuposto do primado do legislador racional, que os trâmites previstos nas normas que disciplinam medidas cautelares no procedimento administrativo são necessários, úteis e não excessivos – leia-se, proporcionais –, sendo certo que, a *contrario sensu*, o não atendimento daquelas regras legais gera um risco intolerável de que a Administração tenha se equivocado, causando mais desvantagens que vantagens.[235]

Há que se destacar, no que versa sobre a proporcionalidade como mecanismo de controle dos atos cautelares, que podemos estar diante de duas hipóteses que, embora próximas, mostram-se distintas. Uma delas é quando a desproporcionalidade do provimento cautelar administrativo opera no plano da interpretação/aplicação indevida da norma individual e concreta. Ou seja, em realidade, a lei que fundamentou o ato administrativo praticado não possui a pecha da desproporcionalidade, mas a maneira como o agente indevidamente a aplicou concretamente,

---

[233] JUSTEN FILHO, Marçal. *Curso de direito administrativo*. 8. ed. Belo Horizonte: Fórum, 2012, p. 133.
[234] MARINA JALVO, Belén. *Medidas provisionales en la actividad administrativa*. Valladolid: Lex Nova, 2007, p. 117.
[235] DOMENÉCH PASCUAL, Gabriel. La responsabilidad patrimonial de la Administración derivada de la adopción de medidas cautelares. *Revista Española de Derecho Administrativo*, 125, 2005, p. 75.

construindo a norma individual e concreta, acarretou aludido problema de juridicidade. Em casos tais, o problema se resolve facilmente pela ilegalidade do ato, que pode ser declarada tanto pelo próprio órgão que o realizou como pelo Poder Judiciário.

Situação diferente é da lei que, seja conferindo um campo de discricionariedade, seja vinculando todo o comportamento do agente público, invariavelmente acarretará uma norma individual e concreta que seja desproporcional. Aqui, a própria lei figura como inconstitucional, por contrariar precisamente o aspecto da proporcionalidade em relação às medidas cautelares administrativas. O trâmite e os atores legitimados nesse segundo caso, contudo, são ligeiramente díspares. Quando o ato administrativo cautelar é submetido à apreciação do Poder Judiciário, caso interpretem os julgadores que o ato atendeu devidamente à lei, mas esta, por si só, viola o princípio da proporcionalidade (norma geral e abstrata), caberá àqueles declararem incidentalmente a inconstitucionalidade[236] da lei para invalidar o provimento acautelatório.

Por outro lado, ao próprio órgão que praticou o ato, que atendeu a todos os termos legais, não caberá invalidá-lo *ex officio*, pois, ainda que ele viole a proporcionalidade, por estar em consonância com a lei formal, nosso ordenamento jurídico não permite[237] sintática e semanticamente

---

[236] Deve-se lembrar que se a decisão for proferida por um Tribunal, o acórdão deverá ser confeccionado pelo órgão especial ou pelo plenário, de acordo com a cláusula de reserva de plenário estampada no artigo 97 da Constituição. Ademais, *vide* o conteúdo da Súmula Vinculante nº 10, editada pelo Supremo Tribunal Federal: "Viola a cláusula de reserva de plenário (CF, artigo 97) a decisão de órgão fracionário de tribunal que, embora não declare expressamente a inconstitucionalidade de lei ou ato normativo do Poder Público, afasta sua incidência, no todo ou em parte".

[237] Tem ganhado força em alguns setores da doutrina administrativista uma posição contrária à defendida aqui. Alega-se que não seria exigido do agente público executar uma lei que fosse inconstitucional, não sendo necessária a manifestação prévia do Poder Judiciário a esse respeito. Acerca dessas observações, sustentando a possibilidade de uma atuação *contra legem* dos agentes públicos, confira-se BINENBOJM, Gustavo. *Uma teoria do direito administrativo*: direitos fundamentais, democracia e constitucionalização. 2. ed. Rio de Janeiro: Renovar, 2008, p. 174-194. Sem embargo, não localizamos dispositivo constitucional que permita essa legitimação; pelo contrário, tem-se um rol de medidas hábeis a realizar o controle de constitucionalidade, havendo um "silêncio eloquente" no que tange ao controle de constitucionalidade repressivo exercido pelo Poder Executivo no exercício da função administrativa. Além disso, por-se-ia em risco a segurança jurídica caso se permitisse uma espécie de controle difuso a ser exercido por quase todos os agentes públicos (cujas formações, experiências, áreas de atuação são variadas). Alegam os defensores daquela tese que caberia somente aos Chefes do Poder Executivo ordenar o não cumprimento de uma lei reputada inconstitucional e não a qualquer agente. Contudo, qual norma constitucional traz essa autorização voltada exclusivamente para as chefias? Se um dos principais argumentos para a permissão desse controle pelo Executivo seria a vinculação imediata e primária da Administração Pública direta e indireta à Constituição, essa mesma vinculação seria somente aos Chefes do Executivo e não aos demais agentes?

o descumprimento da lei por agentes no exercício da função administrativa.[238] Impende aos agentes públicos, nesses casos, representar a quem de direito para que provoque o controle abstrato e concentrado de constitucionalidade perante o Poder Judiciário, de modo a expurgar a norma oriunda da lei em comento do sistema jurídico.

1.7.3.1 Reversibilidade da medida

Outro traço característico dos provimentos cautelares administrativos é a possibilidade de reversibilidade[239] da medida adotada. Esse viés da cautelaridade é atrelado à sua provisoriedade, é dizer, caso a medida adotada altere o cenário fático-jurídico a tal ponto que não se pode mais retornar ao *status quo ante*, o que seria cautelar se torna definitivo.

Além disso, a necessidade de reversibilidade[240] da medida decorre da própria ideia de proporcionalidade, sob a ótica da vedação a

---

A estes só caberia o cumprimento dos regulamentos? Mesmo assim, ainda nos casos nos quais somente os Chefes do Poder Executivo pudessem realizar esse controle, haveria uma insegurança e disparidade na mudança de entendimento entre esferas federativas distintas e governantes sucessivos. Em síntese, ainda que se entenda do anseio dos que sustentam essa autorização, salvo situações excepcionalíssimas, que pelo próprio grau de excepcionalidade não podem servir de diretriz a ser seguida, não se enxerga como autorizado pelo sistema jurídico vigente no Brasil a negativa ao cumprimento da lei no exercício da função administrativa pela interpretação de que ela seria inconstitucional, sem que haja uma prévia decisão por parte do Poder Judiciário.

[238] É justamente por isso que se encara com desconfiança a Súmula nº 347 do Supremo Tribunal Federal, editada em 1963, que permite o controle de constitucionalidade incidental pelo Tribunal de Contas. A função de controle ou fiscalização não figura como uma quarta função estatal, sendo enquadrada como uma espécie de função administrativa. Logo, se não é possível o controle de constitucionalidade repressivo no exercício da função administrativa, não compete ao TCU exercê-la ao executar sua missão constitucional. Tem-se ciência, contudo, que em decisões monocráticas mais recentes do STF, tem-se buscado abandonar a aplicação da aludida súmula, como se vislumbra, por exemplo, no MS 25.888 MC/DF.

[239] Na sistemática do Direito argentino, Paulo Friguglietti traz as mesmas conclusões, colocando como elemento fundamental das medidas cautelares administrativas a impossibilidade de sua adoção quando puderem causar prejuízos de impossível ou difícil reparação (FRIGUGLIETTI, Paulo. Las medidas provisionales en el procedimiento administrativo. Especial referencia a la regulación en la provincia de Santa Fe. *Revista RAP*, .462, mar. 2017, p. 76). No Direito espanhol, confira-se REBOLLO PUIG, Manuel *et al*. *Derecho administrativo sancionador*. 1. ed. Valladolid: Lex Nova, 2010, p. 538-539.

[240] "(...) deve-se tomar especial cuidado com as medidas cautelares, que só podem ser tomadas no decorrer do processo por absoluta necessidade e não devem trazer prejuízo irreversíveis ao administrado" (OLIVEIRA, Jeová Marques de; MELO, Luis Carlos Figueira. A consolidação de um processo administrativo constitucional. *Fórum Administrativo – FA*, ano 19, nº 104, out. 2009, p. 16).

excessos,[241] não cabendo ao provimento cautelar ser tão gravoso a ponto de impossibilitar a reversão ao estado anterior.

É certo, contudo, que essa reversibilidade deve ser compreendida de maneira ponderada. Dificilmente haverá algum tipo de provimento que permita o retorno integral à situação anterior. Isso não é uma questão jurídica, mas sim fática, decorrente do tempo. A interdição de um estabelecimento por alguns dias, de maneira acautelatória, gera consequências[242] em termos da respeitabilidade do local e da perda de clientes nos dias em que esteve fechado, entre outras. Mesmo com a reabertura do estabelecimento, não haverá um retorno por completo ao estado anterior. Mas essa circunstância não pode inviabilizar a adoção dos provimentos cautelares. A reversibilidade representa a impossibilidade de adoção de provimentos que gerem difícil ou impossível[243] retorno, na medida do possível, às circunstâncias prévias. Assim, o atributo da reversibilidade deve ser analisado casuisticamente.

Esse aspecto chegou a ser analisado pelo Tribunal de Justiça do Pará, que, ao decidir sobre um provimento acautelatório administrativo relacionado ao bloqueio de senha de acesso a sistemas gerados pela Secretaria do Meio Ambiente do Estado, entendeu pelo afastamento da medida, que não se mostrava proporcional no caso concreto. Destarte,

---

[241] No Direito espanhol, Gabriel Domenéch Pascual destaca que *"el principio de prohibición de exceso puede entenderse implícito en el art. 72.3 de la Ley 30/1992, que dispone que 'no se podrán adoptar medidas provisionales que puedan causar perjuicio de difícil o imposible reparación a los interesado"*. (¿Es proporcionado cerrar una empresa por infracciones a la Ley de Mercado de Derechos de Emisión de Gases de Efecto Invernadero? *Revista Aranzadi de Derecho Ambiental*, nº 9, 2006, p. 80). Humberto Gosálbez Pequeño acrescenta que a regra da menor onerosidade das medidas provisionais condiciona tanto a necessidade de escolha de uma medida em detrimento de outra que seja mais gravosa, como também pode impedir a própria adoção de qualquer provimento acautelatório, caso se apure a onerosidade decorrente da impossibilidade de reparação (GOSÁLBEZ PEQUEÑO, Humberto. *El procedimiento administrativo sancionador (teoría y práctica)*. Madrid: Dykinson, 2013, p. 31).

[242] Em relação aos prejuízos gerados ao particular de modo a verificar a irreversibilidade ou não da medida, María José Rodríguez Ramos e Gregorio Pérez Borrego esclarecem que se deve levar em consideração o cotejo do interesse público tutelado e os danos causados somente em relação à pessoa diretamente afetada, ademais de o dano ter que ser imediato ou verificável somente em um futuro imediato (Las medidas cautelares en el procedimiento de gestión recaudatoria de Seguridad Social. *Aranzadi Social (Estudios Doctrinales)*, nº 5, p. 913-933, 1999, p. 924).

[243] Inicialmente a legislação espanhola, expressa por meio da *Ley de 17 de julio de 1958 de Procedimiento Administrativo*, impunha como balizador da adoção de medidas provisionais a impossibilidade de causar prejuízos *irreparáveis* aos interessados. Posteriormente, na *Ley 30/92*, tal expressão foi alterada para prejuízo de difícil ou impossível reparação. A esse respeito, María Nieves de la Serna Bilbao explica então que atualmente as limitações trazidas pela lei são de que o provimento cause *"perjuicios de difícil o imposible reparación a los interesados o impliquen la violación de los derechos amparados por leyes"* (Las medidas cautelares. *Documentación administrativa*, nº 254, 1999, p. 190).

assentou que "o risco de lesão grave ou de difícil reparação encontra-se em favor da agravada, eis que a eventual reforma da decisão de primeiro grau iria, em verdade, causar um *periculum in mora* inverso, visto que a empresa ficaria com sua atividade paralisada, causando prejuízo a si e aos seus empregados".[244]

1.7.4 Contraditório e ampla defesa

A questão envolvendo o contraditório e a ampla defesa em relação à adoção de provimentos cautelares administrativos envolve duas considerações principais: a) é possível invocar ditas medidas sem a oitiva prévia do administrado? b) é necessário que seja facultada a possibilidade de impugnação/recurso administrativo ao administrado em face do provimento cautelar restritivo?

Quanto ao primeiro questionamento, à luz do Direito espanhol, apura-se que os Tribunais têm sustentado que, dada a urgência atrelada a esses tipos de medidas provisionais, caso se conceda o prazo e oportunidade de audiência prévia, a situação danosa poderia se consumar. Sem embargo, ocasionalmente a jurisprudência tem exigido esse trâmite de audiência em procedimentos sancionatórios, apesar de não constar clara essa exigência na normativa correlata.[245]

A questão envolverá, sem dúvida, a análise do contexto fático que circunda a adoção da medida provisional. Deveras, haverá hipóteses em que a oitiva prévia do administrado tornará sem efeito/utilidade o provimento cautelar, seja diante da urgência envolvida, seja pelo fato de, a depender do conteúdo acautelatório do ato, o conhecimento prévio poder frustrar a medida (no caso de uma medida de afastamento preventivo do servidor do exercício de suas funções em razão de estar pondo em risco o processo administrativo disciplinar, por exemplo, pode ser que a oitiva prévia permita que o servidor em questão desapareça com provas ou realize outras medidas dotadas de má-fé, inconciliáveis com o escopo da medida cautelar).

---

[244] TJ-PA – AI: 00486619620128140301 BELÉM, Relator: MARIA ELVINA GEMAQUE TAVEIRA, Data de Julgamento: 27.08.2018, 1ª TURMA DE DIREITO PÚBLICO, Data de Publicação: 31.08.2018.
[245] MARINA JALVO, Belén, Las medidas provisionales administrativas. Novedades incorporadas por el artículo 56 de la Ley 39/2015, de 1 de octubre, de Procedimiento Administrativo Común de las Administraciones Públicas. *R.V.A.P.* nº 109-I, Sep./Dic. 2017, p. 173.

A jurisprudência brasileira tem respaldado a possibilidade desse tipo de provimento sem prévia manifestação do interessado,[246] compreendendo que sua concessão sem audiência não viola o contraditório e a ampla defesa, mas somente o posterga para um momento ulterior. Nesse sentido, o Superior Tribunal de Justiça já se manifestou:

> AMBIENTAL. ATIVIDADES MADEIREIRAS. CADASTRO EM SISTEMA PRÓPRIO DE CONTROLE E PROTEÇÃO. REQUISITOS PARA O CADASTRAMENTO. DESCUMPRIMENTO. EVENTUAL OCORRÊNCIA DE FRAUDE NA OPERAÇÃO DO SISTEMA. SUSPENSÃO DO CADASTRO E DA LICENÇA AMBIENTAL SEM MANIFESTAÇÃO DA EMPRESA AFETADA. CONTRADITÓRIO E AMPLA DEFESA DIFERIDOS. POSSIBILIDADE. BUSCA PELA PRESERVAÇÃO AMBIENTAL. (...) 3. A empresa impetrante (ora recorrente) teve seu cadastro junto ao CC-Sema – Cadastro de Consumidores de Produtos Florestais – suspenso em razão de suposta divergência entre os estoques de madeira declarados pela recorrente e os efetivamente comercializados. (...) Não há ofensa ao princípio do devido processo legal porque, embora a suspensão da licença tenha se dado em caráter inicial, sem a possibilidade de manifestação da recorrente, o contraditório e a ampla defesa serão (ou deverão ser) respeitados durante a sindicância aberta para averiguar as fraudes

---

[246] A exigência de contraditório prévio é inclusive uma consequência fundamental da diferenciação entre medidas cautelares administrativas e sanções administrativas, vista nos itens 1.3.1.1 e 1.7.4. Nesse sentido, o Tribunal Regional Federal da 1ª Região declarou nula uma medida determinada pela ANVISA, que se pretendia acautelatória, mas acabou, no entender da Corte, mostrando-se definitiva, com caráter de sanção (a resolução administrativa, em vez de suspender a prática de certas atividades, expressou que elas estariam proibidas). Nessa linha, o Tribunal entendeu que, tratando-se de sanção, é fundamental a presença de contraditório e ampla defesa prévios, o que não ocorreu. Confira-se a ementa: "ADMINISTRATIVO. VIGILÂNCIA SANITÁRIA. FABRICAÇÃO E COMERCIALIZAÇÃO DE PALMITO. PROIBIÇÃO. GARANTIA DO DEVIDO PROCESSO LEGAL. AUSÊNCIA DE DEFESA E MOTIVAÇÃO. ANULAÇÃO DO ATO. 1. Na Resolução nº 8, de 2 de fevereiro de 2001 (DOU de 07. 2.2001), foi proibida a fabricação, distribuição e comercialização da marca do palmito em conserva sob responsabilidade da impetrante, 'por ter sido constatada a presença de embalagens e ou unidades dos seus produtos em estabelecimentos produtores não autorizados pela ANVISA'. 2. Essa providência não configura medida cautelar administrativa, mas sanção definitiva, que não poderia ser aplicada sem prévio processo em que a empresa fosse notificada especificadamente das acusações para poder se defender. Esse requisito não foi atendido ou pelo menos o atendimento não está demonstrado nos autos. 3. A Lei nº 9.784/99, art. 45, estabelece que, 'em caso de risco iminente, a Administração Pública poderá motivadamente adotar providências acauteladoras sem a prévia manifestação do interessado', resultando, *a contrario sensu*, que não poderá aplicar sanção definitiva sem a observância do contraditório e ampla defesa assegurados pelo art. 5º, LV, da Constituição. 4. Apelação e remessa oficial a que se nega provimento" (TRF-1 – AMS: 3664 DF 2001.34.00.003664-9, Relator: DESEMBARGADOR FEDERAL JOÃO BATISTA MOREIRA, Data de Julgamento: 18.04.2007, QUINTA TURMA, Data de Publicação: 17.05.2007 DJ p. 60).

(Portarias nº 72/2006 e 105/2006). Trata-se, portanto, de contraditório e ampla defesa diferidos, e não inexistentes. RMS nº 25.488 – Min. Rel. Mauro Campbel Marques.

De qualquer modo, essa situação não pode ser a regra, tampouco ser presumida. A garantia do contraditório e da ampla defesa não é uma medida discricionária do agente público, que pode optar em ofertá-la ou não aos administrados. É dizer, como medida normal e juridicamente adequada deve ser oportunizada a oitiva prévia do administrado, que poderá, ao expor suas razões, esclarecer possíveis enganos interpretativos por parte da Administração Pública, ou mesmo, em casos de medidas cautelares-inibitórias, corrigir o ilícito já neste momento. Isso decorre em especial quando se verifica que as medidas provisionais possuem caráter de sacrifício parcial de direito (*vide* item 1.4.2), afetando, em especial, direitos fundamentais.

De fato, no direito positivo brasileiro constata-se que o artigo 45 da Lei nº 9.784/99, que trata do poder geral de cautela administrativa (*vide* capítulo 2.2), expressamente permite a adoção de provimentos cautelares sem a prévia manifestação do interessado no caso de risco iminente. É justamente a exigência do risco iminente o ponto-chave para se verificar a possibilidade ou não da medida *inaudita altera pars*. De acordo com as lições de Irene Patrícia Nohara e Thiago Marrara, ao se exigir o risco iminente como pressuposto, o legislador impôs que a ausência da manifestação prévia do interessado quando da adoção de medidas cautelares administrativas ocorra nos casos em que, além de não se poder esperar a decisão final do processo para agir (*periculum in mora*), a Administração sequer possa esperar a manifestação do interessado.[247]

Em relação à possibilidade de impugnação e/ou oferecimento de recurso administrativo contra a decisão cautelar, nos parece claro que, à luz da ordem constitucional brasileira (*vide* a previsão do artigo 5º, inciso LV),[248-249] tal medida se mostra imperiosa, mesmo nas hipóteses de silêncio legislativo a respeito.

---

[247] NOHARA, Irene Patrícia; MARRARA, Thiago. *Processo administrativo:* lei nº 9.784/99 comentada. São Paulo: Atlas, 2009, p. 300-301.

[248] "LV – aos litigantes, em processo judicial ou administrativo, e aos acusados em geral são assegurados o contraditório e ampla defesa, com os meios e recursos a ela inerentes".

[249] No Direito espanhol, apesar da existência de sentenças que negam essa possibilidade de interposição autônoma de recurso a depende do ato cautelar em questão, em linhas gerais essa possibilidade é a regra. De acordo com o escólio de José Antonio Tardío Pato,

Há diplomas legislativos setoriais que expressamente indicam o momento e a forma de apresentação da impugnação. Deste modo, a Lei nº 12.529/2011, *e.g*, dispõe em seu artigo 84, §2º, que "da decisão que adotar medida preventiva caberá recurso voluntário ao Plenário do Tribunal, em 5 (cinco) dias, sem efeito suspensivo".

Essa situação, contudo, é de rara ocorrência na sistemática legislativa brasileira. O mais comum é o legislador não ter mencionado nenhum tipo de defesa específica em relação ao provimento cautelar[250] (o próprio artigo 45 da Lei nº 9.784/99 nada menciona a respeito). Nesses casos omissos, deve-se invocar de forma supletiva a previsão do artigo 56 combinado com o artigo 59 da Lei nº 9.784/99, que prevê o prazo de 10 dias para apresentação de recurso em face de decisão administrativa, cabendo à autoridade que proferiu a decisão o prazo de cinco dias para reconsideração.

1.7.5 Respeito aos limites constitucionais

Esse último requisito mostra-se, à primeira vista, bastante óbvio. Não se pode acatar provimentos cautelares que violem normas constitucionais. Ainda assim, cabível trazê-lo de forma expressa, uma vez que a existência de um poder cautelar administrativo pode conferir, de maneira equivocada, um entendimento de que se trata de uma discricionariedade com uma amplitude quase sem limites.

Há, por vezes, limites expressos no texto constitucional quanto ao uso de providências acautelatórias (*vide* as considerações sobre as medidas cautelares no âmbito do TCU, no item 2.4). Em outro casos, o limite não é próprio das medidas provisionais, mas são limites que

---

"*la previsión de recursos está recogida expresamente en el supuesto de la adopción de las medidas provisionalísimas del art. 72.2, final del primer párrafo. Pero en lo expresa para el supuesto en el que las medidas se adopten con posterioridad a la iniciación del procedimiento. Sin embargo, consideramos que es posible interponerlos directamente frente a tales acuerdos, por considerarlos actos de trámite cualificados, en los términos previstos en el art. 107.1 de la Ley 30/1992 y en el art. 25 de la LJCA, puesto que estamos ante actos que pueden considerarse que deciden indirectamente en el fondo del asunto; que pueden crear indefensión; o que pueden generar perjuicios irreparables a los derechos e intereses legítimos de los ciudadanos*" (Las medidas provisionales en el procedimiento administrativo. *Revista jurídica de Navarra*, nº 38, jul.-dic. 2004, p. 129).

[250] Salutar, neste ponto, a legislação estadual do Rio de Janeiro, expressa na Lei nº 5.427/09, que, em seu artigo 43, apesar de reproduzir essencialmente os termos do artigo 45 da Lei nº 9.784/99, acrescentou um parágrafo que, salvo algumas exceções, assegura ao administrado o prazo não inferior a 48 horas para se manifestar, após intimação, no sentido da aplicação de medida administrativa cautelar.

dizem respeito a direitos, competências e trâmites procedimentais. Em qualquer dos casos, as medidas provisionais devem respeito às determinações constitucionais, sendo estes os limites primeiros e últimos desses provimentos.

Conforme será visto ao longo deste livro, isso não implica na falsa constatação de que não poderá haver restrições a direitos. Afinal, a nota característica desses provimentos é justamente esse caráter ablatório, na maior parte das situações. Contudo, justamente por envolver restrições a direitos, a atenção às normas previstas na Constituição se mostra mais evidente e necessária. O poder cautelar da Administração Pública não pode permitir comportamentos inconstitucionais, sob uma desacertada premissa de concretização dos fins em detrimento dos meios.

1.8 Características das medidas cautelares administrativas

Engloba-se uma série de medidas sob uma mesma categoria, no caso, medidas cautelares administrativas, ante a existência entre elas de uma comunhão de traços comuns. São justamente suas características que permitem sua identificação como medidas provisionais de cunho administrativo.

A importância na averiguação das características próprias da cautelaridade administrativa repousa na possibilidade de apartá-la de diversas outras medidas que se aproximam dos provimentos acautelatórios administrativos.

O legislador, por inúmeras razões, traz a previsão de medidas sem deixar patente que correspondem a medidas cautelares administrativas. Será justamente na análise detalhada das características dessas medidas, e seus traços distintivos, que será possível a identificação da cautelaridade administrativa e, mais importante, o delineamento das consequências jurídicas advindas da rotulação das distintas figuras sob o manto da cautelaridade administrativa. Por outro lado, também de nada serve impor um rótulo de medida cautelar administrativa em provimentos que não possuam os traços mínimos das medidas de cunho cautelar, estando-se diante, nesses casos, de verdadeiras contrafações administrativas.[251]

---

[251] Ricardo Marcondes Martins preleciona que contrafação deve ser encarada no sentido de disfarce, simulação, fingimento e, numa acepção anfibológica, indica tanto o ato que efetua a simulação, como o efeito dela. Esclarece que a palavra foi invocada no

Destarte, cabe adiante realizar o apontamento e comentários sobre as principais características dos provimentos cautelares administrativos.

1.8.1 Exercida na função administrativa

Uma das características mais marcantes do poder cautelar administrativo do Estado, e que o difere, em essência, do poder cautelar judicial, é o fato de que ele só toma lugar no exercício da função administrativa.[252]

Dita função estatal, que se encontra ao lado das demais funções classicamente formuladas por Montesquieu,[253] como a jurisdicional e a legislativa,[254] pode ser compreendida sob diferentes perspectivas. Em uma visão, pode-se distinguir a função administrativa sob um aspecto a) objetivo, material ou substancial ou b) subjetivo ou orgânico.

Direito Administrativo por Celso Antônio Bandeira de Mello ao se referir às permissões administrativas. Assim, sintetiza que "contrafação administrativa consiste no emprego de um conceito para uma situação incompatível com o regime jurídico a ele associado. Nela, referência, denotação ou extensão pretendidas são incompatíveis com o sentido, conotação ou intenção. Não há, na contrafação, apenas um emprego equivocado: ocorre uma fraude, o emprego do conceito errado tem por efeito mascarar, disfarçar, esconder o conceito correto e o regime jurídico respectivo" (MARTINS, Ricardo Marcondes. Teoria das contrafações administrativas. *A&C – Revista de Direito Administrativo & Constitucional*, Belo Horizonte, a. 16, nº 64, abr./jun. 2016, p. 143).

[252] Renato Alessi define a função administrativa de maneira ampla como sendo *"quella che implica una concreta attività, un'azione positiva, diretta, tra l'altro, alla tutela della sicurezza e dell'ordine del gruppo sociale; alla integrazione della attività individuale ove questa si riveli come insufficiente al suo compito che sia di interesse collettivo; alla prestazione di beni e di servizi necessari onde assicurare la conservazione, il benessere ed il progresso della collettività"* (*Diritto amministrativo*. Milano: Dott A. Giuffrè, 1950, p. 5).

[253] "Estaria tudo perdido se um mesmo homem, ou um mesmo corpo de príncipes ou de nobres, ou do Povo, exercesse estes três poderes: o de fazer as leis; o de executar as resoluções públicas; e o de julgar os crimes ou demandas dos particulares" (MONTESQUIEU, Charles de Secondat, Baron de. *O espírito das leis*. Tradução de Cristina Murachco. São Paulo: Martins Fontes, 2000, p. 165).

[254] Não é novidade que a concepção das funções essenciais do Estado, como assumindo a natureza tripartida, seguindo a estrutura básica proposta por Montesquieu, não é questão incontestada. Ademais da aparição de outros estudos levantando novas funções, como a política ou de governo, atribuindo uma função fiscalizadora ao Poder Legislativo como lhe sendo típica, ou mesmo desafiando essa singela divisão em três (nesse caso, o desafio é proposto por novos atores no constitucionalismo moderno), há também os que reduzem as funções estatais em um menor número, a exemplo do que faz Oswaldo Aranha Bandeira de Mello (*Princípios gerais de direito administrativo*. VI. 3. ed. São Paulo: Malheiros, 2010, p. 50), para quem haveria somente a função jurisdicional e a administrativa (compreendendo as funções executiva e legislativa). Não obstante, lidaremos no texto com a concepção clássica mais bem difundida, sem prejuízo de aceitarmos a existência de novas funções estatais.

No primeiro, a função administrativa leva em conta a natureza jurídica interna da atividade desenvolvida, independente de quem a praticou, ao passo que o segundo somente considera como administrativa a função exercida pelo Poder Executivo ou os pelos órgãos dele dependentes[255].

Apresentando uma divisão parecida, Celso Antônio Bandeira de Mello sintetiza os critérios[256] até então utilizados para caracterizar as funções do Estado, repartindo-os em: a) critério orgânico ou subjetivo; b) critério objetivo, que se desmembra em b1) critério objetivo material ou substancial e b2) critério objetivo formal. O primeiro deles (subjetivo ou orgânico) identificaria a função ao órgão que a exerce, ou seja, as funções executivas ou administrativas seriam aquelas que fossem exercidas por órgãos do Poder Executivo. O critério objetivo material, por seu turno, busca reconhecer a função por meio de seus elementos intrínsecos, que sejam da natureza da própria tipologia. Por último, o critério objetivo formal, adotado por aquele doutrinador, vincular-se-ia às características "do direito", extraíveis do tratamento normativo correspondente, independente de semelhanças materiais entre as atividades[257].

As críticas do administrativista paulista em relação aos critérios que não sejam o objetivo formal dizem respeito ao fato de, em relação ao orgânico ou subjetivo, não haver uma correspondência exata entre o sujeito que exerce a função e seu conteúdo, como pretende essa análise. Também refuta o critério objetivo material por entender que os elementos da função devem ser extraídos da própria ordem jurídica e não de seus valores intrínsecos[258].

Vemo-nos forçados a concordar com a sobredita consideração. Em uma análise que se pretenda jurídica, tendo por objeto o sistema do Direito positivo, a apuração do que se entende por função

---

[255] MARIENHOFF, Miguel S.; BASAVILBASO, Benjamin Villegas. *Tratado de derecho administrativo* – t. I. Buenos Aires: Abeledo-Perrot, 1970, p. 55.

[256] É possível acrescentar a essa divisão o critério conhecido como negativo ou residual. Sobre este, Adolf Merkl depõe que a atividade administrativa seria o resultado de uma subtração na qual se consideram todas as atividades do Estado, excluindo-se as de legislação e justiça (função jurisdicional). Também trabalha ele com uma variação dessa vertente residual no sentido de que essa atividade seria aquela exercida somente pelos órgãos executivos vinculados por relações de hierarquia e subordinação (*Teoria general del derecho administrativo*. Tradução de José Luis Monereo Peréz. Granada: Comares, 2004, p. 10; 49).

[257] BANDEIRA DE MELLO, Celso Antônio. *Curso de direito administrativo*. 33. ed. São Paulo: Malheiros, 2017, p. 32-36.

[258] BANDEIRA DE MELLO, Celso Antônio. *Curso de direito administrativo*. 33. ed. São Paulo: Malheiros, 2017, p. 32-36.

administrativa merece ser realizada, em um sentido lógico-semântico, analisando-se justamente suas feições exteriores, mas que se encontram presentes dentro do próprio ordenamento.

Podemos intentar, então, apresentar algumas características da função administrativa que lhe são próprias, justamente por ser analisada sob a perspectiva jurídica: i) trata-se de uma função a ser exercida com um propósito muito claro, qual seja, a busca do bem comum[259] ou do interesse público.[260] Enquanto aos sujeitos privados é permitido almejar seus objetivos de cunho particular, muitas vezes egoísticos, o mesmo não cabe ao Estado no exercício da função de que ora se trata; ii) é exercida em um regime essencialmente – mas não necessariamente de sorte exclusiva – de Direito Público,[261] o que lhe confere a identidade objetiva formal; iii) não depende de provocação (aspecto típico da função jurisdicional), podendo/devendo ser exercida de ofício, sem prejuízo de casos nos quais também seja desempenhada mediante estímulo de terceiros; iv) para alguns, apresenta como traço a parcialidade, no sentido de que o Estado permanece como parte no seu exercício;[262] v) possui um caráter de complementariedade em relação à lei e, algumas vezes, no que concerne diretamente à própria Constituição; vi) está sujeita a controle, seja interno, seja externo, inclusive pelo Poder Judiciário.[263]

Logo, função administrativa é aquela na qual o Estado, atuando como parte, em um regime essencialmente de Direito Público, pratica

---

[259] CASSAGNE, Juan Carlos. *Derecho administrativo*. 6. ed. Buenos Aires: Abeledo-Perrot, 1998, p. 82.

[260] Precisa conceituação de interesse público é encontrada na obra de Clovis Beznos: "Caracteriza-se o interesse público pela interação Estado-coletividade-indivíduo, na persecução dos valores elencados como prevalentes, pelo Ordenamento Jurídico, aferíveis em dado segmento da realidade, que coloque em contraste interesses que se contraponham. Assim, interesse público é a síntese de interesses, compreendidos estes como valores jurisdicizados, da coletividade, organizada e submetida a um regramento jurídico, com afetação direta ao Estado-poder, que genericamente o titulariza" (*Ação popular e ação civil pública*. São Paulo: Revista dos Tribunais, 1989, p. 14).

[261] "*Pero, no obstante que el bien común también puede alcanzarse a través de formas y regímenes jurídicos reglados por el derecho privado deben excluirse de la noción de función administrativa en sentido material todas aquellas actividades típicamente privadas, especialmente la actividad industrial y la comercial. Ello no es óbice para admitir la existencia, en tales casos, de actos de régimen jurídico entremezclado, que no trasuntan plenamente el ejercicio de la función materialmente administrativa*" (CASSAGNE, Juan Carlos. *Derecho administrativo*. 6. ed. Buenos Aires: Abeledo-Perrot, 1998, p. 82).

[262] ROCHA, Sílvio Luís Ferreira da. *Manual de direito administrativo*. São Paulo: Malheiros, 2013, p. 48.

[263] BANDEIRA DE MELLO, Celso Antônio. *Curso de direito administrativo*. 33. ed. São Paulo: Malheiros, 2017, p. 36.

atos, de ofício ou mediante provocação, de modo a dar concretude às leis e também à Constituição, estando constantemente sujeita a diversas formas de controle, sempre visando ao alcance primeiro e último do interesse público.

O poder cautelar administrativo se refere à potestade pública que se manifesta no exercício desta função, ou seja, os atos cautelares administrativos se submetem a um regime essencialmente de Direito Público, sempre em busca do interesse público, concretizando mandamentos legais, sendo exercitados de ofício ou por provocação, e podendo ser objeto de controle pelos órgãos legitimados.

Essa característica, por vezes esquecida pela doutrina, faz com que as medidas cautelares administrativas sejam praticadas pelos mais variados atores, uma vez que o aspecto subjetivo encontra-se delimitado pelo exercício ou não da função administrativa.

Assim, Poder Judiciário e Poder Legislativo, por exemplo, no exercício da função administrativa atípica, podem praticar atos provisionais cautelares de cunho administrativo. De igual maneira, pessoas de direito privado, desde que estejam exercendo função administrativa, também são hábeis a levar tais atos a efeito (*vide* legitimados no item 1.10). Inclusive atores que não se enquadram classicamente no conceito de Poderes Estatais, como Ministério Público e Tribunais de Contas, desde que no exercício das funções administrativas, podem emitir esses provimentos (o Tribunal de Contas, a propósito, é um dos grandes protagonistas na utilização de provimentos cautelares, como se pode notar da leitura do item 2.4).

A verificação de que o poder cautelar administrativo ocorre no exercício da função administrativa traz como consequência a aplicação de um regime jurídico de Direito Público, incidindo sobre essa atividade cautelar, portanto, os princípios aplicáveis à Administração Pública.

Logo, sem a pretensão de se esgotar todos os princípios que circundam a atividade administrativa (alguns como legalidade, proporcionalidade e motivação já foram trabalhados em apartado), pode-se pontuar alguns que possuem relação mais próxima com o uso dos provimentos cautelares administrativos pelo Estado.

Um primeiro que se destaca, com assento expresso no artigo 37, *caput*, da Constituição, diz respeito à impessoalidade. Dito princípio, conforme ressaltado por Lucas Rocha Furtado, admite seu exame sob os seguintes aspectos: um dever de isonomia por parte da Administração Pública; um dever de conformidade ao interesse público; e, ainda, a imputação dos atos praticados pelos agentes públicos diretamente às pessoas jurídicas em que atuam.[264]

Destarte, em situações idênticas ou similares (mas cujo traço diferenciador não seja um aspecto determinante) não compete ao Poder Público adotar provimentos cautelares administrativos díspares,[265] ou mesmo aplicá-los em alguns casos e em outros não. A Administração Pública necessita atuar de maneira uniforme, não realizando tratamentos desiguais a depender do agente público que decida pela medida. Mesmo dentro do aspecto reservado à discricionariedade, impõem-se limites mínimos e orientações para uma atuação uniforme, independente de quem for o agente. Afinal, a decisão é da instituição/órgão, não do agente público.

Essa inclusive é a linha adotada pelas inovações da Lei nº 13.655/2018, que alteraram a antiga Lei de Introdução às Normas do Direito Brasileiro (LINDB) (Decreto nº 4.657/42). Em seu artigo 30, por exemplo, determina-se a adoção de medidas hábeis a aumentar a segurança jurídica de modo a uniformizar posições da instituição, eliminando, na medida do possível, as subjetividades dos agentes.

Outro princípio a ser notado na cautelaridade administrativa concerne à publicidade. De igual maneira aos demais atos administrativos, a regra é a sua publicidade, uma vez que a Administração Pública é serviente dos administrados, cabendo-lhe prestar contas de seus atos e práticas. É comum e esperado que se dê publicidade, pelos canais oficiais, das medidas cautelares praticadas (por exemplo, os atos cautelares *antidumping* assumem a forma de Resoluções e são regularmente publicados na imprensa oficial).

Não obstante, deve-se rememorar que a própria Constituição traz hipóteses nas quais a publicidade se encontra mitigada, a fim de privilegiar e resguardar outros direitos constitucionais. Isso ganha especial relevo para as medidas provisionais quando se destaca que são provimentos que afetam direitos, podendo inclusive lesar a honra dos sujeitos envolvidos (*vide* item 4.2.2). Deste modo, a depender dos aspectos fáticos envolvendo a medida cautelar, em especial nas medidas

---

[264] FURTADO, Lucas Rocha. *Princípios gerais de direito administrativo*. Belo Horizonte: Fórum, 2016, p. 46-47.

[265] Tratando dos provimentos cautelares administrativos relacionados à proteção do meio ambiente, José Luis Serrano fala do princípio da não discriminação justamente no sentido de que, em situações semelhantes, devem se exigir medidas acautelatórias similares (SERRANO, José Luis. *Principios de derecho ambiental y ecologia jurídica*. Madrid: Trotta, 2007, p. 122).

cautelares *stricto sensu*, caso se apure que há maior risco na violação da honra e da intimidade do sujeito afetado, permite-se que a publicidade seja mitigada até a adoção do provimento administrativo final ou até a mudança das circunstâncias (poderia-se cogitar, por exemplo, a depender do caso concreto, a manutenção somente das iniciais ou alguma outra forma de preservação do nome do servidor afastado cautelarmente durante o trâmite de um processo administrativo disciplinar).

O princípio da responsabilidade do Estado também tem total pertinência com a cautelaridade administrativa. Conforme se verá no capítulo 3, havendo qualquer ilegalidade na adoção dos provimentos cautelares, estando presentes os requisitos exigidos pelo ordenamento jurídico, cabe ao Estado indenizar o particular lesado.

1.8.2 Instrumentalidade

As medidas acautelatórias administrativas não constituem um fim em si mesmas, sendo adotadas a fim de: a) garantir a eficácia do provimento administrativo final (no caso de medidas cautelares em sentido estrito e antecipatórias), tutelando, desta feita, o interesse público (sendo elas, portanto, ante essa finalidade, meios para se alcançar a executabilidade do provimento final),[266] e b) proteger o bem jurídico tutelado, impedindo os danos decorrentes de ilegalidade (no caso de medidas cautelares-inibitórias).

A partir do momento em que se apura que uma medida não atende a essas finalidades, sendo um provimento vazio, que se basta por si só quanto ao objetivo a ser perseguido, tem-se aqui um nítido vício no provimento que se pretenda acautelar.

1.8.3 Provisoriedade

De forma conexa com seu caráter instrumental, tem-se também que as medidas cautelares administrativas não possuem vigência definitiva,[267] estando limitadas no tempo, devendo durar "*el tiempo*

---

[266] MELLO, Shirlei Silmara de Freitas. *Tutela cautelar no processo administrativo*. Belo Horizonte: Mandamentos, 2003, p. 427.

[267] "*La caretteristica strutturale della tutela cautelare è la provvisorietà, l'inidoneità a dettare una disciplina definitive della vertenza, in quanto si tratta di un giudizio interinale, incidentale, emanate sulla base di una cognizione sommaria, di un giudizio di probabilità e verosimiglianza*"

necesario para garantizar la protección del interés general y, más en concreto, la de los intereses en presencia que pudieran verse afectados por la resolución final, así como la ejecución de esta".[268]

Embora se tenha aqui mencionado o termo provisoriedade,[269] por ser o mais utilizado na literatura especializada nacional e estrangeira, mais correto seria se falar em temporariedade, pois elas possuem relação com a situação de perigo aparente, podendo durar por todo o desenrolar de um processo administrativo. Tratando da cautelaridade judicial, mas cujas lições bem servem às medidas administrativas, Luiz Guilherme Marinoni e Sérgio Cruz Arenhart sustentam que eficácia da tutela cautelar estaria conectada ao perigo de dano, havendo, neste ponto, uma relação de temporariedade, mas não com a sentença de mérito, como muitos defendem, com a qual possuiria uma relação de provisoriedade, já que seria viável que mesmo após uma sentença de mérito, mas antes do trânsito em julgado, se mantivesse o provimento cautelar caso se verificassem ainda os seus requisitos.[270]

O aspecto da provisoriedade é muito mais evidente e próprio das medidas cautelares administrativas em sentido estrito ou antecipatórias, uma vez que há uma relação obrigatória com um processo administrativo principal, no qual a decisão final porá termo ao provimento cautelar adotado.

Por outro lado, quando se investigam as medidas inibitórias, esse aspecto, apesar de existente, acaba por ser minimizado, pois, como se relaciona a impedir os danos maléficos de um ilícito, enquanto não houver a correção da ilicitude, a medida provisional tem a aptidão de continuar vigente, podendo perdurar por um longo período de tempo,[271]

(LUMETTI, Maria Vittoria. *Processo amministrativo e tutela cautelare*. Padova: CEDAM, 2012, p. 16).

[268] HERNÁNDEZ-MENDIBLE, Víctor Rafael. La ejecución de los actos administrativos. *Revista de la facultad de derecho PUCP*, nº 67, 2011, p. 371.

[269] A doutrina portuguesa inclusive denomina as medidas cautelares em sentido estrito como "medidas provisórias administrativas".

[270] MARINONI, Luiz Guilherme; ARENHART, Sérgio Cruz. *Curso de processo civil – volume IV – Processo cautelar*. 2. ed. São Paulo: Revista dos Tribunais, 2010, p. 31-32.

[271] Annelise Monteiro Steigleder, discorrendo sobre as medidas cautelares ambientais, sublinha justamente este aspecto, dispondo que não há um prazo específico para a duração das medidas provisionais de interdição, suspensão e embargos que "durarão conforme a permanência do ilícito". Prossegue afirmando que assim que a pessoa jurídica firmar um termo de ajustamento de conduta, por exemplo, poderia levantar o provimento cautelar aplicado (As penas aplicáveis às pessoas jurídicas (artigos 21 a 24). *In*: STEIGLEDER, Annelise Monteiro; MARCHESAN, Ana Maria Moreira (orgs.). *Crimes ambientais*: comentários à Lei 9.605/98. Porto Alegre: Livraria do Advogado, 2013, p. 123).

sem uma previsão certa do seu termo.[272] Entretanto, isso não retira o seu carácter de provisória, não tendo a estruturação jurídica-positiva necessária para que seja evidenciada como uma medida definitiva (ainda que, a depender da situação concreta, possa se manifestar como tal).

1.8.4 Vinculação ao procedimento administrativo

A necessidade de os provimentos cautelares administrativos terem que estar vinculados a um processo administrativo principal é questão que demanda bastante atenção. A despeito de ser invocada com frequência nos poucos estudos sobre a cautelaridade administrativa,[273] ela precisa ser relativizada.

Primeiramente, veja-se que este aspecto somente se mostra relevante e fundamental quando se está a trabalhar com as medidas provisionais em sentido estrito ou nas medidas cautelares-antecipatórias. Os provimentos inibitórios, como visto no item 1.2, justamente possuem a diferenciação de não estarem vinculados obrigatoriamente a outro procedimento, e isso não retira a sua cautelaridade (a qual se relaciona não no que se refere ao desfecho do processo, mas sim no que tange o bem jurídico tutelado).

Nesse sentido, Eloy Espinosa-Saldaña Barrera também se manifesta relativamente ao Direito Comparado, em particular destaque ao Direito peruano, explicando que hoje a moderna ciência processual reconhece autonomia às medidas cautelares, as quais têm estrutura própria e independente de qualquer outro elemento de algum procedimento ou mesmo de um procedimento em si mesmo. Isso não significa excluir o aspecto de sua instrumentalidade, mas sim redimensioná-lo.[274]

Quanto aos provimentos cautelares em sentido estrito, especialmente, não há, em regra, que se falar em provimentos autônomos em relação a algum procedimento administrativo (embora tal conclusão

---

[272] Como destaca Humberto Gosálbez Pequeño, o carácter temporal ou provisório das medidas é constatado pelo fato de terem duração limitada, ainda que não tenha sido estabelecido prazo certo de sua vigência (*El procedimiento administrativo sancionador (teoría y práctica)*. Madrid: Dykinson, 2013, p. 32).

[273] *Vide* as considerações trazidas em CIERCO SEIRA, César. Las Medidas Preventivas de Choque adoptadas por la Administración frente a los productos insalubres. *Revista de Administración Pública*, nº 175, ene.abr. 2008, p. 63-65.

[274] BARRERA, Eloy Espinosa-Saldaña. Medidas cautelares en el Procedimiento Administrativo Peruano: Una mirada crítica a lo realizado y un adelanto sobre aquello que debiera hacerse al respecto. *Revista de Derecho Administrativo*, nº 9, 2010, p. 180.

varie a cada previsão normativa). Não obstante a necessidade dessa vinculação do provimento cautelar a um processo administrativo principal seja questão que geralmente esteja prevista nas leis de regência, poderia o legislador dispor de forma diferente, estipulando sua total autonomia. No entanto, se assim o fizesse, haveria sérios riscos de que as medidas cautelares administrativas em sentido estrito perdessem sua característica típica da provisoriedade, tornando-se verdadeiros provimentos definitivos,[275] além de que passaria a haver uma maior aproximação entre aquelas e as medidas inibitórias (o que, ressalte-se, não seria necessariamente um problema).

No próprio Direito espanhol, onde esse rigor distintivo entre medidas preventivas, provisionais e cautelares se mostrava mais evidente, tendo por marco a vinculação ou não a um procedimento administrativo, esse caráter parece ter se tornado questão incidental e não principal. Em especial com a redação trazida pelo artigo 72.2 da LRJAP, que fala sobre a tutela de interesses em relação às medidas provisionalíssimas, tem-se chegado à conclusão na doutrina espanhola de que parece já ter se instalado naquela legislação uma plena equiparação entre os termos medida provisional, preventiva ou cautelar, que se mostram intercambiáveis sem gerar nenhum tipo de atrito.[276]

1.8.5 Mutabilidade

É comum se atribuir também às medidas cautelares administrativas o atributo da mutabilidade, variabilidade ou revogabilidade. Nesse sentido, Miguel Alejandro López Olvera fala sobre essa característica, no sentido de que as medidas provisionais estariam sujeitas, antes do fim da decisão final do processo administrativo, a modificações[277] que correspondem a uma posterior variação das circunstâncias concretas,

---

[275] MARINA JALVO, Belén. *Medidas provisionales en la actividad administrativa*. Valladolid: Lex Nova, 2007, p. 33.
[276] CIERCO SEIRA, César. Las Medidas Preventivas de Choque adoptadas por la Administración frente a los productos insalubres. *Revista de Administración Pública*, nº 175, ene.abr. 2008, p. 63-64.
[277] Jorge Danós Ordóñez frisa que as medidas preventivas administrativas, para estarem alinhadas ao interesse público, não podem se estender além do necessário para cumprir seus objetivos, logo podem ser revogadas quando se comprove que são dispensáveis e podem ser modificadas para adaptá-las quando haja a alteração na situação de fato que as ensejou (DANÓS ORDÓÑEZ, Jorge. La regulación del procedimiento administrativo sancionador en el Peru. *Círculo de Derecho Administrativo*, nº 17, 2019, p. 42).

quando o órgão administrativo verificar que a medida inicial não é mais adequada à nova situação criada durante o tempo.[278-279]

Essa característica pode ser atribuída aos provimentos cautelares com algumas advertências. A possibilidade de mudança do provimento cautelar, seja ampliando-o, seja restringindo-o, seja revogando-o por completo, acaba sendo algo próprio dos provimentos acautelatórios, já que possuem como pressupostos situações fáticas evidenciadas pela urgência, o que, justamente por essa natureza, tendem a variar em um curto intervalo de tempo. Algo que se mostra urgente hoje pode deixar de o ser nos próximos dias, com a adoção de alguma outra medida. Ou, ainda, algo cujo risco de dano envolve um número elevado de pessoas pode acabar sendo restringido devido a alguma mudança fática havida.

O que se quer destacar é que não é um aspecto jurídico do próprio ato a sua mutabilidade, como se fosse um ato "elástico" ou desprovido de qualquer estabilidade. O que ocorre em realidade, e que acaba não sendo notado ou destacado pela doutrina, é que os atos administrativos em geral, como regra, são passíveis de revogação, seguidos ou não da adoção de um novo ato que se mostre mais oportuno e conveniente no momento. É exatamente isso que se passa com as medidas cautelares administrativas. Um ato de interdição de dez bombas de gasolina que funcionam irregularmente, por exemplo, na qualidade de medida cautelar-inibitória, pode ser alterado para a interdição de somente metade das bombas, caso se apure que houve a correção da irregularidade nas demais bombas. *In casu*, o ato inicial da interdição não mostrou nenhum vício (caso tenha sido adotado respeitando todos os pressupostos essenciais já vistos até aqui), porém, havendo a mudança do contexto fático, o ato inicial não se mostrava mais oportuno

---

[278] LÓPEZ OLVERA, Miguel Alejandro. *La responsabilidad administrativa de los servidores públicos* en México. México: Universidad Nacional Autónoma de México, 2013, p. 231.

[279] Nos provimentos de urgência judiciais também se nota este predicado. A menção à revogabilidade remete à ideia de que demonstrada que a situação fática ou jurídica que determinou a concessão do provimento se alterou, é medida que se impõe a revogação daquele provimento cautelar conferido inicialmente (MONTENEGRO FILHO, Misael. *Código de processo civil* – comentado e interpretado. 2. ed. São Paulo: Atlas, 2010, p. 848). Encontram-se, inclusive, autores que manifestam que, especialmente na adoção de cautelares de forma liminar, seria possível a sua revogação pela mera mudança de opinião, já que, como é concedida em situação de extrema urgência, nem sempre é possível ao magistrado avaliar da melhor forma possível a medida pleiteada (NEVES, Daniel Amorim Assumpção. *Manual de direito processual civil – volume único*. 3. ed. São Paulo: Método, 2011, p. 1199). De qualquer forma, sempre se exige que a decisão que modificar ou revogar o provimento cautelar anterior seja fundamentada, em especial atendimento ao artigo 93, IX, da Constituição Federal, sob pena de ser declarado nulo.

e conveniente, exigindo sua revogação por um novo ato que também trouxesse os novos termos da interdição.

O ponto-chave é, repita-se, que nos provimentos acautelatórios a alternância dos elementos fáticos tende a ser mais cambiante, o que, por conseguinte, faz com que o ato provisional siga essa mutabilidade fática (mas, nota-se, a mutabilidade não é do ato em si, o qual, a princípio, possui os mesmos caracteres dos demais atos administrativos).

Isso significa que não é um ato livre do agente público modificar ou não a medida cautelar previamente adotada (o ato é concebido *rebus sic stantibus*). Nem para agravá-la, nem para abrandá-la. Não há liberdade do agente público quanto a isso, pois, apesar de se tratar de um ato exercido no âmbito da competência discricionária, isso não implica sua livre escolha (a respeito, confira-se item 1.9).

1.8.6 Autoexecutoriedade

Uma das características próprias dos provimentos cautelares administrativos e que, por vezes, não consta na discriminação feita pela doutrina, diz respeito à sua autoexecutoriedade.

Nas lições despendidas por Alvaro Lazzarini, a cautelar administrativa tem o atributo da auto-executoriedade, isto é, independe de autorização do Poder Judiciário. Ela produz os seus efeitos de imediato. Cabe ao Poder Judiciário somente o controle *a posteriori* da medida cautelar administrativa, como de qualquer outro ato administrativo.[280]

Assim, o afastamento preventivo, a interdição de estabelecimentos, a apreensão de produtos entre tantas outras medidas acautelatórias administrativas existentes no Direito brasileiro, ao serem deferidas pela autoridade administrativa competente não dependem de qualquer espécie de autorização judicial para serem executadas.

Isso decorre do requisito da urgência própria das medidas cautelares. Segundo as clássicas lições de Celso Antônio Bandeira de Mello, a autoexecutoriedade somente se encontra presente nos atos em que a lei expressamente autorizar; quando a adoção da medida for urgente para a defesa do interesse público e não comportar delongas próprias do procedimento judicial sem sacrifício ou risco para a sociedade; e quando inexistir outra via de direito capaz de assegurar a satisfação

---

[280] LAZZARINI, Alvaro. Tutela administrativa e relação de consumo. *Revista de Direito Administrativo – RDA*, 191, jan./mar. 1993, p. 96.

do interesse público.[281] Veja que a autoexecutoriedade dos provimentos acautelatórios administrativos, trilhando as linhas doutrinárias mencionadas, decorre da impossibilidade de se aguardar um provimento judicial, aliado ao fato de que o interesse público não encontra melhor resguardo a não ser pelo uso das medidas cautelares. Seria incabível que, diante de situações próprias de urgência, requisito atrelado à presença do *periculum in mora*, tivesse o Poder Público que ajuizar uma demanda judicial e aguardar o eventual provimento judicial. Exigir essa condição seria esvaziar por completo o conteúdo da cautelaridade administrativa.

1.8.7 Declaração de vontade

Um aspecto delimitador da abrangência dos provimentos cautelares administrativos aqui trabalhados é a necessidade de a medida ser adotada por meio de um ato concreto, expresso em uma declaração de vontade do agente público.

Esse ponto é importante para afastar alguns provimentos que, ainda que detenham uma feição preventiva, para os termos do recorte conceitual ora feito não se enquadrariam como medidas cautelares administrativas em nenhuma das espécie investigadas. Aceitar figuras dessa monta seria alargar em demasiado o objeto de estudo da cautelaridade administrativa, tornando difusa a sua identificação e compreensão.

O próprio conceito de função administrativa pressupõe uma declaração de vontade. Por via de consequência, sendo a cautelaridade ora estudada exercida dentro e nos limites daquela função estatal, é certo que as medidas provisionais administrativas precisam ser emitidas como declaração de vontade.

Assim é que não se encara como sendo medidas cautelares administrativas aqueles efeitos que se operam como automáticos da lei[282] (*vide* subitem 1.3.1.3), sendo medidas *ope legis*. É por isso que se

---

[281] BANDEIRA DE MELLO, Celso Antônio. *Curso de direito administrativo*. 33. ed São Paulo: Malheiros, 2016, p. 871.
[282] Ainda que sob a perspectiva do processo judicial, Ovídio Baptista da Silva também não inclui os efeitos cautelares automáticos da lei como sendo espécie de medida cautelar judicial: "Este argumento já seria, por si só, suficiente para afastar a natureza cautelar desses provimentos, uma vez que a cautelaridade pressupõe (...) que a tutela jurisdicional atenda a uma situação de dano iminente, incapaz de ser tutelada pela jurisdição comum, a ser constatado pelo juiz, no conjunto circunstancial do caso concreto" (SILVA, Ovídio Baptista da. *Do processo cautelar*. 4. ed. Rio de Janeiro: Forense, 2009, p. 52).

exclui da delimitação conceitual deste trabalho a figura do tombamento provisório. Contudo, apesar de não se incluir tal instituto como medida cautelar administrativa na definição desta obra, algumas considerações são cabíveis a seu respeito, por ele possuir, sem sombra de dúvidas, um aspecto amplo de cautelaridade.

1.8.7.1 Tombamento provisório

Uma das medidas de intervenção restritiva na propriedade existente no ordenamento jurídico brasileiro se refere à figura do tombamento, tratado pelos artigos 215 e 216 da Constituição Federal e regulamentado pelo Decreto-lei nº 35, de 30 de novembro de 1937.

Consta na referida legislação, em seu artigo 10, que o tombamento poderá ser "provisório ou definitivo, conforme esteja o respectivo processo iniciado pela notificação ou concluído pela inscrição dos referidos bens no competente Livro do Tombo". Quanto aos efcitos, o tombamento provisório equivale ao definitivo (parágrafo único do artigo 10).

Segundo Edimur Ferreira de Faria, o tombamento provisório é aquele realizado precariamente, sem antes verificar se o respectivo bem atende, definitivamente, às exigências legais para integrar-se ao patrimônio cultural. Trata-se de medida precária, mas que preserva o bem até a conclusão dos estudos técnicos. Embora provisório, o tombamento gera os mesmos efeitos e restrições do definitivo.[283]

O propósito do tombamento provisório é justamente acautelar[284] o patrimônio público de modo que as restrições que recaiam sobre o bem já passem a produzir efeitos mesmo antes da decisão administrativa final.

O instituto do tombamento provisório incorpora o princípio da prevenção, a fim de que o bem que se pretende proteger de forma definitiva não pereça durante o tramitar do processo administrativo. Trata-se de medida assecuratória da eficácia que o tombamento definitivo poderá, ao final, produzir.[285]

---

[283] FARIA, Edimur Ferreira de. O Tombamento e seus Reflexos. *Fórum de Direito Urbano e Ambiental – FDUA*, Belo Horizonte, a. 17, nº 98, mar./abr. 2018, p. 54.

[284] Sérgio Andrea Ferreira reconhece expressamente o tombamento provisório como sendo uma medida cautelar quando escreve: "diferença entre o tombamento provisório, de índole cautelar, e o tombamento definitivo, este sim objeto do exercício do direito potestativo em tela" (O tombamento e o devido processo legal. *Revista de Direito Administrativo – RDA*, Rio de Janeiro, v. 208, abr./jun. 1997, p. 25).

[285] MIRANDA, Marcos Paulo de Souza. *Lei do tombamento comentada*: Decreto-Lei nº 25/1937 – doutrina, jurisprudência e normas complementares. Belo Horizonte: Del Rey, 2014, p. 66.

Dessa forma, quem destruir, deteriorar ou inutilizar bem tombado provisoriamente estará sujeito, além da responsabilidade cível e administrativa, às sanções penais do art. 62 da Lei nº 9.605/98.

Mesmo a legislação nada tratando a respeito, encontram-se na doutrina posições de que o prazo máximo de duração do tombamento provisório, de modo a preservar o seu caráter temporário, seria de 5 anos (em analogia aos prazo de caducidade do ato declaratório na desapropriação).[286]

Apesar de que, pelo exposto, em um primeiro momento o tombamento provisório poderia se enquadrar, de forma ampla, no gênero de medida cautelar administrativa, há, nesta medida, uma presunção do *periculum in mora* e do *fumus boni iuris*, sendo que essa cautelar ocorre automaticamente, com a notificação[287] do proprietário do bem particular no bojo do processo administrativo de tombamento definitivo. O legislador, no caso, consignou um juízo prévio sob o risco existente no curso de um processo de tombamento, de modo a não caber ao administrador ter que comprová-lo para que ocorra o tombamento provisório como medida cautelar. É uma medida *ope legis*, o que, como visto, por não representar uma declaração de vontade do agente público, não se enquadra como medida cautelar administrativa (é, em realidade, um mero efeito legal da notificação do proprietário do bem).

Quando se analisam as manifestações do Poder Judiciário a respeito dessa figura, destaca-se a posição firmada pelo Superior Tribunal de Justiça, que expressamente reconhece a natureza asseguratória[288] do

---

[286] FERRAZ, Luciano. Tombamento. *In*: DI PIETRO, Maria Sylvia Zanella (Coord.). *Tratado de direito administrativo*: direito administrativo dos bens e restrições estatais à propriedade. São Paulo: Thomson Reuters Brasil, 2019, p. 422.

[287] Conforme explica Ruth Maria Barros Reicao Cordido, a notificação no processo de tombamento compulsório produz por efeitos o início do prazo de recurso do proprietário e a fixação do tombamento provisório (O tombamento federal do patrimônio cultural imobiliário. *Revista Digital de Direito Administrativo*, v.2, nº 1, 2015, p. 302).

[288] No mesmo sentido já decidiu o TRF-1, na AC nº 7.341-MT 1999.01.00.007341-7. Rel. Rodrigo Navarro de Oliveira. Julg. 16.4.2013: "EMENTA: CONSTITUCIONAL E ADMINISTRATIVO. AÇÃO CIVIL PÚBLICA. PATRIMÔNIO HISTÓRICO E CULTURAL. TOMBAMENTO PROVISÓRIO. EQUIPARAÇÃO AO DEFINITIVO. DECRETO-LEI 25/37. DEVER DE CONSERVAÇÃO. RECURSO ESPECIAL 753.534/MT. ADEQUAÇÃO. REALIZAÇÃO DE OBRAS DE REFORMA/CONSTRUÇÃO. DEMOLIÇÃO. 1. De acordo com o que restou decidido pelo STJ no REsp 753.534/MT, 'O ato de tombamento, seja ele provisório ou definitivo, tem por finalidade preservar o bem identificado como de valor cultural, contrapondo-se, inclusive, aos interesses da propriedade privada, não só limitando o exercício dos direitos inerentes ao bem, mas também obrigando o proprietário às medidas necessárias à sua conservação. O tombamento provisório, portanto, possui caráter preventivo e assemelha-se ao definitivo quanto às limitações incidentes sobre a utilização do bem tutelado, nos termos do parágrafo único do art. 10 do Decreto-Lei

tombamento provisório (cautelar), como se retira do RMS nº 8.252-SP, Segunda Turma. Rel. Min. Laurita Vaz. Julg. 22.10.2002: "(...) Discussão quanto à precedência do processo de tombamento provisório ao definitivo. Incoerência. 1. O instituto do tombamento provisório não é fase procedimental precedente do tombamento definitivo. Caracteriza-se como medida assecuratória da eficácia que este poderá, ao final, produzir".

Na mesma linha, no RMS 55.090/MG, julgado em 2019, a Primeira Turma do STJ consignou que "a fase provisória do tombamento constitui, na realidade, ato de natureza declaratória e ostenta caráter preventivo, consistindo em uma antecipação dos efeitos impostos à coisa, a fim de garantir a imediata preservação do patrimônio histórico e artístico".

No mesmo julgado anterior, a Corte de Justiça, reiterando sua jurisprudência já consolidada, aponta que eventual vício formal no tombamento provisório não tem o condão de, por si só, contaminar o tombamento definitivo,[289] uma vez que se trata de fases distintas com pressupostos e objetivos diferentes.

Em outro julgamento, o Supremo Tribunal Federal, na ACO 1208, Relator(a): Min. Gilmar Mendes, julgado em 03.05.2017, analisou questão peculiar: o tombamento foi instituído por uma lei estadual do Estado de Mato Grosso (Lei nº 1.526/1994). Dentre os debates pertinentes, houve o questionamento se poderia o tombamento ser instituído por ato legislativo (e não por ato administrativo).

De acordo com a interpretação da Suprema Corte, a lei estadual teria natureza de um tombamento provisório, sendo uma lei de efeitos concretos, devendo o Estado, por ato administrativo, notificar o proprietário para a produção dos seus efeitos e prosseguir o processo administrativo para realizar o tombamento definitivo. Essa decisão demonstra que o tombamento provisório é, portanto, mero efeito legal de outro ato administrativo.

---

nº 25/37'. 2. Assim, comprovada a realização, pelo apelado, de reforma em imóvel tombado, após o conhecimento do tombamento provisório, sem prévia autorização do órgão público competente, a alterar a estrutura e a fachada do imóvel submetido à proteção, cabe o desfazimento das modificações, para adequar o prédio às determinações do órgão responsável. 3. Dá-se provimento à remessa oficial e ao recurso de apelação".

[289] A respeito, confira-se: "RECURSO ORDINÁRIO EM MANDADO DE SEGURANÇA. SERRA DO GUARARU. TOMBAMENTO. DISCUSSÃO QUANTO À PRECEDÊNCIA DO PROCESSO DE TOMBAMENTO PROVISÓRIO AO DEFINITIVO. INCOERÊNCIA.

1.8.8 Cognição sumária

Um dos aspectos próprios dos provimentos cautelares administrativos diz respeito à cognição, realizada pelos agentes administrativos, sobre a situação fático-jurídica, apta a desencadear a adoção dessas medidas.

À semelhança dos provimentos de urgência judiciais, a cognição realizada pelo agente público ao aplicar um provimento cautelar administrativo é um juízo de probabilidade, assentado em uma análise superficial sobre o objetivo questionado.[290] Além disso, o órgão administrativo deve somente avaliar a procedência da medida em si mesma, sem adentrar a questão de fundo da demanda em pauta.[291]

Assim, não é compatível com a situação de urgência uma cognição exauriente, que esgote toda a análise probatória e resolva a questão de fundo. Isso se mostra extremamente relevante, pois pode ocorrer que, na ocasião da cognição exauriente, apurem-se que os elementos verificados na cognição sumária não foram corretos. Veja que, desde que a cognição sumária, dentro dos seus limites, tenha sido feita adequadamente, não há nenhum ato antijurídico quando se constata posteriormente, com uma análise pormenorizada, que as circunstâncias fático-jurídicas se mostravam diferentes. Esse aspecto terá total pertinência na análise da responsabilidade civil do Estado, que será melhor desenvolvida no capítulo 3.

1.8.9 Excepcionalidade da medida

Um último predicado a ser agregado aos provimentos acautelatórios administrativos concerne a sua excepcionalidade. Pelos seus próprios requisitos (perigo da demora e verossimilhança das circunstâncias fáticas), aliado ao aspecto da proporcionalidade, é certo que medidas

---

1. O instituto do tombamento provisório não é fase procedimental precedente do tombamento definitivo. Caracteriza-se como medida assecuratória da eficácia que este poderá, ao final, produzir. 2. A caducidade do tombamento provisório, por excesso de prazo, não prejudica o definitivo, Inteligência dos arts. 8º, 9º e 10º, do Decreto-Lei nº 25/37. 3. Recurso ordinário desprovido" (STJ; ROMS 8252; SP; Segunda Turma; Relª Min. Laurita Hilário Vaz; Julg. 22/10/2002; DJU 24/02/2003; p. 00215).

[290] DIDIER JR., Fredie; BRAGA, Paulo Sarno; OLIVEIRA, Rafael Alexandria de. *Curso de direito processual civil*: teoria da prova, direito probatório, decisão, precedente, coisa julgada e tutela provisória. 13. ed. Salvador: Jus Podium, 2018, p. 654.

[291] LÓPEZ OLVERA, Miguel Alejandro. *La responsabilidad administrativa de los servidores públicos en México*. México: Universidad Nacional Autónoma de México, 2013, p. 232.

cautelares não podem constituir a regra na atuação administrativa.

É nessa linha que se manifesta Jose Maria Baño León, afirmando que a medida provisional deve ser forçosamente excepcional, em especial quando se nota que resultaria absurdo que a Administração causasse, com o provimento acautelatório, um dano mais gravoso do que aquele que se pretende evitar.[292]

Nesse tocante, muito embora o comportamento da Administração Pública seja atualmente pautado nas condutas de prevenção, medidas acautelatórias têm por essência restringir direitos[293] (as de cunho negativo, ao menos). Esse aspecto é mais do que suficiente para demonstrar a excepcionalidade dessas medidas, não podendo servir como uma solução para qualquer situação[294] cotidiana da vida administrativa, já que direitos, em especial os dotados de fundamentalidade, não podem ficar sendo restringidos por qualquer razão de somenos importância.

1.9 A discricionariedade e a vinculação das medidas cautelares administrativas

Questão que emerge quando do estudo dos provimentos acautelatórios administrativos reside em compreender como seriam essas medidas enquadráveis na dicotomia dos atos discricionários e vinculados.

A discricionariedade e vinculação administrativas, questões tão caras aos estudiosos do Direito Administrativo e, de igual modo, tão controvertidas,[295] encontram lugar de destaque no trato da cautelarida-

---

[292] BAÑO LEÓN, Jose Maria. *Potestades administrativas y garantías de las empresas en el derecho español de la competencia*. Madrid: McGraw-Hill, 1996, p. 174.

[293] Nesse sentido, as conclusões de Ferran Pons Cánovas são as mesmas: "*Debido a los efectos gravosos que las medidas pueden provocar en sus destinatarios, y como correlato a su compatibilidad con el principio de presunción de inocencia, su adopción debe ser excepcional*" (PONS CÁNOVAS, Ferran. *Las medidas provisionales en el procedimiento administrativo sancionador*. Marcial Pons, Madrid, 2001, p. 46).

[294] Esse tem sido um dos problemas atribuídos ao TCU no uso das medidas cautelares, porquanto o órgão de controle parece ter normalizado o uso dos provimentos acautelatórios, transformando-os na regra da atividade de controle externo. A respeito, *vide* subcapítulo 2.4.

[295] "Não há na doutrina brasileira consenso acerca da apreciação discricionária pelo administrador público de determinada situação fática que enseje a escolha de uma entre várias opções, segundo critérios de conveniência e oportunidade. Ou seja, o 'ato administrativo discricionário' é objeto de divergências variadas entre os juristas brasileiros" (FORTINI, Cristiana; MIRANDA, Iúlian. A discricionariedade administrativa em face do princípio da eficiência. *R. Proc.-Geral Mun. Belo Horizonte – RPGMBH*, Belo Horizonte, a.5, nº 10, jul./dez. 2012, p. 55).

de administrativa, em especial quando se tem ciência de que aludida figura jurídica só toma espaço no exercício da atividade administrativa.

A situação vinculada[296] para a prática de certos atos aponta que a atividade do administrador se encontra adstrita a um motivo único, predeterminado, cuja ocorrência "material lhe cabe tão somente constatar, e devendo ter o procedimento administrativo por objeto uma certa e determinada medida, expressamente prevista pela lei, não há cogitar do mérito como um dos fatôres integrantes do ato administrativo".[297]

Vê-se que na vinculação o legislador já pré-selecionou e pré-estipulou o conteúdo dos elementos que comporão os atos administrativos determinados legalmente. Não cabe ao agente público, portanto, realizar valorações subjetivas quanto à prática do ato, as quais já foram realizadas previamente pelo Poder Legislativo.

D'outro giro, a competência discricionária confere certa margem de apreciação ao agente público, conforme autorizado legalmente. Nessas situações,[298] devido à impossibilidade de o legislador catalogar todos os atos que a prática administrativa exige, e certo que só o administrador, em contato com a realidade, estará em condições de apreciar os motivos de conveniência e oportunidade para determinados atos,

---

[296] Apuram-se algumas contendas a respeito da melhor terminologia para se referir à discricionariedade e à vinculação administrativas. Victor Nunes Leal (Poder discricionário da administração – abuso dêsse poder – mandado de segurança – direito líquido e certo. *Revista de Direito Administrativo – RDA*, Rio de Janeiro, v. 14, jan. 1948, p. 57) e Hely Lopes Meirelles (*Direito administrativo brasileiro*. 7. ed. São Paulo: Revista dos Tribunais, 1979, p. 92-94), por exemplo, optam pelo uso da expressão "poder discricionário" e "poder vinculado". Celso Antônio Bandeira de Mello, por sua vez, refuta a utilização recorrente dos termos "atos discricionários" e "atos vinculados", porquanto "vinculação ou discricionariedade são predicados atinentes aos condicionantes da válida expedição do ato ou ao seu próprio conteúdo", não sendo o ato em si vinculado ou discricionário ("Relatividade" da competência discricionária. *Revista de Direito Administrativo – RDA*, Rio de Janeiro, v. 212, abr./jun.1998, p. 49). Seguindo a mesma percepção do último autor, buscaremos evitar, ao longo do texto, quando possível, referidos termos. Preferimos, contudo, evitar também a denominação "poder", por não enxergamos qualquer espécie de poder na prática dos atos pertinentes, mas sim meras atribuições conferidas aos agentes públicos.

[297] FAGUNDES, M. Seabra. Conceito de mérito no direito administrativo. *Revista de Direito Administrativo – RDA*, Rio de Janeiro, v. 23, jan. 1951, p. 6.

[298] Haveria duas justificações essenciais para a discricionariedade: uma jurídica e outra prática. A jurídica remeteria à construção escalonada do Direito elaborada por Hans Kelsen. Assim, considerando-se que o Direito se expressa por vários degraus normativos, a cada ato acrescenta-se um elemento novo não previsto no anterior, o qual ocorreria por meio do uso da discricionariedade. Do ponto de vista prático, a discricionariedade evitaria o automatismo que ocorreria fatalmente caso os agentes públicos não tivessem qualquer margem de liberdade em certas decisões (DI PIETRO, Maria Sylvia Zanella. *Direito administrativo*. 30. ed. Rio de Janeiro: Forense, 2017, p. 253).

concede-se aos agentes públicos, mediante lei, certa dose de liberdade na escolha da conveniência, oportunidade e conteúdo de determinados atos administrativos.[299]

A verificação da discricionariedade administrativa envolve, então, a apuração de algumas circunstâncias, que foram muito bem delineadas por Maria Sylvia Zanella Di Pietro:

> Daí decorrem os dados fundamentais para definir a discricionariedade: a) envolve a possibilidade de opção entre duas ou mais alternativas; b) essas alternativas decorrem da lei; c) por isso, qualquer uma das alternativas que a autoridade escolha é juridicamente válida; d) a escolha se faz diante do caso concreto, com base em critérios de mérito.[300]

Nunca é demais ressaltar que a discricionariedade não configura liberdade absoluta ao agente público. Se assim fosse, transmudar-se-ia para arbítrio.[301] Sempre haverá uma dose de vinculação à moldura jurídica conferida pelo ordenamento jurídico.

Verifica-se, pois, que nos aspectos reservados ao campo discricionário para a adoção das medidas cautelares, cabe ao agente público decidir dentro desse espectro e não simplesmente escolher. Essa questão não se trata de um mero jogo de palavras. Como preleciona Lênio Streck, analisando a atuação jurisdicional, decidir (como ato do Poder Judiciário) não pode ser compreendido como a simples determinação de um posicionamento a partir da verificação de várias possibilidades que apontam para a que parece ser a mais correta. Decidir implica um posicionamento comprometido com o Direito, produzindo respostas constitucionalmente adequadas, enquanto escolher, por outro lado, representa parcialidade e, em alguns casos, até mesmo arbitrariedade.[302]

---

[299] MEIRELLES, Hely Lopes. *Direito administrativo brasileiro*. 7. ed. São Paulo: Revista dos Tribunais, 1979, p. 94-95.

[300] DI PIETRO, Maria Sylvia Zanella. Discricionariedade técnica e discricionariedade administrativa. *Revista Eletrônica de Direito Administrativo Econômico (REDAE)*, Salvador, Instituto Brasileiro de Direito Público, nº 9, fev./mar./abr. 2007. Disponível em: http://www.direitodoestado.com.br/redae.asp. Acesso em: 20 out. 2016, p. 2.

[301] *"Esa facultad debe distinguirse del poder arbitrario, pues mientras éste representa la voluntad personal del titular de un órgano administrativo que obra impulsado por sus pasiones, sus caprichos o sus preferencias, aquélla, aunque constituye la esfera libre de la actuación de una autoridad, tiene un origen legítimo, corno lo es la autorización legislativa y un límite que en el caso extremo en que no esté señalado en la misma ley o implícito en el sistema que ésta adopta, existe siempre en el interés general que constituye la única finalidad que pueden perseguir las autoridades administrativas"* (FRAGA, Gabino. *Derecho administrativo*. 40. ed. México: Porrúa, 2000, p. 101).

[302] STRECK, Lenio. *O que é isto – decido conforme minha consciência?* 4. ed. Porto Alegre: Livraria do Advogado Editora, 2013, p. 106-107.

Assim, mesmo dentro da linha de discricionariedade conferida ao agente, sua decisão deve ser tomada dentro do regramento conferido pelo ordenamento jurídico. A adoção ou não da medida cautelar administrativa somente será válida se tomada no interior da normatividade imposta pelo sistema jurídico vigente.

É de tal monta essa vinculação que Eberhard Schimidt-Assmann inclusive trata a discricionariedade e vinculação administrativas dentro da perspectiva do maior ou menor grau de vinculação ao Direito. Dessarte, distinguem-se dessa forma vários níveis de intensidade na vinculação aplicável à Administração: "vinculação estrita, na qual a conseqüência jurídica tem um caráter necessário; e vinculação flexível, mediante a abertura de um âmbito de discricionariedade aplicativa ou liberdade de configuração administrativa".[303]

Em abordagem mais ampla sobre a discricionariedade, Celso Antônio Bandeira de Mello expõe que aquela pode decorrer de 3 (três) elementos, quais sejam: a) a hipótese normativa (a depender do modo impreciso com o qual a lei haja descrito a situação fática, isto é, o motivo); b) a finalidade[304] normativa (como a finalidade é, por vezes, expressa por palavras que se reportam a um conceito de valor, podem também se reportar a conceitos plurissignificativos); ou c) o mandamento ou comando normativo (caso se tenham abertas alternativas de conduta ao agente, seja i) quanto a expedir ou não o ato, para ii) apreciar a oportunidade adequada para a prática do ato, por iii) conferir-lhe liberdade quanto à forma jurídica pela qual se revestirá o ato ou, ainda, por iv) ter-lhe sido atribuída competência para resolver sobre qual seria a medida mais satisfatória no caso concreto).[305]

---

[303] Tradução de: "(...) *vinculación estricta, donde la consecuencia jurídica tiene carácter necesario; y vinculación flexible, mediante la apertura de un ámbito de discrecionalidad aplicativa o libertad de configuración administrativa*" (SCHMIDT-ASSMANN, Eberhard. *La teoria general del derecho administrativo como sistema*: Objeto y fundamentos de la construcción sistemática. Tradução de Mariano Bacigalupo et al. Barcelona: Marcial Pons, 2003, p. 61).

[304] A presença da discricionariedade no aspecto da finalidade é posição ainda minoritária nos escritos doutrinários no Brasil, pois se entende amplamente que, como a finalidade última do Poder Público é sempre o alcance do interesse público, não haveria qualquer dose de "liberdade" aos agentes. Contudo, na esteira da posição de Celso Antônio Bandeira de Mello, tem-se que considerar que, ademais do interesse público como finalidade inconteste, há também finalidades específicas para atos determinados, que vêm a representar conceitos jurídicos indeterminados, comportando uma apreciação dentro da discricionariedade.

[305] BANDEIRA DE MELLO, Celso Antônio. *Discricionariedade e controle jurisdicional*. São Paulo: Malheiros, 1992, p. 19.

Na linha dos itens elencados, é possível analisar o cotejo da discricionariedade com as medidas cautelares administrativas. No que tange à hipótese normativa, embora o motivo seja sempre vinculado a uma situação de urgência (qualquer motivo previsto normativamente que não represente essa circunstância fática implicará numa contrafação administrativa), os termos jurídicos indeterminados a indicar essa situação podem dar azo à discricionariedade. Da mesma forma a finalidade. Se é certo que ela deverá sempre ser o alcance do interesse público, também é correto que os interesses públicos específicos comumente são expressos por termos plurissignificativos ou imprecisos.

Trazendo essas considerações para os comandos normativos, chama a atenção, em um primeiro instante, que o disposto no artigo 45 da Lei nº 9.784/99 (que versa sobre o chamado poder geral de cautela administrativa, que será bem detalhado no item 2.2), dispõe que a Administração Pública "poderá" adotar providências acautelatórias, tratando como uma faculdade, tanto quanto a sua adoção quanto ao momento de seu manejo, deixando margem a uma discricionariedade administrativa.[306]

Porém, deve-se defender que aquela medida que, *a priori*, é tida como discricionária, ante a situação concreta tende a perder essa feição, já que, estando presentes os pressupostos do *fumus boni iuris* e do *periculum in mora*, não havendo outra medida menos gravosa que seja capaz de evitar a ineficiência do provimento final e possa atender, assim, ao interesse público, não restará opção ao administrador a não ser se valer do poder de cautela conferido pelo ordenamento. Isto é, diante do caso real, aquele ato adquire natureza vinculada (seriam medidas abstratamente discricionárias, mas concretamente vinculadas).

Essas considerações acima mencionadas também foram proferidas, em termos semelhantes, por Belén Marina Jalvo, ao debater sobre as medidas cautelares no procedimento administrativo espanhol, no qual também há a previsão de uma suposta facultatividade da Administração para a adoção dos provimentos provisionais. Pondera a autora que, em que pese a existência de uma margem de discricionariedade na

---

[306] Encontra-se quem sustente, inclusive, ao tratar de medidas cautelares específicas, como o embargo ambiental (art. 45 da Lei 9.784/99 e art. 101 do Decreto 6.514/2008), que o provimento não seria discricionário e sim vinculado (VIEIRA, Paulo de Tarso S. de Gouvêa. O embargo cautelar ambiental e sua não incidência sobre atividades de subsistência. *Âmbito Jurídico*, Rio Grande, XV, nº 100, mai. 2012. Disponível em: http://www.ambito-juridico.com.br/site/?n_link=revista_artigos_leitura&artigo_id=11550. Acesso em: nov. 2013).

valoração da questão, após se verificar o conteúdo provável da medida a ser adotada e os interesses em jogo, a medida se tornará necessária se não houver outro meio igualmente eficaz para tutelar os bens ou interesses, de modo a ser menos lesivo a eles.[307]

Não obstante essa relação entre previsão em abstrato e situação concreta, ainda assim caberá, em diversas situações, uma margem de discricionariedade, seja na valoração das hipóteses supostamente hábeis a ensejar a utilização dos provimentos administrativos cautelares, seja na interpretação de conceitos jurídicos indeterminados.

1.10 Legitimidade para o uso das medidas cautelares administrativas

Aspecto fundante para a compreensão das medidas cautelares administrativas concerne à dimensão subjetiva: quem seria legitimado para aplicá-las?

Essa investigação quanto à legitimação perpassa por três aspectos distintos e complementares: a) a questão das competências constitucionais; b) a questão dos entes/órgãos hábeis a se valer dos provimentos cautelares; c) a questão acerca de qual agente público/órgão, dentro da estrutura administrativa interna, seria competente para aplicar as medidas.

A questão da repartição de competências possui importante destaque na adoção dos provimentos acautelatórios. Analisar se o ente estatal possui ou não competência para adotar aqueles provimentos cautelares demanda a investigação do bem jurídico a ser protegido pela medida provisional.

Nessa toada, a medida cautelar administrativa a ser adotada pelo ente estatal deverá ter conexão com as competências constitucionais atribuídas a ele. Sendo, por exemplo, uma medida cautelar administrativa relacionada à atividade nuclear, a qual é de competência privativa da União (artigo 21, inciso XXIII), não caberia ao estado ou ao município invocar um provimento preventivo nesse sentido.

Tópico curioso a esse respeito é trazido por Heraldo Garcia Vitta, ao tratar das competências administrativas comuns (arts. 23 e 225, §1º, da CF). Segundo o administrativista, se a competência é material e comum da União, Estados, Municípios e Distrito Federal, estes devem

---

[307] MARINA JALVO, Belén. *Medidas provisionales en la actividad administrativa*. Valladolid: Lex Nova, 2007, p. 40.

atuar em prol dos valores protegidos naqueles dispositivos constitucionais, não podendo as entidades políticas se omitirem, especialmente nas situações graves, de extrema urgência, que assolam ou possam assolar a comunidade. Para ele, nesses casos de competência comum, havendo omissões, as demais entidades políticas da federação estão autorizadas (devem) a adotar a medida cautelar adequada visando a impedir ou sustar danos graves à sociedade, devendo, posteriormente, remeter o caso ao ente político competente.[308]

Em relação aos entes/órgãos com atribuições para aplicar provimentos acautelatórios administrativos, deve-se lembrar que o ponto-chave dessas medidas aqui estudadas é que o seu exercício ocorre dentro da função administrativa. Destarte, qualquer ente, público ou privado – incluem-se, portanto, os três Poderes Estatais, quando no exercício da referida função; Administração Pública Indireta; pessoas de direito privado que estejam exercendo essa função, a exemplo de concessionárias; o Ministério Público e os Tribunais de Contas –,[309] que esteja exercendo função administrativa, tem aptidão, em tese, para exercer um poder cautelar administrativo.

Dentro da estrutura hierárquica da organização interna dos órgãos públicos, há hipóteses em que a legislação indica expressamente o órgão/agente responsável por aplicar as medidas provisionais administrativas. É assim que faz a Lei nº 12.529/2011 ao prever, em seu artigo 84, como legitimados para a adoção dos provimentos acautelatórios o Conselheiro-Relator ou o Superintendente-Geral do CADE.

Ocorre que, como já mencionado preliminarmente, a legislação cautelar administrativa, em seu conjunto, não se mostra coesa, tampouco claramente regulamentada. Veja que a previsão do poder cautelar geral administrativo, do artigo 45 da Lei nº 9.784/99, não faz qualquer menção acerca de quem teria competência[310] para aplicar essas medidas provisionais.

---

[308] VITTA, Heraldo Garcia. Apontamentos da "coação administrativa". As medidas acautelatórias do poder público. *Revista TRF 3ª Região*, nº 108, jul./ago. 2011, p. 11.

[309] A respeito do exercício da função administrativa por todos esses entes, confira-se CABRAL, Flávio Garcia. *O conteúdo jurídico da eficiência administrativa*. Belo Horizonte: Fórum, 2019, p. 82-93.

[310] A competência é um dos elementos dos administrativos. Assim, havendo algum vício quanto a este aspecto, o ato poderá ser considerado nulo ou anulável. Nesse sentido é também a posição doutrinária mexicana em relação aos provimentos acautelatórios: "*Es decir, aun en casos de urgencia, no son válidas las medidas cautelares ordenadas por un órgano incompetente, aunque hayan sido dispuestas de conformidad con las prescripciones contenidas en las normas procedimentales*" (LÓPEZ OLVERA, Miguel Alejandro. *La responsabilidad administrativa de los servidores públicos en México*. México: Universidad Nacional Autónoma de México, 2013, p. 234).

A esse respeito, pertinente se mostra a observação de Shirlei Silmara de Freitas Mello, que, em sintonia com a clássica doutrina acerca dos elementos dos atos administrativos, encontra como sujeito da medida cautelar ora analisada a autoridade julgadora do processo administrativo,[311] que deverá ser, em regra, a única competente para a adoção da medida.[312]

De fato, na ausência de uma previsão normativa específica, o agente público responsável pela adoção dos provimentos acautelatórios administrativos será o responsável pela decisão final do processo administrativo (nos casos de medidas cautelares em sentido estrito e antecipatórias) e pela aplicação da sanção administrativa nas hipóteses de medidas cautelares inibitórias. Afinal, sendo os atos cautelares medidas que geram restrições a direito, na ausência de uma previsão expressa sobre o sujeito competente, deve-se entender como sendo aquele que pode adotar a medida restritiva mais gravosa possível em relação às condutas sob análise (a sanção pertinente, por exemplo).

1.11 Elementos dos atos cautelares administrativos

De maneira a melhor compreender e interpretar os atos cautelares administrativos, podemos esmiuçá-los dentro da clássica divisão doutrinária dos elementos dos atos.

Primeiramente, cabe notar, de acordo com o que se expôs no item 1.5.2, que, excepcionalmente, poderia-se estar diante de fatos administrativos cautelares e não de atos administrativos cautelares.

Feita essa ressalva, passemos aos elementos individualizados (muitos dos quais já foram desenvolvidos em outras partes da obra, ocasião em que faremos as remissões necessárias).

---

[311] Analisando o Direito Comparado sobre a questão, confira-se: *"Cualquier funcionario (a) no está habilitado (a) para hacerlo. Ya el quehacer posterior seguido al respecto ha hecho entender, tal como se comprende en líneas generales en todo el derecho Comparado, que ese (a) funcionario (a) es quien decidirá la controversia de fondo (y no, por ejemplo, quien asume el rol de instructor (a) ordinario (a) en dicho procedimiento), funcionario (a) que puede incluso otorgar una medida distinta a la cual había sido solicitad*a" (BARRERA, Eloy Espinosa-Saldaña. Medidas cautelares en el Procedimiento Administrativo Peruano: Una mirada crítica a lo realizado y un adelanto sobre aquello que debiera hacerse al respecto. *Revista de Derecho Administrativo*, nº 9, 2010, p. 179).

[312] MELLO, Shirlei Silmara de Freitas. *Tutela cautelar no processo administrativo*. Belo Horizonte: Mandamentos, 2003, p. 496.

1.11.1 Sujeito / Competência

Quanto ao sujeito, remetemos a todas as considerações feitas no item 1.10 (Legitimação).

1.11.2 Forma

Seguindo a regra própria da sistemática administrativa brasileira, os provimentos cautelares administrativos devem vir declarados na forma escrita. Essa maneira de se expressar representa uma maior garantia ao direito dos administrados, justamente por ser mais facilmente controlável, inclusive, caso seja necessário, pela via judicial.

Quanto às espécies de atos administrativos, aqui não há uma uniformidade. Em alguns casos se adotam resoluções (medidas preventivas sanitárias aplicadas pela ANVISA, por exemplo), enquanto em outras se materializam mediante acórdãos (decisões dos Tribunais de Contas, por exemplo), ou, ainda, de maneira genérica para os que não possuem atos próprios, adota-se a figura dos despachos administrativos.

Cabe rememorar que, em situações de extrema urgência e excepcionalidade, por vezes podemos não ter atos cautelares, mas sim fatos cautelares, ou, ainda ter atos cautelares praticados inclusive verbalmente. A esse respeito, *vide* item 1.5.2.

1.11.3 Objeto

Os objetos das medidas cautelares administrativas no Brasil são diversos. Encontramos, de maneira expressa na legislação, medidas de apreensão de bens, interdição de estabelecimentos, afastamento preventivo, suspensão de atos administrativos, embargos de obras, indisponibilidade de bens, suspensão da venda de mercadorias, entre várias outras, como será possível se apurar no capítulo 2 deste livro.

Além disso, havendo a previsão normativa de um poder geral de cautela no artigo 45 da Lei nº 9.784/99, apura-se a possibilidade de adoção de medidas provisionais atípicas. Entretanto, a atipicidade cautelar não constitui uma autorização ampla para a adoção de qualquer tipo de provimento. As medidas cautelares invocadas com base no artigo 45 da Lei nº 9.789/99 devem possuir pertinência com o fim almejado, dentro dos limites da proporcionalidade e demais limitações constitucionais.

Shirlei Silmara de Freitas Mello sintetiza que o conteúdo ou objeto das medidas cautelares administrativas (lembrando-se que a autora só trabalha com a ideia de medidas cautelares administrativas em sentido estrito) é a "imposição de comportamento comisso ou omisso apto a garantir a produção dos efeitos legais da decisão final, acompanhado da cominação de multa diária em caso de descumprimento da determinação".[313]

Sobre a cominação de multa pelo descumprimento, temos aqui a possibilidade das astreintes administrativas. A seu respeito, acertadamente Flávio de Araújo Willeman esclarece que elas não são exclusivas do Poder Judiciário, podendo ser fixadas em decisões administrativas no exercício do poder de polícia, desde que motivadas e que tenham previsão legal, ainda que genérica, por se inserirem no instituto das medidas coercitivas de polícia administrativa. Sua função é, pois, prestigiar a eficácia de um comando normativo editado para preservar o interesse público, sem o qual se esvairia com a produção de efeitos do ato, tornando a futura sanção de polícia inócua, já que não atingida a finalidade da norma.[314]

1.11.4 Finalidade

A finalidade de todo provimento cautelar administrativo, justamente por se estar diante do exercício da função administrativa, é, em primeira e última instância, o alcance do interesse público.

De maneira mais específica, a finalidade, ao menos em uma primeira leitura, será variante a depender da espécie de medida cautelar que se esteja analisando. Nas medidas cautelares em sentido estrito, a finalidade primordial é assegurar o resultado efetivo do processo administrativo ao qual esteja vinculada. Por outro lado, nos provimentos cautelares inibitórios, a finalidade é impedir a prática de atos ilícitos, protegendo o bem jurídico tutelado por detrás da proibição normativa.

Apesar dessa diferenciação aparente, uma análise mais detida aproxima ambas as finalidades. Analisando as medidas cautelares da *Ley de Defensa de la Competencia* (15/2007), Manuel Ortells Ramos e Rafael Bellido Penadés afirmam que, na adoção das medidas provisionais, o

---

[313] MELLO, Shirlei Silmara de Freitas. *Tutela cautelar no processo administrativo*. Belo Horizonte: Mandamentos, 2003, p. 501.
[314] WILLEMAN, Flávio de Araújo. Poder de polícia e fixação de astreintes. Uma visão do direito administrativo e do direito eleitoral. In: CÂMARA, Alexandre Freitas; PIRES, Adilson Rodrigues; MARÇAL, Thaís Boia (Coord.). *Estudos de direito administrativo em homenagem ao professor Jessé Torres Pereira Júnior*. Belo Horizonte: Fórum, 2016, p. 158-159.

mais importante não é assegurar a execução da resolução a ser proferida por si só, mas sim as consequências oriundas dessa resolução, evitando danos aos bens jurídicos protegidos pela norma e danos ao interesse público.[315] Dito de outra maneira, Belén Marina Jalvo sintetiza que a medida provisional adotada, tanto a antecedente como a incidental, orientar-se-á à proteção provisória dos interesses implicados, no sentido de considerar os interesses confiados à Administração em cada um dos setores de sua atividade, bem como os interesses dos que requerem a medida cautelar.[316]

As medidas cautelares em sentido estrito, ao buscar garantir o resultado útil do processo administrativo, não estão tutelando por si sós o procedimento, que, em realidade, mostra-se com feição instrumental para o alcance dos bens jurídicos materiais envolvidos.[317] É dizer, o objetivo da medida cautelar administrativa em sentido estrito é, de maneira mediata, proteger o bem jurídico tutelado por meio do processo administrativo correlato.

Com essas ponderações, fica claro que a finalidade de todo provimento cautelar, seja inibitório, seja em sentido estrito, é assegurar a proteção dos bens jurídicos protegidos normativamente, o que aproxima ambas as figuras.

1.11.5 Motivo

De todos os elementos dos atos, talvez o que melhor sirva de demarcação dos provimentos cautelares, quando em cotejo com as demais espécies de atos administrativos, consiste no motivo.

A razão pela qual se pratica um ato administrativo cautelar, em sentido amplo, refere-se justamente ao aspecto do risco de dano

---

[315] ORTELLS RAMOS, Manuel; BELLIDO PENADÉS, Rafael. *Las medidas cautelares en derecho de la competencia*: la práctica del Tribunal de Defensa de la Competencia y de los tribunales civiles. Madrid: Tirant lo Blanch, 1999, p. 27-32.

[316] MARINA JALVO, Belén, Las medidas provisionales administrativas. Novedades incorporadas por el artículo 56 de la Ley 39/2015, de 1 de octubre, de Procedimiento Administrativo Común de las Administraciones Públicas. *R.V.A.P.* nº 109-I, Sep./Dic. 2017, p. 169.

[317] Em sentido próximo: "*Tal es la finalidad de las medidas provisionales –y de la tutela cautelar en general–: evitar ese perjuicio a los derechos que se constituyan o declaren con ocasión del transcurso del tiempo, e intentar que no resulte carente de contenidos la declaración de la resolución final. Es decir, asegurar la eficacia real del pronunciamiento futuro que recaiga en el procedimiento administrativo y preservar los derechos en juego*" (GALLARDO CASTILLO, María Jesús. El nuevo marco normativo del procedimiento administrativo común: El paradigma de una reforma Endeble. *Cuadernos de Derecho Local*, oct. 2006, p. 21).

(*periculum in mora*). Ou seja, em uma situação na qual não haja nenhum risco/perigo de dano, a medida cautelar estará eivada de vício insanável.

É certo que as legislações setoriais materializam esse risco de dano genérico em um risco de dano a bens jurídicos determinados. Assim, por exemplo, as medidas provisionais administrativas previstas na Lei nº 13.506/2017 e reguladas pela Circular nº 3.857/2017 demandam a indicação da atualidade ou iminência de lesão ao Sistema Financeiro Nacional, ao Sistema de Consórcios, ao Sistema de Pagamentos Brasileiro, à instituição bancária ou a terceiros.

Há também o risco da ineficácia do procedimento administrativo como sendo motivo hábil a deflagar a adoção de um provimento cautelar, lembrando-se, somente, nos termos do que foi explanado no item respeitante à finalidade, que há de maneira mediata também um risco de dano ao bem jurídico tutelado pelo processo administrativo em tela.

CAPÍTULO 2

PODER CAUTELAR ADMINISTRATIVO NO DIREITO BRASILEIRO

Embora tratado de forma monolítica, o poder de cautela administrativa no ordenamento jurídico brasileiro se apresenta de diversas formas a depender do procedimento administrativo analisado ou da espécie de provimento cautelar previsto (medidas cautelares inibitórias ou em sentido estrito essencialmente).

Deveras, observa-se uma gama de espécies de procedimentos administrativos, cada qual com suas peculiaridades e regramentos próprios, possuindo eles medidas cautelares específicas, uns mais outros menos, que se adéquam aos fins específicos por eles almejados. Da mesma sorte, há uma bem marcada diferenciação entre legislação trazendo provimentos cautelares de cunho inibitório, afetas ao exercício do poder de polícia em regra, e as demais pertinentes às chamadas medidas cautelares em sentido estrito, relacionadas essencialmente, mas não exclusivamente, ao poder disciplinar ou ao controle externo. De todo modo, há ainda no Direito brasileiro uma previsão genérica de um verdadeiro poder geral de cautela, que é passível de abarcar ambas as figuras.

À luz dessa multiplicidade legislativa, dois pontos emergem: a) desconhece-se o próprio conjunto normativo brasileiro no que tange à cautelaridade administrativa. Seja pela ausência de uniformização nos termos usados pelo legislador infraconstitucional, seja pelo descaso doutrinário a respeito da matéria, certo é que pouco se conhece sobre quais são as leis que versam sobre provimentos acautelatórios administrativos no Brasil; b) as medidas provisionais administrativas, apesar dessa regulação difusa existente na sistemática brasileira, possuem justamente o aspecto da cautelaridade administrativa como centro de conversão, o que permite – e assim se exige – que sejam interpretadas de maneira conjunta, conforme se passará a detalhar adiante.

2.1 A existência de um microssistema cautelar administrativo brasileiro

Apesar do desprezo normalmente conferido pela doutrina às medidas cautelares administrativas, há diversos[318] diplomas legislativos que trazem em seu corpo a previsão de espécies acautelatórias.

Apesar de suas peculiaridades, da variação quanto à forma de manifestação dessa potestade cautelar, e de serem bastante setoriais, todas comungam do aspecto de buscarem: eficiência do processo; proteção do interesse público e de interesses específicos tutelados pelo Direito brasileiro; atenuar/evitar danos a bens jurídicos; ser exercidas por meio da atividade administrativa.

Essa similitude de finalidades e de forma de manifestação (não necessariamente forma do ato) faz com que se possa enxergar uma conexão entre todos os dispositivos que preveem medidas cautelares administrativas, de modo que as lacunas presentes em algumas leis no que tange à compreensão da cautelaridade administrativa possam ser preenchidas por outros diplomas que versem sobre a mesma matéria.

O que se está a propor, portanto, é o reconhecimento da existência de um microssistema[319] cautelar administrativo no direito positivo brasileiro.

Assim, o primeiro diploma a se socorrer, quando determinada legislação que envolva procedimentos provisionais administrativos é omissa quanto à cautelaridade administrativa, é o artigo 45 da Lei nº 9.784/99,[320] que, apesar de se mostrar bastante tímido,[321] é a base

---

[318] Por vezes o desinteresse doutrinário acerca dos provimentos acautelatórios pode ser fruto justamente do desconhecimento do arcabouço legislativo que circunda o assunto. Wellington Pacheco Barros, por exemplo, afirma textualmente que "são raras as disposições processuais administrativas que tratam de medidas cautelares" (BARROS, Wellington Pacheco. *Curso de processo administrativo*. Porto Alegre: Livraria do Advogado, 2005, p. 120). Conforme se verá, o quadro legislativo existente no Brasil a respeito da matéria, na verdade, é bastante amplo (ainda que com imprecisões técnicas e por vezes construído de maneira lacônica).

[319] A existência de microssistemas, antes uma questão peculiar do Direito Civil, já se encontra disseminada em outras áreas, com especial destaque à seara processual, na qual comumente se trabalha sob a ótica do microssistema processual coletivo.

[320] Analisando-se um caso de suspensão cautelar de uma médica pelo Conselho Regional Federal de Medicina, o TRF 5 respaldou o provimento realizando uma análise sistemática da cautelaridade administrativa, admitido a invocação do artigo 45 da Lei nº 9.784/99, mesmo a Lei nº 3.268/57 (que versa sobre o CRM) não tratando de maneira específica sobre medidas cautelares: "(...) 4. Se há previsão legal, insculpida no art. 22, §1º da Lei 3.268/57, autorizando o Conselho de Medicina a, em casos de manifesta gravidade, aplicar imediatamente a pena de cassação definitiva do exercício profissional, com muito mais razão tem a autarquia atribuição para suspender cautelarmente o exercício da profissão

normativa expressa para a existência de um poder geral de cautela no âmbito da Administração Pública. Desse artigo já se extraem dois elementos fundamentais a toda a cautelaridade da Administração, mesmo que a legislação específica nada fale a respeito: a) possibilidade, em caso de risco iminente, de adoção de medidas *inaudita altera pars*; b) dever de motivação.

Além disso, como segundo passo na construção do microssistema, em caso de permanência de lacunas, deve-se socorrer aos diplomas setoriais correlatos. Tome-se por exemplo o setor relacionado ao direito sanitário. Conforme se investigará no item 2.13, há as Leis nº 6.360/76, 6.437/77 e 9.782/99, todas tratando sobre a tutela sanitária no Brasil e todas com previsões de medidas cautelares administrativas. Na mesma linha, imperioso buscar, primeiramente, atos normativos que versam sobre a mesma espécie de provimento cautelar (conforme visto no item 1.2, pode-se falar em medidas cautelares-inibitórias, medidas cautelares em sentido estrito e medidas cautelares antecipatórias).

Aliado a isso, deve-se recordar que comumente os provimentos acautelatórios são mais bem delineados por meio de atos regulamentares, como ocorre com frequência no Direito brasileiro, frente ao poder geral de cautela do artigo 45 da Lei 9.784/99. Logo, cabível igualmente realizar a análise dos atos infralegais que versam sobre medidas cautelares.

Seguindo, pode-se procurar a colimação das omissões em diplomas que, ainda que de outras áreas, regulam o tema de maneira mais completa. O exemplo que melhor indica isso é a previsão da Lei nº 13.506/17, que, apesar de tratar sobre os processos no âmbito do BACEN e da CVM, possui um detalhamento mais claro e completo sobre a cautelaridade do que os demais atos normativos concernentes à temática.

---

pela impetrante. 5. Ausente a previsão de providências cautelares na lei que trata dos procedimentos disciplinares dos Conselhos de Medicina nada impede que se utilize subsidiariamente a Lei 9.784/99, que dispõe sobre o processo administrativo no âmbito da Administração Pública Federal e, em seu art. 145, dispõe que pode a Administração, em caso de risco iminente, adotar medidas acauteladoras sem a prévia manifestação do interessado. 6. Recurso desprovido" (TRF-2 – AMS: 66329 RJ 2006.50.01.003753-4, Relator: Desembargador Federal MARCELO PEREIRA/no afast. Relator, Data de Julgamento: 21.10.2008, OITAVA TURMA ESPECIALIZADA, Data de Publicação: DJU – Data: 28.10.2008 – Página: 234/235).

[321] "Apesar da previsão constante do artigo em referência, a Lei nº 9.784/99 foi bastante resumida quanto à medida cautelar administrativa, cabendo à doutrina e à jurisprudência iniciar sua sistematização, que ainda é bastante precária" (NOBRE JÚNIOR, Edilson Pereira *et al*. *Comentários à lei do processo administrativo federal*. São Paulo: Saraiva, 2016, p. 385).

De qualquer modo, não havendo ainda uma completude cautelar administrativa, os princípios de Direito Administrativo, dentro da perspectiva da juridicidade, serão os guias fundamentais para a resolução dos problemas de aplicabilidade normativa. Justamente pelo fato de a cautelaridade administrativa ser exercida dentro da função administrativa, o regime jurídico de Direito Público a ela aplicável traz a série de princípios correlatos para a interpretação/aplicação das normas relacionadas às medidas cautelares administrativas.

Em relação a este último ponto, fundamental recordar que os princípios jurídicos são dotados de plena normatividade, não podendo servir só para a colmatação de lacunas. Apesar de também terem esse papel, toda a interpretação/aplicação normativa das regras afetas ao poder cautelar administrativo deve ser efetuada à luz da principiologia administrativa (sem que isso implique, contudo, desvalorar as regras jurídicas específicas).

Por derradeiro, ainda não se tendo uma solução adequada, havendo lacunas presentes, com base nos artigos 294 a 301 do Código de Processo Civil, pode-se aproveitar das lições envolvendo as tutelas de urgência do *Codex* processual.[322]

Essas considerações são sobremaneira importantes, pois o que se encontra nos escritos doutrinários brasileiros, como regra, é que a cautelaridade administrativa deve reproduzir, *mutatis mutandis*, as previsões do CPC, local onde se encontram as disposições da cautelaridade judicial. Entretanto, na análise do microssistema, acima realizada, a invocação ao CPC é a última medida a ser adotada, devendo ocorrer somente quando todos os demais diplomas legais e princípios administrativos não foram hábeis a trazer uma solução constitucionalmente adequada ao caso concreto.

Deste modo, a fim de compreender melhor o microssistema cautelar administrativo existente no Brasil, analisaremos a seguir alguns aspectos relevantes das principais leis que tratam sobre medidas cautelares administrativas, para que se possa realizar uma sistematização dogmática da matéria sob a lupa do Direito positivo brasileiro. É certo que não se proporá o esgotamento do vasto arcabouço legislativo existente no Brasil, até mesmo porque não serão analisadas as

---

[322] "Não havendo previsão legal a respeito, são plenamente aplicáveis as disposições do Código de Processo Civil a respeito de forma subsidiária, respeitadas as peculiaridades próprias do processo administrativo" (BARROS, Wellington Pacheco. *Curso de processo administrativo*. Porto Alegre: Livraria do Advogado, 2005, p. 120).

legislações estaduais e municipais, às quais, contudo, também integram o microssistema cautelar.

2.2 O poder geral de cautela administrativa no Brasil (Lei nº 9.784/99)

No ordenamento jurídico brasileiro é possível encontrar uma previsão normativa, no âmbito da Lei nº 9.784/99, que serve como base para a existência de um poder geral de cautela administrativa.

Referida lei versa sobre o procedimento administrativo federal, tendo surgido para atender aos anseios de uma maior uniformização dos processos administrativos que, ante à carência de previsão normativa geral, encontravam-se previstos de forma dispersa em diversas leis específicas e/ou instrumentos infralegais.

Como se nota, tal regramento remete ao âmbito de atuação federal respeitando, assim, as particularidades dos demais entes federados menores, que devem editar suas próprias leis procedimentais, não havendo assim uma interferência indevida da União na autonomia dos Estados e Municípios. Realmente, levando-se em consideração todas as peculiaridades da federação brasileira, editou-se uma lei de "caráter sóbrio, geral e principiológico", atrelada a "inúmeros princípios constitucionais atinentes à relação entre Administração e cidadão-administrado".[323]

Não obstante se tratar de um diploma federal, tendo em vista seu caráter principiológico e as lacunas normativas em âmbito estadual e municipal, tanto doutrina como o Poder Judiciário têm avalizado a sua aplicação, nas hipóteses de omissão normativa, nas esferas estaduais e municipais. Nesse sentido, *vide* a Súmula 633 do Superior Tribunal de Justiça.[324]

Sendo tratada como norma geral de procedimento no âmbito federal, o que é extraível inclusive do teor do artigo 1º, *caput*, e seu §1º,[325]

---

[323] CUNHA, Bruno Santos. Aplicação da lei federal de processo administrativo (Lei Federal nº 9.784/99) a entes subnacionais: uma codificação nacional às avessas? *A&C – Revista de Direito Administrativo & Constitucional*, Belo Horizonte, ano 11, nº 45, jul./set. 2011, p. 219.

[324] A Lei nº 9.784/99, especialmente no que diz respeito ao prazo decadencial para a revisão de atos administrativos no âmbito da Administração Pública federal, pode ser aplicada, de forma subsidiária, aos estados e municípios, se inexistente norma local e específica que regule a matéria.

[325] "Art. 1º Esta Lei estabelece normas básicas sobre o processo administrativo no âmbito da Administração Federal direta e indireta, visando, em especial, à proteção dos direitos

a citada lei nº 9.784/99 tem aplicação subsidiária aos demais processos administrativos específicos (artigo 69).

A aplicação subsidiária acima referida significa uma dose de limitação na sua invocação, porquanto somente será cabível sua utilização nos planos normativos não regulados pelas normas dos processos administrativos específicos, já que estes são regidos por suas próprias leis.[326]

Insta indicar que, apesar das lições epigrafadas, acerca da aplicação subsidiária da Lei nº 9.784/99 aos procedimentos administrativos específicos, o Tribunal de Contas da União tem se mostrado resistente a tal entendimento, sob a compreensão que os processos de controle externo existentes em seu âmago não seriam procedimentos administrativos propriamente ditos, o que tornaria inaplicável a aludida legislação.[327]

Contudo, trilhando caminho diverso, o Supremo Tribunal Federal entendeu que, tal qual nos outros processos administrativos, aplica-se também de forma subsidiária a Lei nº 9.784/99 nos processos em trâmite no Tribunal de Contas da União. Nesse sentido, *vide* o julgamento do Mandado de Segurança nº 23.550, pela 1ª Turma, em 31/10/2001.[328]

A Lei nº 9.784/99 possui uma previsão acerca dos provimentos cautelares, constante do artigo 45,[329] cuja redação é a seguinte:

---

dos administrados e ao melhor cumprimento dos fins da Administração. §1º Os preceitos desta Lei também se aplicam aos órgãos dos Poderes Legislativo e Judiciário da União, quando no desempenho de função administrativa".

[326] MOREIRA, Egon Bockmann. *Processo administrativo:* princípios constitucionais e a Lei 9.784/1999. 3. ed. São Paulo: Malheiros, 2007, p. 292.

[327] MOREIRA, Egon Bockmann. *Processo administrativo:* princípios constitucionais e a Lei 9.784/1999. 3. ed. São Paulo: Malheiros, 2007, p. 292-293.

[328] Em seu voto, o Ministro Sepúlveda Pertence considerou que "nada exclui os procedimentos do Tribunal de Contas da União da aplicação subsidiária da lei geral do processo administrativo federal, a Lei nº 9.784/99, já em vigor ao tempo dos fatos".

[329] A jurisprudência tem respaldado sua aplicação, como procedeu o Tribunal Regional Federal da 1ª Região, que ao analisar um bloqueio de contas realizado por um banco estatal (Caixa Econômica Federal), diante de indícios de ilegalidades, assim decidiu: "(...) 4. Não bastasse aquela previsão legal relativa ao contrato de depósito, a Caixa Econômica Federal, conquanto exerça, predominantemente, atividade econômica em sentido estrito, é empresa pública (patrimônio exclusivamente público) e nessa qualidade faz parte da administração pública. É verdade que, pelo disposto no art. 173, §1º, II, da Constituição as empresas estatais dedicadas a atividades econômicas *stricto sensu* sujeitam-se 'ao regime jurídico próprio das empresas privadas, inclusive quanto aos direitos e obrigações civis, comerciais, trabalhistas e tributários'. Todavia, tal regra não impede a utilização, pelas empresas estatais, de prerrogativas de administração pública justificadas por suas atividades, desde que não impliquem atentado à livre concorrência.173, §1º, II Constituição.
5. Nessa prerrogativa, obedecido o devido processo legal, inclui-se a atividade cautelar da Administração destinada a prevenir dano ao patrimônio público. A prerrogativa das medidas cautelares, dentro de processo administrativo, era implícita à época dos

"Em caso de risco iminente, a Administração Pública poderá motivadamente adotar providências acauteladoras sem a prévia manifestação do interessado".

Primeiramente, mencione-se que, não obstante o texto legal transmita a ideia de que a providência preventiva somente seja tomada incidentalmente ao procedimento administrativo, é plenamente aceitável que dita medida cautelar também possa ocorrer antes do procedimento, isto é, previamente (semelhante às medidas provisionalíssimas do Direito espanhol).[330] É certo que o normativo em questão é pensado, num primeiro instante, para ser vinculado a um processo administrativo, ainda que a cautelar seja preparatória. Nesses termos, há quem sustente que não podem tais medidas provisionais, assim, serem "adotadas isoladamente, sendo imprescindível que se vinculem diretamente a um processo administrativo específico".[331] No entanto, conforme já explicado previamente, em particular no item 1.8.4, essa vinculação específica e direta não mais se faz presente como uma característica própria de todas as medidas cautelares administrativas, sendo que nos provimentos inibitórios é possível que haja cautelar sem essa vinculação direta. Apesar do artigo 45 da referida lei indicar essa relação entre processo administrativo principal e medida cautelar administrativa, ele não exclui a adoção das medidas acautelatórias em diferentes contextos e/ou formas.

Outrossim, o dispositivo legal ora tratado demanda motivação para a tomada da providência cautelar, sendo que ela deverá ser plena e simultânea à determinação da medida.[332] Sobre o mister da motivação, reitere-se o que já foi explanado no item 1.7.2, lembrando que se trata de regra no ordenamento jurídico brasileiro,[333] como decorrência

---

fatos e, hoje, está expressa no art. 45 da Lei nº 9.784/99 (que se aplica à administração federal direta e indireta, cf. art. 1º): 'Em caso de risco iminente, a Administração Pública poderá motivadamente adotar providências acauteladoras sem a prévia manifestação do interessado'. 6. A providência tomada pela Caixa Econômica Federal foi, portanto, lícita (...)" (TRF1. AC 5018 MG 2007.01.00.005018-0, Relator: DESEMBARGADOR FEDERAL JOÃO BATISTA MOREIRA, Data de Julgamento: 14.02.2012, TERCEIRA SEÇÃO, Data de Publicação: e-DJF1 p. 344 de 05.03.2012).

[330] CARVALHO FILHO, José dos Santos. *Processo administrativo federal*: comentário à Lei nº 9.784 de 29.01.1999. 2. ed. Rio de Janeiro: Lumen Juris, 2005, p. 210-211.

[331] FREIRE, Lucas Alves. Os contornos jurídicos das medidas cautelares previstas no artigo 9º da Lei nº 9.447, de 14 de março de 1997. *Revista da Procuradoria-Geral do Banco Central*, vol. 1, nº 1, dez.2007, p. 98.

[332] MOREIRA, Egon Bockmann. *Processo administrativo*: princípios constitucionais e a Lei 9.784/1999. 3. ed. São Paulo: Malheiros, 2007, p. 315.

[333] Em realidade, trata-se de princípio atinente a todo o Direito Administrativo moderno, afeto a todas as ordens jurídicas, pois, como salienta Agustín Gordillo, *"lo que fue en el pasado*

do devido processo legal, da cidadania, da publicidade e da própria noção de Estado de Direito.

Essa modalidade de cautela administrativa permite a edição tanto de medidas cautelares positivas como negativas. De fato, os destinatários da norma, isto é, aqueles que podem sofrer o prejuízo, são tanto o administrado como também a própria Administração Pública e terceiros.[334]

Ademais da previsão do artigo 45, a Lei do Processo Administrativo Federal traz outro artigo que também fundamenta o poder geral de cautela administrativa. Nesses termos o artigo 61, parágrafo único explicita que, em relação aos recursos administrativos, os quais, como regra, não possuem efeito suspensivo, "havendo justo receio de prejuízo de difícil ou incerta reparação decorrente da execução, a autoridade recorrida ou a imediatamente superior poderá, de ofício ou a pedido, dar efeito suspensivo ao recurso". A possibilidade de se conceder efeito suspensivo a recursos administrativos, desde que presentes os requisitos do artigo, é um claro exemplo de medidas cautelares positivas, ampliando de maneira evidente o aspecto do poder geral de cautela para ambos os provimentos (negativos e positivos).

Os Tribunais brasileiros, em inúmeros casos, têm validado a invocação do poder geral de cautela administrativa, especialmente fulcro no artigo 45 da Lei nº 9.784/99, seja para fundamentar medidas cautelares previstas em atos normativos infralegais, seja para legitimar a aplicação direta de provimentos acautelatórios atípicos. O TRF da 4ª Região, com base nesse dispositivo, já respaldou, havendo suspeita de fraude documental, a suspensão cautelar administrativa da habilitação de dirigir;[335] o Tribunal da 2ª Região, por sua vez, autorizou o bloqueio de determinada empresa, vinculada às operações policiais da "Lava-Jato", para contratar com a sociedade de economia mista Petrobras. Segundo a Corte, "não se trata de hipótese de aplicação de sanção, mas de medida administrativa acautelatória, precedente à sanção, de

---

sólo exigência jurídica, que el acto administrativo contuviera una 'motivación' o explicitación de sus fundamentos, es hoy también una exigência política; ahora hay un deber jurídico y político, social y cultural, de explicar al ciudadano o habitante por qué se le impone una norma y hay que convencerlo con la explicación" (Tratado de derecho administrativo – tomo II. Buenos Aires: F.D.A, 2005,p.57).

[334] NOHARA, Irene Patrícia; MARRARA, Thiago. Processo administrativo: lei nº 9.784/99 comentada. São Paulo: Atlas, 2009, p. 393.

[335] TRF4, APELAÇÃO CÍVEL Nº 5011095-17.2015.4.04.7000, 4ª Turma, Desembargador Federal CÂNDIDO ALFREDO SILVA LEAL JUNIOR, DECIDIU, POR UNANIMIDADE JUNTADO AOS AUTOS EM 23/05/2019.

índole temporária, que deve perdurar ao longo de todo o procedimento administrativo, visando a preservar a lisura das contratações com a Petrobras e, por conseguinte, o interesse público".[336]

Os singelos exemplos acima demonstram que um poder geral de cautela administrativa autoriza a adoção de provimentos atípicos, sem a necessidade de um rol exaustivo previsto pelo legislador. Cabe ao agente público adotar, diante do caso concreto, uma medida que tenha o condão de garantir a utilidade do provimento final de um processo administrativo ou evitar/minimizar um dano a um bem juridicamente tutelado. Isso, contudo, não pode servir como uma autorização ampla e inconsequente para que seja concedido qualquer tipo de medidas provisionais. Aqui, com mais ênfase, o aspecto da proporcionalidade torna-se o balizador da validade ou não do provimento aplicado.

Acrescente-se, por fim, que, como será visto nos capítulos subsequentes, mesmo nos casos em que há previsões cautelares específicas, ainda assim os Tribunais invocam o poder geral de cautela como fundamento primordial para legitimar o provimento aplicado.

2.3 Procedimento disciplinar federal (Lei nº 8.112/90)

Desde o início da década de 1990, os servidores públicos federais que atuam sob o regime de cargos públicos encontram-se regidos basicamente pelo estatuto previsto na Lei Federal nº 8.112, de 11.12.1990, vindo a substituir a antiga Lei nº 1.711/52.

Dentre outros aspectos referentes ao regime geral dos servidores públicos federais, a citada lei trata sobre o procedimento administrativo disciplinar na órbita federal – Títulos IV (do Regime Disciplinar, artigos 116 a 142) e V (do Processo Administrativo Disciplinar, artigos 143 a 182) –, podendo este ser compreendido como "o meio pelo qual a Administração apura e pune as faltas graves dos servidores públicos e de outros agentes públicos".[337-338]

---

[336] TRF-2 – AC: 00420712320154025101 RJ 0042071-23.2015.4.02.5101, Relator: REIS FRIEDE, Data de Julgamento: 05.10.2017, 6ª TURMA ESPECIALIZADA.
[337] COSTA, Nelson Nery. *Processo administrativo e suas espécies*. 4. ed. Rio de Janeiro: Forense, 2007, p. 215.
[338] A própria lei nº 8.112/90 traz a definição de procedimento administrativo disciplinar: "Art. 148. O processo disciplinar é o instrumento destinado a apurar responsabilidade de servidor por infração praticada no exercício de suas atribuições, ou que tenha relação com as atribuições do cargo em que se encontre investido".

Como aponta a doutrina especializada, o procedimento administrativo disciplinar tem suporte no chamado poder disciplinar que possui a Administração Pública, afinal, não existe Administração sem poder disciplinar,[339] este representando o dever-poder que ela possui de apurar e punir as condutas internas levadas a efeito por seus servidores, já que a Administração não pode conviver com a prática de atos ilegais e/ou imorais.

2.3.1 Tipos de medidas provisionais

A referida lei[340] prevê expressamente somente uma[341] medida de cunho cautelar, prevista no artigo 147, de onde se extrai a possibilidade de determinar o afastamento preventivo[342] do servidor para evitar que ele possa influir na apuração da irregularidade por meio do processo administrativo disciplinar, sendo que tal prazo será de

---

[339] VELOSO, Waldir de Pinho. *Direito processual administrativo*. Curitiba: Juruá, 2010, p. 195.

[340] Interessante apontar que o antigo instrumento normativo que regulava a situação jurídica dos funcionários públicos federais (Lei nº 1.711/52) também previa semelhante medida, dispondo da seguinte sorte: "Art. 216. A suspensão preventiva até 30 dias será ordenada pelo diretor da repartição desde que o afastamento do funcionário seja necessário para que êste não venha influir na apuração da falta cometida. §1º Caberá ao Ministro de Estado prorrogar até 90 dias o prazo da suspensão já ordenada, findo o qual cessarão os respectivos efeitos, ainda que o processo não esteja concluído. §2º Ao diretor do departamento ou órgão imediatamente subordinado ao Presidente da República caberá a competência atribuída no parágrafo anterior ao Ministro de Estado. Art. 216. O funcionário terá direito: I – à contagem do tempo de serviço relativo ao período em que tenha estado preso ou suspenso, quando do processo não houver resultado pena disciplinar ou esta se limitar a repressão; II – à contagem do período de afastamento que exceder do prazo da suspensão disciplinar aplicada; III – à contagem do período de prisão administrativa ou suspensão preventiva e ao pagamento do vencimento ou remuneração e de tôdas as vantagens do exercício, desde que reconhecida a sua inocência".

[341] A lei nº 1.711/52 continha, em seu artigo 214, como outra medida de natureza cautelar, a prisão administrativa do funcionário público. *In verbis*: "Art. 214. Cabe ao Ministro de Estado, ao Diretor Geral da Fazenda Nacional e, nos Estados, aos diretores de repartições federais ordenar, fundamentalmente e por escrito, a prisão administrativa ao responsável por dinheiro e valores pertencentes à, Fazenda Nacional ou que se acharem sob a guarda desta, no caso de alcance ou omissão em efetuar as entradas nos devidos prazos. §1º A autoridade que ordenar a prisão comunicará imediatamente o fato à autoridade judiciária competente e providenciará no sentido de ser realizado, com urgência, o processo de tomada de contas. §2º A prisão administrativa não excederá de 90 dias". É certo, porém, que a atual ordem constitucional brasileira não mais admite a prisão administrativa.

[342] A providência cautelar de afastamento do servidor é comumente repetida nas leis orgânicas de carreiras públicas específicas, como se verifica, exemplificadamente, na Lei Orgânica da Magistratura Nacional – LOMAN (Lei Complementar nº 35/79), bem como na legislação referente a servidores públicos de cada uma das unidades da federação brasileira (*vide*, por exemplo, o artigo 326 da Lei nº 10.460, de 22 de fevereiro de 1988, do Estado de Goiás).

60 dias prorrogáveis por mais 60. A norma ainda disciplina que o referido afastamento do servidor será decretado sem prejuízo do recebimento de sua remuneração.

Duas questões primeiras devem ser aqui abordadas. A primeira é que, como medida cautelar que é, o aludido afastamento não constitui penalidade, já que não há cognição exauriente acerca do mérito disciplinar para a tomada da providência. Consequência disso é que diante de eventual sanção ao final do procedimento que comine a pena de suspensão do serviço, não poderão ser descontados os dias já afastados cautelarmente, já que ambas as providências possuem natureza diversa. Ademais, na modalidade de sanção há a perda de remuneração, o que não ocorre no afastamento cautelar. A segunda constatação diz respeito a quem pode ser atingido pela medida, destacando Shirlei Silmara de Freitas Mello que o agente a ser afastado pode ser tanto o acusado como qualquer outro que eventualmente obste a instauração e/ou o desenvolvimento do processo administrativo disciplinar.[343]

Ademais, tratando sobre o afastamento administrativo disciplinar de maneira ampla, mas cujas lições se adequam ao estudo específico do artigo sob escrutínio, Alvaro Lazzarini ressalta que o caráter provisório da medida permite sua revogação a qualquer tempo (o caráter da mutabilidade dos provimentos cautelares, tratado no item 1.8.5), já que seu objetivo é o de possibilitar uma melhor investigação da conduta faltosa, impossibilitando que este possa influir, por meios escusos, na apuração da verdade. Destarte, colhidas as provas necessárias, caso se entenda possível, oportuno e conveniente, nada impede que se permita o retorno do funcionário, que esteja afastado preventivamente, ao serviço.[344]

Interessante apontar também a amplitude da medida do ponto de vista objetivo, sendo que, conforme posição institucional da Controladoria-Geral da União (CGU), "o instituto afasta o servidor de suas tarefas e impede seu acesso às dependências da repartição como um todo (e não apenas de sua sala de trabalho)".[345]

---

[343] MELLO, Shirlei Silmara de Freitas. Inflexões do princípio da eficiência no processo administrativo disciplinar federal: tutela de urgência (afastamento preventivo) e controle consensual (suspensão do processo e ajustamento de conduta). *Fórum Administrativo – FA*, Belo Horizonte, ano 11, nº 126, ago. 2011, p. 31.

[344] LAZZARINI, Alvaro. Do procedimento administrativo. *Revista de Informação Legislativa*, Brasília, a. 34, nº 135, jul.-set. 1997, p. 133-134.

[345] CONTROLADORIA GERAL DA UNIÃO – CGU. *Manual de processo administrativo disciplinar*. Brasília: CGU, 2012, p. 121.

Sobre o momento da adoção da medida, confirmando que pode ocorrer em qualquer fase do procedimento disciplinar, cite-se a Formulação – DASP[346] nº 36, que previa que "a suspensão preventiva pode ser ordenada em qualquer fase do inquérito administrativo".

Destarte, nota-se que o escopo primeiro da medida provisional expressa no bojo do processo administrativo federal disciplinar é evitar qualquer tumulto que possa ser ocasionado por agentes públicos, que poderia gerar uma demora indevida da apuração dos fatos, além de obstaculizar a colheita de provas e o desvelamento da verdade mais próxima da real.

2.3.2 Interferência do Poder Judiciário

Ainda que a lei pouco diga sobre a medida cautelar de afastamento, sendo acompanhada academicamente de lacônicos comentários doutrinários a seu respeito, a jurisprudência, por sua vez, tem apresentado os delineamentos daquela providência que não foram trazidos explicitamente pelo legislador.

Um dos pontos açambarcados pelos Tribunais diz respeito à possível punição a ser imposta ao responsável, salientado que a medida cautelar de afastamento não possui relação alguma com o grau de gravidade da penalidade a ser aplicada, podendo ela ser utilizada em procedimentos administrativos disciplinares que prevejam qualquer forma de sanção. Foi o que decidiu o Tribunal Regional Federal da 1ª Região, validando a suspensão cautelar do cargo de Subprocurador Geral da República, pois entendeu que ainda que as condutas apuradas no processo administrativo fossem puníveis somente com advertência ou censura, seria perfeitamente possível invocar aquele provimento cautelar da Lei nº 8.112/90. Acresceu ainda que "o afastamento cautelar não está condicionado ao tipo de pena aplicável ao indiciado, sendo medida que visa garantir o bom andamento da apuração, sem influência por parte do interessado".[347]

---

[346] As formulações DASP constituem enunciados genéricos elaborados pelo extinto Departamento de Administração do Serviço Público (DASP), o qual foi responsável, desde sua criação em 1938 até sua extinção em 1986, pela função de assessoramento imediato da Presidência da República no que concerne às questões de pessoal e serviços gerais dos órgãos civis da Administração Pública Federal.

[347] TRF 1ª Região. 1ª Turma Suplementar. AC 199734000348303. Rel.Mark Yshida Brandão. DJ 29/06/2011.

Esse mesmo Tribunal Regional Federal também decidiu que, havendo excesso de prazo da medida de afastamento (que, conforme visto, pode totalizar no máximo 120 dias), deve haver a imediata cessação da providência cautelar, mas que tal ocorrência não possui o condão de gerar a nulidade do procedimento administrativo como um todo, que deverá prosseguir em todos os seus termos.[348]

Questão interessante concerne a saber se o período de afastamento do servidor pode ser utilizado como tempo de serviço para fins da concessão de direitos estatutários, como as férias, por exemplo.

Nada dizendo a legislação de regência, coube novamente aos Tribunais se debruçarem sobre a questão. O Tribunal Regional Federal da 2ª Região, em decisão proferida no ano de 2010, entendeu que não poderia o servidor se ver apenado pelo afastamento no que diz respeito ao gozo de suas férias, uma vez que não perderia a qualidade de servidor público no curso da medida cautelar, considerando-se esse período como sendo de dias trabalhados. Eis trecho do julgado:

> O afastamento cautelar, deferido nos autos do processo administrativo disciplinar, não modifica a situação do servidor público com relação às vantagens a que tem direito. 3. É assegurada ao servidor público a percepção das verbas decorrentes do efetivo exercício do trabalho, em período no qual o referido labor não ocorreu, desde que garantidos por expressa disposição legal. 4. Ainda que não ocorra concreta prestação de serviço, os dias constantes do período de afastamento preventivo são considerados como trabalhados para efeito de cômputo de tempo de serviço (...)[349]

---

[348] "ADMINISTRATIVO. PROCESSO DISCIPLINAR. NULIDADES. EXCESSO DE PRAZO NO AFASTAMENTO PREVENTIVO. ALTERAÇÃO DA ORDEM DOS DEPOIMENTOS. CERCEAMENTO DE DEFESA. INOCORRÊNCIA. APROVEITAMENTO DO CARGO PARA OBTENÇÃO DE PROVEITO PRÓPRIO. DEMISSÃO. 1. 'A ultrapassagem do prazo fixado para o encerramento de processo administrativo disciplinar não conduz a nulidade, mas tão-somente a cessão da medida cautelar do afastamento preventivo do cargo do servidor público acusado'. (STJ; Ministro ADHEMAR MACIEL; ROMS 199000051231/BA; SEGUNDA TURMA; DJ: 23/06/1997) 2. A oitiva do acusado antes das testemunhas, por si só, não vicia o processo disciplinar, bastando para atender à exigência do art. 159 da Lei 8.112/90, que o servidor seja ouvido também ao final da fase instrutória. 3. Restando configurada a conduta irregular do apelante em se valer do próprio cargo para obter proveito próprio a teor do artigo 117, IX, da Lei nº 8.112/90, faz-se necessária a aplicação da pena máxima de demissão, por força do que dispõe o artigo 132, XIII. 4. Apelação não provida." (TRF 1ª Região. Segunda Turma (Inativa). AC 200001000675964. Rel. Carlos Alberto Simões de Tomaz. DJ. 30/06/2005).

[349] TRF 2ª Região. Sétima Turma Especializada. AC 201051010006348. Rel. José Antônio Lisboa Neiva. DJ 19/11/2010.

Contudo, esse não parece ser o entendimento a prevalecer no âmbito do Judiciário. O Superior Tribunal de Justiça, órgão do Poder Judiciário brasileiro responsável por uniformizar a interpretação da legislação federal, ao analisar a questão do afastamento cautelar de um magistrado (embora se trate de previsão expressa em outro diploma legal (LOMAN), as conclusões tomadas são as mesmas para a aplicação da Lei nº 8.112/90), no final de 2012, posicionou-se de sorte diametralmente oposta à acima mencionada, entendendo que estando o servidor afastado, não haveria fadiga decorrente do labor, o que não justificaria o cômputo do período de afastamento para a aquisição do direito ao gozo de férias.[350] Foi essa a síntese da decisão:

> ADMINISTRATIVO. PROCESSO ADMINISTRATIVO DISCIPLINAR. AFASTAMENTO CAUTELAR DE MAGISTRADO. AUSÊNCIA DE EFETIVO TRABALHO. GOZO DE FÉRIAS. IMPOSSIBILIDADE.
> 1. Hipótese em que o Tribunal de origem, diante da existência de decisão proferida em Processo Administrativo Disciplinar 120.580/2008, na qual determina o afastamento cautelar do impetrante de suas funções jurisdicionais até final julgamento do processo administrativo, indeferiu pedido do impetrante de ser beneficiado com a concessão de férias. 2. É firme no STJ o entendimento de que a ausência de efetivo exercício da atividade impede o gozo de férias, porquanto estas têm por pressuposto recompensar o trabalhador com o descanso remunerado da rotina de suas atividades funcionais por determinado tempo. 3. *In casu*, no período relativo ao pleito de gozo de férias, o recorrente encontrava-se afastado de suas funções. Não ocorreu, portanto, fadiga pela rotina de suas atividades funcionais e não há como sustentar o direito ao gozo de férias, dada a ausência de causa. 4. Recurso Ordinário não provido.[351]

Importa apontar ainda entendimento jurisprudencial que aduz, em uma análise restritiva, que referida medida somente pode ocorrer no bojo do procedimento administrativo disciplinar propriamente dito, não sendo a fase de sindicância o momento adequado para a adoção da cautelaridade analisada, como decidiu o Tribunal Regional Federal da 1ª Região na Apelação em Mandado de Segurança nº 200038000001169.

---

[350] A respeito da questão, o Ministério do Planejamento, Orçamento e Gestão emitiu a Nota Técnica nº 4586/2016-MP concluindo que o afastamento preventivo não consta do rol taxativo de afastamentos previstos no art. 102, da Lei nº 8.112, de 1990, como de efetivo exercício, de forma que não se faz possível, em tal situação, a continuidade do pagamento do auxílio-alimentação.

[351] STJ, MS 33.579, Relator: Ministro HERMAN BENJAMIN, Data de Julgamento: 09.10.2012, T2 – SEGUNDA TURMA.

Por derradeiro, traz-se à colação recente decisão do Supremo Tribunal Federal, no julgamento do Mandado de Segurança 28.306-DF, pelo Plenário, ocasião em que se concluiu que a necessidade de manutenção da remuneração durante o período de afastamento dos magistrados (trata-se novamente de previsão em lei específica, mas cujos fundamentos são válidos igualmente para os termos da Lei nº 8.112/90) é restritiva, somente abrangendo a retribuição pecuniária, e não as demais vantagens inerentes ao cargo (como o uso de veículo oficial, por exemplo). Nesses termos, construiu-se a ementa da qual se retira o seguinte excerto:

> (...) O afastamento motivado do magistrado de suas funções, sem prejuízo dos vencimentos e das vantagens, após a instauração de processo administrativo disciplinar, pode estender-se até a decisão final. VI – As vantagens a que se refere o art. 27, §3º, da LOMAN têm sentido pecuniário, não se confundindo com as prerrogativas inerentes ao cargo (...)

É possível observar, como já salientado alhures, que os Tribunais brasileiros, quando do julgamento das lides que lhe são levadas à apreciação, têm realizado a interpretação no que se refere à medida cautelar em tela, pugnando pela sua plena validade, mas impondo limites que não se mostravam expressos na legislação correlata.

2.4 Procedimentos previstos no âmbito do Tribunal de Contas da União (TCU)

Instituição ainda pouco estudada e conhecida,[352] mas que possui relevância ímpar, refere-se ao Tribunal de Contas da União. Trata-se de órgão de controle externo inserido já na primeira Constituição Republicana brasileira (1891), cujo assento constitucional lhe foi assegurado em todas as Leis Maiores seguintes, moldando-se para adquirir a feição que hoje possui.

A inserção do TCU na estruturação organizacional do Estado brasileiro tem sido tarefa assaz dificultosa, não havendo um consenso sobre o assunto, prevalecendo, contudo, o entendimento de que a Corte

---

[352] Para maiores aprofundamentos sobre a figura do TCU e sua atuação no Brasil, confira-se CABRAL, Flávio Garcia. *O Tribunal de Contas da União na Constituição Federal de 1988*. São Paulo: Verbatim, 2014.

não está inserida em nenhum dos clássicos poderes estatais (Executivo, Judiciário e Legislativo), representando uma instituição autônoma e independente, com funções que lhe são próprias e outorgadas diretamente pela própria Constituição brasileira, que atua de forma cooperada, sem qualquer subordinação, com os demais Poderes da República.

Ainda que não seja possível incluir a Corte de Contas no conceito usual de Administração Pública, que, em termos amplos, representaria os órgãos e instituições pertencentes basicamente ao Poder Executivo, torna-se imperioso incluir tal entidade na presente análise da cautelaridade processual administrativa, já que, conforme entendimento jurisprudencial que vem imperando, as decisões do TCU teriam natureza administrativa, sendo certo que as providências cautelares por ele adotadas seriam, por conseguinte, medidas cautelares administrativas.

De fato, como já expusemos previamente em trabalho monográfico a respeito da questão, à luz da separação das funções estatais impostas pelo texto constitucional brasileiro, seja por um encaixe claro das funções exercidas pelos Tribunais de Contas no conteúdo da função administrativa, seja pela exclusão evidente das demais funções (legislativa e jurisdicional), e não havendo uma quarta função estatal consagrada na Constituição Federal de 1988, outra não pode ser a conclusão senão a de que a Corte de Contas exerce função administrativa.[353]

Portanto, tendo em vista a extrema relevância da Corte de Contas da União no cenário brasileiro, sendo ela instituição fundamental no controle externo estatal, que possui atuação de caráter administrativo, com a previsão de medidas cautelares bem delimitadas e desenvolvidas, como se verá adiante, sua análise é imprescindível para a compreensão aprofundada e ampla sobre o tema da cautelaridade administrativa no Brasil.

2.4.1 Tipos de medidas provisionais

As medidas cautelares de controle exercidas pelo Tribunal de Contas da União –[354] e reproduzidas pela legislação da grande maioria

---

[353] CABRAL, Flávio Garcia. Qual a natureza da função exercida pelo Tribunal de Contas da União (TCU)? *Revista de Direito da Administração Pública (REDAP)*, Rio de Janeiro, a.4, v.1, nº 1, p. 253-272, jan./jun.2019.

[354] A respeito do tema, confira-se SCAPIN, Romano. *A expedição de provimentos provisórios pelos Tribunais de Contas*: das "medidas cautelares" à técnica antecipatória no controle externo brasileiro. Belo Horizonte: Fórum, 2019.

dos Tribunais de Contas estaduais e municipais – encontram respaldo normativo na sua Lei Orgânica nº 8.443, de 16 de julho de 1992, estando mais bem desenvolvidas pelo seu Regimento Interno. Ademais, não se pode olvidar que alguns atos provisionais de controle também estão alocados na própria Constituição Federal, formando, assim, um complexo normativo de atos cautelares a serem exercidos pelo TCU.

Partindo-se do ápice normativo, na Constituição Federal de 1988 vislumbra-se, no artigo 71, incisos IX e X, que compete ao TCU sustar os atos administrativos impugnados, após o escoamento *in albis* do prazo conferido de acordo com o inciso IX. Está-se aqui, para grande parte da doutrina, diante da primeira medida cautelar de fiscalização prevista na Lei Maior.

Percebe-se que muito embora não tenha o constituinte conferido capacidade ao TCU para anular os atos administrativos, permitiu-lhe sustá-los, isto é, retirar a eficácia do ato sem expurgá-lo do ordenamento jurídico (suspensão), sendo que a diferença fundamental entre ambas as medidas (sustação e anulação) é que na primeira é possível a correção do ato, tornando a surtir efeitos (aqui que se encontraria o traço da cautelaridade da medida, já que a sustação seria temporária até uma possível correção do ato), o que não é permitido na segunda.[355]

A respeito da medida de sustação, José dos Santos Carvalho Filho rememora que para o exercício de tal competência não se encontra o TCU dispensado do atendimento ao devido processo legal, quando envolver situações jurídicas de terceiros.[356] Da mesma forma é o que expõe Benjamin Zymler, salientando que a regra é que o ato de sustação deve ser precedido da oitiva do responsável pelo ato, sem embargo de, havendo o requisito do perigo na demora (*periculum in mora*), tornar-se imprescindível a expedição de determinações de forma liminar para que sejam corrigidos os atos ou, em casos mais graves, já seja realizada a própria sustação.[357]

Confirmando que o ato de sustação possui natureza cautelar, o artigo 19, §5º, da Resolução TCU nº 36/1995 (que, entre outras questões, visa a regulamentar de forma mais detalhada essa medida prevista

---

[355] AGUIAR, Ubiratan Diniz de; ALBUQUERQUE, Márcio André Santos de; MEDEIROS, Paulo Henrique Ramos. *A administração pública sob a perspectiva do controle externo*. Belo Horizonte: Fórum, 2011, p. 38.
[356] CARVALHO FILHO, José dos Santos. *Manual de direito administrativo*. 23. ed. Rio de Janeiro: Lumen Juris, 2010, p. 1097.
[357] ZYMLER, Benjamin. *Direito administrativo e controle*. 3. ed. Belo Horizonte: Fórum, 2012, p. 273.

constitucionalmente), prevê que a determinação de sustação não implica em juízo sobre a responsabilidade de nenhum agente público, já que somente com a citação e oitiva dos responsáveis é que poderá a Corte de Contas decidir acerca do mérito.[358]

A natureza cautelar da sustação dos atos, no entanto, não é matéria pacífica. De fato, na opinião de Eduardo Fortunado Bim, seria um equívoco considerar essa medida sempre como cautelar, assentando que caso a injuridicidade não seja solvida pelo órgão competente ou impugnada judicialmente, o ato de sustação do Tribunal perderá seu caráter cautelar e será definitivo.[359]

Dessa feita, para os que seguem esta toada, embora a sustação se apresente à primeira vista como providência de cunho cautelar, ante a total inércia do órgão prolator do ato suspenso, aquela medida que impediria a ocorrência dos efeitos do ato de forma provisória adquire ares de definitividade, não mais sendo, assim, acautelatória.

Discorda-se do aludido entendimento. Como apurado no item 1.8.3, em particular nas medidas cautelares de cunho inibitório, a temporalidade acaba mitigada (mas não excluída), pois, como se relaciona a impedir os danos maléficos de um ilícito, enquanto não houver a correção da ilicitude, a medida provisional tem a aptidão de continuar vigente. Isso, contudo, não tem o condão de desconfigurar o aspecto cautelar da medida.

Ainda no que se refere à medida de sustação, a matéria adquire contornos diversos quando se está diante de ilegalidades em contratos administrativos. Conforme se apura do artigo 71, em seus §§1º e 2º, o ato de sustação será efetuado pelo Congresso Nacional (e não pelo TCU), que solicitará ao Poder Executivo[360] as medidas cabíveis, sendo que, mantendo-se ambos os Poderes inertes no prazo de 90 dias, caberá ao TCU decidir a respeito.

Tema que sempre se mostrou duvidoso seria o alcance da expressão "decidirá a respeito", tendo a Casa de Contas da União editado, em

---

[358] ZYMLER, Benjamin. *Direito administrativo e controle*. 3. ed. Belo Horizonte: Fórum, 2012, p. 274.

[359] BIM, Eduardo Fortunato. O poder geral de cautela dos tribunais de contas nas licitações e nos contratos. *Interesse Público – IP*, Belo Horizonte, a.8, nº 36, mar./abr. 2006, p. 9.

[360] Como explica a doutrina, embora o texto constitucional se refira ao Poder Executivo, é certo que também inclui o Poder Judiciário quando no desempenho de funções administrativas (AGUIAR, Ubiratan Diniz de; ALBUQUERQUE, Márcio André Santos de; MEDEIROS, Paulo Henrique Ramos, Paulo Henrique. *A administração pública sob a perspectiva do controle externo*. Belo Horizonte: Fórum, 2011, p. 239).

seu Regimento Interno, no artigo 251, §4º, incisos I e II, que o Tribunal, caso decida sustar o contrato, determinará que o responsável adote, no prazo de 15 dias, as medidas cabíveis e comunicará a decisão ao Congresso Nacional e à autoridade de nível ministerial competente. Note-se, portanto, que o TCU não detém o poder de anular, ele próprio, os contratos administrativos, podendo, contudo, segundo sua posição institucional, determinar que a Administração Pública assim o faça, exercendo seu poder de autotutela.[361]

Outra medida de cunho cautelar adotada pela Casa de Contas da União diz respeito ao afastamento temporário de dirigentes e encontra-se prevista no artigo 44 da Lei nº 8.443/92.

Como traz à colação Jorge Ulisses Jacoby Fernandes, dita medida pode ser adotada de ofício ou a requerimento do Ministério Público, no curso de qualquer apuração, sendo válido recordar, ainda, que no passado cabia aos Tribunais de Contas, inclusive, determinar a prisão administrativa dos responsáveis (Decreto nº 392 de 1896).[362]

Para que comentada medida seja adotada, é necessário que estejam presentes os seguintes requisitos específicos: a) a manutenção da continuidade do serviço público, quando o caso exigir. Essa exigência emerge em favor da sociedade, que não pode se ver carente de determinados serviços públicos pela ausência de comando, demandando então, que no caso de afastamento temporário de dirigentes que digam respeito a serviços públicos, haja sua substituição pelas pessoas legalmente designadas para tanto; b) a existência de uma autoridade superior, que deverá ser notificada pelo TCU acerca da decisão de afastamento de algum dirigente, uma vez que, por se tratar de uma decisão cautelar administrativa, faz-se mister a existência de uma organização hierarquicamente escalonada, cabendo a essa autoridade superior providenciar o afastamento da pessoa indicada pelo Tribunal de Contas;[363] c) indícios bastantes de que a continuidade da autoridade no exercício de suas funções ocasionará dano ao erário, inviabilizará o ressarcimento ou ainda retardará ou dificultará a realização de determinados atos de fiscalização; d) a determinação do afastamento deve indicar o seu prazo ou condição, devendo assumir, como ato cautelar que é, caráter

---

[361] Confirmando o indigitado entendimento, foi como decidiu o STF no MS nº 23.550, de 31.10.2001, sob a Relatoria do Ministro Sepúlveda Pertence.
[362] FERNANDES, Jorge Ulisses Jacoby. *Tribunal de contas do Brasil:* jurisdição e competência. 2. ed. Belo Horizonte: Fórum, 2008, p. 431.
[363] O artigo 44, §1º, da Lei nº 8.443/92, prescreve que não atendendo à determinação do TCU, a autoridade superior será solidariamente responsável pelos atos praticados.

temporário; e) embora não previsto legalmente, a doutrina recomenda que haja uma prévia comunicação da pessoa a ser afastada, sendo que sua não realização, contudo, não invalida a medida adotada.[364]

Não obstante seja atribuído ao TCU o uso da medida cautelar ora tratada, que, como visto, representa uma prerrogativa por demais relevante da Corte de Contas, observa-se que ela é raramente usada, seja porque a Administração Pública dificilmente se opõe à atividade fiscalizatória do Tribunal, não estando assim, na maior parte das vezes, presentes os requisitos para a efetivação da medida, seja porque não pretende a Corte realizar procedimentos sumários que muito possivelmente seriam de plano questionados no âmbito do Poder Judiciário.[365] Jorge Ulisses Jacoby Fernandes recorda poucas ocasiões nas quais a matéria foi levada à apreciação no âmbito do TCU: Decisão nº 203/1992. Plenário. Processo TC-016.894/92-8 e Acórdão nº 179/1996. Plenário. Processo TC-650.044/97-7.[366]

Mencione-se, igualmente, como medida de controle de natureza cautelar, a determinação da indisponibilidade patrimonial dos responsáveis, com previsão legal no artigo 44, §2º, da Lei nº 8.443/92. Essa medida torna inalienáveis bens dos responsáveis suficientes à satisfação de seu débito, por período não superior a um ano.

Jorge Ulisses Jacoby Fernandes esclarece que é possível ao responsável a apresentação de garantias para eventualmente levantar a indisponibilidade que recai sobre seus bens,[367] as chamadas "contracautelas" (a respeito, *vide* item 2.17).

Em que pese a previsão normativa versando sobre a indisponibilidade de bens, a doutrina e o próprio TCU sempre oscilaram sobre sua validade, em especial se não haveria em tal hipótese uma violação do artigo 5º, inciso XXII, da Constituição, que trata sobre o direito de propriedade[368] (tema que será abordado com maior profundidade no item 4.2.3).

---

[364] FERNANDES, Jorge Ulisses Jacoby. *Tribunal de Contas do Brasil:* jurisdição e competência. 2. ed. Belo Horizonte: Fórum, 2008, p. 432-433.
[365] ZYMLER, Benjamin. *Direito administrativo e controle*. 3. ed. Belo Horizonte: Fórum, 2012, p. 275.
[366] FERNANDES, Jorge Ulisses Jacoby. *Tribunal de Contas do Brasil:* jurisdição e competência. 2. ed. Belo Horizonte: Fórum, 2008, p. 432.
[367] FERNANDES, Jorge Ulisses Jacoby. *Tribunal de Contas do Brasil:* jurisdição e competência. 2. ed. Belo Horizonte: Fórum, 2008, p. 434.
[368] ZYMLER, Benjamin. *Direito administrativo e controle*. 3. ed. Belo Horizonte: Fórum, 2012, p. 275.

Contudo, quando se viu frente ao famigerado caso da fraude à licitação para construção do fórum trabalhista pelo Tribunal Regional do Trabalho em São Paulo,[369] o TCU, por provocação do Ministério Público de Contas,[370] na Decisão 26/2001 – TCU – Plenário, decidiu pela indisponibilidade dos bens dos responsáveis, pelo período de um ano, consolidando, no âmbito da Corte, a medida em comento.

Ainda sobre a indisponibilidade patrimonial, há quem, ao tratar sobre as medidas cautelares, inclua a possibilidade da medida de arresto, estando indigitada providência inclusive listada no rol do artigo 61 da Lei Orgânica e do artigo 275 do Regimento Interno do Tribunal. Não obstante possua o arresto natureza evidentemente cautelar, estando previsto no Livro III do antigo Código de Processo Civil, denominado

---

[369] "No ano de 1992, tendo em vista os elevados valores em jogo, o TCU realizou Inspeção Ordinária Setorial junto ao TRT/SP, que participara de processo licitatório a fim de realizar obras para a construção do fórum daquele Tribunal. A decisão concernente à referida fiscalização só veio a ser proferida no ano de 1996, tendo a Corte, apesar das irregularidades constatadas pelos inspetores responsáveis pela aludida fiscalização, em razão da fase conclusiva em que se encontravam as obras, e não tendo sido apreciado algum ato de improbidade, decidido, em caráter provisório, pela manutenção das obras (Tomada de Contas 700.731/92-0. Decisão 231/96 – Plenário – TCU). No entanto, a grande fraude na construção do fórum trabalhista de São Paulo só veio a ser descoberta em 1999, com a CPI do Judiciário instalada pelo Senado Federal, criada pelo Requerimento nº 118, de 25 de março de 1999, que tinha por objetivo apurar as denúncias sobre a existência de irregularidades relacionadas a membros dos Tribunais Superiores, Regionais e de Justiça. Aquela comissão investigativa, por meio do afastamento do sigilo telefônico e bancário dos envolvidos, desvelou um esquema fraudulento – que o Ministério Público já havia verificado em 1998, quando em auditoria apurou que apenas 64% da obra estava concluída, após 6 anos, sendo que praticamente a totalidade dos recursos já havia sido despendida –, orquestrado pelo ex-presidente do TRT/SP, Nicolau dos Santos Neto, de superfaturamento das obras, combinado com desvio de verbas públicas, envolvendo, igualmente, os responsáveis pela construtora vencedora do certame licitatório, Incal Alumínio. Frente a estes fatos, a questão chegou novamente ao TCU em 1999, ocasião em que, diferentemente do que havia decidido em 1996, a Corte de Contas decretou a nulidade do contrato assinado entre o TRT/SP e a empresa ganhadora da licitação, condenando os principais responsáveis a devolver aos cofres públicos o montante de R$57,3 milhões, fora uma série de outras sanções aplicadas" (CABRAL, Flávio Garcia. *O Tribunal de Contas da União na Constituição Federal de 1988*. São Paulo: Verbatim, 2014, p. 235-237).

[370] Eis trecho da manifestação do *Parquet* de Contas: "Isso posto, considerando que no presente caso há indícios de grave e vultoso dano ao erário e considerando a conveniência de garantir-se a eficácia do ressarcimento, este representante Ministério Público, com fundamento no art. 44, caput e §2º, da Lei nº 8.443/92, requer que este Tribunal de Contas da União, quando vier a apreciar as alegações de defesa apresentadas na presente Tomada de Contas, decrete, cautelarmente, pelo prazo de 01 (um) ano, a indisponibilidade de bens de todos os responsáveis solidários cuja citação foi determinada pela Decisão nº 591/2000-Plenário, pessoas físicas e jurídicas, e, subsequentemente, expeça comunicação aos órgãos competentes: cartórios de registro de imóveis, bolsas de valores, departamentos estaduais de trânsito, onde sejam localizados bens desses responsáveis, a fim de que tornem efetiva a indisponibilidade desses bens".

"Do Processo Cautelar", para o presente estudo ele não apresenta a mesma relevância das demais providências acautelatórias, pois o arresto é conferido judicialmente, e não nos limites do âmbito administrativo, envolvendo, assim, outro espectro de abordagem que desborda dos limites aqui estabelecidos.

No que tange ao uso do poder cautelar pelo TCU, algumas considerações finais são cabíveis. De todos os órgãos administrativos, este tem sido, sem dúvida, um dos que mais tem utilizado provimentos acautelatórios.[371] Isso não seria algo negativo, por si só, pois estaria alinhado a uma mentalidade preventiva da Administração Pública, sendo a cautelaridade administrativa um traço fundamental desta nova forma de administrar a coisa pública. No entanto, o Tribunal de Contas por vezes tem se esquecido dos limites impostos à sua atuação,[372] extrapolando a sua cautelaridade.

Se é certo que existe uma cautelaridade administrativa própria do exercício da função administrativa, também é certo que não há uma atividade pública desprovida de limites. Dentre os vários que se pode invocar, mencione-se que as medidas provisionais são marcadas pela excepcionalidade. O seu uso rotineiro e quase que automático em qualquer processo sob a análise dos órgãos de controle externo acaba por desnaturar a feição excepcional dos provimentos acautelatórios.

Além disso, a legislação e, com maior destaque, a Constituição, podem balizar os limites da atuação cautelar administrativa. E assim o faz o texto constitucional em relação a algumas medidas cautelares do TCU. De fato, como salienta Eduardo Jordão, o art. 71, X, da CF prevê que o TCU poderá determinar a sustação dos efeitos de atos administrativos irregulares. Esta sustação é justamente uma medida cautelar:

---

[371] Em 2014 o TCU não utilizou nenhuma medida cautelar de indisponibilidade de bens, tendo se valido de 117 em 2017 e 42 em 2018 (TRIBUNAL DE CONTAS DA UNIÃO. *Relatório anual de atividades do TCU*. Brasília: TCU – Secretaria de Planejamento e Gestão, 2018). Segundo dados do próprio Tribunal, a Corte concedeu 80 medidas cautelares em 2015; 80 em 2016; 85 em 2017; 113 em 2018; e 83 em 2019 (TRIBUNAL DE CONTAS DA UNIÃO. *Relatório anual de atividades do TCU*. Brasília: TCU – Secretaria de Planejamento e Gestão, 2019).

[372] O TCU tem incidido naquilo que chamamos de "ativismo de contas", compreendido como o comportamento dos Tribunais de Contas que, a pretexto de se mostrarem proativos ou de serem encarados como concretizadores de direitos fundamentais ou controladores de políticas públicas, acabam por exercer suas atribuições em desconformidade com o que permite o texto constitucional e infraconstitucional, demonstrando a subjetividade na tomada de decisões por seus membros (CABRAL, Flávio Garcia. O ativismo de contas do Tribunal de Contas da União (TCU). *Revista de Direito Administrativo e Infraestrutura – RDAI*, v. 5, p. 1-48, 2021).

não anula o ato administrativo nem decide definitivamente sobre sua regularidade. Consiste em providência para evitar que se realizem os efeitos de ato que causaria danos ao erário público até a solução definitiva da questão. Assim, prossegue o autor, a leitura combinada dos arts. 71, IX e X aponta que a sustação dos efeitos de atos irregulares pelo TCU (i) será precedida do esgotamento de prazo que o próprio TCU assinar para que as autoridades pertinentes adotem as soluções cabíveis e (ii) será seguida da comunicação da decisão de sustação à Câmara e ao Senado. Esta é a extensão do poder cautelar concedido ao TCU, e este é o procedimento que deve ser seguido para exercê-lo.[373] Além disso, acrescente-se que, em relação aos contratos administrativos, não cabe ao TCU suspendê-los diretamente, conforme se extrai do artigo 71, §§1º e 2º do texto constitucional.

Cautelares administrativas de sustação de atos sem a oportunização de prazo para a correção de ilegalidade, bem como cautelares diretas (ainda que sob o rótulo de determinações) de sustação de contratos, encontram-se fora dos limites constitucionais[374] e devem ser analisadas de uma maneira bastante crítica.

Trazemos um exemplo, dentre os diversos encontrados, de uma atuação do TCU que se mostrou ativista em relação a medidas cautelares administrativas: no Acórdão nº 2.469/2018 – Plenário, o Tribunal analisava questão relativa à manutenção de uma medida cautelar de indisponibilidade de bens relacionada a irregularidades na aquisição da refinaria de Pasadena por subsidiária da Petrobras. Houve o requerimento de uma das partes pela revogação da medida cautelar, alegando que, nos termos do artigo 44 da Lei Orgânica do TCU (Lei nº 8.443/92), a indisponibilidade só poderia ocorrer no caso de haver indícios suficientes de que o responsável, caso permaneça no exercício de suas funções, poderá "retardar ou dificultar a realização de auditoria ou inspeção, causar novos danos ao erário ou inviabilizar o devido ressarcimento". Esse pedido encontra respaldo no artigo 44, §2º, da Lei Orgânica, que condiciona a medida de indisponibilidade às

---

[373] JORDÃO, Eduardo. Quanto e qual poder de cautela para o TCU? *JOTA*. 02 jan. 2020. Disponível em: https://www.jota.info/opiniao-e-analise/colunas/controle-publico/quanto-e-qual-poder-de-cautela-para-o-tcu-02012020 Acesso em: 30 mar. 2020.

[374] Celso Antônio Bandeira de Mello já havia apontado isso de maneira bastante lúcida em parecer a respeito do tema, tendo apresentado, em suas conclusões, que "Tribunais de Contas não têm competência para determinar sustação de contratos, independente do transcurso *in albis*, no Legislativo, do prazo a que alude o art. 71, §2º, da CF" (*Pareceres de direito administrativo*. São Paulo: Malheiros, 2011, p. 436).

mesmas circunstância do *caput*, o qual, por sua vez, coloca os requisitos idênticos ao mencionado no requerimento. No entanto, os Ministros do TCU concluíram que o artigo 44, *caput*, tratava especificamente do "afastamento do responsável de suas funções em razão da possibilidade da prática de atos futuros que possam afetar a efetividade da prestação jurisdicional de contas" e que esses atos não teriam "relação com a medida de indisponibilidade de bens prevista no §2º desse mesmo artigo 44". Há aqui uma clara desconsideração do texto legal, já que o §2º do artigo 44 expressamente remete ao seu *caput*.

O que se quer indicar é que o poder cautelar administrativo aplicado ao TCU, por determinação constitucional, possui requisitos mais limitativos, não podendo a invocação de um poder cautelar implícito ser utilizado além dessas determinações constitucionais e tampouco servir como um cheque em branco, normalmente respaldado numa busca moralizante de defesa do Erário e do combate à corrupção. Como já tivemos a chance de escrever, deve a Corte de Contas da União conter seus anseios e desejos de um controle totalizante e absoluto da Administração Pública, compreendendo que um controle vantajoso e esperado pela sociedade brasileira é aquele que seja constitucionalmente adequado e sujeito a limites, pois, ainda que se possa imaginar o contrário, controle em excesso e fora dos padrões impostos pelo Direito é pernicioso e danoso à coisa pública.[375]

2.4.2 Interferência do Poder Judiciário

Uma análise da jurisprudência brasileira[376] demonstra que a adoção de medidas cautelares pelos Tribunais de Contas – em especial o TCU – tem sido questão recorrente. De fato, o Supremo Tribunal Federal, em particular por meio do julgamento do Mandado de Segurança nº 24.510, cuja fundamentação já remanesceu delineada de forma suficiente quando se tratou dos poderes implícitos –, entendeu que a Corte de Contas possui competência, ainda que implícita, para expedir medidas cautelares.

---

[375] CABRAL, Flávio Garcia. O ativismo de contas do Tribunal de Contas da União (TCU). *Revista de Direito Administrativo e Infraestrutura – RDAI*, v. 5, p. 1-48, 2021.

[376] Contrariamente à matéria do processo administrativo disciplinar federal, que possui vasta jurisprudência entre os diversos tribunais, no que diz respeito especificamente ao TCU as decisões são mais limitadas, tendo em vista que a maior parte das questões que envolvem aquela Corte de Contas são de competência privativa do Supremo Tribunal Federal, nos termos do artigo 102, inciso I, alíneas "b", "d", "q", da Constituição.

Em outra decisão, a Suprema Corte também respaldou a medida de afastamento temporário da autoridade dirigente de uma autarquia federal (*in casu*, de um Conselho Regional de Medicina) declarando-a plenamente legal, afirmando que essas entidades também estão sujeitas ao controle do TCU e suas medidas de fiscalização, tendo editado a seguinte ementa: "Improcedência das alegações de ilegalidade quanto à imposição, pelo TCU, de multa e de afastamento temporário do exercício da presidência ao presidente do Conselho Regional de Medicina em causa".[377]

Ainda acerca do afastamento temporário, o mesmo Tribunal Constitucional deu interpretação restritiva ao artigo 44 da Lei Orgânica do TCU, de modo a compreender que o afastamento só se possa dar no âmbito de órgãos e entidades da Administração Pública, mas não no âmbito de sociedades civis (entidades privadas), ainda que estejam utilizando dinheiro público.[378]

Menciona-se ainda o julgamento do MS 26.547, ocasião em que novamente o STF fez uso da teoria jurídica dos poderes implícitos para resguardar o uso de medidas cautelares administrativas no âmbito dos Tribunais de Contas.[379]

---

[377] STF – MS 22.643, Rel. Min. Moreira Alves, julgamento em 6-8-1998, Plenário, DJ de 4-12-1998.

[378] "TRIBUNAL DE CONTAS DA UNIÃO – AUDITORIA E INSPEÇÃO – AFASTAMENTO DE DIRIGENTE – SOCIEDADE CIVIL. A norma inserta no artigo 44 da Lei nº 8.443, de 16 de julho de 1992, não se aplica as sociedades civis. Pressupõe o exercício de função pública e o fato de a pessoa jurídica estar integrada a Administração. O simples recebimento de subvenção pública, como ocorre relativamente a Cruz Vermelha – alínea "e" do artigo 33 do Estatuto aprovado mediante o Decreto nº 76.077/75 e Lei nº 6.905/81, não respalda o afastamento de qualquer dos seus dirigentes, sem que isto possa implicar prejuízo da atuação fiscalizadora do Tribunal de Contas da União quanto ao emprego de verbas publicas e correspondente prestação de contas. Redação do acórdão em 3 de abril de 1995 em face do recebimento dos autos apenas em 30 de marco imediatamente anterior" (Questão de Ordem no MS 21636, Rel. Min. Marco Aurélio).

[379] "EMENTA: TRIBUNAL DE CONTAS DA UNIÃO. PODER GERAL DE CAUTELA. LEGITIMIDADE. DOUTRINA DOS PODERES IMPLÍCITOS. PRECEDENTE (STF). CONSEQÜENTE POSSIBILIDADE DE O TRIBUNAL DE CONTAS EXPEDIR PROVIMENTOS CAUTELARES, MESMO SEM AUDIÊNCIA DA PARTE CONTRÁRIA, DESDE QUE MEDIANTE DECISÃO FUNDAMENTADA. DELIBERAÇÃO DO TCU, QUE, AO DEFERIR A MEDIDA CAUTELAR, JUSTIFICOU, EXTENSAMENTE, A OUTORGA DESSE PROVIMENTO DE URGÊNCIA. PREOCUPAÇÃO DA CORTE DE CONTAS EM ATENDER, COM TAL CONDUTA, A EXIGÊNCIA CONSTITUCIONAL PERTINENTE À NECESSIDADE DE MOTIVAÇÃO DAS DECISÕES ESTATAIS. PROCEDIMENTO ADMINISTRATIVO EM CUJO ÂMBITO TERIAM SIDO OBSERVADAS AS GARANTIAS INERENTES À CLÁUSULA CONSTITUCIONAL DO 'DUE PROCESS OF LAW'. DELIBERAÇÃO FINAL DO TCU QUE SE LIMITOU A DETERMINAR, AO DIRETOR-PRESIDENTE DA CODEBA (SOCIEDADE DE ECONOMIA MISTA), A INVALIDAÇÃO DO PROCEDIMENTO LICITATÓRIO E DO CONTRATO CELEBRADO COM A

Quanto ao provimento de indisponibilidade, em um primeiro momento as decisões do STF se encaminham para respaldá-las. Nesse sentido, *vide* o MS 33.092, no qual se ementou: "TCU. Tomada de contas especial. Dano ao patrimônio da Petrobras. Medida cautelar de indisponibilidade de bens dos responsáveis. Poder geral de cautela reconhecido ao TCU como decorrência de suas atribuições constitucionais".[380]

Deve-se destacar, contudo, que se localizam no âmbito da Corte decisões monocráticas, em particular sob a relatoria do Ministro Marco Aurélio, que demonstram uma resistência em face das medidas acautelatórias expedidas pelo TCU. Nesse sentido, confiram-se os MS 34.357, MS 34.392 e MS 34.410, todos julgados em 2016, tendo havido a decretação de liminar para liberar os bens indisponibilizados em processos pelo TCU.

Nessa toada, iniciado o julgamento do MS 35.506 pelo Plenário do STF (só houve o voto do Ministro-relator até o fechamento deste livro), o Ministro Marco Aurélio, relator, reiterou esse posicionamento, expressando em seu voto que não reconhece no Tribunal de Contas da União um poder de indisponibilizar bens cautelarmente. Segundo o Ministro, "não se está a afirmar a ausência do poder geral de cautela do TCU, mas sim que essa atribuição possui limites, dentre os quais não se encontra bloquear, por ato próprio, bens de particulares contratantes com a administração pública". Segundo constou, tal atribuição seria exclusiva do Poder Judiciário.

Essa posição do Ministro Marco Aurélio, a nosso ver, encontra duas problemáticas: a) uma de cunho teórico, pois, como visto, a existência de uma cautelaridade administrativa é algo próprio da função administrativa. É certo, como já se sublinhou por diversas vezes, que esse poder cautelar não é desprovido de limites e requisitos. Ademais, pode haver situações em que, diante do caso concreto, a adoção do provimento cautelar administrativo mostra-se desproporcional,

---

EMPRESA A QUEM SE ADJUDICOU O OBJETO DA LICITAÇÃO. INTELIGÊNCIA DA NORMA INSCRITA NO ART. 71, INCISO IX, DA CONSTITUIÇÃO. APARENTE OBSERVÂNCIA, PELO TRIBUNAL DE CONTAS DA UNIÃO, NO CASO EM EXAME, DO PRECEDENTE QUE O SUPREMO TRIBUNAL FEDERAL FIRMOU A RESPEITO DO SENTIDO E DO ALCANCE DESSE PRECEITO CONSTITUCIONAL (MS 23.550/ DF, REL. P/ ACÓRDÃO O MIN. SEPÚLVEDA PERTENCE). INVIABILIDADE DA CONCESSÃO, NO CASO, DA MEDIDA LIMINAR PRETENDIDA, EIS QUE NÃO ATENDIDOS, CUMULATIVAMENTE, OS PRESSUPOSTOS LEGITIMADORES DE SEU DEFERIMENTO. MEDIDA CAUTELAR INDEFERIDA" (STF, MS 26.547, Rel Celso de Mello, 23.05.2007).

[380] MS 33.092, rel. min. Gilmar Mendes, j. 24-3-2015, 2ª T, DJE de 17-8-2015.

invalidando-o. Porém, não há como atribuir um poder cautelar administrativo de indisponibilizar bens exclusivamente ao Poder Judiciário. Não se trata de questão afeta à reserva de jurisdição (se assim fosse, a própria Constituição não teria previsto a possibilidade de o Tribunal de Contas – órgão não jurisdicional – emitir medida cautelar de sustação dos atos administrativos); b) outra de cunho pragmático, tendo em vista que, para que se mantenha coerência com esse posicionamento do Ministro Marco Aurélio, inúmeras outras leis (como se verá) que preveem a mesma medida também teriam que ser reputadas inconstitucionais, o que representaria um forte desfacelamento da cautelaridade administrativa na dogmática jurídica brasileira.

2.5 Sistema de defesa da concorrência (Lei nº 12.529/11)

A Lei 12.529/11, também chamada de lei antitruste, que revogou a antiga Lei nº 8.884/94, versa sobre o Sistema Brasileiro de Defesa da Concorrência (SBDC).

O referido sistema estaria em consonância com a definição de um regime econômico de inspiração liberal trazido pela Constituição, permitindo ao legislador ordinário estabelecer mecanismos de amparo à liberdade de competição e de iniciativa. Desta feita, haveria mecanismos que configuram a coibição de práticas empresariais incompatíveis com o referido regime, as quais se encontram agrupadas em duas categorias: infração à ordem econômica e concorrência desleal.[381]

2.5.1 Tipos de medidas provisionais

A Lei em questão possui uma previsão ampla sobre o poder cautelar administrativo no âmbito do SBDC. Seu artigo 84 faz a seguinte redação:

> Art. 84. Em qualquer fase do inquérito administrativo para apuração de infrações ou do processo administrativo para imposição de sanções por infrações à ordem econômica, poderá o Conselheiro-Relator ou o Superintendente-Geral, por iniciativa própria ou mediante provocação do Procurador-Chefe do Cade, adotar medida preventiva, quando houver indício ou fundado receio de que o representado, direta ou

---

[381] COELHO, Fábio Ulhôa. *Manual de direito comercial:* direito de. 24. ed. São Paulo: Saraiva, 2012, p. 48.

indiretamente, cause ou possa causar ao mercado lesão irreparável ou de difícil reparação, ou torne ineficaz o resultado final do processo.

§1º Na medida preventiva, determinar-se-á a imediata cessação da prática e será ordenada, quando materialmente possível, a reversão à situação anterior, fixando multa diária nos termos do art. 39 desta Lei.

§2º Da decisão que adotar medida preventiva caberá recurso voluntário ao Plenário do Tribunal, em 5 (cinco) dias, sem efeito suspensivo.

Esse normativo em muito se assemelha ao disposto na revogada Lei nº 8.884/94, sendo que a modificação apenas foi promovida com o intuito de deixar claro que a medida preventiva pode ser adotada em qualquer fase do processo ou inquérito administrativo para apuração de ilícitos contra a ordem econômica.[382]

Destaca-se, primeiramente, a menção expressa aos pressupostos do *fumus boni iuris* ("houver indício ou fundado receio") e do *periculum in mora* ("lesão irreparável ou de difícil reparação").

Outrossim, nota-se do disposto que não há a previsão de nenhuma medida cautelar em espécie (afastamento de agente público, indisponibilidade de bens etc.), mas sim uma autorização ampla para que se determine cautelarmente a cessão da prática que esteja pondo em risco o mercado ou impedindo o resultado efetivo de um processo administrativo. Deste modo, as determinações podem ser as mais variadas possíveis, a depender do caso concreto.

Também se observa que a legislação traz, no mesmo artigo, duas espécies diversas de provimentos acautelatórios administrativos. De um lado, ao permitir a adoção de medidas preventivas relacionadas à lesão ao mercado, tem-se uma nítida medida cautelar-inibitória. Por outro lado, quando se admite o uso dessas medidas para assegurar a eficácia do resultado final do processo, está-se diante de uma medida cautelar em sentido estrito.

A utilização dessa previsão acautelatória pelo CADE tem sido bastante intensa, seja à época do artigo 52 da Lei nº 8.884/94, seja com base na nova legislação.

À guisa de exemplo, no bojo do processo administrativo nº 08700.002871/2020-34, no qual se averiguava ato de concentração envolvendo a parceria entre o Facebook e a Cielo S.A, entendeu o

---

[382] MOREIRA, Rodrigo Pereira; MELLO, Shirlei Silmara de Freitas. A tutela inibitória no processo administrativo antitruste brasileiro (Lei nº 12.529/2011). *A&C – Revista de Direito Administrativo & Constitucional*, Belo Horizonte, ano 14, nº 58, out./dez. 2014, p. 281.

CADE que haveria risco à concorrência, determinando, cautelarmente, a suspensão dessa parceria. Neste caso, curiosamente, a Nota Técnica nº 6/2020/SG-TRIAGEM AC/SGA1/SG/CADE não faz menção ao artigo 84. Sua fundamentação se embasa no poder geral de cautela da Lei nº 9.784/99, com a aplicação subsidiária do CPC, bem como na norma administrativa contida no art. 18 da Resolução CADE nº 24, de 16 de julho de 2019.

Em outro caso, conforme narra João Grandino Rodas, em janeiro de 2016, a Superintendência-Geral do CADE, entendendo presentes o *fumus boni iuris* e o *periculum in mora* e com o intuito de restabelecer a concorrência no mercado, impôs medida preventiva, no âmbito do Inquérito Administrativo nº 08012.008859/2009-86, que investiga provável formação de cartel e indução a conduta uniforme nos mercados de distribuição e revenda de combustíveis do Distrito Federal. Foi nomeado administrador independente para gerenciar os postos com bandeira BR da Cascol Combustíveis para Veículos Ltda., por seis meses, renováveis até o final do processo.[383]

2.5.2   Interferência do Poder Judiciário

Em um caso analisado pelo Tribunal Regional Federal da 1ª Região, no qual a Secretaria de Direito Econômico aplicou medida preventiva sobre o ECAD, ainda com fulcro na Lei nº 8.884/94, a Corte validou o provimento cautelar, ressaltando justamente sua previsão legal, bem como a existência de motivação, requisito essencial para o poder de cautela da Administração.[384]

Em diferente acórdão, o mesmo Tribunal destacou que as medidas cautelares adotadas pelo CADE em nada afrontam as garantias constitucionais do devido processo legal, do contraditório e da ampla defesa, seja "porque se trata de tutela de urgência perfeitamente compatível com o devido processo legal, assim como o são as medidas liminares e antecipatórias de tutela no processo civil", seja "porque a urgência existente autoriza a imediata adoção de medidas restritivas,

---

[383] RODAS, João Grandino. Medidas preventivas são úteis para a proteção da concorrência. *Consultor Jurídico – CONJUR*. 03 mar. 2016. Disponível em: https://www.conjur.com.br/2016-mar-03/olhar-economico-medidas-preventivas-sao-uteis-protecao-concorrencia. Acesso em: 20 abr. 2018.
[384] TRF-1 – AMS: 41446 DF 2000.01.00.041446-5, Relator: DESEMBARGADOR FEDERAL LUCIANO TOLENTINO AMARAL, Data de Julgamento: 17.11.2009, SÉTIMA TURMA, Data de Publicação: 27.11.2009 e-DJF1 p. 191.

mediante resguardo do contraditório diferido". Prosseguiu concluindo que, no caso concreto sob análise, ela não destoa da razoabilidade, "porquanto atende à diretriz constitucional de reprimir o abuso do poder econômico que vise à dominação dos mercados, à eliminação da concorrência ou ao aumento arbitrário dos lucros".[385]

2.6 Medidas *antidumping* (Lei nº 9.019/95)

O *dumping*, que consiste, em amplos termos, na comercialização a preços extremamente inferiores aos praticados no mercado, acabando por prejudicar a livre concorrência, é prática rechaçada na sistemática jurídica brasileira, em especial diante de inúmeros acordos internacionais firmados pelo Brasil. Deste modo, a fim de evitá-lo, há, dentre outros mecanismos, as determinações da Lei nº 9.019/95, que tratam de medidas *antidumping*. O objetivo dessas medidas é evitar que os produtores nacionais sejam prejudicados por importações realizadas a preços de *dumping*, conduta considerada como desleal em termos de comércio em acordos internacionais.[386]

Inicialmente, a Lei em comento vinha regulamentada pelo Decreto nº 1.602/95, o qual foi posteriormente substituído pelo Decreto nº 8.058/2013. O objetivo desta alteração foi de modificar os procedimentos relativos à investigação *antidumping* para torná-la mais ágil, destacando-se a mudança de prazos de análise, que foram diminuídos, e a facilitação de interposição de direito provisório (medida cautelar administrativa), que passou a poder vigorar durante o processo de investigação. O novo decreto também procurou atender a objetivos dispostos no Plano Brasil Maior, que constituiu a matriz de política industrial, tecnológica, de serviços e de comércio exterior do primeiro governo da Presidente Dilma Rousseff (2011-2014), destacando-se do referido plano uma série de medidas referentes à intensificação da defesa comercial no país, com redução dos prazos de investigação e de concessão de direitos provisórios.[387]

---

[385] TRF-1 – AGA: 25609 DF 2007.01.00.025609-0, Relator: DESEMBARGADOR FEDERAL JOÃO BATISTA MOREIRA, Data de Julgamento: 22.10.2007, QUINTA TURMA, Data de Publicação: 14.12.2007 DJ p. 57.
[386] Disponível em: http://www.mdic.gov.br/comercio-exterior/defesa-comercial/205-o-que-e-defesa-comercial/1767-dumping-e-direitos-anti-dumping.
[387] GOLDBAUM, Sergio; PEDROZO JR, Euclides. Impacto do Decreto nº 8.058/2013 sobre investigações antidumping no Brasil. *Revista Direito GV*, v. 15, nº 1, 2019.

2.6.1 Tipos de medidas provisionais

A previsão das medidas provisionais relacionadas ao *antidumping* encontra espaço nos artigos 2º, 3º e 6º da Lei nº 9.019/95, tendo por nomenclatura o termo de "direitos provisórios", conforme se nota no texto abaixo:

> Art. 2º Poderão ser aplicados direitos provisórios durante a investigação, quando da análise preliminar verificar-se a existência de indícios da prática de dumping ou de concessão de subsídios, e que tais práticas causam dano, ou ameaça de dano, à indústria doméstica, e se julgue necessário impedi-las no curso da investigação.
>
> Parágrafo único. Os termos "dano" e "indústria doméstica" deverão ser entendidos conforme o disposto nos Acordos *Antidumping* e nos Acordos de Subsídios e Direitos Compensatórios, mencionados no art. 1º, abrangendo as empresas produtoras de bens agrícolas, minerais ou industriais.(Redação dada pela Medida Provisória nº 2.158-35, de 2001)
>
> Art. 3º A exigibilidade dos direitos provisórios poderá ficar suspensa, até decisão final do processo, a critério da CAMEX, desde que o importador ofereça garantia equivalente ao valor integral da obrigação e dos demais encargos legais, que consistirá em: (Redação dada pela Medida Provisória nº 2.158-35, de 2001)
>
> I – depósito em dinheiro; ou
>
> II – fiança bancária.
>
> §1º A garantia deverá assegurar, em todos os casos, a aplicação das mesmas normas que disciplinam a hipótese de atraso no pagamento de tributos federais, inclusive juros, desde a data de vigência dos direitos provisórios.
>
> §2º A Secretaria da Receita Federal (SRF), do Ministério da Fazenda, disporá sobre a forma de prestação e liberação da garantia referida neste artigo.
>
> §3º O desembaraço aduaneiro dos bens objeto da aplicação dos direitos provisórios dependerá da prestação da garantia a que se refere este artigo.
>
> *omissis*
>
> Art. 6º Compete à CAMEX fixar os direitos provisórios ou definitivos, bem como decidir sobre a suspensão da exigibilidade dos direitos provisórios, a que se refere o art. 3º desta Lei.

O Decreto regulamentador, por sua vez, explicita em seu artigo 66 sobre a aplicação dos direitos provisórios:

Art. 66. Direitos provisórios somente poderão ser aplicados se:

I – uma investigação tiver sido iniciada de acordo com as disposições constantes da Seção III do Capítulo V, o ato que tenha dado início à investigação tiver sido publicado e às partes interessadas tiver sido oferecida oportunidade adequada para se manifestarem;

II – houver determinação preliminar positiva de *dumping*, de dano à indústria doméstica e do nexo de causalidade entre ambos; e

III – a CAMEX julgar que tais medidas são necessárias para impedir que ocorra dano durante a investigação.

§1º O valor da medida *antidumping* provisória não poderá exceder a margem de *dumping*.

§2º Medidas *antidumping* provisórias serão aplicadas na forma de direito provisório ou de garantia, cujo valor será equivalente ao do direito provisório.

§3º Direitos provisórios serão recolhidos e garantias serão prestadas mediante depósito em espécie ou fiança bancária, cabendo à Secretaria da Receita Federal do Brasil do Ministério da Fazenda estabelecer os procedimentos de recolhimento.

§4º A CAMEX publicará ato com decisão de aplicar medidas *antidumping* provisórias, na forma estabelecida no Capítulo X.

§5º O desembaraço aduaneiro dos produtos objeto de medidas *antidumping* provisórias dependerá do pagamento do direito ou da prestação da garantia.

§6º A vigência das medidas *antidumping* provisórias será limitada a um período não superior a quatro meses, exceto nos casos em que, por decisão do Conselho de Ministros da CAMEX e a pedido de exportadores que representem percentual significativo do comércio em questão, poderá ser de até seis meses.

§7º Os exportadores poderão solicitar, por escrito, a extensão do prazo de aplicação da medida *antidumping* provisória, no prazo de trinta dias antes do término do período de vigência da medida.

§8º Na hipótese de ser aplicada medida *antidumping* provisória inferior à margem de *dumping*, os períodos previstos no §6º passam a ser de seis e nove meses, respectivamente.

Esse provimento acautelatório possui uma particularidade em relação aos demais, uma vez que se trata da exigência do pagamento de valores, ainda que de maneira cautelar. O objetivo é evitar o possível dano causado à indústria doméstica fruto da prática de *dumping*.

Aspecto salutar dessa medida provisional reside na possibilidade expressa de substituição dos direitos *antidumping* por garantias, conforme estipulado no artigo 3º da lei nº 9.019/95. Além disso, merecem destaque: a) a circunstância de que o valor exigido na cautelar *antidumping* (direito provisório) não pode exceder a margem de *dumping*; b) o prazo máximo de vigência da providência cautelar é de 4 meses, salvo decisão dos Ministros da CAMEX e mediante pedido de exportadores que representem percentual significativo do comércio em questão, ocasião na qual poderá chegar até 6 meses. No caso do direito provisório ser inferior à margem de *dumping*, o prazo de duração da medida se altera de no máximo 6 meses, podendo ser estendido, nos termos da decisão dos Ministros da CAMEX, até 9 meses.

Mencione-se como exemplo da invocação de direitos provisórios a Resolução nº 72/2013, que aplicou direito *antidumping* provisório às importações brasileiras de fios de náilon originários da China, Tailândia e Taipé Chinês (Taiwan), ou ainda a Resolução nº 41/2014, que se referiu a direitos provisórios incidentes sobre as importações brasileiras de tubos de aço, sem costura, originárias da Ucrânia.

2.6.2 Interferência do Poder Judiciário

Os Tribunais brasileiros, em particular o Superior Tribunal de Justiça, reconhecem expressamente o caráter cautelar dos direitos provisórios, ressaltando que "a aplicação de medida *antidumping* provisória equivale a uma Medida Cautelar, isto é, tem por finalidade prevenir a ocorrência de lesão ou dano efetivo à indústria nacional".[388]

A mesma Corte já validou o indigitado procedimento acautelatório quando atendidos todos os trâmites procedimentais, afastando a pecha de nulidade da medida cautelar. Novamente, reiterou a finalidade da medida cautelar administrativa em tela assentando que a aplicação dos direitos provisórios tem por objetivo a "preservação da indústria nacional durante a tramitação do procedimento investigatório. Dessa forma, autoriza-se a imposição da medida nos casos de grave ameaça de dano ou mesmo nas hipóteses em que o mero transcurso procedimental possa agravar a situação da indústria brasileira".[389]

Em ocasião distinta, o STJ firmou tese no sentido de limitar as hipóteses de suspensão da cobrança dos direitos provisórios *antidumping*, consolidando o posicionamento de que "é taxativo o rol das hipóteses

---

[388] STJ – MS 14691/DF, Rel. Ministra ELIANA CALMON, PRIMEIRA SEÇÃO, julgado em 09.12.2009, DJe 18.12.2009.
[389] STJ – MS: 14641 DF 2009/0180576-0, Relator: Ministra ELIANA CALMON, Data de Julgamento: 22.09.2010, S1 – PRIMEIRA SEÇÃO, Data de Publicação: DJe 05.10.2010.

de suspensão da exigibilidade dos direitos *antidumping* provisórios previsto no art. 3º, incisos I e II, da Lei nº 9.019/1995, razão pela qual não se pode admitir como garantia a caução de maquinário para o fim de liberação de mercadorias importadas por ocasião do desembaraço aduaneiro".[390] Sem embargo, a limitação da Corte Cidadã se refere às garantias que podem ser prestadas para a suspensão, porém entende que a deliberação sobre suspender ou não a exigibilidade dos direitos provisórios é matéria sujeita à discricionariedade da CAMEX.[391]

2.7 Infrações ambientais (Lei nº 9.605/98 e Decreto nº 6.514/08)

A tutela ambiental é questão consagrada com relevo na Constituição Federal de 1988 (dentre diversos artigos, destaca-se o 225, que trata sobre o direito a um meio ambiente ecologicamente saudável). A defesa do meio ambiente se efetiva com as mais variadas formas, de maneira preventiva e também repressiva, seja por um sancionamento de cunho penal, seja na esfera administrativa, com a tipificação de infrações e medidas administrativas.

Dentre o conjunto normativo que visa a proteger o meio ambiente, merece destaque a Lei nº 9.605/98, que diz respeito justamente às sanções penais e administrativas derivadas de condutas e atividades lesivas ao meio ambiente, conjuntamente com o Decreto que a regulamenta (Decreto nº 6.514/08).

2.7.1 Tipos de medidas provisionais

Os atos normativos ora investigados possuem uma particularidade em relação aos demais. A própria Lei nº 9.605, de maneira expressa, não prevê nenhuma medida provisional administrativa (somente sanções). Sem embargo, o Decreto que a regulamenta parcialmente, sob o nº 6.514, possui artigos específicos para tratar sobre o assunto.

Embora a escolha metodológica feita até aqui seja a de selecionar dispositivos normativos primários (leis em sentido formal), no âmbito

---

[390] REsp 1516614/PR, Rel. Ministro GURGEL DE FARIA, PRIMEIRA TURMA, julgado em 10.05.2016, DJe 24.05.2016
[391] STJ – MS 15.400/DF, Rel. Ministro MAURO CAMPBELL MARQUES, PRIMEIRA SEÇÃO, julgado em 11.12.2013, DJe 17.12.2013.

da União, para se construir um microssistema cautelar administrativo, neste caso, devido à alta incidência prática de provimentos acautelatórios de cunho ambiental, inclui-se nessa lista o conjunto formado pela Lei nº 9.605 + Decreto nº 6.514, ainda que seja somente o Decreto que, de maneira literal, preveja a figura das cautelares administrativas. Pois bem. O Decreto em questão traz os dispositivos 101 a 111,[392]

---

[392] Art. 101. Constatada a infração ambiental, o agente autuante, no uso do seu poder de polícia, poderá adotar as seguintes medidas administrativas: I – apreensão; II – embargo de obra ou atividade e suas respectivas áreas; III – suspensão de venda ou fabricação de produto; IV – suspensão parcial ou total de atividades; V – destruição ou inutilização dos produtos, subprodutos e instrumentos da infração; e VI – demolição. §1º As medidas de que trata este artigo têm como objetivo prevenir a ocorrência de novas infrações, resguardar a recuperação ambiental e garantir o resultado prático do processo administrativo. §2º A aplicação de tais medidas será lavrada em formulário próprio, sem emendas ou rasuras que comprometam sua validade, e deverá conter, além da indicação dos respectivos dispositivos legais e regulamentares infringidos, os motivos que ensejaram o agente autuante a assim proceder. §3º A administração ambiental estabelecerá os formulários específicos a que se refere o §2º. §4º O embargo de obra ou atividade restringe-se aos locais onde efetivamente caracterizou-se a infração ambiental, não alcançando as demais atividades realizadas em áreas não embargadas da propriedade ou posse ou não correlacionadas com a infração. Art. 102. Os animais, produtos, subprodutos, instrumentos, petrechos, veículos de qualquer natureza referidos no inciso IV do art. 72 da Lei nº 9.605, de 1998, serão objeto da apreensão de que trata o inciso I do art. 101, salvo impossibilidade justificada. Parágrafo único. A apreensão de produtos, subprodutos, instrumentos, petrechos e veículos de qualquer natureza de que trata o *caput* independe de sua fabricação ou utilização exclusiva para a prática de atividades ilícitas. Art. 103. Os animais domésticos e exóticos serão apreendidos quando: I – forem encontrados no interior de unidade de conservação de proteção integral; ou II – forem encontrados em área de preservação permanente ou quando impedirem a regeneração natural de vegetação em área cujo corte não tenha sido autorizado, desde que, em todos os casos, tenha havido prévio embargo. §1º Na hipótese prevista no inciso II, os proprietários deverão ser previamente notificados para que promovam a remoção dos animais do local no prazo assinalado pela autoridade competente. §2º Não será adotado o procedimento previsto no §1º quando não for possível identificar o proprietário dos animais apreendidos, seu preposto ou representante. §3º O disposto no *caput* não será aplicado quando a atividade tenha sido caracterizada como de baixo impacto e previamente autorizada, quando couber, nos termos da legislação em vigor. Art. 104. A autoridade ambiental, mediante decisão fundamentada em que se demonstre a existência de interesse público relevante, poderá autorizar o uso do bem apreendido nas hipóteses em que não haja outro meio disponível para a consecução da respectiva ação fiscalizatória. Parágrafo único. Os veículos de qualquer natureza que forem apreendidos poderão ser utilizados pela administração ambiental para fazer o deslocamento do material apreendido até local adequado ou para promover a recomposição do dano ambiental. Art. 105. Os bens apreendidos deverão ficar sob a guarda do órgão ou entidade responsável pela fiscalização, podendo, excepcionalmente, ser confiados a fiel depositário, até o julgamento do processo administrativo. Parágrafo único. Nos casos de anulação, cancelamento ou revogação da apreensão, o órgão ou a entidade ambiental responsável pela apreensão restituirá o bem no estado em que se encontra ou, na impossibilidade de fazê-lo, indenizará o proprietário pelo valor de avaliação consignado no termo de apreensão. Art. 106. A critério da administração, o

depósito de que trata o art. 105 poderá ser confiado: I – a órgãos e entidades de caráter ambiental, beneficente, científico, cultural, educacional, hospitalar, penal e militar; ou II – ao próprio autuado, desde que a posse dos bens ou animais não traga risco de utilização em novas infrações. §1º Os órgãos e entidades públicas que se encontrarem sob a condição de depositário serão preferencialmente contemplados no caso da destinação final do bem ser a doação. §2º Os bens confiados em depósito não poderão ser utilizados pelos depositários, salvo o uso lícito de veículos e embarcações pelo próprio autuado.

§3º A entidade fiscalizadora poderá celebrar convênios ou acordos com os órgãos e entidades públicas para garantir, após a destinação final, o repasse de verbas de ressarcimento relativas aos custos do depósito. Art. 107. Após a apreensão, a autoridade competente, levando-se em conta a natureza dos bens e animais apreendidos e considerando o risco de perecimento, procederá da seguinte forma: I – os animais da fauna silvestre serão libertados em seu hábitat ou entregues a jardins zoológicos, fundações, entidades de caráter científico, centros de triagem, criadouros regulares ou entidades assemelhadas, desde que fiquem sob a responsabilidade de técnicos habilitados, podendo ainda, respeitados os regulamentos vigentes, serem entregues em guarda doméstica provisória. II – os animais domésticos ou exóticos mencionados no art.103 poderão ser vendidos; III – os produtos perecíveis e as madeiras sob risco iminente de perecimento serão avaliados e doados. §1º Os animais de que trata o inciso II, após avaliados, poderão ser doados, mediante decisão motivada da autoridade ambiental, sempre que sua guarda ou venda forem inviáveis econômica ou operacionalmente. §2º A doação a que se refere o §1º será feita às instituições mencionadas no art. 135. §3º O órgão ou entidade ambiental deverá estabelecer mecanismos que assegurem a indenização ao proprietário dos animais vendidos ou doados, pelo valor de avaliação consignado no termo de apreensão, caso esta não seja confirmada na decisão do processo administrativo.

§4º Serão consideradas sob risco iminente de perecimento as madeiras que estejam acondicionadas a céu aberto ou que não puderem ser guardadas ou depositadas em locais próprios, sob vigilância, ou ainda quando inviável o transporte e guarda, atestados pelo agente autuante no documento de apreensão.

§5º A libertação dos animais da fauna silvestre em seu hábitat natural deverá observar os critérios técnicos previamente estabelecidos pelo órgão ou entidade ambiental competente. Art. 108. O embargo de obra ou atividade e suas respectivas áreas tem por objetivo impedir a continuidade do dano ambiental, propiciar a regeneração do meio ambiente e dar viabilidade à recuperação da área degradada, devendo restringir-se exclusivamente ao local onde verificou-se a prática do ilícito. (Redação dada pelo Decreto nº 6.686, de 2008).

§1º No caso de descumprimento ou violação do embargo, a autoridade competente, além de adotar as medidas previstas nos arts. 18 e 79, deverá comunicar ao Ministério Público, no prazo máximo de setenta e duas horas, para que seja apurado o cometimento de infração penal. (Redação dada pelo Decreto nº 6.686, de 2008). §2º Nos casos em que o responsável pela infração administrativa ou o detentor do imóvel onde foi praticada a infração for indeterminado, desconhecido ou de domicílio indefinido, será realizada notificação da lavratura do termo de embargo mediante a publicação de seu extrato no Diário Oficial da União. Art. 109. A suspensão de venda ou fabricação de produto constitui medida que visa a evitar a colocação no mercado de produtos e subprodutos oriundos de infração administrativa ao meio ambiente ou que tenha como objetivo interromper o uso contínuo de matéria-prima e subprodutos de origem ilegal.

Art. 110. A suspensão parcial ou total de atividades constitui medida que visa a impedir a continuidade de processos produtivos em desacordo com a legislação ambiental. Art. 111. Os produtos, inclusive madeiras, subprodutos e instrumentos utilizados na prática da infração poderão ser destruídos ou inutilizados quando: I – a medida for necessária para evitar o seu uso e aproveitamento indevidos nas situações em que o transporte e a guarda forem inviáveis em face das circunstâncias; ou que tratam, de certa maneira, sobre provimentos acautelatórios de maneira conjugada com sanções administrativas. Alguns comentários devem ser feitos sobre essa regulamentação:

I – o Decreto não utiliza o termo "cautelar" para indicar as medidas cabíveis, mas traz em em seu artigo 101, §1º, que as medidas ali indicadas possuem caráter preventivo e que visam a, igualmente, resguardar a recuperação ambiental e garantir o resultado prático do processo administrativo. Essa previsão, ainda que de maneira indireta, indica que se tratam de provimentos acautelatórios, em especial pelo fato de mencionar a garantia do resultado prático do processo, ou seja, como ainda não há um desfecho, logo, não são sanções administrativas.

II – dentre as medidas previstas no artigo 101, duas delas chamam a atenção: "V – destruição ou inutilização dos produtos, subprodutos e instrumentos da infração; e VI – demolição". Aludidos provimentos ganham destaque quando se compreende a natureza e os fundamentos dos provimentos acautelatórios administrativos. Destruir ou inutilizar produtos e demolir são medidas que apresentam um cunho satisfativo, no sentido de que ditas medidas não podem ser revertidas, cabendo, quando muito, um pagamento ulterior de indenização (previsão do artigo 105, parágrafo único).

III – as medidas indubitavelmente provisionais, ainda que de natureza inibitória, por revelarem o caráter de provisoriedade, seriam as constantes do artigo 101, incisos I e II: "I – apreensão; II – embargo de obra ou atividade e suas respectivas áreas".[393]

IV – as previsões dos incisos III e IV (III – suspensão de venda ou fabricação de produto; IV – suspensão parcial ou total de atividades)

II – possam expor o meio ambiente a riscos significativos ou comprometer a segurança da população e dos agentes públicos envolvidos na fiscalização. Parágrafo único. O termo de destruição ou inutilização deverá ser instruído com elementos que identifiquem as condições anteriores e posteriores à ação, bem como a avaliação dos bens destruídos.

[393] "De fato, o embargo de obra ou atividade é uma medida acautelatória que visa impedir que a continuidade da ação resulte em maiores danos ao meio ambiente. O embargo ou interdição de obra ou atividade deve ser manejado com certa cautela por parte da autoridade competente, sob pena de caracterizar condenação arbitrária, afrontando o princípio da ampla defesa. No caso de obras ilegais, irregulares, sem autorização quando exigida ou em desacordo com a mesma, justifica-se a aplicação imediata do embargo, como forma de impedir sua ultimação e o fato consumado, que obrigará à demolição da obra futuramente. Sempre com a cautela de verificar se a interrupção da obra, no estágio em que se encontra, não representa risco maior para o meio ambiente ou para a coletividade." (TRENNEPOHL, Curt. *Infrações contra o meio ambiente*: multas, sanções e processo administrativo. Comentários ao Decreto nº 6.514, de 22 de Julho de 2008. Belo Horizonte: Fórum, 2009, p. 385).

não figuram como medidas acautelatórias. Segundo Curt Trennepohl, "a suspensão de venda ou fabricação de produto, na forma que é tratada neste artigo, não é medida de aplicação imediata pelo agente fiscalizador", não tendo feição cautelar. Ocorre quando a venda de um produto que anteriormente era permitida passa a sofrer restrições em relação a danos ambientais apurados (após contraditório e ampla defesa, pela autoridade competente). A suspensão da atividade, parcial ou total, segue a mesma sistemática, sendo um agravamento em relação à medida de suspensão da venda.[394]

V – a legislação autoriza que bens apreendidos cautelarmente sejam utilizados pela Administração Pública, desde que demonstrado o interesse público e a impossibilidade de outros meios para a consecução dos fins almejados (artigo 104, *caput* e parágrafo único).

VI – a distinção entre a natureza sancionatória de algumas medidas e a feição acautelatória de outras foi destacada em pareceres jurídicos da Procuradoria Federal que atua junto ao IBAMA. Na Orientação Jurídica Normativa nº 06/2009, entendeu-se que não se aplica a previsão de prescrição da Lei nº 9.873/99 aos provimentos cautelares administrativos, já que a lei em questão se refere exclusivamente a penalidades administrativas. Em outra circunstância, a OJN nº 49/2014 consignou que "as penalidades são confirmadas no curso do processo administrativo instaurado com esse propósito, em que garantido ao autuado o exercício da ampla defesa e do contraditório", inclusive com produção probatória, enquanto as medidas acautelatórias são aplicadas pelos agentes de fiscalização "sempre que constatada a ocorrência de iminente risco ao meio ambiente ou em situação de efetiva degradação, que impõe a adoção de ação imediata para cessá-las".

2.7.2 Interferência do Poder Judiciário

O julgamento referente à validade dos provimentos cautelares ambientais ocorre com frequência nos Tribunais brasileiros. Em regra, havendo o atendimento das determinações legais e regulamentares pertinentes, as Cortes têm se manifestado pela legitimidade desses provimentos. Nesse sentido, observe-se a ementa construída pelo

---

[394] TRENNEPOHL, Curt. *Infrações contra o meio ambiente:* multas, sanções e processo administrativo. Comentários ao Decreto nº 6.514, de 22 de Julho de 2008. Belo Horizonte: Fórum, 2009, p. 387-388.

Tribunal Regional Federal da 5ª Região acerca da medida de interdição de estabelecimento:

> ADMINISTRATIVO. MANDADO DE SEGURANÇA. IBAMA. FISCALIZAÇÃO. ESTOQUE DE MADEIRAS EM EXTINÇÃO. INFRAÇÃO AMBIENTAL. PUNIÇÃO ADMINISTRATIVA. EMBARGO E INTERDIÇÃO DO ESTABELECIMENTO. IMPOSSIBILIDADE. 1. A interdição de estabelecimento comercial pode ser determinada pela fiscalização ambiental, como medida cautelar, para evitar a continuidade dos efeitos decorrentes do exercício de atividade irregular ou que possa acarretar dano permanente ao meio ambiente, de acordo com as disposições do artigo 72, incisos VII e IX da Lei 9.605/98. (...) (AMS 0001237-02.2004.4.01.3901/PA, Rel. Juiz Federal Rodrigo Navarro de Oliveira (Conv.), 4TS, e-DJF1 05/07/2013)

Este mesmo Tribunal, em outra ocasião, investigando o embargo/interdição[395-396] de estabelecimento envolvido com a extração ilegal de

---

[395] De maneira didática, explicando a natureza cautelar do embargo ambiental, confira-se: "Processual Civil e Administrativo. Recurso de apelação movimentado pelo Instituto Brasileiro do Meio Ambiente e dos Recursos Naturais Renováveis, ante sentença concessiva de segurança, a assegurar ao impetrante o direito de continuar a exercer as atividades autorizadas pelo Plano de Manejo Florestal até o término do processo administrativo instaurado. Presença de duas infrações – corte de doze aroeiras e exploração do carvoejamento, sem licenciamento ambiental –, previstas na própria autorização concedida pela Agência Estadual de Meio Ambiente, a ensejar auto de infração e imposição, de logo, de embargo. Com fulcro nas duas exigências não atendidas, a fiscalização do IBAMA procedeu ao embargo de atividade e sua respectiva área, calcado no seu poder de polícia, ante a presença de duas infrações referidas, de modo que o embargo é a forma, indicada em lei, para evitar a continuação da infração, inclusive por não existir outra solução imediata. Neste sentido, o parecer do Ministério Público Federal, em primeiro grau, é bastante explicativo, ao apregoar que o embargo tem caráter cautelar, visto que a continuidade das atividades exercidas pela autora implicaria em considerável risco para o meio ambiente. Presunção esta que decorre da própria autuação e não foi ilidida pela impetrante, f. 94v. Ademais, o embargo de obra ou atividade está prevista no inc. VII, do art. 72, da Lei 9.605, de 12 de fevereiro de 1998, por não estarem sendo obedecidas as prescrições legais ou regulamentares, cf. parágrafo 7º, do referido art. 102, como também está inserido no art. 101, inc. II, do Decreto 6.514, de 22 de julho de 2008. Ou seja, não é medida aleatória, tirada da cartola do administrador. Inocorrência de direito líquido e certo de uma empresa, que comete, notória e escancaradamente, duas infrações ambientais, poder retornar as suas atividades, antes do julgamento do processo administrativo iniciado com a autuação, em face do embargo imposto pela fiscalização do apelante. Provimento do recurso voluntário e da remessa obrigatória para denegar a segurança" (AC – Apelação Civel – 570442 0000513-52.2013.4.05.8304, Desembargador Federal Vladimir Carvalho, TRF5 – Segunda Turma, DJE – Data: 06/06/2014 – Página: 106).

[396] Tratando de outras medidas, o TRF da 4ª Região já reconheceu a legitimidade, enquanto medidas administrativas cautelares, a apreensão de animais e suspensão de registro como mantenedor pelo IBAMA (TRF-4 – AG: 50300326020144040000 5030032-60.2014.404.0000, Relator: LUÍS ALBERTO D'AZEVEDO AURVALLE, Data de Julgamento: 17.03.2015, QUARTA TURMA).

madeira, consagra a vinculação entre o princípio da precaução, afeto neste caso ao Direito Ambiental, e a invocação da medida cautelar. Nessa hipótese, na AC 0012724-23.2009.4.01.3600 MT, o Tribunal expressou que, "(...) havendo dúvidas quanto à regularidade do produto, pairando sobre ele suspeitas de ilegalidade, a sua apreensão e interdição do estabelecimento, além de respaldadas na legislação de regência, harmoniza-se com o princípio da precaução, já consagrado em nosso ordenamento jurídico".

2.8 Processo do BACEN e CVM (Lei nº 13.506/17)

A Lei nº 13.506/2017 dispõe sobre o processo administrativo sancionador nas esferas de atuação do Banco Central do Brasil (BACEN) e da Comissão de Valores Mobiliários (CVM), ambas autarquias sob regime especial responsáveis, em amplos termos, por disciplinar, fiscalizar e desenvolver o mercado de valores mobiliários e a atividade bancária.

Esta legislação surge após a edição da Medida Provisória nº 784, de 7 de junho de 2017, que trouxe inovações no processo administrativo sancionador do BACEN e da (CVM), revogando alguns artigos da anterior Lei nº 9.447/97. Apesar de a Medida Provisória mencionada não ter sido convertida em lei, e ter perdido sua vigência, a lei em questão[397] acabou por incorporar grande parte dos seus preceitos, incluso a questão da cautelaridade[398] que aqui nos interessa.

---

[397] Cabe acrescentar que, além das cautelares administrativas previstas na Lei nº 13.506/2017, em relação à atuação do BACEN há igualmente as medidas previstas no artigo 5º da Lei nº 9.447/97 e todas as previsões da Resolução BACEN nº 4.019/2011, que versam sobre as denominadas medidas prudenciais preventivas. Tais provimentos são destinados a evitar riscos à estabilidade do sistema financeiro. Assim, segundo Leandro Sarai, tais provimentos "no ordenamento jurídico brasileiro, são atos administrativos mandamentais praticados pelo Banco Central do Brasil que, na ocorrência de situações que comprometam ou possam comprometer o regular funcionamento do Sistema Financeiro Nacional ou das instituições por ele supervisionadas, determinam a adoção de condutas aptas a trazer o administrado aos limites prudenciais de sua atividade" (SARAI, Leandro. *Crise financeira e medidas prudenciais*: a experiência brasileira. Saarbrücken: Novas Edições Acadêmicas, 2014, p.194).

[398] No âmbito da CVM, as medidas preventivas/cautelares são tratadas como *stop orders*, que partem das áreas de supervisão SRE, SIN e SMI. Por meio de *stop order*, a Autarquia proíbe, sob cominação de multa diária, a prática de atos prejudiciais ao regular funcionamento do mercado regulado, como os relacionados à inadequada divulgação de informações ao público investidor ou à atuação profissional irregular no mercado. No ano de 2019, a CVM emitiu 33 *stop orders* (Disponível em: http://www.cvm.gov.br/export/sites/cvm/publicacao/relatorio_atividade_sancionadora/anexos/2020/20200312_relatorio_

2.8.1 Tipos de medidas provisionais

A referida legislação, embora bastante específica a um nicho da Administração Pública (BACEN e CVM), tem uma importante relevância para a configuração do regime jurídico do poder cautelar administrativo, uma vez que traz diversas medidas provisionais, possuindo uma seção específica para este fim. Além disso, busca trazer contornos mais claros sobre a cautelaridade, diferenciando-se da maior parte da legislação que, como visto, mostra-se lacônica em muitos casos.

No artigo 17 da Seção V consta, no *caput*, que poderão ser adotadas, previamente ao processo administrativo sancionador ou no seu curso, quando estiverem presentes os requisitos de verossimilhança das alegações e do perigo de mora, de maneira cautelar, uma série de medidas acautelatórias.[399]

Sobre o dispositivo, salutar apontar que os requisitos essenciais para a adoção de medidas cautelares encontram-se expressos no texto legal, demonstrando uma maior tecnicidade do legislador neste caso.

Outro ponto de destaque é que a legislação também autoriza expressamente a cautelar preparatória ou antecedente, o que afasta eventuais discussões se essa figura estaria presente no ordenamento jurídico pátrio.

Quanto aos provimentos cautelares em espécie, a Lei, nos incisos do artigo 17, trata dos seguintes: a) afastar pessoas que atuem como administradores, membros da diretoria, do conselho de administração, do conselho fiscal, do comitê de auditoria e de outros órgãos previstos no estatuto ou no contrato social de instituição financeira ou que esteja sob supervisão do BACEN ou que sejam integrantes do Sistema de

---

atividade_sancionadora_4o_trimestre_2019_anual_2019.pdf).

[399] Em coluna escrita no Portal "Estado de Direito", Rômulo de Andrade Moreira questiona as referidas medidas da lei, atestando que "óbvio que se trata de disposições inconstitucionais, pois ferem o princípio da reserva de jurisdição. Tais medidas coercitivas e acautelatórias só podem ser decretadas pelo Judiciário, a requerimento da autoridade policial ou do Ministério Público. Sequer uma Comissão Parlamentar de Inquérito poderia fazê-lo!" (O Banco Central do Brasil agora é juiz!!! *Estado de Direito*. 16 nov. 2017. Disponível em: http://estadodedireito.com.br/o-banco-central-brasil-agora-e-juiz/ Acesso em: 25 jan. 2020). Sem prejuízo de uma análise mais detida sobre a constitucionalidade de cada medida particular, o que se nota é justamente uma argumentação que demonstra o desconhecimento sobre o regime cautelar administrativo no Brasil, o que justifica ainda mais a elaboração desta obra. A adoção de provimentos cautelares não é algo afeto à reserva de jurisdição (conclusão construída justamente porque só se conhece, estuda e ensina sobre as medidas cautelares judiciais). Uma das características primordiais desses provimentos é justamente o seu exercício no bojo da função administrativa (*vide* item 1.8.1).

Pagamentos Brasileiro; b) impedir que o investigado atue – em nome próprio ou como mandatário ou preposto – como administrador ou como membro da diretoria, do conselho de administração, do conselho fiscal, do comitê de auditoria ou de outros órgãos previstos no estatuto ou no contrato social das entidades do item "a"; c) impor restrições à realização de determinadas atividades ou modalidades de operações às entidades mencionadas no item "a"; d) determinar à instituição supervisionada a substituição do auditor independente ou da sociedade responsável pela auditoria contábil ou da entidade responsável pela auditoria cooperativa.

Ademais, no artigo 17, §1º, há um limitador temporal para que o processo administrativo sancionador se instaure na hipótese da adoção das medidas cautelares prévias ao processo. Segundo o dispositivo, "desde que o processo administrativo sancionador seja instaurado no prazo de 120 (cento e vinte) dias, contado da data da intimação da decisão cautelar, as medidas mencionadas neste artigo conservarão sua eficácia até que a decisão de primeira instância comece a produzir efeitos". Além disso, o parágrafo segundo dispõe que, não cumprido o aludido prazo de 120 dias, "as medidas cautelares perderão automaticamente sua eficácia e não poderão ser novamente aplicadas se não forem modificadas as circunstâncias de fato que as determinaram".

O mesmo parágrafo primeiro citado também acrescenta que as medidas cautelares administrativas podem ser revistas de ofício ou a requerimento do interessado, se cessarem as circunstâncias que as determinaram (o que evidencia a sua provisoriedade e mutabilidade).

A legislação em comento ainda garante de maneira textual a existência do contraditório e ampla defesa em relação às referidas medidas, prescrevendo um prazo de impugnação, sem efeito suspensivo, de 10 dias. Além disso, da decisão que julgar a impugnação, cabe recurso, em última instância, ao Conselho de Recursos do Sistema Financeiro Nacional, também no prazo de 10 dias (artigo 17,§§3º, 4º e 5º).

Destaca-se também a previsão de sanções pecuniárias pelo não atendimento das medidas cautelares administrativas mencionadas (artigo 18).

No âmbito do Banco Central, houve ainda regulamentação para a aplicação da Lei nº 13.506/2017, tendo sido editada a Circular nº 3.857 de 14 de novembro de 2017. Em relação aos provimentos acautelatórios, sublinha-se da Circular o artigo 68, que deixa ainda mais clara a necessidade de cumprimento de certos requisitos para a adoção de medidas provisionais, dispondo que são pressupostos mínimos: I – presença de indícios de autoria e de materialidade da infração; e II – atualidade ou iminência de lesão ao Sistema Financeiro Nacional, ao Sistema de Consórcios, ao Sistema de Pagamentos Brasileiro, à instituição ou a terceiros.

Além disso, no seu artigo 69 prevê que a decisão que conceder a cautelar deverá conter o relato, com a qualificação do administrado e a síntese dos fatos que motivaram a aplicação da medida; os fundamentos de fato e de direito, com a demonstração do preenchimento dos requisitos do art. 68; o dispositivo em que a autoridade determinará a conduta a ser adotada, o prazo para o seu cumprimento e o montante ou percentual da multa diária cominada em caso de descumprimento.

Outro ponto digno de nota da Circular diz respeito aos seus artigos 42, parágrafo único, e 44, §2º, que preveem que o prazo de cumprimento das medidas cautelares do artigo 17, I, II e III da Lei n º 13.506/2017 será descontado no eventual cumprimento da sanção (essa previsão é mais um caso de "detração administrativa").

2.8.2 Interferência do Poder Judiciário

Tendo em vista que se trata de uma legislação relativamente nova, a maior parte dos julgados envolvendo a atividade cautelar do BACEN e da CVM fazem remissão à legislação anterior, a qual também previa o exercício de um poder cautelar pelas autarquias.

Em uma das lides submetidas a sua apreciação, o TRF da 2ª Região confirmou a legalidade e legitimidade das medidas cautelares administrativas adotadas pela CVM (*stop orders*), afastando a responsabilização da autarquia decorrente de sua aplicação.[400]

O Superior Tribunal de Justiça também reconhece a possibilidade dos provimentos acautelatórios administrativos aplicados pela CVM, entendendo que não há violação do contraditório e da ampla defesa, que somente ficariam postergados. Invoca ainda a previsão do poder geral de cautela do artigo 45 da Lei nº 9.784/99 para fundamentar a aludida cautelaridade.[401]

---

[400] TRF-2 – AC: 00381920820154025101 RJ 0038192-08.2015.4.02.5101, Relator: SALETE MACCALÓZ, Data de Julgamento: 17.11.2016, 6ª TURMA ESPECIALIZADA.
[401] STJ – AgInt no AREsp: 1323158 RJ 2018/0168301-2, Relator: Ministro BENEDITO GONÇALVES, Data de Julgamento: 25.05.2020, T1 – PRIMEIRA TURMA, Data de Publicação: DJe 27.05.2020.

2.9 Processo da Agência Nacional do Petróleo (Lei nº 9.847/99)

A Agência Nacional do Petróleo (ANP), autarquia com natureza de agência reguladora, é responsável pela fiscalização das atividades relativas às indústrias do petróleo e dos biocombustíveis e ao abastecimento nacional de combustíveis. De modo a regulamentar essa atividade fiscalizatória, foi editada a Lei nº 9.847, de 26 de outubro de 1999.

2.9.1 Tipos de medidas provisionais

A lei nº 9.847/99 possui, em seu artigo 5º, o tratamento dispensado às medidas cautelares administrativas pertinentes à fiscalização das atividades relacionadas ao petróleo e a biocombustíveis. O artigo possui a seguinte redação:

> Art. 5º Sem prejuízo da aplicação de outras sanções administrativas, a fiscalização poderá, como medida cautelar: (Redação dada pela Lei nº 11.097, de 2005)
>
> I – interditar, total ou parcialmente, as instalações e equipamentos utilizados se ocorrer exercício de atividade relativa à indústria do petróleo, gás natural, seus derivados e biocombustíveis sem a autorização exigida na legislação aplicável; (Redação dada pela Lei nº 11.097, de 2005)
>
> II – interditar, total ou parcialmente, as instalações e equipamentos utilizados diretamente no exercício da atividade se o titular, depois de outorgada a autorização, concessão ou registro, por qualquer razão deixar de atender a alguma das condições requeridas para a outorga, pelo tempo em que perdurarem os motivos que deram ensejo à interdição; (Redação dada pela Lei nº 11.097, de 2005)
>
> III – interditar, total ou parcialmente, nos casos previstos nos incisos II, VI, VII, VIII, IX, XI e XIII do art. 3º desta Lei, as instalações e equipamentos utilizados diretamente no exercício da atividade outorgada; (Incluído pela Lei nº 11.097, de 2005)
>
> IV – apreender bens e produtos, nos casos previstos nos incisos I, II, VI, VII, VIII, IX, XI e XIII do art. 3º desta Lei. (Incluído pela Lei nº 11.097, de 2005)
>
> §1º Ocorrendo a interdição ou a apreensão de bens e produtos, o fiscal, no prazo de vinte e quatro horas, sob pena de responsabilidade, comunicará a ocorrência à autoridade competente da ANP, encaminhando-lhe cópia do auto de infração e, se houver, da documentação que o instrui.

§2º Comprovada a cessação das causas determinantes do ato de interdição ou apreensão, a autoridade competente da ANP, em despacho fundamentado, determinará a desinterdição ou devolução dos bens ou produtos apreendidos, no prazo máximo de sete dias úteis.

O *caput* do artigo 5º apresenta uma construção textual inadequada. Ao iniciar dizendo "sem prejuízo da aplicação de outras sanções administrativas", passa a ideia de que as medidas cautelares também seriam provimentos de cunho sancionatório, o que, como visto à exaustão, não é verdade.

A lei prevê a existência de dois provimentos cautelares: interdição de instalações e equipamentos e apreensão de bens e produtos quando houver indícios de incidência de alguma das infrações administrativas constantes da lei ou não houver o atendimento às exigências da legislação. Os dois se enquadram na modalidade de medidas cautelares-inibitórias.

Medida salutar, coerente com a cautelaridade administrativa, encontra-se esculpida no parágrafo 2º, ao prescrever que cessada a causa que deu origem à medida cautelar, deverá haver a desinterdição e/ou devolução dos bens apreendidos. Estipula-se ainda um prazo máximo de sete dias úteis para tanto.

2.9.2 Interferência do Poder Judiciário

Um ponto a ser mencionado, fruto da infelicidade da redação legislativa, refere-se ao fato de que os próprios Tribunais se valem da expressão "sanção administrativa cautelar", não obstante configure uma verdadeira contradição entre termos. É o que se nota da ementa abaixo, que volta a falar em sanção de interdição para se referir à medida cautelar de interdição:

> ADMINISTRATIVO. POSTO DE COMBUSTÍVEL. INTERDIÇÃO TOTAL. IRREGULARIDADE APENAS QUANTO À COMERCIALIZAÇÃO DE ETANOL HIDRATADO COMUM. DESPROPORCIONALIDADE. 1. A Lei nº 9.847/99, em seu art. 5º, III, prevê, *como sanção administrativa cautelar*, a interdição total ou parcial do estabelecimento que comercializar combustível fora das especificações técnicas. 2. Hipótese em que se afigura desproporcional a medida aplicada pela ANP de interdição total do estabelecimento da empresa autora, uma vez que constatada irregularidades tão somente na(s) bomba(s) que continha(m) Etanol Hidratado Comum, devendo ser interditados apenas tais

equipamentos e liberadas as bombas com os demais combustíveis, pois a sanção de interdição parcial é suficiente para proteger os consumidores e reprimir a infração, aliada, se for o caso, a outras penalidades previstas na lei, razão pela qual deve ser mantida a sentença que anulou, em parte, o ato administrativo impugnado. 3. Apelação desprovida. (AC – Apelação Cível – 5566330001616-52.2012.4.05.8103, Desembargador Federal Luiz Alberto Gurgel de Faria, TRF5 – Terceira Turma, DJE – Data: 24/07/2013 – Página: 90.)

Apesar da falha técnica[402] no uso das palavras, o julgado acima invoca a proporcionalidade[403] como limite à invocação dos provimentos

---

[402] Não se trata de caso isolado, podendo ser encontrados vários julgados que se referem à cautelar como sanção. Vide ementa formulada por outro Tribunal, contendo o mesmo equívoco: "ADMINISTRATIVO. AUTO DE INFRAÇÃO E INTERDIÇÃO. REVISÃO JUDICIAL. LIMITES. 1. A Parte Autora, ora Apelante, ao cometer a irregularidade anteriormente mencionada, incorreu na infração disposta no artigo 3º, inciso II, da Lei nº 9.847/99, a qual sujeita como *sanção*, além da pena de multa prevista, a interdição do estabelecimento, consoante o artigo 5º, inciso III, do referido texto legal, como se vê das transcrições a seguir: "Art. 3º A pena de multa será aplicada na ocorrência das infrações e nos limites seguintes: (...) II – importar, exportar ou comercializar petróleo, gás natural, seus derivados e biocombustíveis em quantidade ou especificação diversa da autorizada, bem como dar ao produto destinação não permitida ou diversa da autorizada, na forma prevista na legislação aplicável: Multa – de R$20.000,00 (vinte mil reais) a R$5.000.000,00 (cinco milhões de reais); (...) Art. 5º Sem prejuízo da aplicação de outras sanções administrativas, a fiscalização poderá, como medida cautelar: (...) II – interditar, total ou parcialmente, as instalações e equipamentos utilizados diretamente no exercício da atividade se o titular, depois de outorgada a autorização, concessão ou registro, por qualquer razão deixar de atender a alguma das condições requeridas para a outorga, pelo tempo em que perdurarem os motivos que deram ensejo à interdição; (...)" Dessa forma, a sanção imposta à Parte Autora induvidosamente encontra respaldo na norma aplicável à espécie, estando a autuação exarada dentro dos limites do princípio da legalidade e do próprio poder fiscalizatório da ANP. 2. Improvimento da apelação. (AC – APELAÇÃO CIVEL 2007.71.00.038487-1, CARLOS EDUARDO THOMPSON FLORES LENZ, TRF4 – TERCEIRA TURMA, D.E. 17/02/2010.)"

[403] No mesmo sentido: "ADMINISTRATIVO. AGÊNCIA NACIONAL DE PETRÓLEO. FISCALIZAÇÃO. COMBUSTÍVEIS. IRREGULARIDADES ENCONTRADAS. ÚNICA BOMBA. INTERDIÇÃO DO ESTABELECIMENTO. IMPOSSSIBILIDADE. PRINCÍPIO DA PROPORCIONALIDADE. – Trata-se de Reexame Necessário e Apelação interposta pela Agência Nacional do Petróleo em desfavor da sentença que concedeu a segurança para determinar a liberação do funcionamento das bombas de combustível nas quais não ficou constatada a irregularidade descrita no auto de infração de nº 0277580329115835. – "(...) a irregularidade observada tão-só em uma das bombas/tanques de combustível não comportaria a medida extrema de interdição total do estabelecimento comercial da apelada, punição excepcional destinada a reprimir condutas de maior gravidade" (Precedente deste Eg. TRF da 5ª Região – MAS 87445). – Sabe-se que à Agência Nacional do Petróleo, no exercício de seu Regular Poder de Polícia, compete, como medida cautelar, interditar, total ou parcialmente, estabelecimento que comercialize combustível fora dos padrões por ela exigidos. Todavia, tal medida deve-se pautar pela proporcionalidade. – Apelação e remessa oficial improvidas. (AMS – Apelação em Mandado de Segurança – 88661 2003.85.00.004864-6, Desembargador Federal Francisco Barros Dias, TRF5 – Segunda Turma, DJ – Data: 21/08/2009 – Página: 287 – Nº: 160.)".

cautelares da Lei nº 9.847/99, o que, por sua vez, parece acertado diante do caso narrado (interdição total quando a irregularidade encontrava-se somente em uma bomba de etanol).

Outro julgado formulado pelo Tribunal Regional Federal da 1ª Região merece atenção pelos termos de sua ementa:

> ADMINISTRATIVO. FISCALIZAÇÃO DA ANP. AUTO DE INFRAÇÃO E INTERDIÇÃO. DISTRIBUIDORA DE COMBUSTÍVEIS. APRESENTAÇÃO DE CERTIDÃO FALSA DE QUITAÇÃO DE TRIBUTOS. FALTA DE REQUISITOS PARA EXERCÍCIO DE ATIVIDADE DE DISTRIBUIÇÃO DE COMBUSTÍVEIS. 1. A Lei nº 9.847/99 dispõe sobre a fiscalização nacional de combustíveis e estabelece sanções administrativas, dentre elas, a de suspensão temporária de funcionamento do estabelecimento (art. 2º, VI) e a medida cautelar de interdição das instalações e equipamentos, ante a ausência de autorização exigida na legislação (art. 5º, I). 2. No caso em exame a empresa-autora foi autuada por ter apresentado certidão falsa de quitação de tributos. O fato constitui infração prevista em lei (artigo 3º, VII, da Lei 9.847/99) e enseja a aplicação de multa e, cumulativamente, a interdição da empresa. Não há infringência ao princípio da legalidade estrita, porque a infração está prevista em lei, e o auto de infração e interdição não carece de motivação. 3. A interdição constitui medida cautelar destinada a impedir a continuidade de exercício de atividade irregular, por não haver comprovação do preenchimento das exigências legais para realização da distribuição de combustíveis, e perdura até o momento da regularização da situação fiscal. A medida não constitui meio para compelir a parte a efetuar o pagamento da outra penalidade de multa. Tais as circunstâncias admite-se a aplicação da penalidade antes de oportunizada a apresentação de defesa pela parte autuada – que foi regularmente notificada, no momento da lavratura do auto de infração – para apresentar defesa administrativa. Não há inobservância das garantias do contraditório e da ampla defesa. 4. Dá-se provimento ao recurso de apelação e à remessa oficial. (AC 0032396-84.1999.4.01.3400, JUIZ FEDERAL RODRIGO NAVARRO DE OLIVEIRA, TRF1 – 4ª TURMA SUPLEMENTAR, e-DJF1 08/08/2012 – PAG. 184)

Deste acórdão se extraem, à luz da análise da cautelaridade administrativa, alguns erros e acertos interessantes para ilustrar aspectos do poder cautelar administrativo: a) a distinção entre sanção e medida cautelar administrativa fica expressa e evidente, não havendo confusão terminológica; b) há, a nosso sentir, uma afirmação errônea ao afirmar que a "interdição não carece de motivação". Como visto, além de todo ato administrativo necessitar de motivação, com muito mais vigor as medidas cautelares administrativas assim exigem, em especial as que interferem no direito de propriedade e liberdade (como a interdição). O fato de a legislação específica nada mencionar sobre a motivação não torna tal garantia despicienda. Aqui se mostra a importância da compreensão da cautelaridade administrativa como um microssistema, pois, apesar de a Lei nº 9.847/99 nada dispor sobre a motivação, o diploma geral do poder cautelar administrativo, no artigo 45 da Lei nº 9.784/99, traz essa exigência[404] de maneira textual; c) o julgado deixa clara a finalidade do provimento acautelatório, na qualidade de cautelar-inibitória, que é "impedir a continuidade de exercício de atividade irregular". De igual forma, expressa que o provimento acautelatório não tem por escopo forçar o pagamento de outra penalidade pecuniária; d) consta a possibilidade da adoção da medida *inaudita altera pars*, indicando as circunstâncias do caso para isso e assentando a possibilidade de apresentação ulterior da defesa, o que não configuraria violação do contraditório e da ampla defesa.

No STJ se encontra trecho salutar para a construção que aqui se faz. A Corte Cidadã, analisando a medida provisional de interdição do estabelecimento decretada pela ANP, entre outras ponderações, esclarece a finalidade do provimento cautelar ao expor que "a natureza cautelar da interdição do estabelecimento pressupõe a imperiosa necessidade da medida a fim de paralisar uma situação de ilicitude e evitar iminentes danos ao interesse público, razão pela qual a autoridade administrativa não pode aplicá-la com base apenas na mera invocação da previsão legal abstrata e genérica".[405] O destaque a ser conferido no julgado acima é justamente a constatação feita de que não bastam invocações genéricas e abstratas, sendo imperiosa a averiguação fática para que se possa realizar a aplicação normativa. Afinal, interpretação e aplicação são operações que ocorrem simultaneamente.

---

[404] Ao invés de o Poder Judiciário respaldar a ausência de motivação, deveria, pelo contrário, ser o responsável pelo controle de legalidade em razão da ausência de tão importante pressuposto. Como assevera José dos Santos Carvalho Filho, "a condição de validade das providências acauteladoras consiste em que sejam elas motivadas, vale dizer, deve o administrador oferecer clara e transparente justificativa dessas providências, não o fazendo, é possível presumir que tenha agido de forma abusiva, o que possibilita seja a conduta sujeita a controle de legalidade junto à própria administração ou perante o Poder Judiciário" (CARVALHO FILHO, José dos Santos. *Processo administrativo federal*: comentário à Lei nº 9.784 de 29/1/1999. 2. ed. Rio de Janeiro: Lumen Juris, 2005, p. 218).

[405] RESP – RECURSO ESPECIAL – 1378720 2013.00.92813-0, HERMAN BENJAMIN, STJ – SEGUNDA TURMA, DJE DATA: 26/09/2013 – DTPB.

2.10 Processos das agências reguladoras – ANATEL (Lei nº 9.472/97), ANTT e ANTAQ (Lei nº 10.233/01), ANAC (Lei nº 11.182/05); ANTT e ANTAQ (Lei nº 10.233/01), ANM (Lei nº 13.575/17), Lei das Agências Reguladoras (Lei nº 10.871/04)

Apesar da menção em apartado da atuação da ANP no tópico precedente, em especial pelo fato da sua constante atuação cautelar e consequente interferência do Judiciário, o que se tem em realidade é uma cautelaridade administrativa específica para diversas agências reguladoras.

A atuação crescente das agências reguladoras no Brasil, processo iniciado na década de 1990 com o fenômeno de desestatização, torna-as importantes protagonistas da atuação administrativa brasileira (o protagonismo da atividade de regulação no país ocorre tanto pelos seus acertos como por seus excessos), a ponto de se poder trabalhar com um verdadeiro Direito Regulatório.

A prevenção compõe um dos aspectos da atividade regulatória exercida pelas agências, cabendo investigar quais as medidas cautelares conferidas a elas pela legislação de regência.

2.10.1 Tipos de medidas provisionais

Na lei nº 9.472/97, que versa sobre a ANATEL, há uma previsão ampla de provimento acautelatório no artigo 175, parágrafo único, com a seguinte redação: "Art. 175. Nenhuma sanção será aplicada sem a oportunidade de prévia e ampla defesa. *Parágrafo único. Apenas medidas cautelares urgentes poderão ser tomadas antes da defesa.*".

Veja que o artigo mencionado não traz a previsão de nenhuma medida cautelar administrativa em espécie, mas reconhece sua possibilidade ao prever que elas poderão ser adotadas antes da defesa (como também o faz o artigo 45 da Lei nº 9.784/99). Como já visto no item 1.7.4, a interpretação a ser dada a esse tipo de dispositivo legal não é a de excluir o contraditório e a ampla defesa, mas sim de postergá-los para momento ulterior.

A Lei traz ainda outra medida afeta à cautelaridade administrativa.[406] Em seu artigo 111, que versa sobre a possibilidade de intervenção

---

[406] Cabe mencionar que a lei trata ainda de uma medida cautelar de apreensão de bens, no seu artigo 184, inciso II. Contudo, trata-se de apreensão cautelar relacionada à prática de

da ANATEL nas concessionárias, caso estas estejam incidindo nas hipóteses do artigo 110, há a prescrição, em seu parágrafo 2º, que a intervenção possa ocorrer cautelarmente. *In verbis:* "A intervenção será precedida de procedimento administrativo instaurado pela Agência, em que se assegure a ampla defesa da concessionária, salvo quando decretada cautelarmente, hipótese em que o procedimento será instaurado na data da intervenção e concluído em até cento e oitenta dias".

De modo a garantir o aspecto temporal próprio das cautelares, a legislação impõe que, decretada a intervenção de maneira provisional, o processo administrativo se encerre em até 180 dias.

A Lei nº 10.233/01, por sua vez, possui em seu artigo 78-C a possibilidade de adoção de medidas cautelares em caso de necessária urgência pela ANTT e ANTAQ. O Decreto nº 2.521/98, com redação dada pelo Decreto nº 8.083/13, incluiu como medidas cautelares administrativas específicas a serem aplicadas pela ANTT a retenção de veículo; a remoção de veículo, bem ou produto; a apreensão de veículo; a interdição de estabelecimento, instalação ou equipamento; e o transbordo de passageiros (artigo 79).

No que tange à ANAC, a Lei nº 11.182/05 traz a previsão de uma medida cautelar administrativa não voltada ao poder de polícia que exerce, mas sim ao poder disciplinar em relação aos seus dirigentes. Seu artigo 14, §2º, permite ao Presidente da República determinar o afastamento preventivo[407] dos Diretores da ANAC no curso de um processo administrativo disciplinar.

Em legislação mais recente, a Lei nº 13.575/17, que trata sobre as atribuições da ANM, em seu artigo 2º, inciso XI, traz expressa competência dessa agência reguladora de, no exercício da atividade fiscalizadora, "adotar medidas acautelatórias como de interdição e paralisação".

De maneira ampla, a abraçar todas as agências reguladoras, a Lei nº 10.871/2004 trouxe uma previsão que abarca uma série de provimentos cautelares, constantes em seu artigo 3º, parágrafo único, que prescreve que no exercício das atribuições de natureza fiscal ou decorrentes do poder de polícia, são asseguradas as prerrogativas de promover a interdição de estabelecimentos, instalações ou equipamentos,

---

crime, a ser decretada pelo Poder Judiciário, fugindo do regime jurídico dos provimentos cautelares administrativos.

[407] Esta mesma previsão também existia na Lei nº 9.984/00, que trata sobre a atuação da Agência Nacional de Águas (ANA), no seu artigo 10, §3º e também no artigo 7º, §2º da Lei nº 9.961/00, que trata sobre a Agência Nacional de Saúde (ANS). No entanto, houve sua revogação pela Lei nº 13.848/2019.

assim como a apreensão de bens ou produtos, e de requisitar, quando necessário, o auxílio de força policial federal ou estadual, em caso de desacato ou embaraço ao exercício de suas funções.

2.10.2 Interferência do Poder Judiciário

A jurisprudência tem respaldado, num geral, a validade das medidas cautelares proferidas pelas agências reguladoras. O Tribunal Regional Federal da 1ª Região já se posicionou pela legitimidade da medida de interrupção do serviço de maneira acautelatória (artigo 175 da Lei nº 9.472/97), quando apurados indícios de infrações administrativas. No caso, pontuou a Corte que "constatada a irregularidade pela ANATEL – exploração de serviço sem prévia autorização da ANATEL (Lei 9.472, art. 131) – e instaurado o processo administrativo, é legítima a lavratura do termo de interrupção de serviço como medida cautelar".[408]

Não obstante, ainda no tocante à ANATEL, a Lei nº 9.472/97 previa outro provimento de cunho cautelar, constante no artigo 19, inciso XV, que era a possibilidade de se realizar atos de busca e apreensão sem a necessidade de ordem judicial.

Dita medida foi questionada perante o Supremo Tribunal Federal na ADI nº 1.668-3. No julgamento da medida cautelar da referida ação, os Ministros da Suprema Corte suspenderam a sua aplicabilidade, embora tenha havido divergência quanto à constitucionalidade da medida. O Ministro Marco Aurélio, relator, posicionou-se no sentido de que a busca e apreensão em tela violaria o devido processo legal, pois deveria haver a manifestação do Judiciário para tal finalidade. O Ministro Nelson Jobim foi o primeiro a puxar a divergência, trazendo à tona que essa medida seria própria do poder de polícia, uma atividade "imediata na preservação do interesse público", e que eventuais ilegalidades poderiam ser controladas pelo Poder Judiciário. Os Ministros Sydney Sanches e Moreira Alves seguiram a posição do Ministro Nelson Jobim, da mesma forma que o Ministro Sepúlveda Pertence, o qual, entretanto, apesar de reconhecer que a medida cautelar em voga de fato decorria do poder de polícia, destacou que se tratava de uma previsão muito ampla. Os demais Ministros votaram com o relator, o que gerou a suspensão do provimento em questão.

---

[408] AMS 0009427-67.2007.4.01.3700, JUIZ FEDERAL MÁRCIO BARBOSA MAIA (CONV.), TRF1 – QUINTA TURMA, e-DJF1 11/11/2014 PAG. 200.

Esse julgamento mostra-se interessante para a compreensão da cautelaridade administrativa, uma vez que demonstra três pontos de pensamento que permeiam o estudo da matéria: a) o primeiro, do Ministro-relator, e que se consolidou como a posição prevalente, acaba por invalidar providências administrativas acautelatórias, por se entender que seriam atividades exclusivas do Poder Judiciário (o que, como já trabalhado no capítulo 1, é um equívoco e muitas vezes fruto do desconhecimento da cautelaridade administrativa); b) o segundo é o reconhecimento da cautelaridade administrativa como própria da atividade de polícia (posição essa que, embora mais acertada, tende a limitar a cautelaridade ao poder de polícia, o que acaba sendo uma visão excludente de outras manifestações do poder de cautela da Administração Pública); c) o último é o de que é possível a cautelaridade administrativa, desde que ela contenha limites, não devendo ser tão ampla.

Apesar do julgamento acima, o STF chegou a validar, em outras ocasiões, a possibilidade de medidas de busca e apreensão administrativas, tendo em vista que a suspensão cautelar na ADI se referia expressamente ao artigo 19, inciso XV, da Lei nº 9.472. Contudo, há a previsão da Lei nº 10.871/2004, que também autoriza a mesma medida, a qual não se encontra suspensa.[409]

2.11 Legislação pertinente aos regimes de liquidação extrajudicial e intervenção (Decreto-lei nº 73/66, Lei nº 5.627/70, Lei nº 6.024/74, Lei nº 9.447/97, Lei nº 9.656/98, Lei Complementar nº 109/2001, Lei nº 10.190/2001)

A disciplina jurídica dos diversos regimes de liquidação extrajudicial e intervenção de determinadas instituições, devido a sua semelhança em alguns aspectos, em particular no que tange às medidas cautelares administrativas, merece um tratamento conjunto.

---

[409] STF – Rcl: 5886 MT, Relator: Min. EROS GRAU, Data de Julgamento: 22.04.2008, Data de Publicação: DJe-076 DIVULG 28.04.2008 PUBLIC 29.04.2008.

2.11.1 Tipos de medidas provisionais

Como visto, há diversas leis que tratam da regulação de regimes de liquidação extrajudicial e intervenção, sendo que grande parte delas possui a previsão de medidas preventivas.

Inaugurando o rol de atos normativos a prever provimentos acautelatórios relacionados a esse regime jurídico, o Decreto-Lei nº 73/66, que trata sobre o Sistema Nacional de Seguros Privados, prevê, em seu artigo 111, §3º, que após instaurado processo administrativo contra resseguradores, sociedades seguradoras, sociedades de capitalização e entidades abertas de previdência complementar, "o órgão fiscalizador poderá, considerada a gravidade da infração, cautelarmente, determinar a essas empresas a substituição do prestador de serviços de auditoria independente".

Trata-se, dentro desse conjunto normativo, da primeira medida cautelar de intervenção, decorrente da gravidade da infração (o que evidencia o risco do dano que pode ser causado).

A Lei nº 6.024/74, por sua vez, traz em seu bojo, no Capítulo IV, Seção I, a previsão da cautelar de indisponibilidade de bens. Os artigos 36 a 38 têm a seguinte redação:

> Art. 36. Os administradores das instituições financeiras em intervenção, em liquidação extrajudicial ou em falência, ficarão com todos os seus bens indisponíveis não podendo, por qualquer forma, direta ou indireta, aliená-los ou onerá-los, até apuração e liquidação final de suas responsabilidades.
>
> §1º A indisponibilidade prevista neste artigo decorre do ato que decretar a intervenção, a extrajudicial ou a falência, atinge a todos aqueles que tenham estado no exercício das funções nos doze meses anteriores ao mesmo ato.
>
> §2º Por proposta do Banco Central do Brasil, aprovada pelo Conselho Monetário Nacional, a indisponibilidade prevista neste artigo poderá ser estendida:
>
> a) aos bens de gerentes, conselheiros fiscais e aos de todos aqueles que, até o limite da responsabilidade estimada de cada um, tenham concorrido, nos últimos doze meses, para a decretação da intervenção ou da liquidação extrajudicial, b) aos bens de pessoas que, nos últimos doze meses, os tenham a qualquer título, adquirido de administradores da instituição, ou das pessoas referidas na alínea anterior desde que haja seguros elementos de convicção de que se trata de simulada transferência com o fim de evitar os efeitos desta Lei.

§3º Não se incluem nas disposições deste artigo os bens considerados inalienáveis ou impenhoráveis pela legislação em vigor.

§4º Não são igualmente atingidos pela indisponibilidade os bens objeto de contrato de alienação, de promessa de compra e venda, de cessão de direito, desde que os respectivos instrumentos tenham sido levados ao competente registro público, anteriormente à data da decretação da intervenção, da liquidação extrajudicial ou da falência.

Art. 37. Os abrangidos pela indisponibilidade de bens de que trata o artigo anterior, não poderão ausentar-se do foro, da intervenção, da liquidação extrajudicial ou da falência, sem prévia e expressa autorização do Banco Central do Brasil ou no juiz da falência.

Art. 38. Decretada a intervenção, a liquidação extrajudicial ou a falência, o interventor, o liquidante o escrivão da falência comunicará ao registro público competente e às Bolsas de Valores a indisponibilidade de bens imposta no artigo 36.

Parágrafo único. Recebida a comunicação, a autoridade competente ficará relativamente a esses bens impedida de:

a) fazer transcrições, inscrições, ou averbações de documentos públicos ou particulares;

b) arquivar atos ou contratos que importem em transferência de cotas sociais, ações ou partes beneficiarias;

c) realizar ou registrar operações e títulos de qualquer natureza;

d) processar a transferência de propriedade de veículos automotores.

Outro provimento acautelatório, além da medida de indisponibilidade, pode ser visto no artigo 37, que se refere a uma restrição à liberdade de se ausentar do foro enquanto mantida a indisponibilidade (tal previsão é repetida no artigo 3º da Lei nº 5.627/70).

Não se pode esquecer ainda da previsão do Decreto-Lei 2.321/87, que versa sobre o regime de administração especial temporária, nas instituições financeiras, a ser decretado pelo Banco Central, que, embora não trate expressamente de nenhuma medida cautelar administrativa, faz remissão direta e textual à Lei nº 6.024/74, em especial no que tange aos provimentos acautelatórios. Seu artigo 19 assim prevê: "Aplicam-se à administração especial temporária regulada por este decreto-lei as disposições da Lei nº 6.024, de 13 de março de 1974, que com ele não colidirem e, em especial, as medidas acautelatórias e promotoras da responsabilidade dos ex-administradores". Logo, os provimentos acautelatórios administrativos da Lei nº 6.024 também são aplicáveis nas hipóteses de regime de administração especial temporária.

Da mesma maneira, a Lei nº 10.190/2001, em seu artigo 3º,[410] faz referência à aplicação dos termos da legislação correlata.

Com redação praticamente idêntica, o que demonstra a correlação legislativa, a lei que rege o Regime de Previdência Complementar (LC nº 109/2001) traz a previsão da cautelaridade em seus artigos 59 e 60.[411]

A Lei nº 5.627/70, em seu artigo 2º, também trata da indisponibilidade de bens de administradores na ocorrência de processo de liquidação extrajudicial compulsória:

> Art 2º Os administradores e conselheiros fiscais das Sociedades de Seguros ou de capitalização, que entrarem em regime de liquidação extrajudicial compulsória, ficarão com todos os seus bens indisponíveis,

---

[410] "Art. 3º Às sociedades seguradoras de capitalização e às entidades de previdência privada aberta aplica-se o disposto nos arts. 2º e 15 do Decreto-Lei nº 2.321, de 25 de fevereiro de 1987, 1º a 8º da Lei nº 9.447, de 14 de março de 1997 e, no que couber, nos arts. 3º a 49 da Lei nº 6.024, de 13 de março de 1974. Parágrafo único. As funções atribuídas ao Banco Central do Brasil pelas Leis referidas neste artigo serão exercidas pela Superintendência de Seguros Privados – SUSEP, quando se tratar de sociedades seguradoras, de capitalização ou de entidades de previdência privada aberta".

[411] Art. 59. Os administradores, controladores e membros de conselhos estatutários das entidades de previdência complementar sob intervenção ou em liquidação extrajudicial ficarão com todos os seus bens indisponíveis, não podendo, por qualquer forma, direta ou indiretamente, aliená-los ou onerá-los, até a apuração e liquidação final de suas responsabilidades. §1º A indisponibilidade prevista neste artigo decorre do ato que decretar a intervenção ou liquidação extrajudicial e atinge todos aqueles que tenham estado no exercício das funções nos doze meses anteriores. §2º A indisponibilidade poderá ser estendida aos bens de pessoas que, nos últimos doze meses, os tenham adquirido, a qualquer título, das pessoas referidas no caput e no parágrafo anterior, desde que haja seguros elementos de convicção de que se trata de simulada transferência com o fim de evitar os efeitos desta Lei Complementar. §3º Não se incluem nas disposições deste artigo os bens considerados inalienáveis ou impenhoráveis pela legislação em vigor. §4º Não são também atingidos pela indisponibilidade os bens objeto de contrato de alienação, de promessas de compra e venda e de cessão de direitos, desde que esses instrumentos tenham sido levados ao competente registro público até doze meses antes da data de decretação da intervenção ou liquidação extrajudicial. §5º Não se aplica a indisponibilidade de bens das pessoas referidas no *caput* deste artigo no caso de liquidação extrajudicial de entidades fechadas que deixarem de ter condições para funcionar por motivos totalmente desvinculados do exercício das suas atribuições, situação esta que poderá ser revista a qualquer momento, pelo órgão regulador e fiscalizador, desde que constatada a existência de irregularidades ou indícios de crimes por elas praticados. Art. 60. O interventor ou o liquidante comunicará a indisponibilidade de bens aos órgãos competentes para os devidos registros e publicará edital para conhecimento de terceiros. Parágrafo único. A autoridade que receber a comunicação ficará, relativamente a esses bens, impedida de: I – fazer transcrições, inscrições ou averbações de documentos públicos ou particulares; II – arquivar atos ou contratos que importem em transferência de cotas sociais, ações ou partes beneficiárias; III – realizar ou registrar operações e títulos de qualquer natureza; IV – processar a transferência de propriedade de veículos automotores, aeronaves e embarcações.

> não podendo os referidos bens ser vendidos, cedidos ou prometidos vender, vedada a constituição de ônus reais sôbre êles.
>
> Parágrafo único. A indisponibilidade de que trata o presente artigo decorrerá do ato que declarar o regime da liquidação extrajudicial compulsória e atingirá todos aquêles que tenham exercido as funções nos 12 (doze) meses anteriores ao mesmo ato.
>
> Art 3º Os administradores e conselheiros, cujos bens sejam declarados indisponíveis, somente poderão ausentar-se do lugar da liquidação mediante prévia autorização da Superintendência de Seguros Privados (SUSEP), atendido, no que couber o disposto no item III, do art. 34, do Decreto-lei nº 7.661, de 21 d junho de 1945.

Outra lei a prever a indisponibilidade quando da liquidação extrajudicial é a que regulamenta os planos e seguros privados de saúde, Lei nº 9.656/98, dispondo sobre tal provimento acautelatório no artigo 24-A:

> Art. 24-A. Os administradores das operadoras de planos privados de assistência à saúde em regime de direção fiscal ou liquidação extrajudicial, independentemente da natureza jurídica da operadora, ficarão com todos os seus bens indisponíveis, não podendo, por qualquer forma, direta ou indireta, aliená-los ou onerá-los, até apuração e liquidação final de suas responsabilidades. (Incluído pela Medida Provisória nº 2.177-44, de 2001)
>
> §1º A indisponibilidade prevista neste artigo decorre do ato que decretar a direção fiscal ou a liquidação extrajudicial e atinge a todos aqueles que tenham estado no exercício das funções nos doze meses anteriores ao mesmo ato. (Incluído pela Medida Provisória nº 2.177-44, de 2001)
>
> §2º Na hipótese de regime de direção fiscal, a indisponibilidade de bens a que se refere o *caput* deste artigo poderá não alcançar os bens dos administradores, por deliberação expressa da Diretoria Colegiada da ANS. (Incluído pela Medida Provisória nº 2.177- Provisória nº 2.177-44, de 2001)
>
> I – aos bens de gerentes, conselheiros e aos de todos aqueles que tenham concorrido, no período previsto no §1º, para a decretação da direção fiscal ou da liquidação extrajudicial; (Incluído pela Medida Provisória nº 2.177-44, de 2001)
>
> II – aos bens adquiridos, a qualquer título, por terceiros, no período previsto no §1º, das pessoas referidas no inciso I, desde que configurada fraude na transferência. (Incluído pela Medida Provisória nº 2.177-44, de 2001)
>
> §4º Não se incluem nas disposições deste artigo os bens considerados inalienáveis ou impenhoráveis pela legislação em vigor. (Incluído pela Medida Provisória nº 2.177-44, de 2001)

§5º A indisponibilidade também não alcança os bens objeto de contrato de alienação, de promessa de compra e venda, de cessão ou promessa de cessão de direitos, desde que os respectivos instrumentos tenham sido levados ao competente registro público, anteriormente à data da decretação da direção fiscal ou da liquidação extrajudicial.

44, de 2001)

§3º A ANS, *ex officio* ou por recomendação do diretor fiscal ou do liquidante, poderá estender a indisponibilidade prevista neste artigo: (Incluído pela Medida

A Lei nº 9.447/97 igualmente segue a mesma linha, ampliando o rol de abrangência das medidas de indisponibilidade da Lei nº 6.024 e do Decreto-lei 2.321:

Art. 2º O disposto na Lei nº 6.024, de 1974, e no Decreto-lei nº 2.321, de 1987, no que se refere à indisponibilidade de bens, aplica-se, também, aos bens das pessoas, naturais ou jurídicas, que detenham o controle, direto ou indireto das instituições submetidas aos regimes de intervenção, liquidação extrajudicial ou administração especial temporária.

§1º Objetivando assegurar a normalidade da atividade econômica e os interesses dos credores, o Banco Central do Brasil, por decisão de sua diretoria, poderá excluir da indisponibilidade os bens das pessoas jurídicas controladoras das instituições financeiras submetidas aos regimes especiais.

§2º Não estão sujeitos à indisponibilidade os bens considerados inalienáveis ou impenhoráveis, nos termos da legislação em vigor.

§3º A indisponibilidade não impede a alienação de controle, cisão, fusão ou incorporação da instituição submetida aos regimes de intervenção, liquidação extrajudicial ou administração especial temporária.

O escopo desses provimentos administrativos de indisponibilidade é o de assegurar que o patrimônio dos ex-administradores possa vir a ser excutido oportunamente, se o acervo da instituição sob intervenção ou da massa liquidanda se revelar insuficiente para o cumprimento de todas as suas obrigações.[412]

Sobre esse regime de indisponibilidade de bens em casos de liquidação extrajudicial, intervenção ou falência, observa-se, como

---

[412] ALCOFORADO, Haroldo Mavignier Guedes. *Instrumentos de defesa do Sistema Financeiro Nacional*: intervenções nas instituições financeiras. 2006. 153 f. Dissertação (Mestrado) – Curso de Direito Público, Universidade Gama Filho, Rio de Janeiro, 2006, p. 76.

característica, o fato de o perigo na demora ser presumido, uma vez que ocorre de maneira automática com a decretação dos regimes especiais mencionados, sem prejuízo de modulação ou extensão *a posteriori* da referida indisponibilidade na seara administrativa ou judicial, conforme o caso. Em alguns dos diplomas essa possibilidade de modulação encontra-se expressa, como no artigo 24-A, §2º, da Lei nº 9.656/98. Em outros, apesar de nada dispor, justamente pela ideia de microssistema exposta no item 2.1, deve-se admitir com facilidade essa manifestação administrativa.

É pela possibilidade de extensão ou modulação da medida de indisponibilidade que elas são trabalhadas como espécies de provimentos cautelares administrativos, e não como medidas exclusivamente *ope legis*, o que, como visto no item 1.3.1.3, retiraria seu enquadramento no conceito da cautelaridade administrativa em questão. Além disso, é necessário um ato administrativo para dar início a essa medida. Como pontua Eduardo Scarparo, ela tem a eficácia *ex vi lege* justificada por um decreto de intervenção ou liquidação de uma instituição financeira, situação grave, cuja regulação e condução são atribuições do Poder Executivo.[413]

Nota-se que a indisponibilidade tem efeitos retroativos, é dizer, afeta de maneira objetiva inclusive aqueles que não mais figurem como administradores, mas o foram nos doze meses anteriores à decretação do regime especial.

Outro aspecto que chama a atenção é que o citado provimento de indisponibilidade dos bens pode se mostrar como uma medida cautelar administrativa ou judicial, a depender do regime especial que se iniciou. Como a decretação de falência somente ocorre por decisão judicial, a indisponibilidade será um provimento judicial (artigo 82 da Lei da Falência – 11.101/2005). Nos demais casos, de intervenção e liquidação extrajudicial, por serem procedimentos administrativos, iniciados no exercício da função administrativa, a indisponibilidade assumirá a feição de provimento administrativo acautelatório.

A problemática das referidas legislações diz respeito à ausência de um limitador temporal[414] expresso da indisponibilidade, que poderá

---

[413] SCARPARO, Eduardo. A cautelaridade da indisponibilização de bens na Lei nº 6.024, de 13 de março de 1974, e sua eficácia perante execuções de terceiros. *Revista da Procuradoria-Geral do Banco Central*, v.8, nº 2, dez. 2014, p. 25.

[414] A indisponibilidade dos bens, na forma prevista nas leis, é uma cautelar, sem sombra de dúvidas, extremamente gravosa. A esse respeito, Athos de Gusmão Carneiro já anotava que "esta indisponibilidade total levou-as a praticamente à morte civil, pois que a apuração

perdurar enquanto persistir o longo processo de liquidação/intervenção. Embora esse fato, por si só, não desvirtue a cautelaridade da medida, que continuará sendo provisória, já que tem por marco final o fim do processamento dos aludidos regimes especiais, ele traz uma restrição gravosa aos que se submetem a essa medida, que, a depender do caso concreto, pode se mostrar desproporcional.

Outro ponto curioso é justamente a confusão feita dessa medida com uma possível sanção. Isso decorre inclusive da exposição de motivos da Lei nº 6.024/74, que assim dispõe:

> Por outro lado, haveria de se dar sentido dinâmico e efetivo ao instituto da intervenção, sem descurar da penalização de administradores faltosos. Estes aspectos seriam abrangidos no incluso projeto de lei, que a honra de submeter à elevada consideração de Vossa Excelência, contemplando três pontos que reputo de importância básica: a) suspensão da exigibilidade das operações vencidas e da fluência do prazo nas operações vincendas, enquanto dure o processo de intervenção; b) extensão do preceito de indisponibilidade aos bens dos administradores; c) instituição de inquérito para apuração de responsabilidade.

Com essa interpretação, equivocada, a nosso ver, encontram-se declarações doutrinárias manifestando-se pela sua inconstitucionalidade.[415] Felipe Herdem Lima, em trabalho monográfico, associando a indisponibilidade à sanção ("Nesse caso, é possível reconhecer os efeitos sancionatórios da liquidação extrajudicial (indisponibilidade e destituição dos administradores) (...)"), chega a afirmar que a restrição

---

da responsabilidade de cada uma será procrastinada até o final da longínqua apuração das responsabilidades de cada demandado, na sentença de mérito" (CARNEIRO, Athos de Gusmão. Liquidação extrajudicial de instituição financeira – Ação de responsabilidade para ressarcimento de danos – decretação da indisponibilidade total de bens de simples acionistas – Art. 36, §2º, "A", da Lei 6.024/74. *Revista dos Tribunais*, a. 2, n 7, abr./jun. 1994, p. 152).

[415] "Considerando especialmente a perspectiva de separação de poderes, anota-se que a Lei nº 6.024, de 1974, foi outorgada em período deveras conturbado da história política brasileira, em tempo ditatorial, tendo também forte influência do Direito italiano fascista, especificamente do Régio Decreto nº 267, de 16 de março de 1942. Esse fato explica o fortalecimento do Poder Executivo na condução das intervenções e liquidações de instituições financeiras, com a exclusão do Poder Judiciário da sua decretação e do seu proceder. A origem do ato de poder, no entanto, não transmuda a natureza cautelar decorrente da medida, uma vez que é inequívoca sua fundação na necessidade de assegurar um direito sob risco, por meio de cognição de aparência, no caso, presumida pela lei, mas passível de reavaliação jurisdicional" (SCARPARO, Eduardo. A Cautelaridade da indisponibilização de bens na Lei nº 6.024, de 13 de março de 1974, e sua eficácia perante execuções de terceiros. *Revista da Procuradoria-Geral do Banco Central*, v. 8, nº 2, dez.2014, p. 25-26).

patrimonial decorrente da decretação da indisponibilidade dos bens dos administradores e a restrição de liberdade de ir e vir,[416] trazida pela Lei nº 6.024/74, com a decretação do regime de liquidação extrajudicial, está em total contradição com a garantia do processo administrativo constitucional, já que sequer existe um processo prévio, quanto mais a existência do contraditório e da ampla defesa.[417]

Discorda-se. Pelos próprios termos e propósitos da medida, fica patente a finalidade de prevenir danos, evidenciando o aspecto cautelar da medida (a confusão com sanção, em parte, decorre do desconhecimento sobre a existência dessa medida no âmbito administrativo). Com a mesma intelecção, Eduardo Scarparo se manifesta no sentido de que a indisponibilização de bens em questão opera como medida preventiva de alta eficácia para o fim de garantir solvabilidade do ex-administrador, de modo a garantir que existam bens passíveis de penhora ulterior, caso julgada procedente a ação de responsabilidade de que trata o art. 46 da Lei nº 6.024, de 1974. Assim sendo, a indisponibilização tem caráter de prover segurança para eventual futura execução decorrente da condenação dos ex-administradores da instituição financeira, não detendo caráter diretamente sancionatório, estando vinculada ao exercício de ação para apuração da responsabilidade dos ex-administradores.[418]

Outro ponto interessante sobre as medidas é a possibilidade, ainda que não prevista literalmente, da substituição da indisponibilidade por outra medida idônea (o que reforça a feição não sancionatória do provimento cautelar). Deste modo, ciente de que a cautela jurídica tem aplicação restrita aos limites necessários à segurança do direito sob risco, sendo ilegítimas as restrições que ultrapassam a sua finalidade, é plenamente possível a substituição da cautelar prevista no art. 36 da Lei nº 6.024, de 1974, por outras medidas de segurança, também adequadas e suficientes para evitar a lesão ou repará-la.[419]

---

[416] A restrição à liberdade de ir e vir, por si só, não demonstra a inconstitucionalidade da medida cautelar. Mas, de fato, tendo em vista o bem jurídico tutelado e o grau de restrição dessa medida cautelar constante do artigo 37 da Lei nº 6.024/74, esse provimento cautelar nos parece desproporcional, sendo medida excessiva que, por tal razão, poderia se mostrar inconstitucional.

[417] LIMA, Felipe Herdem. *Devido processo administrativo no regime de liquidação extrajudicial*. 2017. 130 f. Dissertação (Mestrado) – Curso de Direito Público, Fundação Getúlio Vargas – FGV, Rio de Janeiro, 2017, p. 120.

[418] SCARPARO, Eduardo. A Cautelaridade da indisponibilização de bens na Lei nº 6.024, de 13 de março de 1974, e sua eficácia perante execuções de terceiros. *Revista da Procuradoria-Geral do Banco Central*, v. 8, nº 2, dez. 2014, p. 22.

[419] "Para exemplificar, pode o ex-administrador, ou mesmo terceiro, prestar caução em bens, créditos, títulos ou em dinheiro, desde que em valor suficiente para garantir a solvabilidade

2.11.2 Interferência do Poder Judiciário

Ab initio, julgado que merece atenção condiz com as considerações trazidas pelo Supremo Tribunal Federal na PETMC nº 1343/DF. Neste julgamento, a Corte Constitucional entendeu pela legitimidade da medida de indisponibilidade, e que ela só poderia ser levantada nos casos de: a) encerramento do inquérito instaurado pelo Banco Central do Brasil, de cujas conclusões decorreria o reconhecimento de inexistência de prejuízo (art. 44 da Lei nº 6.024/76); b) inocorrência de qualquer parcela de responsabilidade dos ex-administradores (art. 49 da Lei nº 6.024/74).

A Corte Superior de Justiça também já deliberou no sentido de permitir a alienação dos bens indisponibilizados cautelarmente, de modo a realizar o pagamento de credores, entendendo que a indisponibilidade diz respeito aos administradores da pessoa jurídica, não impedindo a sua alienação judicial.[420]

Em outra ocasião, o Superior Tribunal de Justiça se posicionou reconhecendo o caráter não sancionatório das medidas de indisponibilidade da Lei nº 6.024/74, além de concluir, como ocorre em outras medidas cautelares, que o contraditório e a ampla defesa ficam diferidos, de modo a garantir o exercício efetivo do poder de polícia pelo BACEN.[421]

O STJ, em diferente acórdão, além de entender a medida como uma restrição ao direito de propriedade (e não sua completa destituição), também reconheceu a menor onerosidade na adoção da medida, liberando-se a indisponibilidade dos frutos civis (dividendos). Confira-se a ementa:

---

da instituição financeira. Afinal, a possibilidade de substituição das cautelares por outras menos gravosas disposta no art. 805 do CPC integra a própria teoria geral da tutela cautelar. De outra sorte, a restrição destituída de finalidade importa inegável afronta à autonomia da vontade e ao direito de propriedade do ex-administrador de sociedade em liquidação extrajudicial. Não sendo punitiva a medida, não há como sustentar, com mínima consistência, a correção de tal ordem de restrição" (SCARPARO, Eduardo. A cautelaridade da indisponibilização de bens na Lei nº 6.024, de 13 de março de 1974, e sua eficácia perante execuções de terceiros. *Revista da Procuradoria-Geral do Banco Central*, v. 8, nº 2, dez. 2014, p. 30-31).

[420] STJ – RESP 200183 / SP ; RECURSO ESPECIAL 1999/0001119-8 Relator Ministro RUY ROSADO DE AGUIAR (1102) Órgão Julgador T4 – QUARTA TURMA Data do Julgamento 18/05/1999 Data da Publicação/Fonte DJ 28.06.1999 p. 121.

[421] AgRg no REsp 615.436/DF, Rel. Ministro Francisco Falcão, Primeira Turma, julgado em 04.11.2004, DJ 06.12.2004 p. 210) 19. Recurso Especial parcialmente conhecido, e nesta parte, desprovido. (REsp 930.970/ SP, Rel. Ministro LUIZ FUX, PRIMEIRA TURMA, julgado em 14.10.2008, DJe 03.11.2008).

COMERCIAL. SOCIEDADE POR AÇÕES. LIQUIDAÇÃO EXTRA-JUDICIAL. INDISPONIBILIDADE DOS BENS DOS ADMINISTRADORES. AÇÕES DE OUTRAS SOCIEDADES. DIVIDENDOS. LIBERAÇÃO. 1 – A intervenção e a liquidação extrajudicial da sociedade por ações produzem o efeito imediato da indisponibilidade dos bens dos administradores (art. 36 da Lei 6.024, de 15 de dezembro de 1976), sendo vedado, consoante a lei, por qualquer forma, direta ou indireta, aliená-los ou onerá-los, "até a apuração final de suas responsabilidades". 2 – Esta imposição legal, no entanto não impede ou subtrai dos dirigentes da sociedade a sua administração. Cria-se uma restrição ao direito de propriedade, visando sua conservação, não podendo – todavia – a liquidação extrajudicial "afetar o processo produtivo ou as operações comerciais". 3 – Nesta linha, importa realçar que a liquidação extrajudicial recai sobre o Banco Hércules S/A, a Hércules Corretora de Valores Mobiliários Ltda e o Consórcio Mercantil S/C Ltda. e os dividendos que o recurso visa liberar são referentes às ações de propriedade da recorrente nas empresas Banco Mercantil do Brasil S.A. (Banco Comercial), Banco Mercantil do Brasil S/A (Banco de Investimento) e Companhia de Seguros Minas Brasil. 4 – A Lei 6.024/76 não prevê a indisponibilidade dos frutos civis do capital, quando nada para a justa conservação dos bens. Liberação permitida em relação aos dividendos das ações das empresas não sujeitas ao regime especial. 5 – Recurso especial conhecido. (REsp 243.091/MG, Rel. Ministro FERNANDO GONÇALVES, QUARTA TURMA, julgado em 14/09/2004, DJ 18/10/2004, p. 280).

Em decisões recentes, o Tribunal Regional Federal da 2ª Região já se posicionou sobre os atos de indisponibilidade decorrentes do artigo 24-A da Lei nº 9.656/98, atentando-se sobre o seu caráter temporal. Um dos acórdãos assinalou que o art. 24-A da Lei nº 9.656/98 é claro ao dispor que os administradores das operadoras de planos privados de assistência à saúde em regime de direção fiscal ficarão com os seus bens indisponíveis até a apuração e liquidação finais de suas responsabilidades (o que não ocorreu no caso sob análise, não havendo, assim, que se falar em violação do princípio da razoável duração do processo).[422] Por outro lado, em diferente decisão, levando-se em consideração as circunstâncias fáticas, tendo em vista a demora no processo de liquidação e levando-se em consideração as circunstâncias fáticas, o Tribunal decidiu que a medida se mostra arbitrária e contrária ao princípio da

---

[422] TRF-2 – REOAC: 01047021720174025106 RJ 0104702-17.2017.4.02.5106, Relator: ALFREDO JARA MOURA, Data de Julgamento: 14.03.2019, VICE-PRESIDÊNCIA.

razoável duração do processo quando a manutenção da constrição se dá além do prazo do próprio regime especial que lhe deu origem, ou mesmo durante anos, por tempo indeterminado, em decorrência de sucessivos regimes de direção fiscal, sem que haja o menor indício de que as pessoas atingidas concorreram para a intervenção da ANS e/ ou sem que se inicie a apuração das responsabilidades, uma vez que a "medida acautelatória e preventiva de indisponibilidade de bens, embora decorra de lei (art. 24-A da Lei nº 9.656/98), restringe direitos fundamentais, notadamente o da livre disposição dos bens e o de propriedade".[423]

2.12 Código de Defesa do Consumidor (Lei nº 8.078/90)

O Código de Defesa do Consumidor (CDC), instituído pela Lei nº 8.078/90, de modo a regular o artigo 5º, inciso XXXII, da Constituição Federal, configura importante marco na proteção da parte hipossuficiente nas relações de consumo. Em particular em sociedades constituídas pela massificação do consumo, um marco regulatório que determina balizas mínimas e assegura direitos protegidos nas relações consumeristas é um traço próprio de Estados Sociais.

Uma das principais inovações trazida pelas regras do Código, e que aqui nos interessa, é a possibilidade de as medidas cautelares administrativas,[424] ou seja, a possibilidade de a autoridade administrativa, visando a proteger o consumidor, tomar certas providências *ad cautelam*, como a apreensão de produtos, por exemplo.[425]

---

[423] TRF-2 – AC: 01213529120164025101 RJ 0121352-91.2016.4.02.5101, Relator: SERGIO SCHWAITZER, Data de Julgamento: 16.12.2019, 7ª TURMA ESPECIALIZADA.

[424] Na Europa há, de modo geral, esta possibilidade da cautela administrativa em termos consumeristas. Em referida região, a lei confere poder cautelar tanto ao Judiciário quanto às entidades administrativas, podendo ambas as medidas concorrerem. A Diretiva sobre cautelares 98/27 deixou aos Estados-Membros a opção por escolher entre controle judicial ou administrativo ou ambos. Enquanto a maior parte dos antigos Estados-Membros escolheram controle judicial, os novos Estados-Membros optaram por ambos (CAFAGGI, Fabrizio. The Great Transformation Administrative and Judicial Enforcement in Consumer Protection: A Remedial Perspective. *Loy. Consumer L. Rev.*, v. 21, p. 496, 2008).

[425] SILVA NETO, Orlando Celso da. *Comentários ao Código de Defesa do Consumidor*. Rio de Janeiro: Forense, 2013, p. 731.

2.12.1 Tipos de medidas provisionais

O CDC traz uma previsão *sui generis* para as medidas cautelares administrativas, tratando conjuntamente das sanções administrativas e dos provimentos acautelatórios. A prescrição legal encontra-se no parágrafo único do artigo 56:

> Art. 56. As infrações das normas de defesa do consumidor ficam sujeitas, conforme o caso, às seguintes sanções administrativas, sem prejuízo das de natureza civil, penal e das definidas em normas específicas:
>
> I – multa;
>
> II – apreensão do produto;
>
> III – inutilização do produto;
>
> IV – cassação do registro do produto junto ao órgão competente;
>
> V – proibição de fabricação do produto;
>
> VI – suspensão de fornecimento de produtos ou serviço;
>
> VII – suspensão temporária de atividade;
>
> VIII – revogação de concessão ou permissão de uso;
>
> IX – cassação de licença do estabelecimento ou de atividade;
>
> X – interdição, total ou parcial, de estabelecimento, de obra ou de atividade;
>
> XI – intervenção administrativa;
>
> XII – imposição de contrapropaganda.
>
> Parágrafo único. As sanções previstas neste artigo serão aplicadas pela autoridade administrativa, no âmbito de sua atribuição, podendo ser aplicadas cumulativamente, inclusive por medida cautelar, antecedente ou incidente de procedimento administrativo.

Veja que a disposição legal permite que as mesmas medidas sancionatórias possam ser adotadas também como provimentos cautelares. Trata-se de uma técnica legislativa[426] que confere um sentido equívoco ao artigo em voga, pois dá a entender que as medidas seriam intercambiáveis, quando, na verdade, um ato cautelar não se confunde com sanção. Não existe uma "sanção cautelar" (*vide* item 1.3.1.1).

---

[426] O Decreto nº 2.171/98, que trata sobre as sanções administrativas consumeristas, reproduz o equívoco em seu artigo 18: "A inobservância das normas contidas na Lei nº 8.078, de 1990, e das demais normas de defesa do consumidor constituirá prática infrativa e sujeitará o fornecedor às seguintes penalidades, que poderão ser aplicadas isolada ou cumulativamente, inclusive de forma cautelar, antecedente ou incidente no processo administrativo, sem prejuízo das de natureza cível, penal e das definidas em normas específicas".

Ademais disso, apesar de a lei não fazer ressalvas, é evidente que nem todas as sanções constantes dos incisos do artigo 56 têm a aptidão de serem adotadas na qualidade de provimentos cautelares. A medida de inutilização do produto, do inciso III, por exemplo, tem em si um caráter de definitividade, incompatível com a natureza provisional dos atos acautelatórios. Da mesma forma, a revogação de concessão ou permissão ou mesmo a multa.

Quanto à multa, Claudia Lima Marques, Antônio Herman V. Benjamin e Bruno Miragem, buscando uma interpretação sistemática, indicam que, embora ela não seja uma medida cautelar em si, ela pode ser aplicada nas hipóteses de descumprimento dos provimentos cautelares impostos, funcionando, em certa medida, como uma astreinte administrativa.[427]

Nem o CDC e tampouco o decreto nº 2.171/98 trazem maiores detalhes sobre as cautelares. A necessidade de interpretação dentro de um microssistema cautelar administrativo mostra-se, desta feita, patente.

Em relação à autoridade competente para a aplicação das sanções ou para a adoção das medidas cautelares, sua menção, no artigo do CDC, é variada: poderá ser agência reguladora, autarquia ou entidade pública dotada de competência legal (mencione-se, de forma exemplificativa, no limite de sua competência, o Inmetro) ou alguns dos órgãos do Sistema Nacional de Defesa do Consumidor.[428] Dentre estes, os que ganham maior destaque são os PROCONS, que são órgãos[429] locais, estaduais, distrital ou municipais, que têm por finalidade promover a defesa e proteção dos direitos e interesses dos consumidores.

Ilustre-se a atuação cautelar do PROCON citando-se o auto de infração 225/2019, lavrado pelo PROCON de Mato Grosso do Sul. Ao se apurar que determinado estabelecimento farmacêutico não detinha um alvará de licença sanitária e estava vendendo produtos com prazo de validade vencido e mercadorias avariadas, entre outras irregularidades, aplicou a medida cautelar de suspensão de qualquer

---

[427] MARQUES, Claudia Lima; BENJAMIN, Antônio Herman V,; MIRAGEM, Bruno. *Comentários ao Código de Defesa do Consumidor*. 2. ed São Paulo: Revista dos Tribunais, 2008, p. 862-863.

[428] SILVA NETO, Orlando Celso da. *Comentários ao Código de Defesa do Consumidor*. Rio de Janeiro: Forense, 2013, p. 732.

[429] A natureza jurídica dos PROCONS é variante, a depender da legislação. Em grande parte das vezes, assumem a forma de autarquias, vinculadas ao Poder Executivo, podendo, contudo, assumir configuração jurídica diversa, bem como vinculação a outra estrutura estatal. *Vide* o caso do PROCON de Minas Gerais, que se encontra atrelado ao Ministério Público.

serviço farmacêutico ou correlato até que fossem sanadas as irregularidades apontadas (artigo 56, inciso VI, do CDC).

2.12.2 Interferência do Poder Judiciário

Como decorrência da atividade intensa que tem sido desempenhada pelos PROCONS de diversos Estados, incluindo a atividade acautelatória, encontram-se vários julgados relacionados à temática.

O Tribunal de Justiça de Minas Gerais, por exemplo, manifestou-se no sentido de que os provimentos cautelares do CDC, como a suspensão de fornecimento de serviço ou produto, são medidas excepcionais, que somente devem ser adotadas "quando houver situação de risco capaz de comprometer a efetividade/utilidade da própria decisão administrativa caso concedida ao final do procedimento", bem como se houver "preponderância do proveito buscado por meio da medida em cotejo com os valores constitucionais que restam fragilizados por conta da sua adoção"[430] (demonstrando aqui uma nítida ideia de proporcionalidade).

O mesmo Tribunal também assentou que nas medidas cautelares aplicadas pelo PROCON, o contraditório é postergado, e destacou que o pedido na demora, envolvendo risco de danos aos consumidores, é pressuposto inafastável para a concessão da medida.[431]

Analisando uma medida cautelar administrativa de suspensão de comercialização de jogo eletrônico, aplicada com fulcro no CDC, o TRF da 1ª Região assentou que se deve fazer uma análise conjunta do artigo 56 do CDC com o artigo 45 da Lei nº 9.784/99 (indicando um fragmento da ideia de microssistema aqui defendida). Além disso, destacou o aspecto discricionário da medida e que sua adoção se basta com um mero juízo de verossimilhança, não sendo necessária uma apreciação profunda sobre os fatos.[432]

---

[430] TJ-MG – AC: 10024130424062005 MG, Relator: Vanessa Verdolim Hudson Andrade, Data de Julgamento: 10.02.2015, Data de Publicação: 24.02.2015.
[431] TJ-MG – AI 0259068-06.2013.8.13.0000 (1) Relator(a): Des.(a) Jair Varão – Data de Julgamento: 22.08.2013.
[432] TRF-1 – AMS: 6327 DF 1999.34.00.006327-6, Relator: DESEMBARGADOR FEDERAL JOÃO BATISTA MOREIRA, Data de Julgamento: 12.02.2007, QUINTA TURMA, Data de Publicação: 01.03.2007 DJ p. 41.

2.13 Legislação Sanitária (Lei nº 6.360/76, Lei nº 6.437/77, Lei nº 9.782/99)

Há um conjunto legislativo voltado a configurar o regime jurídico da vigilância sanitária. Por essa razão, a análise será feita levando em conta esse sistema normativo de proteção contra o risco sanitário.

2.13.1 Tipos de medidas provisionais

No que tange às medidas cautelares administrativas da legislação sanitária, a Agência Nacional de Vigilância Sanitária (ANVISA)[433] traz os seguintes esclarecimentos:

> As medidas preventivas de interesse sanitário são adotadas quando existem indícios ou evidências suficientes de que uma irregularidade possa causar danos à saúde. Desta forma, e com base no princípio da precaução, podem ser adotadas ações como suspensão da fabricação, comércio e uso de produtos e a interdição cautelar parcial ou total de um estabelecimento ou de um produto, por exemplo. Tais medidas visam cessar a exposição da população a riscos até que seja concluída a investigação.[434]

Analisando as medidas preventivas específicas da legislação sanitária, tem-se que na Lei nº 6.437/77 elas se encontram presentes no artigo 23, §§2º e 4º. *In verbis*:

> Art. 23 – A apuração do ilícito, em se tratando de produto ou substância referidos no art. 10, inciso IV, far-se-á mediante a apreensão de amostras para a realização de análise fiscal e de interdição, se for o caso.
>
> §1º – A apreensão de amostras para efeito de análise, fiscal ou de controle, não será acompanhada da interdição do produto.
>
> §2º – Excetuam-se do disposto no parágrafo anterior os casos em que sejam flagrantes os indícios de alteração ou adulteração do produto,

---

[433] As medidas preventivas determinadas pela Anvisa abrangem todo o território nacional e são publicadas no Diário Oficial da União (DOU), por meio de Resoluções Específicas (REs).

[434] Disponível em: http://portal.anvisa.gov.br/resultado-de-busca?p_p_id=101&p_p_lifecycle=0&p_p_state=maximized&p_p_mode=view&p_p_col_id=column-1&p_p_col_count=1&_101_struts_action=%2Fasset_publisher%2Fview_content&_101_assetEntryId=284126&_101_type=content&_101_groupId=33864&_101_urlTitle=conheca-a-fiscalizacao-medidas-sanitarias&inheritRedirect=true

hipótese em que a interdição terá caráter preventivo ou de medida cautelar.

§3º – A interdição do produto será obrigatório quando resultarem provadas, em análise laboratoriais ou no exame de processos, ações fraudulentas que impliquem em falsificação ou adulteração.

§4º – A interdição do produto e do estabelecimento, como medida cautelar, durará o tempo necessário à realização de testes, provas, análises ou outras providências requeridas, não podendo, em qualquer caso, exceder o prazo de noventa dias, findo qual o produto ou estabelecimento será automaticamente liberado.

Observa-se do artigo transcrito que há duas medidas provisionais cabíveis: i) a interdição (apreensão) dos produtos ou substâncias[435] sem registro, licença, ou autorizações do órgão sanitário competente ou contrariando o disposto na legislação sanitária pertinente, quando remanescem claros os indícios de alteração ou adulteração do produto; e ii) a interdição do estabelecimento que esteja comercializando estes produtos.

A legislação sanitária impõe como prazo de duração das medidas cautelares aquele necessário à realização dos testes para a apuração da infração, não podendo, em qualquer caso, ultrapassar 90 dias (havendo, após o prazo, a liberação automática do produto e/ou estabelecimento). O prazo imposto e o propósito da interdição são importantes para caracterizar a cautelaridade, uma vez que a interdição também figura como sanção na lei. Temos, portanto, interdição-cautelar e interdição-sanção.

A Lei nº 6.370/76, por sua vez, traz a previsão de suspensão da fabricação e venda de qualquer dos produtos nela mencionados, que, embora registrados, tornem-se suspeitos de terem efeitos nocivos à saúde humana (artigo 7º). Por sua vez, em seu artigo 6º, há a figura da cautelar de recolhimento, que ocorrerá quando se apurar que determinado produto, até então considerado útil, é nocivo à saúde ou não preenche requisitos estabelecidos em lei.

Sobre as medidas provisionais da Lei nº 6.370/76, a ANVISA esclarece que o recolhimento configura ação que visa à imediata e eficaz retirada do mercado de determinado(s) lote(s) de produto, com indícios suficientes ou comprovação de desvio de qualidade, que possa representar risco à saúde, ou ainda por ocasião de cancelamento de registro

---

[435] No caso da interdição do produto, a depender da situação, pode ocorrer de o proprietário dos bens permanecer com eles na qualidade de fiel depositário.

relacionado à segurança e eficácia do produto. O recolhimento pode ser determinado pela Anvisa e pelas vigilâncias locais ou realizado voluntariamente pela empresa, quando identificado algum problema. Já a medida de suspensão se dá quando o produto apresenta irregularidades associadas às atividades de fabricação, importação, distribuição, divulgação e comércio, quando identificado um descumprimento de exigências regulamentares, tais como os requisitos de boas práticas de fabricação. A suspensão dura o tempo necessário para corrigir as irregularidades constatadas.[436]

Houve, já na vigência da Constituição de 1988, o advento da Lei nº 9.782/99, que prevê duas medidas em seu artigo 7º, de competência da ANVISA:

> XIV – interditar, como medida de vigilância sanitária, os locais de fabricação, controle, importação, armazenamento, distribuição e venda de produtos e de prestação de serviços relativos à saúde, em caso de violação da legislação pertinente ou de risco iminente à saúde; XV – proibir a fabricação, a importação, o armazenamento, a distribuição e a comercialização de produtos e insumos, em caso de violação da legislação pertinente ou de risco iminente à saúde;

Algo que se nota da legislação sanitária é que, com exceção da interdição cautelar da Lei nº 6.437/77, não há a indicação clara e expressa de que as medidas ali previstas são provimentos acautelatórios. A leitura da Lei nº 6.370/76 pode levar, muitas vezes, ao entendimento que as previsões acima mencionadas seriam verdadeiras sanções. Quanto a isso, verifica-se, primeiramente, que se trata de legislação antiga, anterior ao texto de 1988. Isso é relevante, pois, se ainda hoje, no campo doutrinário e de técnica legislativa, as medidas cautelares administrativas são desconhecidas, há quarenta anos elas não eram sequer debatidas de forma séria.

Além disso, a configuração de um provimento como cautelar não depende de sua expressa qualificação textual. Medidas que se mostrem definitivas, por exemplo, ainda que venham a receber a nomenclatura de "cautelares", não o serão, sendo verdadeiras contrafações

---

[436] Disponível em: http://portal.anvisa.gov.br/resultado-de-busca?p_p_id=101&p_p_lifecycle=0&p_p_state=maximized&p_p_mode=view&p_p_col_id=column-1&p_p_col_count=1&_101_struts_action=%2Fasset_publisher%2Fview_content&_101_assetEntryId=284126&_101_type=content&_101_groupId=33864&_101_urlTitle=conheca-a-fiscalizacao-medidas-sanitarias&inheritRedirect=true

administrativas. O oposto também é verdadeiro: provimentos que não são adjetivados como preventivos ou cautelares, se a maneira como são aplicados os seus pressupostos, os requisitos e demais elementos contextuais indicarem o aspecto preventivo, serão medidas cautelares administrativas.

De qualquer modo, apesar da redação não ser a mais adequada, a prática demonstra que os órgãos de vigilância sanitária utilizam cotidianamente os provimentos acautelatórios trazidos pela legislação. De maneira ilustrativa, mencione-se a Resolução-RE nº 2.333, de 26 de agosto de 2016, que determinou a interdição cautelar, em todo o território nacional, de um lote do produto "bebida láctea UHT sabor chocolate", 200ml, fabricado pela empresa ITAMBÉ, invocando os termos do artigo 24 da Lei nº 6.437/77. Ou, ainda, a Resolução-RE nº 3.614, de 19 de dezembro de 2019, que determinou várias medidas preventivas: o recolhimento e a suspensão de comercialização, distribuição e uso de vários lotes do medicamento Cloridrato de Renitidina 150mg e a apreensão cautelar de um lote do medicamento Noprosil – 5mg/m.

2.13.2 Interferência do Poder Judiciário

No julgamento da Apelação Cível nº 201050010032990, pelo Tribunal Regional Federal da 2ª Região, o órgão do Judiciário decidiu que não é necessário constar no auto de infração o prazo de duração da medida cautelar de interdição prevista na Lei nº 6.437/77, uma vez que a legislação não exige, como requisito formal, essa indicação, apenas prevendo o prazo máximo de 90 dias e sua cessação automática após o termo *ad quem*. Ainda sobre o prazo, o Tribunal de Justiça do Rio de Janeiro destacou a necessidade de sua observância, por ser um limitador legal, decretando a liberação da interdição que ultrapasse aqueles 90 dias.[437]

A proporcionalidade tem sido a tônica para a averiguação de grande parte dos provimentos acautelatórios sanitários utilizados pelo Estado. Nesta decisão do Tribunal de Justiça do Rio Grande do Sul, apesar de se reconhecer a legalidade da possibilidade de interdição cautelar de uma farmácia, ao se apurar o contexto fático em questão, no qual

---

[437] TJ-RJ – APL: 01704957520008190001 RIO DE JANEIRO CAPITAL 3 VARA FAZ PÚBLICA, Relator: RONALDO JOSE OLIVEIRA ROCHA PASSOS, Data de Julgamento: 30.04.2003, DÉCIMA TERCEIRA CÂMARA CIVEL.

houve a apreensão de "apenas uma caixa do medicamento falsificado no estabelecimento farmacêutico vistoriado e não estando este exposto para comercialização" decretou que a "interdição cautelar por 90 dias desborda o princípio da proporcionalidade e da razoabilidade".[438]

O Tribunal Regional Federal da 1ª Região, analisando a medida de suspensão cautelar de fabricação de determinado medicamento, apresentou expressamente como fundamento para a cautelaridade a supremacia do interesse público, instrumentalizada por meio do exercício do poder de polícia.[439]

Em outro sentido, tanto o Tribunal de Justiça do Rio Grande do Sul como do Distrito Federal já sinalizaram que a interdição cautelar do estabelecimento, com base na Lei nº 6.437/77, depende da lavratura de auto de infração, de modo a exigir que seja iniciado um processo administrativo que viabilize a possibilidade do contraditório e da ampla defesa.[440]

2.14 Averbação pré-executória (Lei nº 13.606/18)

A Lei nº 13.606/18, além de disciplinar o Programa de Regularização Tributária Rural, trouxe em seu bojo uma série de alterações em outros diplomas normativos, merecendo destaque a chamada averbação pré-executória, constante no seu artigo 25, que introduziu, entre outras previsões, o artigo 20-B na Lei nº 10.522/02.

A premissa da referida inclusão representa justamente uma alteração na forma de se conduzir a Administração Pública, em especial nas questões tributárias, preferindo como diretrizes para a condução da função administrativo-tributária a prevenção e a escolha de demandas estratégicas, além da utilização das medidas judiciais como última medida a ser acolhida

---

[438] Apelação e Reexame Necessário nº 70055128201, Vigésima Segunda Câmara Cível, Tribunal de Justiça do RS, Relator: Marilene Bonzanini Bernardi, Julgado em 14.08.2013
[439] APELAÇÃO EM MANDADO DE SEGURANÇA AMS 15963 DF 96.01.15963-0 (TRF-1) Jurisprudência – 19.10.1998 – Tribunal Regional Federal da 1ª Região.
[440] Apelação e Reexame Necessário nº 70067765255, Segunda Câmara Cível, Tribunal de Justiça do RS, Relator: Laura Louzada Jaccottet, Julgado em 01.06.2016; APELAÇÃO CÍVEL E REMESSA DE OFÍCIO AC 20010110884426 DF (TJ-DF) Jurisprudência – 05.10.2006 – Tribunal de Justiça do Distrito Federal e Territórios.

2.14.1 Tipos de medidas provisionais

A medida de caráter acautelatório, bastante polêmica, constante na Lei nº 10.522/02, encontra-se elencada no artigo 20-B, §3º, inciso II:

> Art. 20-B – *omissis*
>
> §3º Não pago o débito no prazo fixado no caput deste artigo, a Fazenda Pública poderá:
>
> I – *omissis*
>
> II – averbar, inclusive por meio eletrônico, a certidão de dívida ativa nos órgãos de registro de bens e direitos sujeitos a arresto ou penhora, tornando-os indisponíveis.

Essa medida provisional possui um diferencial ímpar em relação a todas as demais já estudadas. A medida acautelatória administrativa em tela tem por finalidade assegurar a eficácia de um provimento judicial,[441-442] havendo aqui um sincretismo entre as esferas. O escopo da averbação da certidão de dívida ativa, de modo a indisponibilizar bens dos devedores, é assegurar a efetividade da ação de execução fiscal que deverá ser ajuizada, bem como proteger terceiros, possuindo uma feição cautelar-conservativa.[443]

---

[441] "Logo, a 'averbação pré-executória' segue a mesma lógica: trata-se de um ato administrativo extraprocessual que, independe de decisão judicial, e se destina a produzir efeitos contra terceiros, evitando tanto a execução quanto a fraude contra credores, objetivando dar segurança jurídica aos negócios realizados com pessoas (...)" (TITONELLI, Allan. Averbação pré-executória traz efetividade e segurança jurídica. *Consultor Jurídico – CONJUR*. 12 jan. 2018. Disponível em: https://www.conjur.com.br/2018-jan-15/allan-titonelli-averbacao-pre-executoria-traz-seguranca-juridica Acesso em: 25 fev. 2019).

[442] Previsões semelhantes, até mais gravosas, emergem com certa tranquilidade em ordenamentos estrangeiros. Só para mencionar um, em Portugal, Ana Manuela Abreu de Sousa dá conta que "a administração tributária pode, ainda, nos termos do art. 51 da LGT, lançar mão de providências cautelares para garantir os créditos tributários, em caso de fundado receio da frustração da sua cobrança ou de destruição ou extravio de documentos ou outros elementos necessários ao apuramento da situação tributária dos sujeitos passivos e demais obrigados tributários". Explica ainda que "estas providências cautelares de natureza administrativa podem consistir na apreensão de bens, direitos ou documentos ou na retenção, até à satisfação dos créditos tributários, de prestações tributárias a que o contribuinte tenha direito" (SOUSA, Ana Manuela Abreu de. *Uma visão integrada da relação jurídica tributária* – em especial a questão da garantia. 2017. 224 f. Dissertação (Mestrado) – Curso de Direito, Universidade do Minho, Braga, 2017, p. 35-36).

[443] "A indisponibilidade, mera consequência da averbação, tem nítida e primordial função conservativa, pois impede o devedor de se desfazer do patrimônio, lesando não apenas a Fazenda Nacional, mas terceiros e quartos que podem se ver inseridos em cadeia de alienação sucessiva que ruirá no momento em que reconhecida a ineficácia, cuja causa não se podia exigir naquela altura da cadeia de aquisições" (NOLASCO, Rita; CAMPOS, Rogério. Averbação pré-executória prevista na Lei 13.606/2018 é legítima. *Consultor Jurídico – CONJUR*. 05 fev. 2018. Disponível em: https://www.conjur.com.br/2018-fev-05/opiniao-averbacao-pre-executoria-prevista-lei-13606-legitima Acesso em: 30 jan. 2020).

Sua regulamentação veio esculpida na Portaria PGFN nº 33, de 08 de fevereiro de 2018, especialmente entre os artigos 21 a 32.

Apesar de não expressos, os requisitos de todo e qualquer provimento cautelar encontram-se presentes na lei. A fumaça do bom direito se manifesta quando se apura que a averbação somente ocorrerá em relação a créditos inscritos em Dívida Ativa da União (DAU). Deve-se lembrar que a inscrição em DAU trata-se de um ato administrativo que reconhece a legalidade do débito, possuindo a certidão que o materializa presunção de legitimidade e certeza (artigo 3º da Lei nº 6.830/80). Por sua vez, o *periculum* se manifesta justamente pelo fato de que não há nenhum impeditivo para que a alienação dos bens do devedor se efetive, muito embora tal prática represente fraude contra credores, nos termos do 185 do Código Tributário Nacional. Logo, há um risco iminente de que terceiros sejam lesados com a anulação de eventuais negócios jurídicos que foram travados, aliado ao fato de que, com o desaparecimento do patrimônio do devedor, a execução fiscal futura restaria frustrada.

A instrumentalidade da medida cautelar em voga se evidencia pelo artigo 30 da Portaria nº 33/2018, o qual prevê que "não apresentada ou rejeitada a impugnação, a execução fiscal deverá ser encaminhada para ajuizamento no prazo de até 30 (trinta) dias contados, conforme o caso, do primeiro dia útil após esgotado o prazo para impugnação ou da data da ciência de sua rejeição", sendo que o não cumprimento deste prazo ensejará o levantamento da averbação pré-executória, ressalvada a suspensão da exigibilidade do débito antes do efetivo ajuizamento.

O aspecto cautelar – e não definitivo – da medida, com vistas a preservar o interesse público,[444] foi defendido no bojo da ADI nº 5881, pela Advocacia-Geral da União, a qual se manifestou da seguinte feita:

---

[444] Deve-se recordar que o interesse público a ser buscado pelo Estado é sempre o primário, admitindo-se, de igual forma, desde que compatível com aquele, a busca de interesses públicos secundários. Assim, o fato de a medida cautelar em tela servir para resguardar a busca do crédito tributário, o que pode indicar, em um primeiro momento, um mero interesse público secundário, não invalida o provimento acautelatório, uma vez que esse interesse público secundário está plenamente alinhado com o primário (a concretização de todas as políticas públicas demanda dinheiro público, de forma que, ao se buscar recuperar o crédito público está-se viabilizando a efetivação de importantes políticas públicas em prol dos cidadãos). A respeito disso, analisando o próprio artigo 45 da Lei nº 9.784/99, que versa sobre o poder geral de cautela na Administração, Irene Patrícia Nohara e Thiago Marrara concluem que "o risco a direitos fundamentais ou mesmo a interesses públicos secundários pode exigir que o Estado atue preventivamente e sem a oitiva prévia das partes interessadas" (*Processo administrativo:* Lei nº 9.784/99 comentada. São Paulo: Atlas, 2009, p. 301).

(...) a averbação pré-executória não enseja a expropriação de bens e direitos, gerando mera indisponibilidade restrita e temporária, a qual não se confunde com a indisponibilidade prevista no art. 185-A do CTN, tendo ambos os institutos espectro material, espacial e temporal distintos, bem como finalidades, requisitos e aplicabilidade diferentes. 17. Até porque, a indisponibilidade decorrente do art. 185-A do CTN tem prazo indeterminado e objetiva, inclusive, a indisponibilidade de bens futuros, podendo atingir ativos financeiros, sem limitação temporal, permanecendo vigente até a extinção do crédito, ao passo que a averbação pré-executória, com a consequente indisponibilidade, tem escopo muito diverso, alcançando bens e direitos presentes, não futuros, tendo manifesta limitação temporal. 18. Além disso, a averbação pré-executória tem a finalidade de tutelar o interesse de terceiros, a segurança jurídica e a boa-fé objetiva, além do objetivo de preservar o interesse público (...).

Ademais, a AGU acrescentou que a averbação pré-executória não consiste em penhora de bens e direitos, mas, sim, em anotação, nos respectivos registros, da existência de créditos inscritos em Dívida Ativa da União, ressaltando-se que, sendo o caso, a averbação pré-executória deverá ser convertida em penhora no âmbito do Poder Judiciário.

2.14.2 Interferência do Poder Judiciário

Devido à desinformação, ainda hoje patente, do poder cautelar administrativo, somada ao fato de a medida da Lei nº 10.522/02 trazer uma cautelar administrativa visando a assegurar a efetividade de uma ação judicial, de imediato houve diversas manifestações contrárias à referida legislação,[445] ocasionando o ajuizamento de ações diretas de inconstitucionalidade (ao todo foram 6 ADIs ajuizadas).

Na ADI 5.931/DF, proposta pela Confederação Nacional da Indústria (CNI), há parecer do Ministério Público Federal, que opinou pela procedência da ADI, por entender que a medida em voga consubstanciaria sanção política, vedada pela jurisprudência da Corte Constitucional. Segundo o *Parquet*, "a possibilidade de a Fazenda Pública tornar

---

[445] "(...) verifica-se que o Art. 25 da Lei nº 13.606/18 é materialmente inconstitucional, pois a averbação pré-executória da CDA violou substancialmente o direito à propriedade, ligado intrinsicamente à dignidade da pessoa humana, balizada como fundamento da República Federativa do Brasil" (ALVES JÚNIOR, José da Silva; PAIVA, Bruno Teixeira de. Averbação Pré-Executória: A (In) constitucionalidade formal e material da Lei nº 13.606/18. *Revista do Direito Público*, Londrina, v. 15, nº 2, mai/ago. 2020, p. 210).

indisponíveis bens do contribuinte por meio da averbação da CDA em registro de bens e direitos consubstancia sanção política, porquanto vulnera indevidamente o direito de propriedade e pode inviabilizar o livre exercício de atividade econômica ou profissional".

Grande parte das premissas seria validada caso não se tratasse de provimento cautelar administrativo, é dizer, é justamente o desconhecimento da natureza da medida em questão, conjuntamente com a ignorância em relação ao próprio tratamento das cautelares administrativas, que condiciona as manifestações no sentido da ilegitimidade de uma indisponibilidade administrativa de bens (lembrando que existem inúmeros outros dispositivos cautelares, em searas diversas, que assim permitem, como elencamos na presente obra).[446]

Apesar disso, no julgamento da ADI 5.886, ajuizada pela Associação Brasileira de Atacadistas e Distribuidores de Produtos Industrializados – ABAD, a Suprema Corte decidiu que, em que pese ser possível a medida acautelatória de averbação, não é permitida a indisponibilização dos bens (o que acaba por retirar grande parte do efeito prático do provimento). Em sua ementa, asseverou que "tendo em vista os princípios constitucionais do devido processo legal, da separação dos poderes e da inafastabilidade da jurisdição, surge inadequada previsão de espécie de execução administrativa dos débitos – a denominada "averbação pré-executória" – ausente intervenção do Estado-Juiz, em desarmonia com as balizas constitucionais no sentido de impedir ao máximo o exercício da autotutela pelo Estado". Nessa toada, destaque-se o voto do Ministro Luis Roberto Barroso, no qual asseverou que "a intervenção drástica sobre o direito de propriedade exige a atuação do poder Judiciário".

Conforme se apura, portanto, entendeu o STF, por maioria,[447] que, não havendo intervenção judicial, não seria possível a indisponibilidade acautelatória do patrimônio do devedor.

2.15 Outras previsões normativas

A escolha dos diplomas normativos trabalhados até então, que revelam um microssistema dogmático referente à cautelaridade

---

[446] Registre-se que nossas considerações dizem respeito exclusivamente à feição cautelar do instituto, sem se pretender adentrar os demais aspectos apontados na ADI, como a exigência de lei complementar para o disciplinamento da questão, por exemplo.

[447] Os Ministros Dias Toffoli, Alexandre de Moraes, Rosa Weber e Cármen Lúcia votaram pela constitucionalidade da averbação pré-executória.

administrativa no Brasil, não se mostram exaustivos. Foram selecionados devido a sua relevância, existência de manifestações judiciais a respeito e/ou incidência prática, dentre outros quesitos cumulativos ou alternativos. Sem embargo, na órbita federal ainda assim é possível localizar outros textos legais[448] que versam sobre provimentos cautelares administrativos. Assim, pode-se apontar, de maneira menos apurada do que nos itens antecedentes, algumas outras previsões legislativas que compõem o microssistema das medidas cautelares administrativas (mas, novamente, sem a pretensão de exaustão).

O primeiro deles é encontrado no Código de Trânsito Brasileiro (CTB), Lei nº 9.503/97. A sistemática do CTB se vale da previsão, ao lado das penalidades, das chamadas "medidas administrativas".

Apesar de a nomenclatura legislativa ser a mesma (medidas administrativas), há algumas que possuem feição cautelar, e outras, não. A medida administrativa de remoção do veículo e recolhimento da habilitação de dirigir, no caso da infração de disputar corrida, prevista no artigo 173 do CTB, possui a natureza de uma medida coativa, não possuindo feição cautelar. Porém, diversas outras previstas no diploma de trânsito apresentam o aspecto da cautelaridade,[449] na modalidade de medidas cautelares-inibitórias.

Daniel Ferreira, indicando o artigo 162 do CTB como exemplo, denota a sua feição cautelar explicando que essas medidas administrativas, à diferença das sanções administrativas, ocorrem antes do cometimento da infração ou mesmo na dúvida acerca de sua ocorrência, portanto, assumindo finalidade diversa, qual seja, a de evitar/coatar a concretização do ilícito administrativo ou permitir a sua escorreita apuração.[450]

---

[448] A própria Constituição Federal traz a autorização para a adoção, pelo Poder Público, de medidas de acautelamento para a proteção do patrimônio cultural, conforme artigo 216, §1º.

[449] A respeito, *vide* ementa de acórdão do Tribunal de Justiça de Minas Gerais: "EMENTA: APELAÇÃO CÍVEL – AÇÃO DE INDENIZAÇÃO POR DANO MATERIAL E MORAL – DEPARTAMENTO DE TRÂNSITO – INAPTIDÃO PROVISÓRIA DO CONDUTOR PARA DIRIGIR – CONSTATAÇÃO EM LAUDO MÉDICO FUNDAMENTADO – RECOLHIMENTO DA CARTEIRA DE HABILITAÇÃO – EXERCÍCIO REGULAR DO DIREITO – CONDUTA ILÍCITA – AUSÊNCIA – DEVER DE INDENIZAR – INEXISTÊNCIA. – *A autoridade de trânsito poderá adotar a medida cautelar administrativa de recolhimento da Carteira Nacional de Habilitação, visando à proteção da vida e da incolumidade física da coletividade (CTB, art. 269, III, §1º)* – Não constituem atos ilícitos aqueles praticados no exercício regular de um direito reconhecido (CC, art. 188, II) –O ato ilícito é pressuposto para a configuração da responsabilidade civil (CC, art. 927). Ausente a prática de ato ilícito, não existe dever de indenizar. (TJ-MG – AC: 10083180002897001 MG, Relator: Ramom Tácio, Data de Julgamento: 12.02.2020, Data de Publicação: 21.02.2020)".

[450] FERREIRA, Daniel. Infrações e sanções administrativas. *Enciclopédia jurídica da PUC-SP*. Celso Fernandes Campilongo, Alvaro de Azevedo Gonzaga e André Luiz Freire

Outra figura cautelar pode ser encontrada na nova legislação[451] que rege as licitações e contratos da Administração Pública (atualmente ainda o Projeto de Lei 4.253/2020, que foi aprovado pelo Senado em 10/12 e segue para sanção presidencial), que veio a substituir a famigerada Lei nº 8.666/93, e que reproduz expressamente o traço da cautelaridade administrativa nas licitações e contratos já existente na legislação prévia.

Uma primeira amostra disso pode ser notada no artigo 103, inciso V, da nova Lei, que trata das prerrogativas da Administração. O inciso prevê que pode o Poder Público ocupar provisoriamente bens móveis e imóveis e utilizar pessoal e serviços vinculados ao objeto do contrato, nas hipóteses de: a) risco à prestação de serviços essenciais; b) necessidade de acautelar apuração administrativa de faltas contratuais pelo contratado, inclusive após extinção do contrato. A situação de risco da alínea "a" e a expressa menção a "acautelar" na alínea "b" são indicativos de que se está a tratar de provimentos acautelatórios.

Vê-se que essa previsão não é uma novidade, já que o artigo 58, inciso V, da Lei nº 8.666/93, tinha redação praticamente idêntica, apontando que a Administração Pública possui a prerrogativa de, "nos casos de serviços essenciais, ocupar provisoriamente bens móveis, imóveis, pessoal e serviços vinculados ao objeto do contrato, na hipótese da necessidade de acautelar apuração administrativa de faltas contratuais pelo contratado, bem como na hipótese de rescisão do contrato administrativo".

Quanto à primeira parte do dispositivo, a doutrina brasileira tendia a se manifestar no sentido de que, com o advento da Lei nº 8.987/95, houve uma revogação tácita da parte que prevê a ocupação provisória de bens em casos de serviços essenciais, já que a Lei nº 8.666 estaria tratando justamente dessa hipótese de delegação de serviços públicos, o que a outra lei mencionada disciplinou de maneira específica.[452] O que irá dizer essa mesma doutrina agora que, em legislação posterior,

---

(coords.). Tomo: Direito Administrativo e Constitucional. Vidal Serrano Nunes Jr., Maurício Zockun, Carolina Zancaner Zockun, André Luiz Freire (coord. de tomo). 1. ed. São Paulo: Pontifícia Universidade Católica de São Paulo, 2017. Disponível em: https://enciclopediajuridica.pucsp.br/verbete/107/edicao-1/infracoes-e-sancoes-administrativas

[451] Mencione-se que a nova Lei de Licitações também traz, nos parágrafos do artigo 170, previsões sobre a aplicação das medidas cautelares de suspensão do certame licitatório a serem aplicadas pelos Tribunais de Contas.

[452] JUSTEN FILHO, Marçal. *Comentários à lei de licitações e contratos administrativos*. 15. ed. São Paulo: Dialética, 2012, p. 847.

a previsão se repete? Parece-nos certo que não houve revogação tácita, como queriam crer os que defendiam essa possibilidade. Ou, ainda que tivesse havido essa revogação tácita, parece que, por haver agora legislação posterior, ela teria trazido intencionalmente essa figura da ocupação cautelar, como uma espécie de "repristinação expressa".

No que se refere à ocupação de bens para acautelar a apuração administrativa de faltas contratuais, esta sempre permaneceu válida (agora é reiterada pelo legislador), embora se encontre em autores, como Marçal Justen Filho, o entendimento de que seria inconstitucional. Para o administrativista, essa solução seria incompatível com a Constituição, uma vez que, fora o caso de requisição, o apossamento da propriedade privada dependeria de autorização judicial.[453]

Sem embargo da colocação acima, parece-nos que a afirmação de que o "apossamento da propriedade privada" somente poderia ocorrer por ordem judicial não se encontra adequada à luz do nosso ordenamento jurídico. Há diversos dispositivos legais que autorizam a Administração Pública a restringir a propriedade (por meio de apreensões, embargos, interdições, indisponibilidades etc.) como medida cautelar (não definitiva). Pode-se indagar, é claro, se esse provimento cautelar específico seria proporcional, se não haveria alguma outra medida menos gravosa para se alcançar o mesmo objetivo etc., o que poderia torná-lo, eventualmente, inconstitucional. Mas descartá-lo simplesmente porque afeta a propriedade privada pela via administrativa não é um argumento capaz de se sustentar.

Além disso, vê-se a intenção legislativa em manter essa figura acautelatória como um instrumento válido a ser utilizado pelo gestor público, já que, tendo o legislador a oportunidade de afastá-lo, optou, em revés, por mantê-lo na novel lei de licitações.

Por outro lado, pecou a nova legislação em não tornar expressa a possibilidade de adoção de medidas cautelares administrativas no bojo do processo licitatório. Seria de todo recomendável que a lei tivesse trazido expressa a possibilidade de se suspender uma licitação no caso de receio de algum dano ou indício de alguma irregularidade (fora a possibilidade de suspensão contratual, a legislação parece trabalhar somente com o binômio simplista de revogação e anulação da licitação). Não obstante, já na vigência da legislação antecedente havia a adoção de medidas cautelares pela própria Administração em relação a contratos

---

[453] JUSTEN FILHO, Marçal. *Comentários à lei de licitações e contratos administrativos*. 15. ed. São Paulo: Dialética, 2012, p. 846.

e licitações, tendo por fundamentação jurídica a norma extraída do artigo 45 da Lei nº 9.784/99, que se trata do permissivo normativo para a existência de um poder geral de cautela administrativa.

Uma relativamente recente legislação a tratar sobre provimentos cautelares administrativos é a chamada Lei Anticorrupção (Lei nº 12.856/2013), que surge no contexto de uma maior preocupação na prevenção e combate à corrupção, visando a sancionar não só as pessoas físicas (o que já era tratado na lei de improbidade administrativa), mas também as pessoas jurídicas envolvidas.

A Lei Anticorrupção possui a previsão de uma única medida cautelar administrativa, consolidada em seu artigo 10, §2º:[454]

> Art. 10. O processo administrativo para apuração da responsabilidade de pessoa jurídica será conduzido por comissão designada pela autoridade instauradora e composta por 2 (dois) ou mais servidores estáveis.
>
> *omissis*
>
> §2º A comissão poderá, cautelarmente, propor à autoridade instauradora[455] que suspenda os efeitos do ato ou processo objeto da investigação.

O ato normativo em questão autoriza que, no curso do processo que busque responsabilizar a pessoa jurídica nos termos da lei, haja a concessão de um provimento cautelar administrativo que suspenda os efeitos do ato ou processo investigado. A intenção da medida cautelar é que, enquanto se apura a responsabilidade da pessoa jurídica, o ato viciado não continue a produzir seus efeitos perniciosos. Juliano Heinen traz, como exemplo, a hipótese de suspensão dos pagamentos de um contrato que possui seu equilíbrio econômico-financeiro alterado fraudulentamente, a fim de prejudicar os cofres públicos.[456] Irene Patrícia Nohara, por sua vez, traz a situação de, no curso da apuração de uma

---

[454] O Decreto nº 8.420/2015, que regulamenta a referida lei, também reiterou a previsão acautelatória no artigo 8º, §2º, inciso I: "§2º A comissão, para o devido e regular exercício de suas funções, poderá: I – propor à autoridade instauradora a suspensão cautelar dos efeitos do ato ou do processo objeto da investigação".

[455] A autoridade mencionada seria a citada no artigo 8º: "A instauração e o julgamento de processo administrativo para apuração da responsabilidade de pessoa jurídica cabem à autoridade máxima de cada órgão ou entidade dos Poderes Executivo, Legislativo e Judiciário, que agirá de ofício ou mediante provocação, observados o contraditório e a ampla defesa".

[456] HEINEN, Juliano. *Comentários à lei anticorrupção* – Lei nº 12.846/2013. Belo Horizonte: Fórum, 2015, p. 206.

fraude à contratação de obra pública, a comissão perceber que houve um acordo no sentido da ocultação, por parte do agente de fiscalização e da empresa contratada, do fato de que o material utilizado para realização da obra foi de menor qualidade do que o previsto no contrato e se verifica, ainda, que tal circunstância coloca em risco a higidez da obra que está sendo realizada, que já apresenta rachaduras e ameaça ruir, havendo, logo, a necessidade da tomada de medidas cautelares para proteção dos cidadãos e daqueles que transitam na localidade para além do sancionamento do responsável por tal fraude.[457]

Apesar de a lei nada mencionar, como pressuposto de qualquer medida cautelar administrativa, faz-se mister a verificação do *periculum in mora* e do *fumus boni iuris* para que o provimento possa ser efetivado.

No artigo 68 da Medida Provisória nº 2.158-25, de 24 de agosto de 2001,[458] localiza-se outro provimento acautelatório relacionado com a importação de mercadorias e desempenhado pela Secretaria da Receita Federal. O artigo dispõe que "quando houver indícios de infração punível com a pena de perdimento, a mercadoria importada será retida pela Secretaria da Receita Federal, até que seja concluído o correspondente procedimento de fiscalização". Atualmente, a previsão legal vem regulamentada pela Instrução Normativa RFB Nº 1169, de 29 de junho de 2011.

Há, outrossim, a previsão legal do artigo 70, §3º, do Estatuto da Advocacia e da Ordem dos Advogados do Brasil (Lei nº 8.906/94), que prevê que o Tribunal de Ética e Disciplina do Conselho pode suspender o advogado preventivamente, em caso de repercussão prejudicial à dignidade da advocacia, depois de ouvi-lo em sessão especial para a qual deve ser notificado a comparecer, salvo se não atender à notificação. Estipula-se que, nessas hipóteses, o processo disciplinar deve ser concluído no prazo máximo de noventa dias.[459]

---

[457] NOHARA, Irene Patrícia. Comentários ao art.10. In: DI PIETRO, Maria Sylvia Zanella; MARRARA, Thiago (Coord.). *Lei anticorrupção comentada*. 2. ed. Belo Horizonte: Fórum, 2018, p. 148.

[458] O Tribunal Regional Federal da 4ª Região reconheceu a natureza de provimento cautelar administrativo à medida em tela, inclusive apartando-a da própria figura punitiva do perdimento de bens (TRF-4 –AMS: 2421 SC 2004.72.08.002421-0, Relator: VALDEMAR CAPELETTI, Data de Julgamento: 28.02.2007, QUARTA TURMA, Data de Publicação: D.E. 26.03.2007).

[459] Quanto ao prazo, o TRF 3º Região já decidiu que a extrapolação do prazo de 90 dias para o término do processo disciplinar não acarreta sua nulidade, sendo referido prazo relativo somente à suspensão cautelar. Ou seja, após o prazo, deve o advogado ter assegurado o exercício pleno e regular de suas atividades: "Ao analisar o feito, nos termos do §3º do artigo 70 da Lei nº 8.906/94, verifico que a fixação do prazo de 90 (noventa) dias refere-se

Verifica-se também uma hipótese legal de medida cautelar administrativa imposta pelo Poder Judiciário, mas em sua função administrativa atípica. Está-se a falar da previsão do artigo 36 da Lei nº 8.935/95,[460] que possui a seguinte redação:

> Art. 36. Quando, para a apuração de faltas imputadas a notários ou a oficiais de registro, for necessário o afastamento do titular do serviço, poderá ele ser suspenso, preventivamente, pelo prazo de noventa dias, prorrogável por mais trinta.
> §1º Na hipótese do *caput*, o juízo competente designará interventor para responder pela serventia, quando o substituto também for acusado das faltas ou quando a medida se revelar conveniente para os serviços.
> §2º Durante o período de afastamento, o titular perceberá metade da renda líquida da serventia; outra metade será depositada em conta bancária especial, com correção monetária.
> §3º Absolvido o titular, receberá ele o montante dessa conta; condenado, caberá esse montante ao interventor.

Conforme se nota, em leitura conjunta com os artigos 31, 32, 34 e 35, inciso II, a suspensão preventiva do notário, embora aplicada pelo Juízo, concerne a uma medida de cunho administrativo e não jurisdicional, enquadrando-se como um provimento acautelatório administrativo em sentido estrito.

Na seara tributária se encontra corriqueira medida de índole cautelar administrativa, aplicada pela Receita Federal do Brasil, que é o arrolamento. Essa figura vem prevista no artigo 64 e seguintes da Lei nº 9.532/97 e regulamentada pela Instrução Normativa RFB nº 1.565/2015.

A referida medida possui natureza eminentemente cautelar, por meio da qual a autoridade administrativa efetua um levantamento dos

---

à eficácia da suspensão cautelar, restabelecendo-se nesse prazo a inscrição do advogado, não se tratando de sanção definitiva, vez que o processo disciplinar continua, até o julgamento final. O prazo da suspensão poderá permanecer até o julgamento do processo, mas não poderá ultrapassar os 90 (noventa) dias" (TRF-3 – AMS: 00303872720104030000 SP, Relator: DESEMBARGADORA FEDERAL MÔNICA NOBRE, Data de Julgamento: 07.12.2016, QUARTA TURMA, Data de Publicação: e-DJF3 Judicial 1 DATA:19.01.2017).

[460] Sobre essa medida, o Superior Tribunal de Justiça já se manifestou pela sua validade no RMS 24258/RN, Rel. Ministra DENISE ARRUDA, PRIMEIRA TURMA, julgado em 13.11.2007, DJ 12.12.2007, p. 388. Da mesma maneira, o Tribunal de Justiça do Paraná, analisando um caso concreto, entendeu que o provimento, desde que motivado e proporcional, seria igualmente legítimo no nosso ordenamento jurídico (TJ-PR – MS: 11642007 PR 1164200-7 (Acórdão), Relator: Juiz Miguel Pessoa, Data de Julgamento: 21.07.2014, Órgão Especial, Data de Publicação: DJ: 1385 05.08.2014).

bens do contribuinte, arrolando-os, a fim de evitar que contribuintes em débito com o Fisco se desfaçam de seu patrimônio, sem o conhecimento da autoridade tributária, o que poderia prejudicar eventual ação fiscal.[461]

A legislação do arrolamento elenca as hipóteses nas quais há o indicativo do risco da não existência de patrimônio suficiente para arcar com o débito, apontando que a medida ocorrerá quando a soma dos créditos tributários administrados pela Secretaria da Receita Federal do Brasil (RFB), de responsabilidade do sujeito passivo, exceder, simultaneamente, 30% (trinta por cento) do seu patrimônio conhecido e R$2.000.000,00 (dois milhões de reais) (artigo 2º).[462]

No campo ambiental, além da combinação da Lei nº 9.605/98 e do Decreto nº 6.514/08, já tratados no item 2.7, há previsão em diversos atos normativos da possibilidade de adoção de medidas cautelares administrativas: artigo 5º, *caput*, da Lei nº 6.894/80; artigo 17 da Lei nº 7.802/89; artigo 16 da Lei nº 8.974/95; artigo 19, inciso III, da Resolução CONAMA nº 237/97; artigo 15 do Decreto nº 2.661/98; Artigo 6º da Medida Provisória nº 2.186/01; artigo 86 do Decreto nº 4.074/02; artigo 11, *caput*, da Resolução CONAMA nº 205/02; artigo 16, *caput*, da Resolução CONAMA nº 312/02.[463]

Na seara do Direito Desportivo, o Código Brasileiro da Justiça Desportiva[464], instituído pela Resolução nº 1 do Conselho Nacional do Esporte (CNE), com eventuais alterações posteriores, traz a prescrição, em seu artigo 35, da suspensão preventiva de pessoas físicas relacionadas à atividade desportiva. Segundo sua redação, poderá haver suspensão preventiva quando a gravidade do ato ou fato infracional a

---

[461] TRF-3 – APELREEX: 00014448220144036103 SP, Relator: DESEMBARGADOR FEDERAL ANTONIO CEDENHO, Data de Julgamento: 20.10.2016, TERCEIRA TURMA, Data de Publicação: e-DJF3 Judicial 1 DATA: 28.10.2016.

[462] O TRF 3ª Região já se posicionou que o arrolamento configura "medida cautelar de acompanhamento dos bens do devedor, não caracteriza violação ao direito de propriedade, nem ao devido processo legal, pois não configura medida coercitiva ilegal nem constrição de bens, podendo o devedor livremente dispor de seu patrimônio, apenas com a obrigação de informar os atos de oneração ou transferência de seus bens ao órgão fazendário competente" (TRF-3 – ApReeNec: 00094458720134036104 SP, Relator: DESEMBARGADOR FEDERAL MARCELO SARAIVA, Data de Julgamento: 07.11.2018, QUARTA TURMA, Data de Publicação: e-DJF3 Judicial 1 DATA: 04.12.2018).

[463] A respeito da cautelaridade administrativa ambiental, confira-se CARNEIRO, Nívea Vieira. A processualidade administrativa preventiva ambiental. *Revista da Faculdade de Direito de Uberlândia*, v. 35, p. 365-384, 2007.

[464] Deve-se recordar que, embora rotulada de "Justiça Desportiva", no Brasil seus órgãos constituem tribunais administrativos, exercendo essa função correlata – e não a função jurisdicional.

justifique, ou em hipóteses de excepcional e fundada necessidade, desde que requerida pela Procuradoria, mediante despacho fundamentado do Presidente do Tribunal (STJD ou TJD), ou quando expressamente determinado por lei ou pelo Código. No §1º consta que o prazo da suspensão preventiva, limitado a trinta dias, deverá ser compensado no caso de punição.

Dois comentários principais podem ser apresentados à previsão normativa em tela: a) ao se autorizar a compensação de sanção com o período de afastamento preventivo, está-se diante de uma verdadeira "detração administrativa". Tal figura, deve-se ressaltar, somente tem cabimento quando há normatização expressa, como ocorre no caso da Justiça Desportiva; b) ao permitir que a causa da medida de suspensão preventiva seja somente a gravidade do ato infracional (sem que se leve em consideração outros efeitos), há uma violação ao núcleo da cautelaridade e à presunção de inocência. Assim, de modo a se realizar uma interpretação constitucionalmente adequada, deve-se interpretar o dispositivo no sentido de que a gravidade da infração acaba tendo por efeito produzir o risco às atividades desportivas futuras ou, ao menos, outros elementos que caracterizem a urgência (todas essas circunstâncias que deverão vir expressamente indicadas pela autoridade julgadora).

Há casos também em que a cautelaridade emerge do conteúdo da medida, somado às circunstâncias de sua aplicação, em que pese a terminologia equivocada do legislador pátrio. É a hipótese da Lei nº 13.709/2018 (Lei Geral de Proteção de Dados Pessoais – LGPD), que possui em seu artigo 52 previsões de medidas que, apesar de rotuladas como sanções, adquirem uma feição cautelar. Nesse sentido, por exemplo, cita-se o inciso X, que prevê a suspensão parcial do funcionamento do banco de dados a que se refere a infração pelo período máximo de 6 (seis) meses, prorrogável por igual período, até a regularização da atividade de tratamento pelo controlador. Parece-nos patente que, ao prever uma "punição" de suspensão parcial, por um período determinado, condicionada ao saneamento das irregularidades administrativas, estamos diante de uma medida cautelar administrativa inibitória.[465]

---

[465] A respeito dos provimentos cautelares na LGPD, *vide* ROSA, Bruna Borghetti Camara Ferreira. Medidas cautelares no processo sancionador na Lei Geral de Proteção de Dados Pessoais. *In*: DAL POZZO, Augusto Neves; MARTINS, Ricardo Marcondes. *LGPD & administração pública*: uma análise amplas dos impactos. São Paulo: Thomson Reuters, 2020. p. 759-785.

Outro caso de cautelaridade administrativa encontra-se no Decreto nº 6.049/07, que versa sobre o regime dos presídios federais, o qual contém nos seus artigos 52 e 53 a figura das medidas cautelares administrativas, estabelecendo no artigo 52 que "o diretor do estabelecimento penal federal poderá determinar em ato motivado, como medida cautelar administrativa, o isolamento preventivo do preso, por período não superior a dez dias". Além disso, outro provimento acautelatório consta no artigo 53, que prevê que, "ocorrendo rebelião, para garantia da segurança das pessoas e coisas, poderá o diretor do estabelecimento penal federal, em ato devidamente motivado, suspender as visitas aos presos por até quinze dias, prorrogável uma única vez por até igual período".

Cabível mencionar ainda, ciente de toda a controvérsia ao seu redor, a figura da prisão em flagrante como uma espécie de medida cautelar administrativa. José Frederico Marques classifica a prisão cautelar em prisão penal cautelar administrativa e prisão penal cautelar processual, de acordo com a autoridade que a decreta. A prisão cautelar administrativa[466] é decretada na fase pré-processual, pela Autoridade Policial, no momento em que uma pessoa é detida em situação de flagrante delito.[467] A prisão cautelar processual, por sua vez, é decretada pelo Juiz, no exercício da função jurisdicional, com o objetivo de tutelar os meios e os fins do processo penal de conhecimento.[468]

---

[466] Sobre a prisão em flagrante, Néstor Távora e Rosmar Rodrigues Alencar assentam: "É uma medida restritiva de liberdade, de natureza cautelar e caráter eminentemente administrativo, que não exige ordem escrita do juiz, porque o fato ocorre de inopino (art. 5º, inciso LXI da CF). Permite-se que se faça cessar imediatamente a infração com a prisão do transgressor, em razão da aparente convicção quanto à materialidade e a autoria permitida pelo domínio visual dos fatos". (TÁVORA, Nestor; ALENCAR, Rosmar Rodrigues. Curso de direito processual penal. 6. ed. Salvador: Juspodivm, 2011, p. 530).

[467] MARQUES, José Frederico. Elementos de direito processual penal. 2. ed. Campinas: Editora Millenium, 2000, p. 25.

[468] Outras medidas cautelares administrativas que possuem relação com a esfera penal são encontradas nas legislações estaduais que versam sobre o direito penitenciário. Tome-se como exemplo o artigo 134 da Lei nº 5.969/2017 do Distrito Federal, que trata sobre a medida cautelar administrativa de isolamento preventivo do preso: "Art. 134. O diretor do estabelecimento penal pode determinar, em ato motivado, como medida cautelar administrativa, o isolamento preventivo do preso por período não superior a 10 dias. §1º Na hipótese do *caput* ou de qualquer outra medida cautelar restritiva de direito, o preso que esteja no gozo de benefício, em especial trabalho ou estudo, é ouvido no primeiro dia útil subsequente pelo diretor do estabelecimento penal, que empreenderá diligências, se necessário, para apurar eventual justificativa apresentada pelo preso, decidindo fundamentadamente sobre a manutenção da medida cautelar. §2º O prazo do isolamento preventivo não pode exceder: I – a 5 dias, no caso da prática de falta leve; II – a 7 dias, no caso da prática de falta média. §3º Na hipótese de manutenção da eficácia da medida cautelar, o processo administrativo disciplinar deve ser instaurado dentro do

2.16 Medidas cautelares administrativas positivas

A apuração dogmática realizada demonstra que o poder cautelar administrativo no direito positivo brasileiro é pensando essencialmente para medidas que incidam sobre indivíduos determinados, gerando restrições parciais a seus direitos.

É certo que todos os provimentos cautelares têm por escopo atender aos cidadãos, ainda que de maneira indireta. Conforme visto, a compreensão do conteúdo do que se denomina interesse público não pode, de forma alguma, ser desassociado dos interesses individuais. Logo, como todo e qualquer provimento acautelatório administrativo, sejam os inibitórios, sejam os em sentido estrito, a finalidade cautelar é proteger bens jurídicos que se referem a direitos constitucionais, podendo-se, nesse sentido, afirmar que todas as medidas cautelares administrativas têm por fim proteger o interesse dos indivíduos.

No entanto, de acordo inclusive com a classificação apontada no item 1.2, de modo a atender a indivíduos indeterminados e considerados coletivamente, a maior parte das medidas provisionais existentes no Brasil representa restrições a interesses de sujeitos determinados. É o que se denomina de medidas cautelares negativas, que são a regra no Direito pátrio.

Desse modo, vê-se um cenário extremamente tímido no que tange às medidas cautelares administrativas positivas, que consistem naquelas que visam a assegurar direitos de sujeitos determinados, sem configurar restrições a diretos específicos de outrem.

O que se encontra na legislação nesse sentido se refere comumente à possibilidade de efeitos suspensivos nos recursos administrativos interpostos (artigo 61, parágrafo único, da Lei nº 9.784/99). Seria o caso, por exemplo, da previsão expressa do artigo 109, §2º, da Lei nº 8.666/93.

De igual forma, o poder geral de cautela da Administração do artigo 45 da Lei nº 9.847/99 também deve ser interpretado (ainda que na prática não se apure a atuação rotineira do Poder Público nesse sentido) para permitir a adoção de medidas cautelares administrativas positivas.

Nesse sentido é também a defesa de José dos Santos Carvalho Filho, quando escreve que o artigo 45 traz uma peculiaridade especial, no sentido de que a prevenção tanto pode proteger o interessado como

prazo de duração do isolamento preventivo. §4º Até a deliberação a que se refere o §3º, é, sempre que possível, reservada a vaga de trabalho ou estudo do sentenciado, assim como a respectiva posição na classificação".

a própria Administração. O que se quer evitar, isso sim, é que se possa consumar determinado fato causador de dano irreparável ou de difícil reparação.[469]

O legislador brasileiro, porém, praticamente não concebe provimentos cautelares específicos de cunho positivo, os quais são encontrados com mais facilidade em outros sistemas jurídicos.[470]

Poderia-se cogitar, como inovações legislativas, a previsão de medidas cautelares administrativas antecipatórias aos pleitos dos administrados. Um pedido de parcelamento tributário, por exemplo, que demande tempo e a análise de diversos documentos para que o Fisco o conceda, poderia conter a previsão, desde que cumpridos alguns requisitos, relacionados ao *fumus boni iuris* e ao *periculum in mora*, da emissão provisória de certidão positiva com efeitos de negativa até a análise do deferimento/indeferimento do parcelamento.

De qualquer sorte, independentemente de previsões legislativas expressas, cabe muito mais aos agentes públicos compreender e aplicar o artigo 45 da Lei nº 9.784/99 de forma correta, de modo a também proteger interesses individuais dos administrados.

2.17 Consensualidade envolvendo medidas cautelares administrativas

Pensar a atividade administrativa foi, durante muito tempo, conceber uma relação estritamente verticalizada na qual a Administração Pública impunha deveres e obrigações, sancionando os administrados em caso de descumprimento. A punição possuía, essencialmente, um caráter retributivo pela infração cometida.

Essa Administração Pública, essencialmente punitiva, não existe (não deveria existir) mais. Deveras, as relações antes firmadas pelo Estado, fundadas quase que exclusivamente no *jus imperii*, agora transitam para uma relação dialógica. A possibilidade de celebração de acordos entre a Administração e os particulares está inserida num cenário mais amplo de reconfiguração das relações jurídicas, marcado

---

[469] CARVALHO FILHO, José dos Santos. *Processo administrativo federal*: comentário à Lei nº 9.784 de 29.1.1999. 2. ed. Rio de Janeiro: Lumen Juris, 2005, p. 217.
[470] No Direito espanhol é possível encontrar na *Ordenanza reguladora del procedimiento sancionador*, decorrente do *Acuerdo del Consejo Plenario* de 26-03-2010, de maneira expressa em seu artigo 24.I, que "*Iniciado el expediente sancionador, mediante acuerdo motivado del órgano competente, se podrán adoptar las medidas provisionales, positivas o negativas (...)*".

justamente pela gradativa valorização da consensualidade, uma vez que a realização dos fins públicos passa a depender cada vez mais do estabelecimento de relações baseadas na cooperação, no consenso e na composição de interesses.[471]

A mudança de postura no agir administrativo, que já vinha sendo estabelecida há certo tempo, foi plenamente consolidada, ao menos no plano normativo geral e abstrato, por meio das alterações promovidas pela Lei nº 13.655/2018 na Lei de Introdução às Normas do Direito Brasileiro (LINDB). Nessa toada, tome-se como exemplo os artigos 26 e 27 da LINDB e os artigos 9, 10 e 11 do Decreto nº 9.830/2019, que trouxeram a previsão das figuras do termo de compromisso, do termo de ajustamento de gestão e da compensação por benefícios indevidos ou prejuízos anormais ou injustos resultantes do processo ou da conduta dos envolvidos.

A análise doutrinária conferida aos artigos da LINDB reforça a consensualidade administrativa como sendo a regra. O enunciado 21 aprovado pelo Instituto Brasileiro de Direito Administrativo (IBDA) dispõe que "os artigos 26 e 27 da LINDB constituem cláusulas gerais autorizadoras de termos de ajustamento, acordos substitutivos, compromissos processuais e instrumentos afins, que permitem a solução consensual de controvérsias". Em igual compreensão, analisando-se o artigo 30 da LINDB, o Fórum Nacional do Poder Público aprovou o enunciado 131 prevendo que "deve o Poder Público desenvolver procedimentos internos hábeis a identificar casos para sugerir a aplicação dos meios consensuais de conflito".

Nas lições de Edilson Pereira Nobre Júnior, o artigo 26 da LINDB expressa uma tendência de implantação de uma administração concertada, ou administração consensual, ou ainda *soft administration*, a qual expressa uma nova forma de democracia participativa por meio da qual o administrador substitui o modo de decidir unilateral, procurando ou atraindo os indivíduos para o debate de questões de interesse comum, que deverão ser resolvidas mediante acordo.[472]

---

[471] LEFÈVRE, Mônica Bandeira de Mello. Os acordos substitutivos de sanção no âmbito dos projetos de infraestrutura, *In:* JUSTEN FILHO, Marçal; SILVA, Marco Aurélio de Barcelos (Coord.). *Direito da infraestrutura*: estudos de temas relevantes. Belo Horizonte: Fórum, 2019, p. 264.

[472] NOBRE JÚNIOR, Edilson Pereira. *As normas de direito público na lei de introdução ao direito brasileiro*: paradigmas para interpretação e aplicação do direito administrativo. São Paulo: Editora Contracorrente, 2019, p. 145.

Atualmente, pois, não há dúvidas de que a atuação administrativa consensual é a regra no exercício da função administrativa.[473] Isso traz implicações na cautelaridade administrativa.

A primeira delas é justamente priorizar, dentro das possibilidades fático-jurídicas, a administração concertada em detrimento da medida cautelar administrativa. É dizer, seja no bojo de um processo administrativo, seja diante de uma situação de uma ilegalidade praticada pelo administrado a ensejar uma medida inibitória, se o contexto permitir, é preferível a adoção de um termo de ajustamento de conduta ou instrumento semelhante, acordado com a parte, do que a imposição unilateral de um provimento cautelar.

Além disso, também encontra espaço na perspectiva da cautelaridade administrativa a substituição das medidas adotadas por cautelares menos gravosas.[474] De maneira consensual, poderia-se cogitar na troca de uma medida cautelar administrativa por outra que se mostre, no caso concreto, menos onerosa, sem que se descure do interesse público tutelado. Seriam as chamadas contracautelas.[475] Assim, a substituição de medidas cautelares de indisponibilidade patrimonial, para citar uma hipótese, poderia ser efetuada, de comum acordo (a iniciativa da relação consensual pode advir do próprio Estado ou mesmo do particular), por outras garantias que atenderiam da mesma forma o fim pretendido, a exemplo de fiança ou outro instrumento congênere.

---

[473] "É inegável que o consenso como forma alternativa de ação estatal representada para a Política e para o Direito é uma benéfica renovação, pois contribui para aprimorar a governabilidade (eficiência), propicia mais freios contra os abusos (legalidade), garante a atenção de todos os interesses (Justiça), proporciona decisão mais sábia e prudente (legitimidade), evitam os desvios morais (licitude), desenvolve a responsabilidade das pessoas (civismo) e torna os comandos estatais mais aceitáveis e facilmente obedecidos (ordem)" (MOREIRA NETO, Diogo de Figueiredo. Novos institutos consensuais da ação administrativa. *Revista de Direito Administrativo – RDA*, Rio de Janeiro, nº 231, jan./mar. 2013, p. 145).

[474] SUNDFELD, Carlos Ari; VORONOFF, Alice. Art. 27 da LINDB Quem paga pelos riscos dos processos? *Revista de Direito Administrativo – RDA*. Rio de Janeiro, Edição Especial: Direito Público na Lei de Introdução às Normas de Direito Brasileiro – LINDB (Lei nº 13.655/2018), nov. 2018, p. 192.

[475] "(...) de la misma manera que la *Administración* puede adoptar medidas para evitar que el tiempo que dura el procedimiento haga perder su eficacia a la sanción que en su día pueda imponerse, el presunto infractor puede solicitar a la Administración la adopción de medidas de "contra cautela", esto es, las medidas que sean necesarias para contrarrestar los efectos de imposible o difícil reparación que se puedan derivar de las medidas provisionales adoptadas por aquella o de la simple incoación del expediente sancionador" (CHINCHILLA MARÍN, M. Carmen. Potestad sancionadora de las administraciones públicas. *In*: PENDÁS GARCÍA, Benigno. (Coord.). *Administraciones Públicas y Ciudadanos (Estudio sistemático de la Ley 30/1992, de 26 de noviembre, de Régimen Jurídico de las Administraciones Públicas y del Procedimiento Administrativo Común)*. Barcelona: Praxis, 1993, p. 783).

CAPÍTULO 3

A RESPONSABILIDADE DA ADMINISTRAÇÃO POR MEDIDAS CAUTELARES ADMINISTRATIVAS

Como visto até então, os ordenamentos jurídicos modernos, em especial na sistemática brasileira, têm admitido em seu corpo a existência de um poder geral de cautela no âmbito da Administração Pública, conjuntamente com provimentos cautelares específicos, similar ao já reconhecido ao Poder Judiciário.

Remanesceu patente que ademais das bases teóricas invocáveis para sustentar tal poder cautelar, os sistemas jurídicos contemporâneos têm se precavido e assegurado expressos mandamentos normativos prevendo esse poder de cautela, seja com a existência de medidas cautelares específicas, seja com a utilização de cláusulas abertas gerais.

De qualquer forma, a conclusão inicial a que se chega é da necessidade da utilização, pelo Estado, desse poder de cautela no âmbito administrativo, a fim, principalmente, de garantir o resultado útil do provimento final a ser exarado nos procedimentos administrativos pertinentes, bem como, em hipóteses diversas, assegurar a manutenção da ordem pública (poder de cautela em sentido amplo), sendo instrumento hábil a reduzir os eventuais malefícios do tempo.

Contudo, apesar da existência do binômio necessidade e utilidade verificável nas medidas provisionais administrativas, tema ainda pouquíssimo estudado remete a saber se a invocação desses provimentos cautelares poderia ensejar a responsabilização estatal, seja quando houvesse eventual abuso de sua utilização, seja ainda nos casos em que todos os parâmetros legais são devidamente atendidos.

De fato, como enuncia Fernão Borba Franco, "(...) tema dos mais relevantes mas que vem sendo negligenciado, e tem interessantes especificidades no processo administrativo, é o relativo à responsabilidade decorrente do manejo indevido da tutela antecipada".[476]

A questão toma proporções mais elevadas quando se atenta ao fato de que as medidas cautelares administrativas em geral envolvem direitos fundamentais, sendo imprescindível compreender qual o delineamento normativo, doutrinário e jurisprudencial, em particular no âmbito brasileiro, da responsabilidade da Administração em tais hipóteses.

De antemão, cumpre abordar, adiantando-se o que será posteriormente afirmado, que a responsabilidade estatal no Brasil, com base no artigo 37, §6º, da Constituição, dá-se, como regra, na modalidade objetiva.

Desta feita, quando se analisa a responsabilidade por medidas cautelares administrativas, medidas essas tomadas pela Administração Pública, no exercício de sua função administrativa, aquela também deve ser vislumbrada à luz da modalidade objetivação da responsabilidade.

Essa é também a conclusão de Fernão Borba Franco, que proclama que "o Estado responde objetivamente pelos prejuízos eventualmente causados ao particular no caso de indevida antecipação de tutela em processos administrativos".[477]

Porém, o mesmo autor acrescenta que a responsabilidade estatal por esses atos deve ocorrer pautada nas normas do processo judicial, ou seja, em analogia[478] às medidas cautelares judiciais,[479] a responsabilida-

---

[476] FRANCO, Fernão Borba. *Processo administrativo*. São Paulo: Atlas, 2008, p. 148.
[477] FRANCO, Fernão Borba. *Processo administrativo*. São Paulo: Atlas, 2008, p. 149.
[478] Não se pode concordar com a referida analogia realizada. A responsabilidade pelo uso das medidas cautelares judiciais é objetiva nas hipóteses determinadas em lei, que envolvem sempre o pedido do uso de provimentos cautelares pelas partes em um processo. No entanto, quando a medida provisional é aplicada de ofício pelo magistrado, não há que se falar em responsabilidade objetiva. Embora se entenda que no caso das medidas cautelares administrativas a responsabilidade é objetiva, tal circunstância ocorre por se tratar de uma relação de direito público, nos termos previstos na Constituição, mas, em relação à previsão do Código de Processo Civil, a invocação daqueles provimentos mais se assemelha às medidas de ofício do que às praticadas pelas partes. Além disso, como se esmiuçará no texto, a estruturação da responsabilização do Estado no uso dos provimentos cautelares administrativas ocorre de maneira diversa.
[479] No antigo Código de Processo Civil tinha-se a previsão do artigo 811: "Art. 811 – Sem prejuízo do disposto no Art. 16, o requerente do procedimento cautelar responde ao requerido pelo prejuízo que lhe causar a execução da medida: I – se a sentença no processo principal lhe for desfavorável; II –se, obtida liminarmente a medida no caso do Art. 804 deste Código, não promover a citação do requerido dentro em 5 (cinco) dias; III – se ocorrer a cessação da eficácia da medida, em qualquer dos casos previstos no Art. 808, deste Código; IV – se o juiz acolher, no procedimento cautelar, a alegação de decadência ou de prescrição do direito do autor (Art. 810).– No novo diploma processual

de da Administração pela adoção daqueles provimentos provisionais também deve se dar de forma objetivada.[480]

Essa vinculação, quase que automática, das previsões do CPC à responsabilização pelas medidas cautelares administrativas é trazida por outros doutrinadores. Carlos Ari Sundfeld e Alice Voronoff, ademais de entenderem como objetiva a responsabilidade pelos atos cautelares, com fulcro no artigo 37, §6º, da CF, também invocam o CPC. Segundo suas colocações, faz sentido tomar por referência a norma correspondente no diploma processual. Para eles, nos processos em que forem editadas as medidas cautelares adotadas de ofício, a Administração assume a iniciativa que, no processo civil, cabe à parte requerente, assumindo, pois, a mesma posição da parte requerente no processo civil. Assim, invocam o artigo 302 c/c artigo 15 do CPC, para aplicar a norma processual às medidas cautelares administrativas, o que implica uma responsabilidade objetiva da Administração pela medida tomada (bastando aqui que o provimento final seja favorável à parte que sofreu as restrições da medida administrativa acautelatória).[481]

A invocação do artigo 37, §6º, da Constituição parece questão inconteste. Por se estar falando de medidas adotadas no exercício da função administrativa, sua aplicação decorre de uma interpretação fácil do instituto da cautelaridade administrativa. Sem embargo, entende-se que a aplicação automática do CPC, como proposto, em particular nos meros casos em que há um provimento final que decida favoravelmente ao administrado, não pode ser acolhida.

Primeiramente, a comparação feita no sentido de que, como as medidas cautelares administrativas são concedidas de ofício pelo Estado, este seria equiparado ao requerente da medida cautelar judicial, é

(Lei nº 13.105/2015) a previsão, referente a toda tutela de urgência, encontra-se esculpida no artigo 302: "Art. 302. Independentemente da reparação por dano processual, a parte responde pelo prejuízo que a efetivação da tutela de urgência causar à parte adversa, se: I – a sentença lhe for desfavorável; II – obtida liminarmente a tutela em caráter antecedente, não fornecer os meios necessários para a citação do requerido no prazo de 5 (cinco) dias; III – ocorrer a cessação da eficácia da medida em qualquer hipótese legal; IV – o juiz acolher a alegação de decadência ou prescrição da pretensão do autor. Parágrafo único. A indenização será liquidada nos autos em que a medida tiver sido concedida, sempre que possível".

[480] FRANCO, Fernão Borba. *Processo administrativo*. São Paulo: Atlas, 2008, p. 149.
[481] SUNDFELD, Carlos Ari; VORONOFF, Alice. Art. 27 da LINDB Quem paga pelos riscos dos processos? *Revista de Direito Administrativo – RDA*. Rio de Janeiro, Edição Especial: Direito Público na Lei de Introdução às Normas de Direito Brasileiro – LINDB (Lei nº 13.655/2018), nov. 2018, p. 191.

indevida, havendo um recurso à analogia de questões bastante distintas. A comparação a ser feita, se cabível, é do Estado que adota a medida cautelar administrativa com o Estado-juiz que decide pela cautelar judicial. Em ambos os casos a atuação é do Estado. O particular requerente (ou mesmo o Estado, se ele for parte autora ou ré do litígio judicial) não tem nenhum poder decisório, mas somente um *jus postulandi*, é dizer, pode postular uma medida que considera ser adequada para seu caso. Quem irá decidir se o provimento poderá ou não ser acolhido é o Estado-Juiz. Não há, pois, elementos mínimos a se permitir a comparação de uma parte que somente pode postular (sem poder de decisão) com o Estado que efetivamente decide pela medida cautelar administrativa. Repita-se, o cotejo que poderia ser mais adequado (embora, como foi visto na construção de um microssistema cautelar administrativo, essa não seria a saída mais acertada) seria entre Estado-Administração e Estado-Juiz, devendo-se, então, investigar qual a previsão de responsabilização do Estado-Juiz.

Além disso, a parte postulante de um provimento cautelar judicial está atuando no processo em busca de seus interesses privados. A previsão do CPC ao responsabilizá-la, caso o provimento final seja em sentido oposto aos termos da cautelar, repousa em muito na ideia de que houve um destaque indevido a um interesse privado, conforme se apura, posteriormente, no provimento judicial final. De outro lado, as medidas cautelares administrativas negativas buscam sempre atender ao interesse público, e não a interesses egoísticos, o que, mais uma vez, demonstra a impossibilidade de adoção das regras de responsabilização do CPC pelo uso de medidas de urgência.

É necessário, portanto, compreender que, não obstante a objetividade da responsabilidade, como se passará a ver, isso não implica responsabilizar de maneira incondicional a Administração Pública (as particularidades dos provimentos cautelares administrativos apontam para outros caminhos), devendo ser analisada cada circunstância com suas peculiaridades e sutilezas, sempre com foco na construção de uma cautelaridade administrativa como instituto autônomo.

3.1 Responsabilidade do Estado

Dificilmente se encontrará quem, hoje, defenda, ao menos abertamente, a irresponsabilidade do Estado pela prática de atos levados a efeito por seus agentes públicos, sendo a concepção de responsabilização estatal um corolário do Estado de Direito de viés republicano,[482] que é o modelo vigente na maior parte – pelo menos teoricamente – dos Estados modernos do Ocidente.

Nessa toada, como pontifica Lúcia Valle Figueiredo, "aos princípios do Estado de Direito deve corresponder necessariamente à obrigação de se responsabilizar o Estado por condutas que atinjam os administrados, sejam estas lícitas ou ilícitas".[483]

A responsabilidade do Estado pode estar vinculada ao exercício de qualquer de suas funções clássicas (legislativa, jurisdicional e executiva). Contudo, fala-se com mais frequência na responsabilização do Estado pelos atos de natureza administrativa, já que os de feição judicial e legislativa incidem de maneira excepcional,[484] ainda que a doutrina tenha – e com razão – dedicado-se nos últimos tempos a essas "novas responsabilidades".[485]

Carlos Ari Sundfeld chega a classificar a responsabilidade estatal como sendo um princípio referente a todo o Direito Público brasileiro, e não exclusivamente à seara do Direito Administrativo, como é normalmente tratada.[486] Celso Antônio Bandeira de Mello crava que a responsabilidade estatal, em um Estado de Direito, "sob o ponto de vista lógico poderia independer de regra expressa para firmar-se, bem como dispensar o apelo a normas de Direito Privado para lhe servirem de socorro".[487] Seu fundamento primordial, como bem sustenta Maurício

---

[482] "Perfilhamos (...) entendimento de que a idéia de República (*res publica* – coisa pública) traz consigo a noção de um regime institucionalizado, isto é, onde todas as autoridades são responsáveis, 'onde não há sujeitos fora do Direito'" (BANDEIRA DE MELLO, Celso Antônio. *Curso de direito administrativo*. 29. ed. São Paulo: Malheiros, 2012, p. 1016).

[483] FIGUEIREDO, Lúcia Valle. O devido processo legal e a responsabilidade do Estado por dano decorrente do planejamento. *Revista Diálogo Jurídico*, Salvador, CAJ – Centro de Atualização Jurídica, nº 13, abril-maio, 2002. Disponível em: http://www.direitopublico.com.br. Acesso em: 27 jun. 2013, p. 7.

[484] DI PIETRO, Maria Sylvia Zanella. *Direito administrativo*. 19. ed. São Paulo: Atlas, 2006, p. 617.

[485] *Vide* DIAS, Ronaldo Brêtas de Caravalho. *Responsabilidade do Estado pela função jurisdicional*. Belo Horizonte: Del Rey, 2004; MARTÍN REBOLLO, Luis. *Jueces y Responsabilidad del Estado*. Madrid: Centro de Estudios Constitucionales, 1983; POLLINI, L. G. Responsabilidade extracontratual patrimonial do Estado por atos legislativos. *RDCPC*, nº 32, p. 138-162, nov./dez., 2004; PUCCINELLI JR., André. *Omissão legislativa inconstitucional e a responsabilidade do Estado legislador*. 2. ed. São Paulo: Saraiva, 2013; ZOCKUN, Maurício. *Responsabilidade patrimonial do Estado*. São Paulo: Malheiros, 2010.

[486] SUNDFELD, Carlos Ari. *Fundamentos de direito público*. São Paulo: Malheiros, 2013, p. 180.

[487] BANDEIRA DE MELLO, Celso Antônio. *Curso de direito administrativo*. 29. ed. São Paulo: Malheiros, 2012, p. 1015.

Zockun, é o próprio regime republicano.[488] Um Estado responsável é indissociável do próprio exercício da função estatal.

3.1.1 Evolução

Ainda que a presente obra não constitua um trabalho de história do direito, cumpre indicar, mesmo que de maneira pontual e sucinta, a fim de situar em que termos tem sido tratada, a evolução no que tange à ideia de responsabilidade do Estado (sem que isso implique afirmar que dita evolução ocorreu de forma natural e com características necessariamente bem delimitadas e concatenadas).

Primeiramente, imperava nos Estados absolutistas o imaginário da soberania, onde se lia que o Estado possuía autoridade incontestada perante seu súdito, não podendo, portanto, seus líderes (monarcas) errar (*the king can do no wrong; le roi ne peut mal fare*).[489] Prevalecia, neste período, a teoria da irresponsabilidade do Estado, já que atribuir qualquer responsabilidade a ele seria equipará-lo a seus súditos.

É certo, contudo, que mesmo nessa fase, na qual não havia uma cláusula geral de responsabilidade estatal, encontravam-se diversas legislações esparsas específicas que previam a responsabilidade dos agentes públicos em determinadas hipóteses e inclusive a do Estado acerca de específicas matérias, não havendo, pois, a "completa desproteção dos administrados".[490]

O marco para o afastamento da irresponsabilidade do Estado é, sem dúvida, a construção da jurisprudência administrativa do Conselho de Estado Francês, especialmente quando da análise do célebre caso Blanco, em 1873.[491]

---

[488] ZOCKUN, Maurício. *Responsabilidade patrimonial do Estado*. São Paulo: Malheiros, 2010, p. 61-63.

[489] DI PIETRO, Maria Sylvia Zanella. *Direito administrativo*. 19. ed. São Paulo: Atlas, 2006, p. 619.

[490] ROCHA, Silvio Luís Ferreira da. *Manual de direito administrativo*. São Paulo: Malheiros, 2013, p. 746.

[491] "(...) uma menina (Agnès Blanco) (...) ao atravessar uma rua da cidade francesa de Bordeaux, foi colhida por uma vagonete da Companhia Nacional de Manufatura de Fumo, que transportava matéria-prima de um para o outro edifício. (...) Naquela oportunidade, o Conselheiro Davi, do Tribunal de Conflitos, proferiu o seu voto, colocando de lado o Código de Napoleão e afirmando, pela primeira vez, o equacionamento e a solução da responsabilidade civil do Estado em termos publicísticos" (DI PIETRO, Maria Sylvia Zanella. *Direito administrativo*. 19. ed. São Paulo: Atlas, 2006, p. 27).

Ulteriormente, como válvula de escape à irresponsabilidade estatal, que não mais era viável de ser sustentada na sua forma máxima, tomou lugar, especialmente a partir do século XIX, a chamada teoria civilista da culpa. Segundo essa teoria, a responsabilidade se bifurcaria em relação aos atos de gestão e atos de império. Caso se estivesse diante de atos estatais de império, considerados aqueles levados a efeito pela Administração com suas prerrogativas e privilégios de autoridade e imposição unilateral e coercitiva, continuaria havendo a irresponsabilidade do Estado. Já quando se deparasse com atos de gestão, aqueles praticados pela Administração em posição de igualdade com o particular, para a gestão de seus serviços, haveria responsabilidade estatal.[492]

Sob as críticas de que seria impossível dividir a personalidade do Estado (atos de gestão e de império), a primeira teoria civilista cedeu espaço para uma corrente ainda atrelada ao direito privado, mas que entendia que o Estado seria responsável pelos atos realizados por seus agentes, desde que demonstrada a culpa. Adotava-se, então, a responsabilidade subjetiva do Estado.

Esse viés privativo da responsabilidade estatal trabalhava ainda em termos de culpa individual, isto é, "inicialmente essa responsabilidade baseava-se na culpa ou dolo do agente, o que para a vítima representava, muitas vezes, um grande desafio, porque na Administração Pública nem sempre é fácil indicar a autoridade competente (...)".[493]

Justamente a fim de resguardar o interesse daqueles prejudicados é que se passou a conceber ideias publicistas de responsabilidade do Estado, adotando-se primeiramente uma concepção de responsabilidade por culpa do serviço (*faute du service*).

Como esclarece Celso Antônio Bandeira de Mello ao tratar sobre a culpa do serviço:

> Em face dos princípios publicísticos não é necessária a identificação de uma culpa individual para deflagrar-se a responsabilidade do Estado. Essa noção civilista é ultrapassada pela ideia denominada *faute du service* entre os franceses. Ocorre a culpa do serviço ou "falta do serviço" quando este não funciona, devendo funcionar, funciona mal ou funciona atrasado. Esta é a tríplice modalidade pela qual se apresenta e nela se

---

[492] DI PIETRO, Maria Sylvia Zanella. *Direito administrativo*. 19. ed. São Paulo: Atlas, 2006, p. 619-620.
[493] MARINELA, Fernanda. *Direito administrativo*. 6. ed. Niterói: Impetus, 2012, p. 964.

traduz um elo entre a responsabilidade tradicional do Direito Civil e a responsabilidade objetiva.[494]

Considerando-se uma cadeia evolutiva da responsabilidade do Estado, tendo como parâmetro o maior resguardo dos administrados, seguiu-se à culpa anônima ou culpa do serviço a modalidade da responsabilidade estatal objetiva.

Tal forma de responsabilização, adotada em muitos ordenamentos jurídicos contemporâneos, inclusive o brasileiro (*vide* artigo 37, §6º, da Constituição Federal), pauta-se na prescindibilidade da comprovação da culpa (em sentido *lato*), bastando que se comprove (em regra) a presença do dano causado e sua relação (nexo de causalidade) com alguma conduta atribuída ao Estado.

Há quem atribua a responsabilidade objetiva do Estado sob a justificativa de que, "por ser mais poderoso, o Estado teria que arcar com o risco natural decorrente de suas numerosas atividades: à maior quantidade de poderes haveria de corresponder um risco maior".[495] Estar-se-ia adotando, então, a teoria do risco administrativo.

3.1.2 Requisitos

Conforme foi dito, vige no Brasil e em grande parte dos ordenamentos jurídicos ocidentais – não estando impassível de críticas[496] – a responsabilidade objetiva do Estado. Resta saber, então, quais seriam os requisitos para a sua configuração.

Num primeiro momento, faz-se imperioso mencionar, seguindo a posição de Celso Antônio Bandeira de Mello, que, pelo menos no Brasil, os fundamentos da responsabilidade por condutas comissivas ou omissivas ilícitas são contrapartida do mister ao atendimento do princípio da legalidade, sendo que nos casos de comportamentos comissivos, entra em jogo ainda o princípio da igualdade, tendo em vista que não

---

[494] BANDEIRA DE MELLO, Celso Antônio. *Curso de direito administrativo*. 29. ed. São Paulo: Malheiros, 2012, p. 1019.

[495] CARVALHO FILHO, José dos Santos. *Manual de direito administrativo*. 23. ed. Rio de Janeiro: Lumen Juris, 2010, p. 597.

[496] A esse respeito, confira-se PANTALEÓN PRIETO, Fernando. Cómo repensar la responsabilidad civil extracontractual (También la de las Administraciones públicas). *In*: MORENO MARTÍNEZ, Juan Antonio (Coord.). *Perfiles de la responsabilidad civil en el nuevo milenio*. Madrid: Dykinson, 2000. p. 439-465.

pode um particular arcar de forma isolada com o dano causado por atos que, em tese, beneficiam a toda a coletividade.[497]

Quanto aos requisitos – ou pressupostos para parte da doutrina –, a responsabilidade do Estado na modalidade objetiva se verifica quando se está diante de três elementos fundamentais: a ocorrência de um fato administrativo; a existência de um dano; e o nexo causal ou relação de causalidade entre aquele fato e o dano causado.[498]

Nota-se, do elenco acima relacionado, que se torna indiferente a apuração de culpa ou dolo do agente administrativo, sendo tal dado relevante, na sistemática brasileira, somente para o ingresso pelo Estado de uma eventual ação judicial de regresso contra o causador do dano, conforme preceitua o artigo 37, §6º, da Constituição Federal.

No que tange ao dano, cabe destacar que, para fins da responsabilidade estatal, não se está a tratar de dano meramente econômico, mas sim de dano jurídico. Nesse sentido, destaca Carlos Ari Sundfeld: "Necessária a lesão a direito da vítima. Assim, não é indenizável a desvalorização do imóvel de particular causada pela instalação, em terreno vizinho, outrora desocupado, de prédio de repartição pública; realmente, os proprietários não têm o direito de que o Estado deixe vagos seus imóveis".[499]

Importante anotar, por outro lado, que há um forte posicionamento doutrinário no Brasil, acompanhado de perto pela jurisprudência, que afirma que não caberia adotar a mesma forma de responsabilidade estatal na hipótese de condutas omissivas. Tem-se, por exemplo, Celso Antônio Bandeira de Mello, que defende que na omissão deve o Estado responder de forma subjetiva, já que se ele (Estado) não agiu, não cabe a ele ser imputada a responsabilidade, a não ser que estivesse obrigado a impedir o dano.[500] Dessa forma já decidiu, inclusive, o Superior Tribunal de Justiça, quando analisou um caso de naufrágio de uma embarcação municipal, alegando-se omissão da fiscalização do Estado: "A responsabilidade do Estado, nos casos de omissão, é subjetiva. Precedentes do STJ e do STF. 3. *In casu*, não se comprovou que a União, notadamente

---

[497] BANDEIRA DE MELLO, Celso Antônio. *Curso de direito administrativo*. 29. ed. São Paulo: Malheiros, 2012, p. 1023.
[498] CARVALHO FILHO, José dos Santos. *Manual de direito administrativo*. 23. ed. Rio de Janeiro: Lumen Juris, 2010, p. 605.
[499] SUNDFELD, Carlos Ari. *Fundamentos de direito público*. São Paulo: Malheiros, 2013, p. 183.
[500] BANDEIRA DE MELLO, Celso Antônio. *Curso de direito administrativo*. 29. ed. São Paulo: Malheiros, 2012, p. 1029.

no seu dever fiscalizatório, tenha contribuído de alguma forma para a ocorrência do evento danoso".[501]

No âmbito do Supremo Tribunal Federal, contudo, tem sido construída uma distinção entre omissões ditas gerais ou genéricas e específicas.[502] A omissão genérica ocasionaria a responsabilidade subjetiva, ao passo que a específica, que ocorre quando o Estado descumprisse um dever jurídico específico, acarretaria a responsabilidade objetiva.[503]

Diferentemente, mesmo quando não há uma conduta comissiva propriamente dita, também tem se entendido que responde de maneira objetiva e, portanto, bastando a presença daqueles requisitos inicialmente apontados, nos casos em que a atividade do Estado gera uma situação que propicia a ocorrência do dano, já que expôs alguém ao risco em decorrência da guarda de pessoas ou objetos[504] (o exemplo trazido à baila com frequência é o caso da fuga de presidiários que cometem ilegalidade contra pessoas ou coisas nos arredores e de forma conexa com a circunstância de sua fuga).

Em todo caso, frisa-se que o estudo da responsabilidade estatal acaba sendo construído em torno dos atos estatais ilícitos, muito embora já se reconheça, de maneira mais pacífica, que, com algumas alterações nos requisitos a serem verificados, é plenamente válido responsabilizar o Estado por condutas legais. Referido tema será mais bem abordado nos tópicos seguintes, quando trataremos da responsabilidade pelo uso de medidas provisionais administrativas.

3.2 Responsabilidade pela adoção das medidas cautelares

A adoção de medidas cautelares administrativas acaba ocasionando a restrição, inicialmente temporária, de determinados direitos – inclusive os fundamentais. A questão principal, contudo, resta em compreender se referida restrição tem o condão de acarretar a

---

[501] STJ – REsp: 1059562 PA 2008/0112566-5, Relator: Ministro HERMAN BENJAMIN, Data de Julgamento: 02.10.2008, T2 – SEGUNDA TURMA, Data de Publicação: DJe 09.03.2009.
[502] No âmbito doutrinário, defendendo essa posição, *vide* CAVALIERI FILHO, Sergio. *Programa de responsabilidade civil*. 8. ed. São Paulo: Atlas, 2008, p. 240.
[503] STF. RE 841526, Relator(a): Min. LUIZ FUX, Tribunal Pleno, j. 30/03/2016, Repercussão geral.
[504] ROCHA, Silvio Luís Ferreira da. *Manual de direito administrativo*. São Paulo: Malheiros, 2013, p. 750.

responsabilidade da Administração Pública e, se positivo, em quais casos.

O estudo da responsabilidade pelo uso de medidas cautelares administrativas adquire um colorido diferente da regra geral da responsabilidade, embora dela não se afaste, pois as circunstâncias fáticas que desencadeiam e cercam a atividade cautelar administrativa do Estado, em particular sob a ótica jurídica brasileira, permitem um entendimento específico sobre a questão, transcendendo a mera responsabilidade geral.

Dessarte, as linhas que se seguem procurarão transmitir detalhes e características próprias ou, pelo menos, que se destaquem no quesito da responsabilidade pelo uso de medidas cautelares administrativas, estando essa construção inserida, contudo, na teoria mais ampla da responsabilidade do Estado.

3.2.1 Medidas cautelares ilícitas

A regra da responsabilidade estatal decorrente da invocação de provimentos cautelares administrativos é, como não podia deixar de ser, similar aos casos gerais de responsabilidade, isto é, ocorre com frequência quando há uma violação ao direito posto, tratando-se de provimentos tidos como ilegais.

Deveras, como se verá mais adiante, a maioria dos casos de reconhecimento da responsabilidade estatal em razão da adoção de medidas cautelares se dá quando estas são tomadas em desconformidade com a lei ou com o instrumento normativo correlato que as disciplina, ou, ainda, quando incidem em excesso.

Em ocasiões tais, isto é, onde há a adoção de provimentos cautelares em desrespeito às previsões legais que regulamentam a matéria, tem-se a verificação da prática de um ato contrário à lei (ilícito), sendo que, caso indigitada medida gere danos jurídicos, e haja relação de causalidade entre a ilicitude e aqueles danos (não havendo qualquer causa de exclusão da responsabilidade), outra não é a consequência senão a da responsabilização da Administração nos moldes clássicos.

Tome-se como exemplo do que fora aludido – dentre os inúmeros existentes[505] – a lide apreciada pelo Tribunal de Justiça do Estado de São Paulo, que editou a seguinte ementa:

---

[505] Outro exemplo encontrado no Tribunal de Justiça do Rio de Janeiro: "APELAÇÃO. MUNICÍPIO DE VOLTA REDONDA. PROCEDIMENTO ADMINISTRATIVO DISCIPLINAR

APELAÇÃO. SERVIDOR PÚBLICO MUNICIPAL. AFASTAMENTO. PROCEDIMENTO ADMINISTRATIVO. EXCESSO DE PRAZO CONFIGURADO. INDENIZAÇÃO. CABIMENTO. Decreto Municipal nº 46.861/05 que deu nova redação ao Decreto nº 43.233/03, porquanto o afastamento automático deixou de ser previsto, o que permitiu a reassunção do serviço ao servidor afastado, enquanto respondia procedimento administrativo disciplinar. Administração Pública que extrapolou o limite legal ao manter o afastamento do servidor mesmo após a edição do Decreto nº 46.861/05. Caracterizado o ato omissivo ante a não notificação do servidor para reassumir imediatamente suas funções, merece prevalecer por tal indenização pelo tempo excedido,

– PAD. SUSPENSÃO CAUTELAR. LEI Nº 1.931/906. ILEGITIMIDADE DOS MOTIVOS. VIOLAÇÃO DO PRINCÍPIO DO DEVIDO PROCESSO LEGAL. ILEGALIDADE DO ATO ADMINISTRATIVO. RESPONSABILIDADE OBJETIVA DA ADMINISTRAÇÃO. TEORIA DO RISCO ADMINISTRATIVO. ART. 37, §6º DA CRFB. DANO MORAL. 1 – Trata-se de ação anulatória cumulada com indenizatória ajuizada em face do Município de Volta Redonda, onde a servidora pública municipal defende a legitimidade de sua recusa em submeter-se a junta médica para fins de readaptação ou aposentadoria, conforme disposição legal, sendo indevida a instauração de procedimento administrativo disciplinar e a determinação de sua suspensão cautelar; 2 – Não se discute quanto à possibilidade da determinação de suspensão de servidor público para fins de apuração em processo administrativo disciplinar, nos moldes do art. 90 da Lei nº 1.931/90, à semelhança do que prevê o art. 147 da Lei nº 8.112/90, aplicável aos servidores públicos federais. Não obstante a previsão legal, é certo que a hipótese concreta não enseja a aplicação de tal medida cautelar. Ilegitimidade do ato administrativo que determinou a instauração de procedimento administrativo disciplinar e a consequente suspensão cautelar do serviço público, pois a recusa em submeter-se a perícia médica constituiu exercício regular de direito. Licença médica para tratamento de hérnia de disco lombar que não ultrapassou o prazo legal do art. 161 da Lei nº 1.931/90; 3 – Possibilidade de controle pelo Judiciário sobre a legalidade dos atos administrativos, mormente diante da vinculação da instauração do PAD a uma situação de irregularidade, não verificada no caso concreto; 4 – *Responsabilidade objetiva da Municipalidade, nos termos do art. 37, §6º da CRFB. Aplicação da teoria do risco administrativo. Concluindo-se por objetiva a responsabilidade do Município, verifica-se deva ser reconhecida a nulidade do ato administrativo disciplinar que determinou a suspensão preventiva do servidor público, haja vista que equivocados os motivos que levaram a instauração do PAD;* 5 – *Ato administrativo objeto de nulidade causou mais que meros aborrecimentos, sendo impossível desconsiderar a angústia e o constrangimento gerados pela injustificada suspensão do serviço. É certo que a determinação da suspensão cautelar fora das hipóteses legais caracteriza danos aos direitos da personalidade, aos quais corresponde a obrigação de indenizar. Servidora pública que teve seus dados excluídos do ponto biométrico, sendo impedida de suas funções laborais, além de ter sido convocada a comparecer à Comissão de Inquérito do Município. Exercício abusivo das prerrogativas da Administração, que deve ser objetivamente obrigada a reparar os danos causados nos termos do art. 37 §6º da CRFB;* 6 – Indenização fixada na sentença no valor de R$5.000,00 (cinco mil reais), que corresponde à gravidade da ofensa, além de atender ao aspecto punitivo-educativo da indenização e aos critérios desta e. Corte de Justiça. Manutenção da r. sentença. Negado provimento ao recurso. (TJ-RJ – APL: 00032014020138190066 RIO DE JANEIRO VOLTA REDONDA 5 VARA CIVEL, Relator: TERESA DE ANDRADE CASTRO NEVES, Data de Julgamento: 05.11.2014, SEXTA CÂMARA CÍVEL, Data de Publicação: 10.11.2014).

no interregno compreendido entre a edição do Decreto nº 46.861/05 e o efetivo retorno no cargo. Decisão reformada. Recurso provido.[506]

Apura-se do caso transcrito que o afastamento cautelar do servidor, que inicialmente se mostrava automático com a instauração do procedimento administrativo disciplinar, conforme dispunha a lei local então vigente, perdeu a sua automaticidade com a nova alteração legal. Contudo, mesmo ciente da mudança legislativa, a Administração manteve o afastamento, agora de forma ilegal, transbordando os limites razoáveis estabelecidos pelo legislador em relação à medida provisional, acarretando, assim, sua responsabilização.

Em outra situação, o Tribunal de Justiça do Estado do Paraná julgou ação em que se pleiteava pedido de indenização em face do Estado, uma vez que um servidor público, após denunciar a má qualidade da água ao Ministério Público, sofreu como represália a instauração de processo administrativo disciplinar e a consequente suspensão cautelar das funções. Neste caso, o Tribunal decidiu que a conduta do Estado foi arbitrária, logo, ilegal, e que causou "constrangimento prolongado, incerteza com relação ao deslinde do processo, opressão psicológica e abalo pessoal que merece a justa reparação".[507]

Pelo exposto, conclui-se de maneira tranquila que a responsabilidade por atos cautelares ilícitos costuma ser questão ausente de maiores debates, amoldando-se à construção clássica da responsabilidade estatal e sendo o caso que, com mais frequência, gera a responsabilização do Estado quando do uso da atividade cautelar administrativa.

3.2.2 Medidas cautelares inicialmente ilícitas

Questão curiosa e que difere um pouco do que foi acima tratado se refere às hipóteses em que a medida provisional administrativa se mostra inicialmente fora dos limites legais, mas cujo conteúdo, posteriormente, ao fim do procedimento administrativo, adéqua-se ao direito tutelado, nas hipóteses de provimento final favorável à Administração.

Frente a tais situações, Gabriel Domenéch Pascual informa que a STS da Espanha já decidiu que não deve a Administração responder,

---

[506] TJSP; APL 0044201-06.2009.8.26.0053; Ac. 6644026; São Paulo; Primeira Câmara de Direito Público; Rel. Des. Danilo Panizza; Julg. 09/04/2013; DJESP 16/04/2013.
[507] TJPR; ApCiv 0595160-8; Curiuva; Primeira Câmara Cível; Relª Desª Dulce Maria Cecconi; DJPR 12/01/2010; Pág. 93.

tendo em vista que o provimento final favorável faz com que não tenha dano a ser indenizado. Além disso, o próprio autor enxerga como arrazoada a aludida solução sempre que o dano ocasionado pela medida cautelar venha a ser coberto total e perfeitamente pelo conteúdo da posterior decisão ajustada ao direito.[508]

Apesar do entendimento doutrinal acima mencionado, não nos aparenta de todo acertado afirmar que a decisão final legal tenha sempre o condão de abarcar os eventuais danos causados pela medida cautelar ilegal, tornando o Estado irresponsável por tais atos.

O primeiro ponto que não permite que se chegue àquela conclusão diz respeito ao próprio princípio da legalidade. De fato, tem-se que a medida cautelar adotada no bojo de um procedimento administrativo possui natureza jurídica de ato administrativo e, como tal, submete-se ao disciplinamento jurídico conferido àquela espécie. Assim sendo, a prática de um provimento administrativo cautelar desajustado do Direito – leia-se, ato administrativo ilegal –, deve ser objeto de anulação pelo Judiciário ou pela própria Administração (no exercício da autotutela), ou, eventualmente, e somente se possível, convalidado, tudo a fim de se manter o respeito à legalidade.

No ordenamento jurídico brasileiro, a hipótese de convalidação dos atos administrativos, que já era admitida no campo doutrinário e jurisprudencial, atualmente encontra-se esculpida no artigo 55 da Lei nº 9.784/99,[509] significando tal instituto, nos dizeres de Maria Sylvia Zanella Di Pietro, um "ato administrativo pelo qual é suprido o vício existente em um ato ilegal, com efeitos retroativos à data em que este foi praticado".[510]

Em síntese, a convalidação seria então a prática de um outro ato administrativo que sanaria os vícios do anterior ato ilegal, vícios esses que seriam sanáveis, com efeitos retroativos (o que seria diferente de um novo ato revogador com conteúdo diverso, que somente teria efeitos *ex nunc*).

---

[508] DOMENÉCH PASCUAL, Gabriel. La responsabilidad patrimonial de la Administración derivada de la adopción de medidas cautelares. *Revista Española de Derecho Administrativo*, 125, 2005, p. 77.

[509] Art. 55. Em decisão na qual se evidencie não acarretarem lesão ao interesse público nem prejuízo a terceiros, os atos que apresentarem defeitos sanáveis poderão ser convalidados pela própria Administração.

[510] DI PIETRO, Maria Sylvia Zanella. *Direito administrativo*. 19. ed. São Paulo: Atlas, 2006, p. 228.

Para que se possa falar em convalidação de atos administrativos praticados sob a ótica brasileira, deve-se, em atenção àquele preceito legal, verificar se o ato viciado levado a efeito possui um vício sanável, e se a convalidação não lesaria o interesse público ou de terceiros.

O problema é que em atos cautelares administrativos, atos estes que possuem, em regra, por sua própria feição, a natureza restritiva de direitos, dificilmente não se estará diante de lesão a interesses de terceiros (em regra, a própria pessoa afligida pelo provimento cautelar), o que impossibilitaria a adoção da convalidação.[511]

Concorda-se, portanto, que, caso o provimento final regular atue como um verdadeiro ato convalidador do vício sanável encontrado na medida cautelar, seria incabível, *a priori*, a responsabilização do Estado. No entanto, o que se percebe é que nem sempre a decisão final legal no procedimento administrativo é hábil a convalidar o provimento provisional ilegal, uma vez que esse ato ilegal pode se mostrar insanável ou prejudicial ao interesse de terceiros, não afastando, por conseguinte, a responsabilidade da Administração.

Ademais, embora a convalidação deva ser considerada obrigatória e não uma mera faculdade,[512] sempre preferível à anulação, seu uso

---

[511] Embora se tratando de um ato de conversão e não convalidação em si (por mais que ambos tenham a eficácia retroativa), encontra-se acórdão elaborado pelo TRF da 4ª Região no sentido de se permitir essa figura em uma medida cautelar administrativa, inicialmente ilícita. Ademais, não se responsabilizou a Autarquia ré (ANAC) por não ter se apurado a existência de dano. Confira-se a ementa: "DIREITO ADMINISTRATIVO. ANAC. ATO ADMINISTRATIVO. ANULAÇÃO. CERTIFICAÇÃO PARA SERVIÇOS DE MANUTENÇÃO DE AERONAVES. PERDAS E DANOS. NÃO COMPROVAÇÃO. A própria ANAC reconheceu que o ato administrativo de revogação da certificação para serviços de manutenção de aeronaves ofendia aos princípios da ampla defesa e contraditório, operando a conversão do ato em suspensão provisória da certificação (suspensão cautelar), abrindo prazo para a defesa da autora. Descabe a condenação da ANAC em perdas e danos, porquanto ausente provas quanto a eventuais prejuízos suportados pela empresa (TRF-4 – APL: 50186721720134047000 PR 5018672-17.2013.404.7000, Relator: VIVIAN JOSETE PANTALEÃO CAMINHA, Data de Julgamento: 16.11.2016, QUARTA TURMA)".

[512] Este ponto não se encontra pacífico entre os estudiosos brasileiros. Uma vez que a própria lei que trata do assunto usa o verbo "poderão", dando a entender que se trata de uma faculdade, autores como Maria Sylvia Zanella Di Pietro (*Direito administrativo*. 19. ed. São Paulo: Atlas, 2006, p. 229) se posicionam pela discricionariedade da medida. Contudo, concorda-se com os ensinamentos de Celso Antônio Bandeira de Mello, que informa que a convalidação seria, em regra, obrigatória, uma vez que atende ao princípio da legalidade e da segurança jurídica, em contraponto à anulação que resguardaria unicamente a legalidade (*Curso de direito administrativo*. 29. ed. São Paulo: Malheiros, 2012, p. 483-485). Deveras, em que pese a dicção da lei em questão, Weida Zancaner, em trabalho clássico sobre a matéria, argumenta que a convalidação se propõe como obrigatória quando o ato comportá-la, já que o princípio da legalidade, entendido finalisticamente, impõe respeito à segurança jurídica, o que seria realizável pela convalidação muito mais do que pela

somente é viável, repita-se, quando não afrontar o interesse público, bem como quando não violar direitos fundamentais, sendo certo que seu uso abusivo deve ser evitado pela Administração. Nesse sentido, inclusive, são os escritos de Gustavo Alexandre Magalhães, para quem cumpre observar que, não sendo a convalidação de atos administrativos possível, quando configure ofensa ao interesse público ou a direitos de terceiros (art. 55 da Lei nº 9.784/99), deve haver parcimônia na sua invocação, porquanto tem-se visto que a convalidação acaba sendo utilizada indiscriminadamente pela Administração como se sempre fosse o único caminho possível.[513]

Trata-se, a bem da verdade, de instituto a ser analisado no caso concreto, já que, embora não deva ser chancelado seu uso indiscriminado, também é correto que em determinadas hipóteses a convalidação será extremamente benéfica.[514] Apenas por meio de uma análise proporcional e motivada dos interesses confrontados é que se torna possível apurar a hipótese que está diante.

O segundo ponto que não permite a adoção integral daquele entendimento defendido por Gabriel Domenéch Pascual concerne à particular atenção dada por este trabalho aos direitos fundamentais postos em jogo quando do acolhimento de provimentos cautelares administrativos.

Permitir que um provimento final regular torne indevida a responsabilidade por ato anterior ilegal, seria permitir que possíveis direitos fundamentais violados se restabelecessem automaticamente no tempo.

Se uma das próprias funções da procedimentalização administrativa é o resguardo de direitos subjetivos, como já salientou Benjamin Zymler,[515] conceber-se a ideia de que possa haver livremente violação

---

invalidação (ZANCANER, Weida. *Da convalidação e da invalidação dos atos administrativos*. 2. ed. São Paulo: Malheiros, 1998, p. 100).

[513] MAGALHÃES, Gustavo Alexandre. A banalização do instituto da convalidação no âmbito dos contratos administrativos. *Revista da Faculdade de Direito da UFMG*, Belo Horizonte, nº 49, Jul./Dez., 2006, p. 107.

[514] Lucas Rocha Furtado entende que, diante do caso concreto, inclusive situações tidas pela doutrina como insanáveis, seriam passíveis de convalidação. Prescreve o autor: "(...) sempre haverá a possibilidade de que, diante de determinadas circunstâncias, a convalidação de determinados atos possa ser justificada, não obstante o vício neles verificados sejam, como regra, apresentados pela doutrina como insanáveis" (*Curso de direito administrativo*. 4. ed. Belo Horizonte: Editora Fórum, 2013, p. 262).

[515] "A necessidade de procedimentalização brota, também, da imperiosidade de se mitigar as frustrações dos titulares de direitos subjetivos, as quais nunca foram tão grandes, em virtude da multiplicação das expectativas criadas pelo Estado Social" (ZYMLER,

daqueles direitos, desde que ao final a decisão definitiva se mostre compatível com o Direito, contraria a própria razão de ser dos procedimentos administrativos.

Odete Medauar parece defender o mesmo ponto, dispondo sobre os vários objetivos dos processos administrativos, mencionando-se, entre outros, a função garantista da procedimentalização, que representa justamente a garantia jurídica dos administrados, já que tutela direitos que o ato administrativo pode afetar. Acrescenta ainda a função de legitimação do poder, isto é, do fato de ser por meio do processo administrativo que se passa do viés autoritário do poder para uma atuação tida como legítima, por meio de atos imparciais e paritários.[516]

Em um grau maior de abstração, o próprio sentido do Estado moderno representa não um fim em si próprio, mas sim um instrumento necessário para a efetivação de direitos fundamentais[517] por meio de políticas públicas.[518] Seria um contrassenso teórico – embora, infelizmente, aconteça com frequência no plano descritivo – que esse Estado que busca tutelar direitos fundamentais os desrespeite de forma natural e inconsequente.

Adotar de forma incondicional a posição partilhada por Gabriel Domenéch Pascual representa uma visão maquiavélica em prol dos fins, independente dos meios utilizados, o que não corresponde à estrutura de um Estado Democrático de Direito, de caráter republicano, que prega a responsabilidade da Administração quando seus atos ultrapassarem ou se afastarem dos limites legais.

Pense-se no exemplo da adoção de uma medida cautelar de afastamento preventivo de servidor público que responde a um procedimento administrativo disciplinar, mas que ocorra sem o respeito ao devido processo legal,[519] havendo uma exposição excessiva da imagem

---

Benjamim. A Procedimentalização do Direito Administrativo Brasileiro. *Fórum Administrativo Direito Público FA*, Belo Horizonte, ano 2, nº 22, dez. 2002. Disponível em: http://www.bidforum.com.br/bid/PDI0006.aspx?pdiCntd=2848. Acesso em: 26 jun. 2013, p. 19).

[516] MEDAUAR, Odete. *Direito administrativo moderno*. 14. Ed. São Paulo: Editora Revista dos Tribunais, 2010, p. 171.

[517] De acordo com as lições de José Adércio Leite Sampaio, o garantismo processual seria uma das matrizes dos direitos fundamentais, ao lado da propriedade e da liberdade religiosa (*Direitos fundamentais:* retórica e historicidade. 2. ed. Belo Horizonte: Del Rey, 2010, p. 136-137).

[518] FURTADO, Lucas Rocha. *Curso de direito administrativo*. 4. ed. Belo Horizonte: Editora Fórum, 2013, p. 215.

[519] Não venha se falar que vícios de natureza procedimental não têm o condão de gerar a responsabilização da Administração. Se é certo que atualmente não há mais espaço para um formalismo fetichista, onde a forma constitui um fim em si mesmo, devendo haver

do servidor mediante publicações reiteradas em que conste seu nome e dados qualificativos. Se ao final se concluir, após o transcurso regular do restante do procedimento, que o servidor merece ser sancionado com a pena de demissão, e que possivelmente ele teria obstado a apuração dos fatos caso tivesse continuado em serviço, mesmo assim a ilegalidade da medida não seria convalidada pelo provimento final, pelo menos não para fins de irresponsabilizar a Administração por aquele ato, já que o direito à honra do servidor fora indevidamente violado, sendo que a decisão final em nada altera esse quadro.

Ainda que tratando de instituto diverso (a desapropriação), as lições de Lucas Rocha Furtado se adéquam perfeitamente ao debate ora travado, ou seja, de que um provimento final regular, que supostamente atenda ao interesse público, não tem o condão de validar a violação de direitos praticada previamente. Nesses termos, expõe o citado professor:

> O argumento de que o interesse público prevalece sobre o interesse privado, ou de que a incorporação do bem particular ao patrimônio público melhor realizará o interesse público, não pode servir de fundamento para o exercício abusivo das potestades públicas. O interesse público não se afasta nem se realiza fora do ordenamento jurídico. O interesse público não existe como conceito difuso ou fora do Direito e não pode servir de fundamento para o Estado intervir no exercício de um dos direitos fundamentais, o direito à propriedade privada. Somente é possível falar em realização do interesse público com estrita observância dos direitos fundamentais e das normas constitucionais e legais vigentes.[520]

Por derradeiro, acrescente-se ainda a questão dos incentivos e custos existentes na relação ora analisada, em uma breve análise econômica do direito – ainda que perfunctória.

Caso se chancele a conclusão de que o provimento final regular é hábil a validar a anterior medida cautelar administrativa ilegal, a Administração não terá qualquer incentivo para restringir seu poder

---

a superação de meras irregularidades formais em prol da obtenção de uma solução de fundo eficaz e legítima, também não é incorreto afirmar que o desrespeito a normas procedimentais que afetem a ampla defesa e o contraditório, enfraquecendo a defesa dos direitos e interesses analisados no procedimento administrativo, enseja a responsabilidade do Estado, especialmente porque acarretam, muitas vezes, lesão a outros direitos fundamentais (ponto-chave para a jurisprudência brasileira, conforme será mais bem abordado à frente).

[520] FURTADO, Lucas Rocha. *Curso de direito administrativo*. 4. ed. Belo Horizonte: Editora Fórum, 2013, p. 634.

cautelar, ou pelo menos exercê-lo de forma comedida, já que saberá que, se ao final o provimento definitivo se mostrar lícito, não terá custos decorrentes da responsabilização pela ilegal medida provisional adotada previamente, porquanto o prejuízo será sempre suportado de maneira exclusiva pela vítima. Ou seja, poderá atuar de forma desregrada durante todo o processo administrativo, desde que ao final adote decisão condizente com o Direito, não havendo qualquer incentivo, do ponto de vista econômico, para que aja de forma cautelosa.

Não obstante seja mais fácil realizar o controle sobre os excessos do que em relação às insuficiências da atuação da Administração, o que poderia eventualmente justificar uma conduta mais proativa por parte do Estado, ainda que isso implicasse em eventuais desvios,[521] na situação a que ora se refere não há como sustentar esse argumento, pois estamos falando em transformar a ilegalidade em regra, não em exceção, bastando que no fim se atue corretamente, o que contrariaria a própria ordem jurídica como um todo.

3.2.3 Medidas cautelares lícitas

Pertinente à adoção de medidas cautelares administrativas lícitas, a questão da responsabilização da Administração assume diferentes conclusões.

A possibilidade de responsabilizar a Administração pela adoção de medidas lícitas, ainda que saia da compreensão clássica acerca da responsabilidade extracontratual estatal, é tema que remanesce tranquilo na doutrina administrativista – pelo menos no que se refere à possibilidade teórica de sua ocorrência.

Celso Antônio Bandeira de Mello traz à baila sua lição de que o fundamento para responsabilizar o Estado na hipótese de ocorrência de atos lícitos[522] seria o princípio da igualdade, isto é, a distribuição

---

[521] DOMENÉCH PASCUAL, Gabriel. Justificación de las indemnizaciones por sacrificios impuestos en la lucha contra epizootias y plagas. *InDret – Revista para el análisis del derecho*, Barcelona, 4, oct. 2011, p. 21.

[522] Interessante mencionar a posição de Maurício Zockun, ainda que minoritária, para quem a licitude ou ilicitude não é do ato ou conduta, mas sim do dano. Haverá hipóteses em que o dano sofrido é autorizado pela ordem jurídica, sendo um dano legítimo. Para ele seria este o aspecto diferenciador entre sacrifício de direito e responsabilidade patrimonial do Estado. O primeiro lidaria com danos lícitos, enquanto o segundo trataria de danos ilícitos (ZOCKUN, Maurício. *Responsabilidade patrimonial do Estado*. São Paulo: Malheiros, 2010, p. 82).

equânime dos ônus provenientes da atuação estatal, evitando que somente alguns suportem prejuízos decorrentes de atividades desempenhadas no interesse de todos.[523]

O indigitado autor dá continuidade à tratativa da questão assentando que, em relação às características do dano jurídico, quando se está diante de um ato lícito, observa-se que, além da necessidade de ele ser certo e jurídico (não meramente econômico), características essas igualmente necessárias aos atos ilícitos, também se faz mister que o dano seja especial (onere determinado ou determinados particulares, não sendo um dano genérico) e anormal (aquele que ultrapassa os meros agravos patrimoniais inerentes ao convívio social).[524]

Com idêntica explicação, o Superior Tribunal de Justiça já esclareceu:

> (...) Os danos decorrentes de atividade ilícita são sempre antijurídicos e devem reunir somente duas características para serem reparados, screm certos e não eventuais e atingirem situação legítima, capaz de traduzir um direito, ou ao menos um interesse legítimo. Já os danos oriundos de atividade lícita demandam outras duas características para serem suscetíveis de reparação, serem anormais, inexigíveis em razão do interesse comum, e serem especiais, atingindo pessoa determinada ou grupo de pessoas.[525]

Pela sucinta explanação acima colacionada, a conclusão que se tomaria, *prima facie*, é que a adoção de medidas cautelares administrativas lícitas pela Administração invariavelmente acarretaria a responsabilização do Estado. Ora, praticamente todos – senão todos – os provimentos administrativos cautelares administrativos negativos acabam gerando danos certos, jurídicos, especiais e anormais. Deveras, uma medida de indisponibilidade de bens de determinado sujeito que está sendo fiscalizado pelo TCU, *e.g.*, ocasiona uma lesão certa a seu direito de propriedade, lesão essa que não corresponde aos pequenos aborrecimentos cotidianos e que afeta diretamente aquele determinado sujeito. Então caberia se falar em responsabilidade da Administração?

---

[523] BANDEIRA DE MELLO, Celso Antônio. *Curso de direito administrativo*. 29. ed. São Paulo: Malheiros, 2012, p. 1023.
[524] BANDEIRA DE MELLO, Celso Antônio. *Curso de direito administrativo*. 29. ed. São Paulo: Malheiros, 2012, p. 1037-1039.
[525] STJ, Relator: Ministra ELIANA CALMON, Data de Julgamento: 12.11.2013, T2 – SEGUNDA TURMA.

A questão que se discute é o que há de diferente nas medidas cautelares administrativas em relação às outras formas lícitas de atuação da Administração, no que se refere a sua responsabilidade. Por que, em regra, como está sendo visto e se verá mais detalhadamente adiante, a Administração não responde incondicionalmente quando da aplicação de medidas cautelares lícitas,[526] mas responde, por exemplo, no caso da construção de uma barragem que implique na inundação de diversas propriedades particulares?[527]

Como se vê, é necessário perquirir sobre a existência de um elemento diferencial que aparte ambas as hipóteses acima narradas, constituindo ponto-chave para a apuração da (ir)responsabilidade da Administração nas medidas cautelares administrativas.

3.2.3.1 Risco criado

Um dos primeiros elementos hábeis a alterar o panorama de responsabilização do Poder Público pelo uso do poder cautelar administrativo diz respeito ao risco criado pelo próprio sujeito sobre quem acomete a medida de cunho cautelar.

Em tais casos, analisando a realidade jurisprudencial espanhola, Gabriel Domenéch Pascual atestou que *"de acuerdo con la abrumadora mayoría de la jurisprudencia, en estos casos la Administración no responde. El argumento aducido ocasionalmente es que no existe un nexo de causalidad entre la actuación administrativa y el daño"*.[528]

Da mesma maneira, embora sem adentrar necessariamente na questão do nexo de causalidade (tema este que será abordado com mais esmero a seguir), a jurisprudência brasileira tem negado indenização em

---

[526] Apresentamos, na qualidade de autor, na I Jornada de Direito Administrativo promovida pelo Conselho da Justiça Federal, o enunciado que sintetiza essas constatações, ainda que de maneira mais restritiva, seguindo as considerações acadêmicas despendidas nesta obra, aliadas à jurisprudência pátria. Eis seu teor: "As medidas cautelares administrativas patrimoniais, por possuírem a natureza de sacrifício parcial de direito, desde que exercida dentro dos limites jurídicos, não ensejam a responsabilidade civil do Estado". Curiosamente, o relator do enunciado (a Jornada trabalhava com professores escolhidos para relatar as propostas) se manifestou pela sua negativa, tendo fundamentado justamente no fato de que é possível a responsabilização do Estado por atos lícitos, o que acabava por desconsiderar todos os argumentos assentados neste livro. Deste modo, o enunciado foi rejeitado nos trabalhos das comissões temáticas da Jornada.

[527] Exemplo trazido por FURTADO, Lucas Rocha. *Curso de direito administrativo.* 4. ed. Belo Horizonte: Editora Fórum, 2013, p. 831.

[528] DOMENÉCH PASCUAL, Gabriel. La responsabilidad patrimonial de la Administración derivada de la adopción de medidas cautelares. *Revista Española de Derecho Administrativo,* 125, 2005, p. 79.

hipóteses similares, onde o risco fora criado pelo próprio prejudicado. É o que se retira da exemplificativa ementa proferida pelo Tribunal Regional Federal da 5ª Região, ocasião em que se analisou o ato cautelar da interdição de um posto de gasolina pela Agência Nacional do Petróleo – ANP:

> ADMINISTRATIVO E CIVIL. ATO DE INTERDIÇÃO DE ESTABELECIMENTO. ANULAÇÃO. IMPOSSIBILIDADE. DANOS MORAIS E MATERIAIS. INEXISTÊNCIA. 1. A teor da Lei nº 9.847/99, compete à ANP fiscalizar as atividades concernentes a derivados de petróleo. 2. Hipótese em que o ato de interdição não acarretou violação aos princípios da proporcionalidade e da razoabilidade, uma vez que o posto de gasolina estaria a oferecer risco concreto para as pessoas e para o meio ambiente, por não possuir espaço físico adequado para desenvolvimento da atividade ali exercida. 3. Diante da legalidade da medida administrativa, não merece amparo o pleito de indenização por danos morais e materiais. 4. Apelação improvida.[529]

Embora no caso acima tratado o fundamento principal para descaracterizar a responsabilidade tenha sido o atendimento a todos os parâmetros legais, verifica-se que a argumentação se reforça quando se salienta o risco ocasionado pelo proprietário do posto de gasolina, gerando a possibilidade de dano grave ao meio ambiente e a terceiros.

Da mesma forma, sem a pretensão de esgotar o tema, mencione-se decisão proferida pelo Tribunal Regional Federal da 4ª Região, que apreciou o pedido de indenização decorrente da apreensão cautelar pelo Instituto Brasileiro do Meio Ambiente e dos Recursos Naturais Renováveis (IBAMA) do maquinário destinado à construção de uma barragem:

> ADMINISTRATIVO E RESPONSABILIDADE CIVIL. REFORMA EM BARRAGEM SEM AUTORIZAÇÃO DA FEPAM. APREENSÃO DE MAQUINÁRIOS PELO IBAMA. EXERCÍCIO REGULAR DE DIREITO. Do conjunto probatório depreende-se que a autora, ao realizar trabalho de reparação de barragem sem a necessária autorização do órgão ambiental, foi a responsável pelos prejuízos alegados na inicial, de modo que não há como prosperar os pedidos de reparação por danos morais e materiais.[530]

---

[529] TRF 5ª R.; AC 470754; Proc. 0027353-24.2009.4.05.0000; CE; Terceira Turma; Rel. Des. Fed. Luiz Alberto Gurgel de Faria; Julg. 30/06/2011; DEJF 12/07/2011; Pág. 267.
[530] TRF 4ª R.; AC 2002.71.06.000002-9; RS; Terceira Turma; Relª Desª Fed. Maria Lúcia Luz Leiria; Julg. 07/04/2009; DEJF 30/04/2009; Pág. 317.

Em relação a este último julgado, observa-se, do teor do voto da Desembargadora Relatora, que não coube responsabilização ao Estado, uma vez que este agiu no cumprimento de seu dever legal e, ademais, foi a autora da ação que ocasionou, ao exercer a atividade sem o licenciamento ambiental devido, os riscos inerentes ao caso. Assim, discorreu a Relatora que

> Nesse contexto, inexistiu falha do serviço público do IBAMA ou ilícito civil de seus agentes que legitimem, no presente caso, responsabilização por dano, seja material ou moral. Do acervo dos autos exsurge que agiu o IBAMA no exercício regular de suas atribuições fiscalizatórias. Tendo ou não ocorrido prejuízo material ou abalo moral à autora, não foram ocasionados por falha do serviço do IBAMA ou atos ilícitos de seus agentes, *mas sim por que a autora realizou trabalho de reparação de barragem a descoberto da necessária autorização da FEPAM.*

Uma das peças faltantes desse quebra-cabeça da responsabilidade estatal é, portanto, a verificação do risco criado pelo próprio sujeito receptor da medida provisional administrativa.

Na grande maioria das hipóteses de adoção de medidas cautelares, o que se nota é que o risco provocador da medida fora causado ou aumentado pelo próprio sujeito sobre quem recai o provimento provisional, seja de forma mais direta, como nos exemplos envolvendo principalmente questões ambientais, acima tratados, seja de maneira mais sutil, como no caso da instauração de procedimentos de fiscalização no âmbito dos Tribunais de Contas ou de procedimentos administrativos disciplinares em face dos servidores, que, por alguma conduta, ou, ainda, pelas circunstâncias de seu comportamento social, deram margem à instauração de um procedimento administrativo no qual pairam indícios de que tenham agido irregularmente.

Perceba-se que na situação hipotética da construção da barragem, os proprietários dos terrenos ou casas que foram prejudicados pela inundação da área não tinham relação alguma com aquela construção, não sendo eles responsáveis, direta ou indiretamente, pelo dano sofrido. Contrária é a situação da indisponibilidade dos bens decretada pelo TCU,[531] já que o sujeito, ao estar sob fiscalização e ao se constatar

---

[531] A situação da responsabilização estatal por atos praticados pelos Tribunais de Contas se mostra mais complexa do que em relação aos demais órgãos da Administração Pública. Embora esta instituição fiscalizadora não integre formalmente o Poder Judiciário, parcela de suas funções envolve o julgamento dos atos dos administradores (ocasião em que

a existência de indícios de que ao final do processo talvez não haveria bens suficientes para garantir o possível débito de alguma maneira – circunstância gerada pelo próprio investigado –, deu causa à constrição patrimonial em comento.

Com posicionamento semelhante, Gabriel Domenéch Pascual expõe que o critério a ser seguido para a resolução de todos os casos envolvendo a questão da responsabilidade pelo uso de medidas cautelares administrativas é que a Administração não deve responder pelos danos ocasionados pelas medidas ajustadas ao Direito. Na hipótese de combate a situações de perigo que se mostrem aparentes ou incertas, sempre que esses casos de risco real ou sua aparência tenham sido criados pelo sujeito que sofre os danos, este tem, por consequência, o dever de suportá-los.[532] Antônio Francisco de Sousa, falando sobre medidas policiais de prevenção (ainda que se referindo à atividade mais próxima da chamada polícia judiciária), escreve que o sacrifício imposto por atos de prevenção do perigo não geram o dever de indenização, em razão de que o perigo surgiu por ato do perturbador da ordem jurídica, cabendo a este o dever de pôr termo ao perigo causado. O Estado somente estaria resolvendo algo que, em realidade, seria o próprio gerador do perigo que deveria estar fazendo.[533]

Da mesma sorte têm sido as manifestações judiciais das Cortes brasileiras, como se observa do julgado do Tribunal Regional Federal da 5ª Região:

---

ocorre o uso das medidas cautelares), tendo seus membros, inclusive, prerrogativas dos magistrados do Judiciário (artigo 73, §3º, da Constituição Federal). Assim, para fins de responsabilidade, ainda que os atos praticados pelas Cortes de Contas tenham caráter administrativo, por essa equiparação entre os membros do Judiciário e dos Tribunais de Contas, já se decidiu que a responsabilização pelos atos destes últimos é medida excepcional, que só ocorre mediante apuração de fraude ou dolo, como se nota do julgado do Tribunal de Justiça do Estado do Rio Grande do Sul: "APELAÇÃO CÍVEL. RESPONSABILIDADE CIVIL DO ESTADO. Erro material em decisão do tribunal de contas. Garantias e prerrogativas dos integrantes do poder judiciário que se estendem aos conselheiros. Necessidade de configuração de dolo ou fraude do órgão, o que não se comprovou no caso. Dano moral. Não verificação. Apelo desprovido" (TJRS; AC 341167-65.2010.8.21.7000; Porto Alegre; Nona Câmara Cível; Relª Desª Marilene Bonzanini Bernardi; Julg. 15/12/2010; DJERS 10/01/2011).

[532] DOMENÉCH PASCUAL, Gabriel. La responsabilidad patrimonial de la Administración derivada de la adopción de medidas cautelares. *Revista Española de Derecho Administrativo*, 125, 2005, p. 87.

[533] SOUSA, Antônio Francisco de. *A polícia no estado de direito*. São Paulo: Saraiva, 2009, p. 116-117.

ADMINISTRATIVO. AMBIENTAL. RESPONSABILIDADE CIVIL DO ESTADO. DANO MORAL E MATERIAL. INEXISTÊNCIA. APREENSÃO DE PESCA ILEGAL. POSSIBILIDADE. 1. A conduta do IBAMA, que apreendeu o produto de pesca ilegal, se traduz em legítimo exercício de direito. 2. *O prejuízo suportado pela empresa é decorrente da sua própria conduta.* 3. Não há que se falar em nulidade do auto de infração, tendo em vista que o representante da sociedade empresária acompanhou a fiscalização da autarquia ambiental, possibilitando, dessa forma, o exercício da ampla defesa. 4. Inexistência dos danos materiais e morais alegados. 5. Apelação improvida.[534]

Ainda que não trazido por Gabriel Domenéch Pascual em seu texto, e muitas vezes não invocado de forma direta pela jurisprudência brasileira, o elemento frequentemente presente na ocorrência das medidas cautelares administrativas lícitas e adotadas sem excesso, acima tratado como sendo o risco gerado pelo sujeito sobre quem recai a medida provisional, identifica-se com a excludente de responsabilidade da conduta exclusiva da vítima.[535]

3.2.3.2 Conduta exclusiva da vítima

Essa hipótese acima invocada (conduta exclusiva da vítima) é tratada de forma pacífica na doutrina brasileira como causa de exclusão da responsabilidade estatal – não obstante não haja previsão expressa no *códex* civil[536] –, como se pode concluir das notas construídas por Odete Medauar, que explana que a conduta da vítima, exclusiva ou concorrente, contribui para o dano que sofreu. Se a vítima teve participação total

---

[534] TRF 5ª R.; AC 470754; Proc. 0027353-24.2009.4.05.0000; CE; Terceira Turma; Rel. Des. Fed. Luiz Alberto Gurgel de Faria; Julg. 30/06/2011; DEJF 12/07/2011; Pág. 267.

[535] Prefere-se, seguindo as lições de Odete Medauar, a utilização da expressão "conduta exclusiva da vítima" em prejuízo do termo mais difundido, qual seja, "culpa exclusiva da vítima», pois, como discorre aquela autora, diante da responsabilidade objetiva (que é a regra quando se trata do Direito Público), a culpa ou dolo seriam irrelevantes (*Direito administrativo moderno*. 14. Ed. São Paulo: Editora Revista dos Tribunais, 2010, p. 386).

[536] A doutrina como um todo invoca, para justificar a conduta exclusiva como sendo excludente da responsabilidade, o brocardo latino *"Quo quis ex culpa sua damnum sentit, non intelligitur damnum sentire"* ("O dano que alguém causa a si mesmo não é dano em sentido jurídico") (STOCCO, Rui. *Tratado de responsabilidade civil*: responsabilidade civil e sua interpretação doutrinária e jurisprudencial. 5ed. São Paulo: Editora Revista dos Tribunais, 2001, p. 131). Entretanto, o entendimento dessa expressão necessita ser matizado, pois dano jurídico há, devendo-se compreender aquela sentença como significando a não imputação da responsabilidade a outrem que não seja a própria vítima (MEDINA ALCOZ, María. *La culpa de la víctima en la producción del daño extracontractual*. Madrid: Dykinson, 2003, p. 140).

no evento danoso, a Administração se exime completamente; se o dano decorreu, ao mesmo tempo, de conduta da vítima e da Administração, esta responde em parte.[537]

Assim, atina-se que o risco ensejador da medida cautelar administrativa, que acaba sendo gerado pelo próprio sujeito sobre quem a medida acomete (a "vítima" do dano), equivale à causa de exclusão da responsabilidade conhecida como culpa exclusiva da vítima ou, melhor, conduta exclusiva da vítima.

A questão terminológica em si não gera maiores problemas. O que acaba ocasionalmente gerando divergência diz respeito a qual elemento da responsabilidade estatal seria mutilado pela conduta exclusiva da vítima, prevalecendo na doutrina brasileira (praticamente unânime, mas de forma acrítica e muitas vezes repetindo ensinamentos de forma automática),[538] bem como na jurisprudência,[539] o entendimento de que se trata de hipótese que exclui o nexo de causalidade.

Conforme visto previamente, Gabriel Domenéch Pascual traz à tona que a jurisprudência espanhola por vezes também trabalha nesses termos (exclusão do nexo de causalidade). No entanto, aquele autor se mostra contrário a tal entendimento, questionando: *"A nuestro juicio, la argumentación es criticable, porque es evidente que aquella medida causó*

---

[537] MEDAUAR, Odete. *Direito administrativo moderno*. 14. Ed. São Paulo: Editora Revista dos Tribunais, 2010, p. 386.

[538] Entre os administrativistas, mencione-se: GASPARINI, Diógenes. *Direito administrativo*. 13. ed. São Paulo: Saraiva, 2008, p. 1033; DI PIETRO, Maria Sylvia Zanella. *Direito administrativo*. 19. ed. São Paulo: Atlas, 2006, p. 602-603; MARINELA, Fernanda. *Direito administrativo*. 6. ed. Niterói: Impetus, 2012, p. 982; CARVALHO FILHO, José dos Santos. *Manual de direito administrativo*. 23. ed. Rio de Janeiro: Lumen Juris, 2010, p. 607-608; BANDEIRA DE MELLO, Celso Antônio. *Curso de direito administrativo*. 29. ed. São Paulo: Malheiros, 2012, p. 1040-1041. No campo dos civilistas: TARTUCE, Flávio. *Manual de direito civil – volume único*. São Paulo: Método, 2011, p. 467-468; GONÇALVES, Carlos Roberto. *Direito civil brasileiro, volume IV*: responsabilidade civil. 3. ed. São Paulo: Saraiva, 2008, p. 439-441; VENOSA, Sílvio de Salvo. *Direito civil*: responsabilidade civil. 3. ed. São Paulo: Atlas, 2003, p. 40-42; GAGLIANO, Pablo Stolze; PAMPLONA FILHO, Rodolfo. *Novo curso de direito civil – responsabilidade civil*. 6. ed. São Paulo: Saraiva, 2008, p. 114-116; CAVALIERI FILHO, Sergio. *Programa de responsabilidade civil*. 8. ed. São Paulo: Atlas, 2008, p. 64; MELO, Nehemias Domingos de. *Da culpa e do risco como fundamentos da responsabilidade civil*. São Paulo: Editora Juarez de Oliveira, 2005, p. 108.

[539] "(...) O Município de Arroio do Tigre tem responsabilidade de ordem objetiva pelos danos que seus agentes, nessa qualidade, causarem a terceiros, no termos do §6º, do art. 37 da CF. 4. O ente público demandado apenas desonera-se do dever de indenizar caso comprove a ausência de nexo causal, ou seja, prove a culpa exclusiva da vítima, caso fortuito, força maior, ou fato exclusivo de terceiro (...)"(TJRS; AC 70026538355; Arroio do Tigre; Quinta Câmara Cível; Rel. Des. Jorge Luiz Lopes do Canto; Julg. 21/01/2009; DOERS 28/01/2009; Pág. 20).

perjuicios al actor. La relación causal existía. Otra cosa es que el actor tuviera el deber de soportarlos".⁵⁴⁰

Embora a conclusão a que se chegue, ao adotar o entendimento de que a conduta exclusiva da vítima exclui o nexo de causalidade, seja a de afastar a responsabilidade do Estado (sendo pouco relevante, em termos práticos, qual elemento da responsabilidade seria atacado), por um maior rigor científico, a fim de manter coerência entre as premissas, deve-se analisar de forma crítica aquela primeira asserção.

De fato, na adoção de medidas cautelares pela Administração, não são justamente esses provimentos que geraram o dano ao sujeito? Não é o provimento cautelar de indisponibilidade de bens exarado pelo Estado que fere o direito de propriedade do particular? A lesão à honra do servidor público não seria, a depender do caso, decorrência do seu afastamento pela Administração?

Respondendo aos questionamentos feitos anteriormente, entendemos que sim, em todas aquelas situações o dano foi gerado objetivamente por uma conduta do Estado. Diferente, porém, como percebido por Gabriel Domenéch Pascual, é dizer que a responsabilidade deva ser suportada pela Administração.

A distinção entre essas duas análises (conduta que causa o dano e sujeito sobre quem deve recair a responsabilidade) remete à diferenciação – que muitas vezes é deixada de lado pelos estudiosos de responsabilidade civil – entre o nexo causal e a imputação⁵⁴¹.

Em sua clássica obra, Miguel Maria de Serpa Lopes já apontava essa diferença, tida como fundamental, explicando que são pontos que não se confundem – a relação causal e a imputabilidade. A primeira se relaciona com os elementos objetivos, externos, consistentes na atividade ou inatividade do sujeito, atentatório ao direito alheio, ao qual vulnera produzindo um dano material ou moral, enquanto a segunda (a imputabilidade) diz respeito pura e simplesmente a um elemento subjetivo, interno, relativo tão só ao sujeito.⁵⁴²

---

⁵⁴⁰ DOMENÉCH PASCUAL, Gabriel. La responsabilidad patrimonial de la Administración derivada de la adopción de medidas cautelares. *Revista Española de Derecho Administrativo*, 125, 2005, p. 79.

⁵⁴¹ *"La aplicación de la teoría de la imputación objetiva sirve para negar la equiparación absoluta entre la prueba de la relación de causalidad – stricto sensu o causalidad fáctica o material- y la atribución de responsabilidad civil"* (GARCÍA-ALCALÁ, Calixto Díaz-Regañón. Relación de causalidad e imputación objetiva en la responsabilidad civil sanitaria. *InDret – Revista para el análisis del derecho*, Barcelona, 180, ene.2003, p. 5).

⁵⁴² LOPES, Miguel Maria de Serpa. *Curso de direito civil* (fontes acontratuais das obrigações – responsabilidade civil). Volume V. 3. ed. Rio de Janeiro: Livraria Freitas Bastos S/A, 1904, p. 252.

Tem-se, assim, que enquanto o nexo causal se refere à circunstância objetiva, a questões de fato, a imputabilidade ou imputação (ou ainda imputação causal) remete ao quesito subjetivo (do sujeito) sob uma perspectiva jurídica, normativa. Importante destacar que ao se falar em imputação como elemento subjetivo, não se quer dizer que a responsabilidade seja da modalidade subjetiva – já que, como antes se viu, no sistema brasileiro o Estado responde, em regra, de maneira objetiva –, mas tão somente que se deve perquirir a quem (sujeito) merece ser imputada a responsabilidade,[543] a par da apuração da conduta objetiva praticada (nexo causal).

A teoria da imputação objetiva, embora possua grande difusão nos escritos envolvendo a matéria penal,[544] tem pouca acolhida na doutrina brasileira civilista ou mesmo administrativista, que, em geral, como já dito, resume-se a manter velhos ensinamentos, muitas vezes ainda que pautados em premissas incompatíveis.

Em realidade, a teoria da imputação objetiva apresenta modestos propósitos, servindo como instrumento – ao lado de diversas outras teorias que, ao final, buscam a mesma coisa – útil e eficiente a corrigir as incertezas, seja por excessos, seja por insuficiências, existentes na mera invocação do nexo causal. É nesse sentido que já ponderou Pablo Salvador Coderch:

> *Las insuficiencias y excesos del principio causal han llevado a los juristas a construir criterios de imputación que permitan modularlo, es decir, a ampliarlo o restringirlo según convenga. En la cultura del Common Law, la causalidad eficiente entendida como conditio sine qua non (Cause in Fact) se matiza de acuerdo con una miríada de doctrinas sobre Proximate Causation con el objeto*

---

[543] Em diferente obra, Gabriel Domenéch Pascual vai além das considerações de que o dever de suportar o dano deva recair sobre quem gerou o risco causador da medida cautelar, entendendo, em sintonia com o pensamento de Guido Calabresi, que o Estado não deve, em regra, responder por essas hipóteses, pois são aqueles particulares quem melhor teriam condições de prevenir eficazmente esse dano: *•La actividad de los poderes públicos provoca en ocasiones daños que recaen especialmente sobre determinadas personas y que, según reiterada jurisprudencia, no son indemnizables (daños sufridos por los pacientes como consecuencia de una intervención sanitaria pública realizada conforme a la lex artis, pérdidas padecidas por los fabricantes de productos que son retirados del mercado por la Administración ante la sopecha fundada de que entrañan un serio peligro para la salud, etc.). Se trata de una jurisprudencia muy razonable, en la medida en que puede afirmarse que las personas perjudicadas debían soportar los daños, v. gr. porque eran ellas quienes más eficientemente podían haberlos prevenido•* (El principio de responsabilidad patrimonial de los poderes públicos. In: SANTAMARÍA PASTOR, Juan Alfonso (Dir.). *Los principios jurídicos del Derecho administrativo.* Madrid: La Ley, 2011, p. 682).

[544] Vide JAKOBS, Günther. *A imputação objetiva no direito penal.* Tradução de André Luís Callegari, São Paulo: RT, 2007.

de descartar causas muy remotas; en el Civil Law sobresale la cultura alemana de la imputación objetiva (Objektive Zurechnungslehre) que persigue la misma función.[545]

Assim, quando se está diante da conduta exclusiva da vítima, deve-se procurar critérios para desvendar sobre quem a responsabilidade deve recair. Nesses casos, o fundamento para a vítima se "autorresponsabilizar" é o caráter causal de sua atuação (*casum sentit dominus*), o que faz com que se impute normativamente a ela o dano, não possuindo essa vinculação qualquer caráter de sanção ou repressão.[546]

Deste modo, pelo que já foi exposto, havendo conduta exclusiva da vítima, nos parece que não haveria o rompimento do nexo causal,[547] mas sim impedimento da imputação da responsabilidade à Administração Pública, já que não foi quem provocou a situação de risco criada. Com a mesma conclusão, expõe Héctor Patiño, assentando que quando se fala de fato da vítima, refere-se a uma causa que impede que se faça a imputação ao causador do dano, no sentido de que, embora seja certo que o demandado causou o dano físico ou material, a ele não pode ser imputada a responsabilidade, na medida em que a conduta da vítima, de maneira alheia, imprevisível e irresistível, foi quem o levou a gerar aquele dano. Logo, do ponto de vista jurídico, a imputação cabe à vítima, não ao autor do dano. A diferenciação entre causalidade e imputação permite afirmar claramente que mais do que romper o nexo de causalidade, as causas de exoneração impedem que se impute a responsabilidade a quem causou o dano faticamente, já que isso só ocorreu em razão de uma conduta da própria vítima, de um evento que configura força maior ou de um ato de terceiro.[548]

Um dos poucos administrativistas brasileiros a se preocupar com essa distinção foi Ricardo Marcondes Martins, tendo se manifestado

---

[545] SALVADOR CODERCH, Pablo. Causalidad y responsabilidad. *InDret – Revista para el análisis del derecho*, Barcelona, 94, jun. 2002, p. 6.

[546] MEDINA ALCOZ, María. *La culpa de la víctima en la producción del daño extracontractual.* Madrid: Dykinson, 2003, p. 359.

[547] "(...) *queremos aclarar que, cuando decimos (impropiamente) que la culpa exclusiva de la victima rompe o interrumpe el nexo causal, lo hacemos siguiendo la expresión acuñada por doctrina y jurisprudencia, que ha de ser entendida correctamente en el sentido de que la conducta de la vítima, en cuanto accidente extraño, impide que se le impute causalmente (objetivamente) al agente un resultado dañoso que solo cabe atribuírselo a ella mismo*" (MEDINA ALCOZ, María. *La culpa de la víctima en la producción del daño extracontractual*. Madrid: Dykinson, 2003, p. 147).

[548] PATIÑO, Héctor. Las causales exonerativas de la responsabilidad extracontractual. ¿Por qué y cómo impiden la declaratoria de responsabilidad? Aproximación a la jurisprudencia del Consejo de Estado. *Revista de Derecho Privado*, nº 20, ene.-jun. 2011, p. 391,398.

no sentido de que haveria excludentes de imputação, sendo uma delas justamente a assunção consciente de um risco.[549]

Curioso verificar que ainda que a doutrina brasileira maciça trate a conduta exclusiva da vítima como causa de rompimento do nexo de causalidade, quando se depara com a situação invertida, ela parece aceitar muito bem que a responsabilidade deva recair sobre quem gerou o risco, sem se mencionar nessas hipóteses uma exclusão da causalidade. Deveras, é o que o faz Celso Antônio Bandeira de Mello quando trata da responsabilidade nos casos em que o Estado gera a situação de risco, apontando que "não é uma atuação do Estado que produz o dano, contudo é por atividade dele que se cria a situação propiciadora do dano, porque expôs alguém a risco". Acrescenta, igualmente, que "nestas hipóteses pode-se dizer que não há causação direta e imediata do dano por parte do Estado, mas seu comportamento ativo entra, de modo mediato, porém decisivo, na linha de causação".[550]

Bem superada essa primeira questão, cabe aqui destrinchar de melhor forma o que vem a ser a conduta exclusiva da vítima.

A doutrina que se esmera no assunto costuma indicar duas notas características que cercam a conduta exclusiva da vítima: o rompimento do nexo causal e a autorresponsabilidade.[551]

Quanto ao primeiro, conforme trabalhado até aqui e em consonância com as críticas levantadas anteriormente, consideramos que deva ser substituído pelo critério da imputação objetiva – já abordado suficientemente para os fins desta pesquisa –, que inclusive faz com se aproxime mais do segundo ponto.

A autorresponsabilidade, tratada pela doutrina italiana como *"colpa sopra se estesso"*, representa a necessidade que nos incumbe de suportar a carga de um dano que deve ser imputado a nós mesmos.[552] A autorresponsabilidade pode se dar de forma parcial, quando o prejudicado contribuiu somente com parcela do feito danoso, ou de maneira

---

[549] MARTINS, Ricardo Marcondes. *Estudos de direito administrativo neoconstitucional*. São Paulo: Malheiros, 2015, p. 682.
[550] BANDEIRA DE MELLO, Celso Antônio. *Curso de direito administrativo*. 29. ed. São Paulo: Malheiros, 2012, p. 1027.
[551] DIOS DE DIOS, Miguel Ángel de. Exención de responsabilidad por culpa exclusiva de la víctima en los acidentes de circulación. *Revista Digital Facultad de Derecho*, n°5, 2012, p. 179.
[552] DIOS DE DIOS, Miguel Ángel de. Exención de responsabilidad por culpa exclusiva de la víctima en los acidentes de circulación. *Revista Digital Facultad de Derecho*, n° 5, 2012, p. 182.

total,[553] ocasião em que se verifica a exclusão da responsabilidade, falando-se em culpa exclusiva da vítima.

Quando se está diante da autorresponsabilidade parcial, percebe-se que houve o que a doutrina brasileira por vezes denomina "concorrência de culpa",[554] ou seja, embora a conduta da vítima tenha colaborado para a ocorrência do evento lesivo, este somente ocorreu daquela forma pois houve também alguma conduta descolada do direito proveniente da outra parte (*in casu*, do Estado).

Em casos tais, a doutrina e os tribunais brasileiros reconhecem a responsabilidade estatal, somente realizando um abatimento no valor da indenização que seria cabível inicialmente.

Dessa maneira se pronunciou o Tribunal Regional Federal da 5ª Região, ao apreciar um pedido de responsabilidade do Estado proposto por um sujeito que havia sido alvejado por policiais rodoviários federais durante uma abordagem na rodovia. Entendeu a Corte que, diante da circunstância fática, isto é, o fato de o sujeito ter tentado fugir, em cotejo com a displicência dos policias em o deixarem dirigir seu próprio veículo até a delegacia após a abordagem realizada, configuraria a responsabilidade do Estado, mas se estaria diante do caso de culpa concorrente, devendo o valor da indenização ser reduzido.[555]

Desse modo, para que a culpa exclusiva da vítima não se torne um termo sem conteúdo concreto, especialmente para os casos de provimentos cautelares administrativos, deve-se buscar delimitar em quais casos se pode falar dessas hipóteses.

Primeiramente, na esteira do que foi dito e em consonância com os dizeres de Miguel Ángel de Dios de Dios, não se pode falar em culpa exclusiva da vítima quando a atividade cautelar administrativa também se mostrar determinante para a causação do dano, tendo agido o Estado de maneira ilícita.

É nessa toada que toda vez que o provimento cautelar estatal se mostrar desproporcional ou ilegal, não se pode invocar a referida

---

[553] *"Las causales exonerativas de responsabilidad pueden exonerar de responsabilidad al demandado de forma total cuando la fuerza mayor, el hecho del tercero y/o el hecho de la víctima son consideradas como la causa única exclusiva y determinante del daño"* (PATIÑO, Héctor. Las causales exonerativas de la responsabilidad extracontractual. ¿Por qué y cómo impiden la declaratoria de responsabilidad? Aproximación a la jurisprudencia del Consejo de Estado. *Revista de Derecho Privado*, nº 20, ene.-jun. 2011, p. 378).
[554] PEREIRA, Caio Mário da Silva. *Responsabilidade civil*. 5. ed. Rio de Janeiro: Forense, 1994, p. 298.
[555] TRF-5 – REEX: 200782000070705, Relator: Desembargadora Federal Margarida Cantarelli, Data de Julgamento: 20.08.2013, Quarta Turma, Data de Publicação: 22.08.2013.

excludente de responsabilidade, uma vez que, ainda que a conduta do prejudicado tenha sido negligente ou imprudente – leia-se, culposa –, o Estado terá contribuído de igual sorte, cabendo, no máximo, haver uma redução do *quantum* indenizatório.

Fica claro, assim, que somente quando o Estado agir de maneira totalmente lícita é que se poderá ventilar se houve, eventualmente, culpa exclusivamente da vítima.

Aqui um ponto desperta nossa atenção. Como já trabalhado até o presente momento, e que será visível ainda mais com a exposição de novos casos adiante, a jurisprudência brasileira tem se limitado, na maior parte dos casos, a afastar a responsabilidade do Estado quando se observa que o exercício da atividade cautelar administrativa se deu de maneira lícita (ainda que esses mesmos tribunais compartilhem o entendimento doutrinário difundido de que é possível se falar em responsabilidade por atos lícitos), sendo essa circunstância suficiente para tal mister. Desse modo, se vislumbrado de maneira estrita, o entendimento pretoriano brasileiro afasta a responsabilidade muitas vezes antes mesmo de se apreciar a possível culpa exclusiva da vítima, já que quando analisado somente um de seus pressupostos (conduta inteiramente lícita do Estado) já se descartaria a responsabilização, sem se aventurar no estudo da atitude do prejudicado, o que acabaria por tornar a culpa exclusiva da vítima um instituto desnecessário para fins de exonerar o Estado da responsabilidade.

Embora não descortinado da forma que aqui se expõe – e justamente por isso este trabalho adquire maior relevância, pois a falta de coerência e técnica das decisões brasileiras envolvendo o poder cautelar administrativo faz com que se desconheça o instituto e não permite uma construção linear e segura sobre a matéria –, os Tribunais brasileiros têm afastado a responsabilidade ora pela conduta do Estado ter se mostrado inteiramente lícita, ora pela conduta do prejudicado ter sido determinante para o dano. Assim, ainda que no segundo caso a conduta do Estado devesse ser obrigatoriamente lícita para que se pudesse falar em culpa exclusiva, não é por esse motivo que constantemente se declara a irresponsabilidade, demonstrando uma falta de coerência entre as premissas utilizadas a depender do julgado (voltaremos a esse assunto adiante).

Outro quesito fundamental para o escrutínio da conduta exclusiva da vítima diz respeito ao impulso inicial do provimento cautelar. É dizer, a medida cautelar somente pode ter sido deflagrada em razão de alguma atitude do prejudicado, sem a qual não haveria razão para a atuação cautelar do Estado. O que se está a dizer não é que o Estado tenha que atuar sempre de ofício, podendo, é claro, receber denúncias de terceiros acerca das irregularidades do executado, mas sim que deve movimentar a máquina administrativa somente quando o prejudicado estiver agindo de modo (aparentemente) ilícito.

É com essa posição que a jurisprudência brasileira tem isentado o Estado de responsabilização quando a notícia da interdição de algum estabelecimento comercial de maneira cautelar, ou qualquer outra medida semelhante, é divulgada pela imprensa, entendendo-se que os provimentos cautelares, e a consequente divulgação midiática, foram causados por alguma infração administrativa levada a efeito pelo prejudicado, ou ao menos por fortes indícios relacionados à sua conduta.

Ainda no que tange à autorresponsabilidade total, existe doutrina que acrescenta outra nota característica a ela, assentando que a culpa da vítima deve ser imprevisível e irresistível, no sentido de que se o demandado (no caso, o Estado) pudesse prever a produção do dano a que a vítima seria exposta e não o fez, teria concorrido para sua causação, sendo cabível somente uma exoneração parcial[556] (autorresponsabilidade parcial).

Esta última menção é merecedora de certa reflexão no que diz respeito aos provimentos cautelares administrativos. Como sublinhado inicialmente, a culpa exclusiva da vítima para fins da exoneração da responsabilidade estatal proveniente da atividade cautelar tem alguns aspectos diferenciados da regra geral. É neste ponto que entendemos não cabível a exigência deste último requisito (imprevisibilidade e inevitabilidade) para a isenção total da responsabilidade para as medidas cautelares. Foi destacado ao longo do texto que o dano gerado na maior parte das ocasiões é inerente do próprio provimento cautelar, estando o Estado, bem como o administrado, plenamente cientes de sua provável ocorrência quando da aplicação da medida, que, repita-se, possui ínsita essa limitação a direitos. Assim, caso fosse se exigir esse aspecto para que pudesse ocorrer a autorresponsabilidade em relação aos provimentos acautelatórios, a culpa exclusiva da vítima nunca se concretizaria por completo, razão pela qual, a fim de manter coerência e utilidade nas premissas utilizadas para formalizar o instituto que ora se estuda, é certo que tal nota característica deve ser excluída.

---

[556] PATIÑO, Héctor. Las causales exonerativas de la responsabilidad extracontractual. ¿Por qué y cómo impiden la declaratoria de responsabilidad? Aproximación a la jurisprudencia del Consejo de Estado. *Revista de Derecho Privado*, nº 20, ene.-jun. 2011, p. 391.

Adiante, adentrado o aspecto processual da questão, tem-se como imprescindível para a invocação da conduta exclusiva da vítima a demonstração probatória dessa circunstância pelo Estado. Aqui o ônus probatório há que recair sobre o demandado (Estado), não bastando uma mera alegação vazia, sem a comprovação de sua efetiva e real ocorrência.

Por derradeiro, um último apontamento que consideramos expressivo para os fins da análise da conduta exclusiva da vítima concerne ao que a doutrina tem chamado de dever de mitigar o dano ou *duty to mitigate de loss*.

Como preleciona Flávio Tartuce, tal instituto, tratado com mais frequência nas relações contratuais, representa um dever imposto ao credor de mitigar suas perdas, é dizer, o próprio prejuízo que venha a sofrer.[557]

Aludido dever decorre, como tem apontado a doutrina europeia e latino-americana, do princípio da boa-fé,[558] em especial sua modalidade objetiva (consagrada no Brasil especialmente com o advento do Código Civil de 2002), que demanda, nas relações jurídicas em geral, uma conduta leal entre as partes envolvidas,[559] gerando inclusive direitos e deveres. Este é inclusive o teor do enunciado 169 aprovado na III Jornada de Direito Civil realizada pelo Conselho da Justiça Federal: "O princípio da boa-fé objetiva deve levar o credor a evitar o agravamento do próprio prejuízo".

Respeitante à atividade cautelar estatal, o dever de mitigar os danos deve ser observado tanto na determinação do *quantum* a ser pago em uma possível indenização, quanto também na própria análise da viabilidade da responsabilização. Assim, uma possível medida cautelar de interdição do estabelecimento, *v.g.*, pode ser agravada pelo próprio prejudicado caso ele não deixe corretamente armazenadas as mercadorias existentes em seu interior (que eventualmente podem perecer ou algo do gênero), que não façam parte da medida de interdição. Logo,

---

[557] TARTUCE, Flávio. *Manual de direito civil* – volume único. São Paulo: Método, 2011, p. 515.

[558] "*En términos generales, la doctrina y la jurisprudencia, han manifestado que si bien la víctima tiene derecho a que le sea reparado el daño sufrido, también tiene, de forma correlativa, una carga especial fundada en la buena fe y es así como está obligada a tomar todas las medidas razonables con el fin de minimizar el perjuicio sufrido*" (PATIÑO, Héctor. Las causales exonerativas de la responsabilidad extracontractual. ¿Por qué y cómo impiden la declaratoria de responsabilidad? Aproximación a la jurisprudencia del Consejo de Estado. *Revista de Derecho Privado*, nº20, ene.-jun. 2011, p. 395).

[559] TARTUCE, Flávio. *Manual de direito civil* – volume único. São Paulo: Método, 2011, p. 502.

é possível que se verifique que não houve qualquer dano material imputável à Administração, já que cabia ao prejudicado resguardar suas mercadorias, ou, ainda, é possível que se diminua a parcela da indenização que o Estado tenha que suportar, já que o prejudicado concorreu para a causação do dano.

3.2.3.3 Conduta de terceiro

Ultrapassadas as ponderações mais gerais dantes realizadas, mas que conformam o regime jurídico aplicável à responsabilidade por provimentos cautelares administrativos, pelo menos no Brasil, deve-se aqui tratar também, ainda que de maneira mais singela, do uso de medidas cautelares administrativas pela Administração quando o risco foi gerado não pelo prejudicado, mas sim por um terceiro.

Assim, haverá situações em que uma pessoa alheia à relação travada entre a Administração Pública e o prejudicado pela adoção da medida figure como o causante do risco gerado, risco este ensejador do provimento cautelar. Pense-se no exemplo de um particular que obtém uma licença ambiental para construir, outorgada por um órgão municipal, e essa licença, contudo, possui um equívoco material que gera a imposição de um provimento cautelar quando da fiscalização exercida por outro ente da fiscalização ambiental. Nesta situação hipotética fica claro que não foi o prejudicado que deu causa à medida cautelar, porém, resta evidente que tampouco a Administração fiscalizadora agiu de forma irregular ou com excesso.

Em termos de responsabilidade estatal, esta situação muito se assemelha ao que se vinha tratando até então, é dizer, não deverá a carga do eventual dano sofrido pelo prejudicado recair sobre a Administração Pública,[560] porquanto a conduta de terceiro também figura como causa excludente da responsabilidade.

Aqui se repete o que já foi descortinado até então, pontuando que, embora a doutrina predominante indique que a conduta de terceiro

---

[560] *"Ciertamente, no es buena solución que la víctima soporte en estos casos los daños sufridos, pues ello le empujaría a tomar medidas preventivas ineficientes. Y los sujetos que hubiesen creado el correspondiente riesgo no tendrían incentivo alguno para prevenirlo, a pesar de que son ellos los que pueden hacerlo a mejor precio. Pero, por las mismas razones, tampoco conviene que sea la Administración la que asuma el coste de los daños. La mejor solución es que respondan en última instancia quienes crearon el riesgo correspondiente o, dicho con otras palabras, los que pudieron reducirlo o evitarlo a un coste menor"* (DOMENÉCH PASCUAL, Gabriel. La responsabilidad patrimonial de la Administración derivada de la adopción de medidas cautelares. *Revista Española de Derecho Administrativo*, 125, 2005, p. 82).

se trata igualmente de causa que "interrompe" o nexo de causalidade, tem-se, a nosso ver, mais uma hipótese em que o que se observa é o impedimento na imputação da responsabilidade à Administração.

Igualmente, como detalhado em relação à conduta exclusiva da vítima, para que se fale em excludente de responsabilidade, a conduta do terceiro deve ser causa exclusiva e determinante do dano.

Na prática, os casos mais frequentes – que não são tantos assim –, no Judiciário brasileiro, envolvendo "culpa exclusiva de terceiro" se referem basicamente a duas hipóteses: quando, como tratado no exemplo em epígrafe, há órgãos fiscalizatórios de entes estatais distintos (Federais, Estaduais, Municipais e Distritais) onde há uma concorrência na expedição de autorizações e práticas de atos fiscalizatórios, ou no caso de divulgação da notícia da aplicação da medida cautelar pela imprensa, ocasião em que, caso haja algum dano à honra, este muitas vezes seria imputado exclusivamente àqueles órgãos jornalísticos.

3.2.3.4 Implicações da natureza de sacrifício de direito

Além dos argumentos elencados sobre a culpa exclusiva da vítima e a culpa exclusiva de terceiros, aspectos fáticos que acabam por afastar a responsabilidade estatal no uso das medidas cautelares administrativas, outro aspecto, talvez de maior importância, merece ser abordado quando do estudo da atuação cautelar lícita.

Para se investigar a possibilidade ou não da responsabilização estatal pelo uso de provimentos acautelatórios administrativos lícitos deve-se retomar a compreensão da natureza jurídica dessas medidas, em particular as de cunho patrimonial, como sendo sacrifícios parciais de direito.

Assim, ponto crucial em relação ao sacrifício do direito diz respeito à questão da indenização, normalmente tratada como requisito essencial e lógico do instituto, mas que deve ser analisada com parcimônia. Encontra-se com frequência a afirmação de que só se pode falar em sacrifício de direito quando haja indenização. É essa a passagem extraída de Pedro Henrique Xavier: "Estes sacrifícios, pelo princípio de justiça distributiva (igualdade[561] dos administrados) devem ser

---

[561] Com o mesmo fundamento, Jesús Gonzáles Pérez certifica: *"si el sacrificio que se exige del particular propietario de la cosa no obtuviese una justa compensación, se habría roto el principio de igualdad ante las cargas públicas. Pues un ciudadano concreto habría contribuido exclusivamente a las mismas en beneficio de los demás miembros de la comunidad"* (*Administración Pública y libertad*. México: Instituto de Investigaciones Jurídicas, 1971, p. 51).

indenizados pela Administração, mesmo na ausência de qualquer preceito legal expresso".[562]

Sem embargo, há também quem defenda que a indenização não figura como requisito imprescindível nas hipóteses de sacrifício. Segundo Eduardo García de Enterría e Tomás-Ramon Fernández, só haveria que se falar em dever de indenizar quando o sacrifício de direito imposto ao particular ocasionasse, em contrapartida, um benefício econômico ou patrimonial à coletividade ou à Administração.[563] Caso não houvesse uma inter-relação patrimonial entre o particular que sofre o sacrifício e a Administração, não haveria que se falar em indenização.[564]

Ademais do apontamento dos autores espanhóis acima mencionados, a questão da indenização também precisa ser analisada sob outro aspecto. A característica da indenizabilidade como consequência automática,[565] defendida por quase todos os autores,[566] é sustentada quando se está a trabalhar com um sacrifício total do direito, não cabendo aos ordenamentos jurídicos (ao menos aqueles que tratam o Estado

---

[562] XAVIER, Pedro Henrique. Responsabilidade do Estado por atividade lícita: especialidade e anormalidade do dano. *Revista da Faculdade de Direito UFPR*, v. 23, 1986, p. 222.

[563] Fernando Garrido Falla se vale de ambos os argumentos para defender a obrigatoriedade da indenização pelo sacrifício do direito. Se não há acréscimo patrimonial por parte do Estado, o fundamento seria a igualdade; havendo o benefício econômico estatal, a razão seria a vedação ao enriquecimento sem causa. Em suas próprias palavras: "*Interesa separar, en primer lugar, aquellos casos en que el sacrificio del derecho del particular se realiza por la Administración legítimamente, es decir, el daño que el particular sufre no es en ningún caso la consecuencia de una actividad administrativa ilegal, lo que significa simultáneamente que el particular está obligado a soportar dicha actividad administrativa; en compensación surge su derecho a reclamar una indemnización compensatoria. Su fundamento se encuentra en la idea jurídica de la igualdad de los ciudadanos ante las cargas públicas que hace odioso el "sacrificio especial sin indemnización"; fundamento que se fortalece en aquellos casos en que el sacrificio del derecho determina, además, una transferência coactiva de propiedad, o de simple uso o disfrute, a favor de la Administración; pues aquí se añade al fundamento anterior este outro que constituye un principio general del Derecho: el enriquecimiento sin causa que la Administración Pública experimenta en su patrimônio o médios*" (La constitucionalización de la responsabilidad patrimonial del Estado. *Revista de Administración Pública*, nº119, may./ago. 1989, p. 10).

[564] GARCÍA DE ENTERRÍA, Eduardo; FERNÁNDEZ, Tomás-Ramon. *Curso de derecho administrativo* – v. 2. 9. ed. Madrid: Civitas, 1999, p. 247.

[565] Maurício Zockun deixa claro que é possível haver danos lícitos (logo, segundo sua construção, estar-se-ia diante de sacrifícios de direito) que não gerem direito à indenização. Segundo ele, "em algumas circunstâncias o Estado estará investido na prerrogativa de lesar juridicamente o patrimônio alheio, ainda que essa circunstância não enseje o nascimento do dever de indenizar. É que, nesses casos, o dano perpetrado pela ação estatal terá sido repartido de forma equânime pela sociedade" (ZOCKUN, Maurício. *Responsabilidade patrimonial do Estado*. São Paulo: Malheiros, 2010, p. 38).

[566] MARTINS, Ricardo Marcondes. *Estudos de direito administrativo neoconstitucional*. São Paulo: Malheiros, 2015, p. 476; BEZNOS, Clovis. *Aspectos jurídicos da indenização na desapropriação*. 2. ed. Belo Horizonte: Fórum, 2016, p. 17.

como sendo responsável por seus atos) autorizarem, como regra padrão, segundo sustenta essa linha doutrinária, que determinado direito assegurado a um sujeito possa ser completamente eliminado pelo Estado sem o pagamento da correspondente reparação. Entretanto, a conclusão não deve ser a mesma quando se está diante de sacrifícios parciais de direito (temática pouquíssimo aventada doutrinariamente).[567]

No caso de sacrifícios parciais, justamente pela conjugação do binômio de i) o conteúdo do ato ser, especificamente, atingir determinado direito e ii) não haver um completo sacrifício daquele direito, já que afeta somente sua parcela ou atua de maneira temporária, a necessidade de indenização somente surgiria no caso de previsão normativa que assim determinasse.

De fato, essa é a síntese de Carlos Céspedes Muñoz, inclusive no que se refere às indenizações por sacrifícios totais: *"Por regla general, la única tesis que no tiene reparos respecto de la procedencia de una reparación, es aquella que propicia que la indemnización de Derecho público por actuación ajustada a Derecho solo procede en aquellos casos en que la ley expresamente la ha previsto"*.[568]

A situação também pode ser analisada e resolvida sob a ótica da construção jurídica, realizada no Direito espanhol, relativa à verificação se haveria ou não um dever, por parte do particular, de suportar o gravame decorrente de um ato lícito. Não havendo esse dever, pouco importaria se a medida fosse lícita ou ilícita, pois caberia ao Estado indenizar ao particular. Por outro lado, havendo um dever de suportar uma conduta lícita, não haveria razão para que o Estado arcasse com qualquer indenização.[569]

---

[567] Entre os autores que trabalham com a possibilidade de um sacrifício parcial de direito destacam-se Carlos Ari Sundfeld (*Direito administrativo ordenador*. São Paulo: Malheiros, 2003, p. 100) e Ricardo Marcondes Martins (*Estudos de direito administrativo neoconstitucional*. São Paulo: Malheiros, 2015, p. 474). Este último expõe de maneira clara que "o direito de propriedade pode ser total ou parcialmente sacrificado. O sacrifício ocorre não somente quando o Estado retira um bem ou parte de um bem do patrimônio do administrado, mas também quando atinge intensamente um dos direitos inerentes à propriedade: o de usar, gozar ou dispor do bem".

[568] CÉSPEDES MUÑOZ, Carlos. ¿Solo por ley nace la obligación indemnizatoria de derecho público? Notas sobre la indemnización de derecho público desde la perspectiva del ordenamento español. *Revista Derecho Universidad Católica del Norte*, a. 25, nº 1, 2018, p. 113.

[569] Esse entendimento atualmente encontra-se legislado pela Lei espanhola nº 40/2015, da qual se retira do item 34.1: *"Sólo serán indemnizables las lesiones producidas al particular provenientes de daños que éste no tenga el deber jurídico de soportar de acuerdo con la Ley. No serán indemnizables los daños que se deriven de hechos o circunstancias que no se hubiesen podido prever o evitar según el estado de los conocimientos de la ciencia o de la técnica existentes en el momento de producción de aquéllos, todo ello sin perjuicio de las prestaciones asistenciales o*

Nesta perspectiva, voltando-se o olhar às medidas cautelares administrativas patrimoniais, ante a existência dos seus dois pressupostos mínimos (perigo da demora e fumaça do bom direito), a pessoa atingida pela medida teria o dever jurídico de suportar os efeitos do provimento cautelar, sob pena de tornar inútil e ilógica a existência de medidas provisionais.

Percebe-se que os que defendem a indenização nas hipóteses de sacrifício de direito (parcial ou total) como sendo algo inafastável, à luz do Direito brasileiro, assim o fazem invocando os casos mais recorrentes, isto é, a desapropriação, a servidão administrativa, a requisição e, em alguns casos, o tombamento.

Não obstante, nos casos acima aventados, a indenização se dá devido a uma previsão legislativa nesse sentido, e não como algo natural e inerente necessariamente do instituto. Veja que em relação à desapropriação há a previsão constitucional do artigo 5º, inciso XXIV; no que tange à requisição, a determinação constitucional encontra-se no artigo 5º, inciso XXV (com a diferença que ela será posterior); no que se refere à servidão, há o artigo 5º do Decreto nº 35.851/54 e artigo 40 do Decreto-Lei 3.365/41.

Em relação ao tombamento, importante frisar a distinção feita pela doutrina que defende a indenização do sacrifício. Para Carlos Ari Sundfeld, o tombamento se dividiria em tombamento-condicionamento e tombamento-sacrifício. No primeiro caso, por não afetar o núcleo essencial da propriedade, não seria indenizável. No segundo, por restringir os poderes do proprietário no que concerne àquele núcleo essencial, seria devida uma indenização prévia e justa.[570] Nesses casos, Ricardo Marcondes Martins explica que o tombamento-condicionamento seria uma limitação administrativa, e o tombamento-sacrifício figuraria como uma servidão administrativa.[571]

Apura-se, assim, a possibilidade de indenização no caso de tombamento que se mostre como sacrifício de direito. Em que pese não haja uma disciplina jurídica prevendo a indenização na hipótese de tombamento, esta ocorre porque, conforme acima pontuado, o tombamento-sacrifício nada mais é do que uma servidão administrativa,

---

económicas que las leyes puedan establecer para estos casos".
[570] SUNDFELD, Carlos Ari. *Direito administrativo ordenador*. São Paulo: Malheiros, 2003, p. 113-114.
[571] MARTINS, Ricardo Marcondes. *Estudos de direito administrativo neoconstitucional*. São Paulo: Malheiros, 2015, p. 475.

a qual, esta sim, possui previsão legislativa determinando o pagamento de indenização.

Portanto, discorda-se da corrente asserção de que uma das características inafastáveis de qualquer sacrifício de direito, mesmo o parcial, é a necessidade de sua indenização, ainda que ausente qualquer preceito legal. Embora a premissa da inerente indenização possa se mostrar válida quando se está diante de um sacrifício oblativo ou total,[572] como uma maneira de resguardar os direitos dos administrados contra investidas arbitrárias do Estado, no sacrifício parcial, justamente pela sua natureza ser a restrição de um direito, prevista normativamente, de maneira tal a preservar e atender ao interesse público, e pelo fato de o direito atingido não o ser na sua plenitude e/ou pelo seu caráter temporário, a regra se transmuda para a não obrigatoriedade do pagamento de indenização quando não exista uma previsão normativa nesse sentido.

Deve-se reiterar que a assertiva da ausência de indenização no sacrifício de direito parcial, na hipótese de ausência de previsão normativa nesse sentido, do qual as medidas cautelares administrativas patrimoniais fazem parte, não significa isentar o Estado em caso de excesso. Como visto, havendo o descumprimento das normas jurídicas correspondentes, a medida cautelar que se pressupunha lícita, passa a se tornar uma violação ao Direito, ensejando, portanto, a responsabilidade extracontratual do Estado por ato ilícito.

Outrossim, cabível destacar que a distinção entre responsabilidade por ato lícito ou ilícito e indenização decorrente do sacrifício de direito vai além de um mero debate acadêmico, possuindo consequências práticas. A mais evidente delas se refere ao *quantum*[573] a ser pago

---

[572] Embora haja uma preocupação doutrinária em assentar uma natural indenização no sacrifício de direito total, do qual a desapropriação seria a espécie mais célebre, invocando-se figuras como a igualdade entre os administrados ou a própria segurança jurídica, é certo, como há tempos apontava Manoel de Oliveira Franco Sobrinho (A desapropriação no direito comparado. *Revista de Direito Administrativo – RDA*, a.112, abr./jun. 1973, p. 15), que praticamente todos os ordenamentos jurídicos possuem previsão expressa do pagamento de indenização em seus textos constitucionais ou legislativos quando há a desapropriação.

[573] Ainda que trabalhando as hipóteses de responsabilidade por atos lícitos conjuntamente com o sacrifício de direito, Miguel S. Marienhoff sustenta que se o direito lesionado tiver origem civil ou comercial, a indenização incluirá danos emergentes e lucros cessantes, seja decorrente uma conduta lícita ou ilícita do Estado. Sendo a origem do direito administrativo, a conduta lícita somente acarretaria o pagamento de danos emergentes. São essas as suas palavras: *"En concreto, tratándose de la revocación o extinción "lícita" de un derecho de origen o naturaleza administrativo, dispuesta por la Administración Pública, la indemnización a cargo del Estado excluye el lucro cesante. Así resulta de principios especiales*

ao particular, caso seja devido. Nesses termos, ao tratar da distinção entre violação de direito e sacrifício de direito, Luis Manuel Fonseca Pires esclarece que a relevância prática da separação dessas categorias, as conformações (nas quais se incluem as limitações), o sacrifício (resultante de restrições externas por um conflito de direitos) e a violação (o que pressupõe um ilícito) são fundamentais na medida em que apenas o sacrifício e a violação legitimam a indenização ao cidadão e, mesmo assim, o sacrifício autoriza apenas a indenização pelos danos emergentes, enquanto a violação deve acolher os lucros cessantes.[574]

Pelo breve apanhado, mantendo-se fiel às premissas apresentadas, tem-se que os provimentos cautelares administrativos patrimoniais são medidas que, adotadas no exercício da função administrativa, de modo a garantir a eficácia do processo administrativo, atendendo ao interesse público, têm por conteúdo justamente atingir direito de terceiros, mas não de forma total, tampouco de forma permanente (a temporalidade é uma de suas marcas). Desse modo, verifica-se que os aludidos atos provisionais se enquadram na categoria de sacrifícios de direito parciais.

É pela sua natureza de sacrifício de direito parcial que se apura que, por serem medidas lícitas, não acarretam hipóteses de responsabilidade civil do Estado, desde que exercidas dentro dos limites jurídicos. Além disso, não havendo previsão legislativa expressa de sua indenizabilidade – como ocorre com todos as medidas cautelares administrativas existentes até hoje no Brasil –, ainda mais por não ser um sacrifício total, mas sim parcial e provisório, ademais de não gerar um enriquecimento do Estado (o caráter provisional assim impõe), e

---

vigentes al respecto. Si tal extinción o revocación fuere "ilícita", la indemnización a cargo del Estado debe ser amplia, comprensiva del daño emergente y del lucro cesante, pues en tal situación recobra su imperio el principio general sobre amplitud del resarcimiento. Pero si el derecho dañado o lesiona- do por el Estado fuere de origen común (civil o comercial), la indemnización debe ser amplia, comprensiva tanto del daño emergente como del lucro cesante, ya se trate de actividad lícita o ilícita del Estado, pues en tal caso rige el principio general sobre amplitud del resarcimiento" (MARIENHOFF, Miguel S. *Responsabilidad del Estado por sus actos lícitos*. Actualidad y perspectivas del derecho publico a fines del siglo XX. Homenage al professor Garrido Falla. Madrid: Editorial complutense, 1992, p. 1252).

[574] PIRES, Luis Manuel Fonseca. Limitações administrativas à liberdade e à propriedade e sacrifícios de direitos. *Enciclopédia Jurídica da PUC-SP*. Celso Fernandes Campilongo, Alvaro de Azevedo Gonzaga e André Luiz Freire (coords.). Tomo: Direito Administrativo e Constitucional. Vidal Serrano Nunes Jr., Maurício Zockun, Carolina Zancaner Zockun, André Luiz Freire (coord. de tomo). 1. ed. São Paulo: Pontifícia Universidade Católica de São Paulo, 2017. Disponível em: https://enciclopediajuridica.pucsp.br/verbete/112/edicao-1/limitacoes-administrativas-a-liberdade-e-a-propriedade-e-sacrificios-de-direitos. Acesso em: 12 jan. 2020.

havendo o dever de o particular suportar aquele gravame, a regra é que não haja o pagamento de indenização pela sua utilização.

3.2.4 Dos "perigos aparentes"

Questão ligeiramente diferente da que foi até então apresentada diz respeito aos chamados "riscos aparentes" ou "riscos incertos".

Haverá diversas situações em que o quadro fático que se formará diante da Administração Pública representa indícios suficientes da existência de um risco que merece ser contido mediante o uso de medidas cautelares, mas que, posteriormente, com novos elementos ou diante de uma cognição mais aprofundada, mostra-se equivocado. É como retrata Gabriel Domenéch Pascual: *"Se trata de actuaciones legales, pero fallidas, que hubieran resultado ilícitas si en el momento de su realización la Administración hubiese conocido o podido conocer determinados elementos de juicio luego descubiertos"*.[575]

Pense-se no caso da apreensão cautelar de um produto cujas constatações periciais preliminares demonstrassem a presença de alguma substância perigosa à saúde humana, mas que, posteriormente, diante de novos elementos, se verificasse a improcedência daquela constatação inicial. Haveria o Estado que ser responsabilizado em tais hipóteses?

Em situações dessa espécie, a doutrina e a jurisprudência espanholas têm se posicionado pela licitude da medida e impossibilidade de indenização.[576] Explicam Manuel Rebollo Puig *et al*: *"En cualquier caso, como la medida provisional se puede basar en los simples indicios que existan en el momento de su adopción, es lícita aunque después se compruebe que los indicios no respondem a la realidad e incluso aunque por ello finalmente no se imponga sanción. A este respecto es esclarecedora la STS de 17 de junio de 2002 (Ar. 7167)"*.[577]

---

[575] DOMENÉCH PASCUAL, Gabriel. La responsabilidad patrimonial de la Administración derivada de la adopción de medidas cautelares. *Revista Española de Derecho Administrativo*, 125, 2005, p. 83.

[576] *"Aun en estos casos, el éxito de la pretensión indemnizatoria tropezará con un escollo difícilmente superable. En contra del reconocimiento de la responsabilidad patrimonial de la Administración se alza la ausencia de antijuridicidad del perjuicio o detrimento patrimonial provocado por la medida preventiva"* (CIERCO SEIRA, César. Las medidas preventivas de choque adoptadas por la Administración frente a los productos insalubres. *Revista de Administración Pública*, nº 175, ene.abr. 2008, p. 90).

[577] REBOLLO PUIG, Manuel *et al*. *Derecho administrativo sancionador*. 1. ed. Valladolid: Lex Nova, 2010, p. 531.

Ab initio, deve-se apartar as hipóteses de licitude e ilicitude na situação ora analisada. Quando se trata de uma medida cautelar adotada com base em um risco aparente, o que se retira é que o provimento aplicado se mostrou plenamente lícito. Diante de todos os elementos existentes à época dos fatos, ficaram caracterizados os requisitos necessários para a invocação da atividade cautelar. Diferente seria se, contrariamente aos indícios existentes, ou de forma desproporcional, tivesse sido aplicada uma medida cautelar administrativa, sendo certo que neste segundo caso a medida seria ilícita desde o começo, dando ensejo, por certo, à responsabilidade estatal.

Deve-se rememorar, conforme item 1.8.8, que a cognição desenvolvida na adoção de provimentos acautelatórios é sumária, sem um maior grau de aprofundamento. Assim, o que se precisa analisar é se, dentro desse tipo de cognição, diante dos elementos então disponíveis, o Estado aplicou corretamente a medida cautelar. Conclusões posteriores, decorrentes de uma cognição exauriente, dizem respeito a uma segunda análise, que não tem o condão nem de validar (*vide* item 3.2.2) ou de invalidar os provimentos cautelares.

Nesse tocante, conforme declara Vicente Alvarez Garcia, a reflexão do agente público ao tomar a decisão pode ficar comprometida em razão da situação de urgência que acompanha a prática do ato cautelar, já que se demanda uma resposta imediata do Estado. Desse modo, deve-se admitir uma certa margem de erro ao agente.[578]

Seguindo as conclusões espanholas, entende-se que nestes casos não caberia ao Estado ser responsabilizado. Realmente, como apontado por Gabriel Domenéch Pascual, caso se permitisse a responsabilização estatal nessas hipóteses de perigos incertos (mas sempre lícitos), haveria um forte desestímulo aos particulares para tomarem as medidas de prevenção adequadas, já que seria menos custoso aguardar a atuação do Estado, que teria mais chances de acabar sendo responsabilizado pelo seu desempenho, ademais de fornecer um forte incentivo para que a Administração começasse a aceitar riscos que não seriam toleráveis socialmente, mas que, tendo em vista que quase sempre seria responsabilizada, acabaria sendo menos dispendioso.[579]

---

[578] GARCIA, Vicente Alvarez. *El concepto de necesidad en derecho publico*. Madrid: Civitas, 1996, p. 271.
[579] DOMENÉCH PASCUAL, Gabriel. La responsabilidad patrimonial de la Administración derivada de la adopción de medidas cautelares. *Revista Española de Derecho Administrativo*, 125, 2005, p. 88.

Além dessa superficial, mas irretocável e importantíssima análise econômica sobre a questão, outro ponto que merece destaque é que, mesmo quando se verifica que posteriormente aqueles indícios aparentes não se mostravam adequados a gerar uma atuação cautelar do Estado, ainda assim deve-se realizar um cotejo entre os direitos e interesses em jogo.

Desta feita, robustecendo ainda mais o caráter lícito da medida adotada pelo Estado, em grande parte dos casos se estará diante de uma ponderação (a ponderação entendida como último aspecto de análise da proporcionalidade) entre direitos, que acabará, diversas vezes, pendendo em favor do fim almejado pela medida cautelar, que, como já dito, só se mostrará válida se buscar alcançar o interesse público no caso concreto. Assim, pense-se no caso de uma apreensão cautelar de mercadoria com indícios aparentes de irregularidades, mas que posteriormente se verifica a improcedência dessas evidências iniciais. Nesta situação, ademais do provimento continuar sendo lícito, poderá haver uma ponderação entre o interesse público, expresso talvez por meio da saúde pública, ou da segurança, em face do direito de propriedade ou da honra do prejudicado, o que será mais um reforço a afastar a responsabilidade do Estado.

3.2.5 Da amplitude das medidas cautelares lícitas como causa exonerativa da responsabilidade

Faz-se mister abrir um apartado especial para tecer algumas breves considerações – mas que se mostram de suma importância – sobre a atenção que vem sido dada pelos Tribunais brasileiros no que tange à licitude dos provimentos cautelares administrativos em cotejo com a responsabilidade estatal.

Repetindo o que foi antes detalhado, a doutrina administrativista brasileira moderna, de sorte unânime, reconhece a possibilidade teórica de o Estado ser responsabilizado inclusive quando desempenha condutas tidas como lícitas, desde que o dano sofrido pelo prejudicado seja, além de jurídico e certo, também anormal e especial, sendo possível, de igual forma, encontrar julgados que espelham essa posição doutrinária, como fez, por exemplo, a Suprema Corte Brasileira ao proceder as seguintes ponderações teóricas:

> A responsabilidade civil do Estado, responsabilidade objetiva, com base no risco administrativo, que admite pesquisa em torno da culpa do

particular, para o fim de abrandar ou mesmo excluir a responsabilidade estatal, ocorre, em síntese, diante dos seguintes requisitos: a) do dano; b) da ação administrativa; c) e desde que haja nexo causal entre o dano e a ação administrativa. A consideração no sentido da licitude da ação administrativa é irrelevante, pois o que interessa, é isto: sofrendo o particular um prejuízo, em razão da atuação estatal, regular ou irregular, no interesse da coletividade, é devida a indenização, que se assenta no princípio da igualdade dos ônus e encargos sociais.[580]

Sem embargo, no que se refere à atividade cautelar da Administração, em toda a vasta pesquisa realizada não foi possível localizar muitas decisões que, embora reconhecessem a licitude do provimento adotado, entendiam-no passível de gerar a responsabilidade do Estado,[581] ou ainda demonstrassem a ausência daqueles requisitos desencadeadores da responsabilidade por atos lícitos.

Destaque-se que uma responsabilização quase que automática do Estado por medidas cautelares lícitas seria, é certo, inviável. De acordo com o que já foi tratado alhures, é da natureza dos provimentos cautelares possuir essa feição restritiva de direitos. Ao menos as de cunho patrimonial são verdadeiros sacrifícios parciais de direito (*vide* item 1.4.2). Tendo em vista que sua função é resguardar o interesse público,

---

[580] STF – Recurso extraordinário nº 113.587-SP, Relator Ministro Carlos Velloso, 2ª Turma, de 18.2.1992.

[581] Uma das poucas decisões encontradas nesse sentido foi expedida pelo Tribunal Regional da 1ª Região, onde se analisava o caso da Caixa Econômica Federal (banco estatal) que havia procedido ao bloqueio de determinadas contas bancárias tendo em vista os indícios de irregularidades existentes à época, tendo por respaldo o poder geral de cautela conferido à Administração. Nesse julgado, em que pese haver concluído no sentido da plena licitude da medida, declarou que "a licitude da providência tomada não isenta de responsabilidade civil pelo resultado, sabido que as medidas cautelares acarretam para quem as pleiteia – e, com mais razão, para quem as toma de ofício – responsabilidade objetiva, em caso de se revelarem finalmente injustas para as pessoas atingidas. Tivesse a Caixa conseguido demonstrar, depois de tudo, participação do ora réu no ato supostamente criminoso, nada teria que indenizar e nem mesmo teria que restituir a quantia bloqueada. Não alcançou este intento, razão pela qual deve-se presumir a boa-fé do ora réu (apesar de que não se dignou a revelar o negócio que teria dado origem ao recebimento do numerário). Por isso, é devida a restituição do valor que foi bloqueado, devidamente corrigido, e o pagamento dos prejuízos que o bloqueio trouxe para o correntista. Quanto a este ponto, presume-se que os juros de mora cobrem os prejuízos, salvo demonstração específica em montante superior, o que, no caso, não aconteceu. O dano moral pode, em situações tais – devolução de cheques por insuficiência de fundos –, ser presumido nos limites do que normalmente acontece (não mais do que isso), mas no valor da respectiva indenização deve ser considerado o grau de malícia do causador. Na espécie, conforme já apontado, a Caixa agiu licitamente e não foi demonstrada excepcionalidade do prejuízo moral." (TRF-1 – AC: 5018 MG 2007.01.00.005018-0, Relator: DESEMBARGADOR FEDERAL JOÃO BATISTA MOREIRA, Data de Julgamento: 14.02.2012, TERCEIRA SEÇÃO, Data de Publicação: e-DJF1 p. 344 de 05.03.2012).

além dos interesses específicos em pauta em cada processo administrativo, permitindo que o provimento final se mostre eficaz e assegurando a normalidade da ordem pública, transformar a responsabilização estatal em algo praticamente inevitável quando da sua invocação seria sepultar esse importante instrumento administrativo,[582] porquanto os custos decorrentes de sua utilização (que sempre desembocaria em indenizações a serem suportadas pelo Estado) não compensariam a tentativa de evitar o risco de um provimento derradeiro ineficaz.

No entanto, a realidade jurisprudencial do Brasil no tópico pertinente à atividade cautelar administrativa tem se mostrado descompassada com o entendimento teórico sobre a questão, contrariando ou, quando menos, omitindo-se de decidir fundamentadamente sobre aquela construção teórica, tomando como suficiente a licitude do provimento para exonerar o Estado de ser responsabilizado, sem justificar que assim ocorre devido a sua natureza. O Poder Judiciário acerta o alvo quando não responsabiliza o Estado, ainda que tenha almejado o alvo incorreto ou usado os armamentos indevidos. Seria esperado que as Cortes justificassem o porquê de se propagar que o Estado poderia ser responsabilizado por atos lícitos, mas esse fato tem se mostrado o suficiente, sem qualquer esclarecimento, para exonerar a responsabilidade estatal quando se está diante de provimentos cautelares administrativos. A crítica aqui feita, portanto, repousa na fundamentação dos Tribunais, não no resultado em si, que acaba sendo contraditória.

Nesse sentido, veja parte da decisão do Tribunal de Justiça do Rio Grande do Sul, onde se analisou a apreensão cautelar de carne por agentes da vigilância sanitária: "Ausente ato ilícito por parte dos fiscais da Secretaria Municipal da Saúde, não se verifica o dano moral alegado pelo comerciante autuado, e, por conseguinte, inexiste responsabilidade civil do ente público".[583]

---

[582] Expressando-se na mesma trilha, já decidiu o Tribunal de Justiça do Estado do Rio de Janeiro ao analisar as medidas cautelares oriundas do Poder de Polícia: "(...) os atos decorrentes do exercício do poder de polícia, embora importem em restrições e causem evidentes constrangimentos, não geram responsabilidade do Estado, se revestidos de todos os requisitos de validade, *sob pena de inviabilizar a própria atuação estatal* (...)" (TJRJ. Apelação Cível nº. 200151010118289 RJ 2001.51.01.011828-9, Relator: Desembargador Federal FREDERICO GUEIROS, Data de Julgamento: 21.02.2011, SEXTA TURMA ESPECIALIZADA, Data de Publicação: E-DJF2R – Data: 28.02.2011 – Página: 239/240).

[583] Apelação Cível nº 70005434535, Nona Câmara Cível, Tribunal de Justiça do RS, Relator: Adão Sérgio do Nascimento Cassiano, Julgado em 08.10.2003.

Assim, enquanto se afirma aprioristicamente que cabe responsabilizar o Estado pelo uso de atos lícitos (sem realizar qualquer distinção quanto a sua natureza), a depender do preenchimento dos requisitos necessários, na prática não se encontram casos de responsabilização nestes moldes, ou mesmo uma análise mais detalhada daqueles requisitos, tornando os aportes doutrinários meras alegorias desprovidas de aplicabilidade efetiva pelos Tribunais.

3.2.6 Haveria medida cautelar lícita indenizável?

Pelo que se expôs até aqui, mostra-se razoável a indagação se haveria, ou deveria haver, então, verdadeiramente, alguma forma de responsabilidade do Estado quando a medida cautelar fosse lícita.

Primeiramente, como visto, na grande maioria dos casos, quando o Estado não agiu de maneira ilícita, a sua responsabilidade acaba excluída pela conduta exclusiva da vítima. Em outras hipóteses, embora menos frequentes, a conduta que acaba exonerando o Estado é levada a efeito por terceiros. Há ainda a situação da conduta estatal que seja lícita, praticada em razão de um "perigo aparente", mas que posteriormente se apure não haver aquela situação de risco. Mesmo nesses casos limites, de acordo com o salientado antes, o Estado não seria responsabilizado, seja pela questão dos incentivos econômicos, seja pela ponderação entre direitos. Além de tudo isso que foi dito, que somente são elementos de caráter fático-jurídico, há ainda a natureza jurídica das medidas cautelares administrativas patrimoniais, que, sendo sacrifícios parciais de direito, sem uma previsão legislativa prevendo a sua indenizabilidade, não podem gerar a responsabilidade estatal.

O que se extrai desses apontamentos é que, na textura normativa e jurisprudencial brasileira, ainda que se trabalhe abstratamente com a intelecção de uma responsabilidade estatal por atos administrativos lícitos (como uma teoria geral, sem se aprofundar a casos específicos), a fisionomia adquirida pelas medidas cautelares administrativas afasta essa premissa teórica, considerando que se encontra constantemente cercada daquelas situações e elementos acima destacados, do mesmo modo que sua própria natureza jurídica, quase que invariavelmente, acaba por afastar a responsabilidade do Estado.

O que se propõe, assim, é que as medidas provisionais administrativas sejam tratadas como uma exceção no quesito da responsabilidade estatal por atos lícitos, a fim de se manter uma correlação entre a teoria e a prática, uma vez que de nada vale atestar a possibilidade abstrata da responsabilização se a natureza jurídica deste instituto particular, aliado a todos os elementos fáticos que o circundam, não permite que ela ocorra concretamente.

Quando se menciona a compatibilidade entre teoria e prática, não se quer com isso fazer algum tipo de corrente pragmatista ou realista, mas simplesmente demonstrar que os caracteres jurídicos dos provimentos cautelares administrativos, com sua função teleológica e ontológica, não permitem que o Estado acabe por ser responsabilizado quando tiver agido nos termos exatos ditados pelo Direito.

Ao contrário de diversos atos administrativos, as medidas provisionais têm por fim atingir pessoas determinadas, restringindo, afetando ou mitigando seus direitos (ordens, provimentos ablatórios ou, de forma mais apurada, sacrifícios parciais de direito). A razão de serem assim é justamente resguardar interesses de toda a sociedade, atuando de maneira preventiva a fim de minimizar os possíveis danos existentes.

Especialmente em uma sociedade de risco como a que vivemos atualmente, aguardar que o Estado atue somente de maneira repressiva não mais se compatibiliza com o papel que aquele ente deve desempenhar, nem mesmo com a ordem jurídica. Na mesma linha, imputar ao Estado responsabilidade pelas condutas cautelares lícitas seria caminhar na contramão do que se espera do próprio ente estatal.

3.2.7 Responsabilidade por omissão no exercício do poder cautelar administrativo

Até agora se aventou a possibilidade ou não de o Estado ser responsabilizado por adotar medidas provisionais administrativas. Ou seja, investigou-se a responsabilidade decorrente de condutas comissivas do Estado. Outro ponto que cabe investigar, praticamente abandonado pela doutrina que se dedicou à temática das cautelares, é se o Estado poderia vir a responder nas hipóteses de não adoção de um provimento acautelatório.

No caso de uma omissão estatal em que o Estado deixa de se valer de uma medida cautelar administrativa prevista em lei e, dessa omissão, decorram danos, poderia ele ser responsabilizado?

Apesar de haver uma discricionariedade quanto à oportunidade do uso da medida cautelar administrativa, ao menos no plano normativo abstrato, conforme visto no item 1.9, deve-se recordar que no plano concreto essa discricionariedade pode se esvair, transformando-se em vinculação para o agente público. Em hipóteses tais, nas quais a ausência de adoção de um provimento acautelatório, que, pelas circunstâncias fáticas, mostrava-se como a única possibilidade hábil a impedir a ocorrência do dano, caso se apure a existência de um dano certo e jurídico, outra não é a solução a não ser impor a responsabilidade[584] extracontratual do Estado.[585]

Na mesma toada, Juarez Freitas reconhece que o cenário atual permite a responsabilidade prospectiva pelas condutas omissivas e comissivas em decorrência da ausência significativa (não apenas residual) de prevenção e precaução. Evolui-se, pois, da administração inconsequente para aquela tempestivamente interruptora do nexo de causalidade de tragédias perfeitamente evitáveis.[586]

Deve-se sublinhar que não se está defendendo uma responsabilidade automática do Estado sempre que houver dano e não tiver ocorrido a adoção de um provimento cautelar administrativo. Trata-se de lição comezinha, decorrência do raciocínio lógico-jurídico de que o Estado não pode servir como segurador universal. Assim, alguns parâmetros e análises devem ser feitos.

Primeiramente, cabível recordar que um dos elementos da responsabilização estatal é justamente o nexo de causalidade. Apesar das inúmeras teorias existentes a seu respeito, para fins de responsabilização Estatal e/ou do agente público, nota-se a prevalência, tanto nos Tribunais judiciais como no âmbito do TCU, pelo uso da teoria do

---

[584] No mesmo sentido, concordando que haverá responsabilidade estatal por omissão no caso de indeferimento de medida cautelar administrativa requerida ou a sua não concessão de ofício, vide SIMON, Lídia Lara Araújo de Oliveira e Souza Wernersbach. *As medidas de urgências no processo administrativo disciplinar*: uma análise de seu cabimento a partir do modelo processual constitucional. 2015. 167 p. Dissertação (Mestrado) – Curso de Direito, Universidade Federal do Espírito Santo, Vitoria, 2015, p. 134.

[585] Ainda que se esteja pensando na responsabilidade do Estado, também seria possível trabalhar a responsabilidade do agente omisso, seja de cunho disciplinar, seja em eventual ação de regresso, ou mesmo nas esferas penal e civil. A respeito, o Superior Tribunal de Justiça, ainda que de maneira abstrata, já reconheceu essa possibilidade quando se está diante da omissão em se adotar medidas cautelares administrativas: "O ordenamento jurídico nacional tem previsão expressa nesse sentido, conferindo às autoridades administrativas o poder de determinar, de modo cautelar, inclusive *inaudita altera par*, a suspensão de procedimentos que estejam colocando em risco a coisa pública. Em caso de risco iminente, a Administração Pública poderá motivadamente adotar providências acauteladoras sem a prévia manifestação do interessado (art. 45 da Lei nº 9.784/1999). A par dessa regra, não se olvidem os princípios regentes da Administração Pública, constitucionalmente garantidos (legalidade, moralidade e eficiência, fundamentalmente). Em verdade, *a não adoção de medidas como a presentemente em debate sujeitaria o agente público omisso a responder por sua inação, administrativa, civil e penalmente*. (STJ – REsp: 1528651 CE 2015/0096696-2, Relator: Ministra ASSUSETE MAGALHÃES, Data de Publicação: DJ 18.05.2017).

[586] FREITAS, Juarez. *Sustentabilidade*: direito ao futuro. Belo Horizonte: Fórum, 2019, p. 236.

dano direto e imediato, também chamada teoria da interrupção do nexo causal, em detrimento da teoria da equivalência das causas e da teoria da causalidade adequada ("segundo a teoria da interrupção do nexo causal, entre as várias circunstâncias a que se reporta o resultado, causa é aquela necessária e mais próxima à ocorrência daquele" – Acórdão TCU nº 1721/2016 – Plenário – Rel. Ministro Benjamin Zymler). Ele precisa ser direto e imediato, ou seja, precisa comprovar que o dano gerado, certo e jurídico decorre direta e imediatamente da omissão estatal em se valer de um provimento cautelar previsto em lei.

Além disso, é preciso se trabalhar com as informações disponíveis pelo agente público na ocasião da adoção das medidas. Em circunstâncias de incerteza real (não fabricado ou decorrente de omissões fruto de uma incompetência do administrador), a discricionariedade do gestor se mantém com maior força e respaldo. Dizendo de outra forma, caso não houvesse elementos suficientes a evidenciar que a medida cautelar, caso fosse adotada, evitaria o dano, ou mesmo que havia o risco de o dano vir a ocorrer, não caberia a penalização do Estado/agente público pela omissão, uma vez que aquele se comportou dentro da moldura discricionária conferida licitamente pelo ordenamento jurídico.

Outra questão pertinente se refere a uma omissão diante de um conflito federativo. Como narra Heraldo Garcia Vitta, apesar de haver no texto constitucional uma bem dividida repartição de competências, há casos inusitados, referentes à competência administrativa comum das entidades políticas (arts. 23 e 225, §1º, da CF). Segundo o autor, se a competência é material (execução: atos e fatos concretos) e comum da União, dos Estados, Municípios e do Distrito Federal, essa deve atuar em prol dos valores protegidos naqueles dispositivos constitucionais. As entidades políticas não podem omitir-se – sob pena de responsabilização –, especialmente nas situações graves, de extrema urgência, que assolam ou possam assolar a comunidade. Destarte, tendo havido omissão da entidade política competente, especificamente nas hipóteses dos artigos 23 e 225, §1º, da Constituição Federal, as demais entidades políticas da federação estão autorizadas a (e devem) adotar a medida cautelar adequada, visando a impedir ou sustar danos graves à sociedade, sob pena de virem a ser responsabilizadas por essa omissão.[587]

---

[587] VITTA, Heraldo Garcia. Apontamentos da "coação administrativa". As medidas acautelatórias do poder público. *Revista TRF 3ª Região*, nº 108, jul./ago. 2011, p. 11.

A omissão estatal também pode surgir da adoção da medida cautelar administrativa, que se mostra oportuna e adequada, mas que é mantida mesmo quando não existam mais seus fundamentos (lembrando-se que uma das características dos provimentos acautelatórios é justamente a sua mutabilidade – *vide* item 1.8.5).

Nesse aspecto, cabe trazer à colação o elucidativo julgamento proferido pelo Tribunal Regional Federal da 4ª Região, que muito bem ilustra essa situação. No caso, a decisão do Tribunal, confirmando a sentença de primeiro grau, analisou a responsabilidade da ANP em razão de um provimento cautelar de interdição do estabelecimento comercial. Os testes técnicos feitos no momento da fiscalização indicaram indícios de infração administrativa, entretanto, posteriormente foram tais indícios afastados por novos testes ao longo do processo administrativo sancionador. Neste ponto, a Corte ressaltou que se afigura, em princípio, legítima a instituição de medidas administrativas, de cunho cautelar, na hipótese de a atividade fiscalizatória revelar indícios de irregularidade na prestação do serviço de revenda de combustíveis, sendo que, quanto ao exercício desta atividade de fiscalização, a petição inicial não aponta irregularidade ou arbitrariedade em qualquer momento. A constatação posterior, em exame laboratorial, de que o combustível estava conforme os padrões exigidos, demonstra que a medição realizada no local, pelo fiscal, tem limites técnicos. Esta dissonância, todavia, é de ordem técnica e não enseja dever de indenizar por parte do Estado. Prossegue afirmando que "ignorar esta realidade significaria, na prática, inviabilizar a existência de medidas administrativas cautelares, cuja necessidade é uma realidade, em face dos direitos e dos bens jurídicos envolvidos".

Porém, no caso analisado, a ANP se mostrou omissa ao liberar o estabelecimento, demorando para analisar os pedidos feitos pelo administrado. Logo, embora não tenha reconhecido a responsabilidade da autarquia pelo uso da medida cautelar administrativa, ainda que posteriormente tenha-se indicado que não havia infração administrativa (decisão acertada, a nosso ver, na linha defendida até aqui), o Tribunal reconheceu que houve omissão do ente estatal apta a gerar a sua responsabilidade: "Caracterizado o nexo causal entre o dano e a omissão administrativa, e ausente causa excludente da responsabilidade, surge a obrigação em reparar o dano".[588]

---

[588] TRF-4 – APELREEX: 50204106520124047100 RS 5020410-65.2012.404.7100, Relator: VIVIAN JOSETE PANTALEÃO CAMINHA, Data de Julgamento: 29.04.2014, QUARTA TURMA, Data de Publicação: D.E. 02.05.2014

3.2.8 O controle administrativo e o papel do Poder Judiciário

Ao se estudar a responsabilidade da Administração Pública decorrente da adoção de provimentos cautelares administrativos, não há como desconsiderar o papel fundamental do Poder Judiciário nesta questão.[589]

Anterior ao próprio reconhecimento da responsabilidade patrimonial da Administração decorrente da adoção indevida ou equivocada de um provimento cautelar administrativo, compete ao Poder Judiciário, sempre que provocado, analisar a legalidade da medida aplicada, sanando, se cabível, o vício encontrado.

Nessa linha é o que ensinam Sérgio Ferraz e Adilson Abreu Dallari, afirmando que quando da ilegalidade de alguma medida provisional administrativa, cabe ao Judiciário atuar sobre ela: "Tais casos ensejam e merecem atuação e o repúdio do Poder Judiciário. Não se trata, absolutamente, de substituir a decisão do agente administrativo pela do juiz. A este não caberá entrar no mérito da decisão restritiva de direito (...)".[590]

Como salientado ao final, a atuação do Poder Judiciário deve se limitar aos critérios de validade da medida impugnada, não cabendo aferir a conveniência e oportunidade do ato, que constituem matéria meritória, cabível de apreciação somente pela própria Administração (se estaria no âmbito da chamada "reserva de Administração", tema ainda muito pouco estudado).

A limitação desse controle em relação às medidas cautelares administrativas, embora possa parecer como quesito diferenciado para alguns, trata-se em realidade de antiga celeuma, ainda que com novos contornos decorrentes de novéis debates ocorridos no século XXI, sobre os limites do controle pelo Poder Judiciário de atos discricionários.

Esse assunto sempre circundou a ideia de que, nos atos exercidos dentro das competências discricionárias, estar-se-ia diante do mérito

---

[589] Especialmente diante da realidade brasileira, onde o sistema de jurisdição, contrariamente a muitos países europeus, é unificado, não havendo que se falar em uma "jurisdição administrativa", o papel do Judiciário se mostra ainda mais relevante. Como destaca Celso Antônio Bandeira de Mello, descrevendo que inclusive figura como princípio do Direito Administrativo brasileiro o controle judicial dos atos administrativos, o Poder Judiciário "tanto anulará atos inválidos, como imporá a Administração os comportamentos a que esteja de direito obrigada, como proferirá e imporá as condenações pecuniárias cabíveis" (*Curso de direito administrativo*. 29. ed. São Paulo: Malheiros, 2012, p. 124).

[590] FERRAZ, Sérgio; DALLARI, Adilson Abreu. *Processo administrativo*. 2. ed. São Paulo: Malheiros, 2007, p. 148.

administrativo, que seria impassível de sindicabilidade por sujeitos externos à própria Administração Pública.

A palavra "mérito", por evidente, é polissêmica, atraindo uma plêiade de significações a depender do contexto em que for empregada, bem como das qualificadoras a ela vinculadas.

José Cretella Júnior, de longa data, já escreveu que o mérito do ato administrativo tem sido trabalhado em um sentido amplo e estrito. Na acepção ampla, mérito compreenderia uma faixa tão extensa que, sob certos matizes, confinar-se-ia com o setor da legalidade. Essa ampliação faria com que o mérito chegasse aos fatos, aos motivos, às provas; por sua vez, a compreensão restrita de mérito administrativo, mais tradicional, seria extremada de qualquer noção processual, para ser entendido como o binômio oportunidade e conveniência do ato administrativo.[591]

Para o autor, que opta pelo conceito restritivo, o mérito administrativo ficaria fora do policiamento do Poder Judiciário, uma vez que diz respeito a questões da competência exclusiva do Poder Executivo, sintetizadas no clássico binômio oportunidade-conveniência.[592]

Sobre o assunto, tem-se também há tempos monografia de mão e sobremão a respeito da temática, de autoria de Celso Antônio Bandeira de Mello, na qual se apresenta que o mérito do ato administrativo "não pode ser mais que o círculo de liberdade indispensável para avaliar, no caso concreto, o que é conveniente e oportuno à luz do escopo da lei". Jamais será uma pretensa liberdade para decidir em dissonância com essa finalidade.[593]

Justamente pelo fato de o mérito não representar uma escolha dotada de arbitrariedade, afastar por completo a possibilidade de controle pelo Poder Judiciário ao argumento de que se trata de ato discricionário é uma premissa desprovida de respaldo jurídico.

Assim se sustenta, em um primeiro instante, porque sempre haverá um aspecto de vinculação mesmo nos atos discricionários,[594]

---

[591] CRETELLA JÚNIOR, José. O mérito do ato administrativo. *Revista de Direito Administrativo* – *RDA*, Rio de Janeiro, v. 79, 1965, p. 28.

[592] CRETELLA JÚNIOR, José. O mérito do ato administrativo. *Revista de Direito Administrativo* – *RDA*, Rio de Janeiro, v. 79, 1965, p. 29.

[593] BANDEIRA DE MELLO, Celso Antônio. *Discricionariedade e controle jurisdicional*. São Paulo: Malheiros, 1992, p. 82.

[594] São as já clássicas lições de Miguel Seabra Fagundes: "Mas, como quer que seja, subsistem, mesmo na hipótese de competência discricionária, limitações às atividades administrativas, como as referentes à forma, à competência, à finalidade etc., vinculando-a à legalidade" (*O contrôle dos atos administrativos pelo Poder Judiciário*. 4. ed. Rio de Janeiro: Forense, 1967, p. 105,107).

aspecto no qual a verificação da conformidade legal do ato pelos magistrados será mais ampla.

Esse tipo de escrutínio não invade a esfera do mérito do ato administrativo, porquanto legalidade e mérito são campos distintos de análise. Nem antitéticos, nem sinônimos. Simplesmente distintos. É dentro do terreno da legalidade que a Administração Pública decidirá se o ato (legal) é oportuno e conveniente (mérito).[595]

Além dessa primeira verificação circunscrita à legalidade estrita nos atos discricionários, em momento posterior tem-se uma evolução dessa forma de controle, passando-se a adotar, com base na formulação feita pelo Conselho de Estado Francês durante o século XIX,[596] a teoria do desvio de poder (*détournement de pouvoir*), que acaba sendo acolhida pela doutrina e jurisprudência[597] brasileiras.

O desvio de poder se conforma em duas hipóteses básicas: quando o agente público pratica um ato perseguindo um fim estranho ao interesse público; quando, apesar do fim buscado corresponder ao interesse público, ele não condiz com o fim preciso que a lei assinalou àquele ato.[598]

Não obstante se conformar em outra maneira de se encarar o controle dos atos administrativos, tendo por foco o elemento da finalidade, o desvio de poder continua sendo um vício de legalidade, não afetando o aspecto realmente discricionário, isto é, o mérito.[599]

Acerca dos vícios passíveis de controle, impende mencionar também a construção que vem granjeando destaque na Alemanha,

---

[595] CRETELLA JÚNIOR, José. O mérito do ato administrativo. *Revista de Direito Administrativo* – RDA, Rio de Janeiro, v. 79, 1965, p. 32.

[596] Narra Celso Antônio Bandeira de Mello que "foi em fevereiro de 1864, no *arrêt Lesbats*, que o Conselho de Estado da França, pela primeira vez admitiu o "desvio de poder" como uma das hipóteses em que cabia atacar o ato administrativo, no quadro dos recursos por "excesso de poder", designação genérica esta que abrange os vícios (a) de incompetência; (b) de forma; (c) de violação da lei e (d) de desvio de poder" (*Discricionariedade e controle jurisdicional*. São Paulo: Malheiros, 1992, p. 56).

[597] Themístocles Brandão Cavalcanti critica a maneira como a teoria do desvio de poder foi incorporada no Brasil, uma vez que, por não haver aqui o sistema do contencioso administrativo, a forma de controle a ser realizado pelo Poder Judiciário deveria ser mais cautelosa, para não invadir terreno afeto à atuação da Administração Pública. Nesses moldes, acrescenta ele que "a invocação das decisões do Conselho de Estado da França ou da jurisprudência do Conselho de Estado Italiano é feita sem levar-se em consideração a diferença dos sistemas e das técnicas de contrôle" (Do poder discricionário. *Revista de Direito Administrativo* – RDA, Rio de Janeiro, v. 101, jul./set. 1970, p. 17).

[598] BANDEIRA DE MELLO, Celso Antônio. O desvio de poder. *Revista de Direito Administrativo* – RDA, Rio de Janeiro, v. 172, abr./jun. 1988, p. 07.

[599] BANDEIRA DE MELLO, Celso Antônio. O desvio de poder. *Revista de Direito Administrativo* – RDA, Rio de Janeiro, v. 172, abr./jun. 1988, p. 18.

referente aos chamados "vícios de discricionariedade" (*ermessensfehler*), que acabam por sintetizar de certa forma parte das considerações já feitas, sendo os mais comuns: a) transgressão dos limites do poder discricionário (*ermessensüberschreitung*), pelo qual a autoridade opta por uma consequência jurídica não prevista ou pressupõe erroneamente a existência de fatos, os quais abririam o exercício da discricionariedade; b) não exercício do poder discricionário (*ermessensnichtgebrauch*), presente quando o órgão se considera "vinculado" pela lei, a qual, em realidade, confere liberdade de decisão; c) desvio do poder discricionário (*ermessensfehlgebrauch*), que incide nos casos em que o agente público não se deixa dirigir pela finalidade prescrita, violando princípios constitucionais/administrativos ou direitos fundamentais. Ocorre também essa espécie de vício quando o órgão administrativo, no processo de tomada de decisão, não considera suficientemente os critérios que a lei declara determinantes para o exercício concreto da discricionariedade, sendo um erro procedimental, não de resultado.[600]

Gustavo Binenbojm acrescenta ainda a esse caminho evolutivo das técnicas de controle dos atos administrativos, em particular os tidos como discricionários, a estruturação francesa da teoria dos motivos determinantes (a Administração Pública deve responder pelos motivos que elege como pressuposto para a realização de um ato administrativo), a apuração do excesso de poder (desbordamento dos lindes de competência fixados na lei) e a necessidade de motivação de todos os atos administrativos (sobre motivação, *vide* item 1.7.2).[601]

O estágio vivenciado nos tempos atuais em relação ao controle dos atos administrativos, ademais de incorporar todas as formas expostas alhures, ganha um novo elemento, oriundo dos textos constitucionais contemporâneos, referente ao controle tendo como paradigma os princípios constitucionais.

O controle não mais reside exclusivamente no aspecto da legalidade, passando a se referir a todo o Direito positivo, em um conceito mais amplo de juridicidade,[602] com especial destaque aos princípios constitucionais.

---

[600] KRELL, Andreas J.. *Discricionariedade administrativa e conceitos legais indeterminados*: limites do controle judicial no âmbito dos interesse difusos. 2. ed. Por Alegre: Livraria do Advogado, 2013, p. 115-116.
[601] BINENBOJM, Gustavo. *Uma teoria do direito administrativo*: direitos fundamentais, democracia e constitucionalização. 2. ed. Rio de Janeiro: Renovar, 2008, p. 206.
[602] Encontra-se a mesma intelecção em Andreas Krell: "No Brasil, todo e qualquer ato administrativo, inclusive o discricionário e também aquele decorrente da valoração

Com a fixação de todas essas mínimas premissas básicas para a compreensão do controle dos atos administrativos pelo Poder Judiciário, e considerando as técnicas de análise juridicamente permitidas, pode-se apurar que, enquanto o poder cautelar administrativo não se encontra imune a controles, estes também não se mostram absolutos e sem parâmetros.

Trazendo essas considerações para a cautelaridade administrativa, deve-se recordar que ela pressupõe o exercício da função administrativa (circunstância prevista na hipótese normativa). Assim sendo, como a sindicabilidade dos atos praticados pela Administração Pública é inata ao conceito de função, em um primeiro momento, pode-se concluir que os atos administrativos cautelares podem ser controlados pelo Poder Judiciário.

De fato, como assinala Mariano Bacigalupo Saggese, a submissão da Administração Pública ao controle judicial é um correlato necessário de sua vinculação à lei e ao Direito como um todo. Esse controle é, portanto, um controle de Direito, jurídico.[603]

Soma-se a isso que em Estados considerados republicanos, a exemplo do Brasil, a exigência de prestação de contas pelos agentes públicos e a responsabilização/sanção por algum comportamento violador da ordem jurídica é questão inerente à própria ideia de República.[604]

A cautelaridade administrativa brasileira não é dotada de qualquer atributo ou característica que a torne imune, dentro de certos limites, a determinadas espécies de controle, em particular o exercido pelo Poder Judiciário.

Analisando a sistemática espanhola, Belén Marina Jalvo noticia que inicialmente a possibilidade da recorribilidade das medidas cautelares administrativas era vista de forma restritiva, porquanto

---

administrativa dos conceitos indeterminados de prognose, é suscetível de um controle jurisdicional mínimo, baseado nos princípios constitucionais. Na atual fase "pós-positivista", que foi instaurada com a ampla inserção dos princípios gerais de Direito nos novos textos constitucionais, os atos administrativos discricionários não devem ser controlados somente por sua legalidade, mas também por sua juridicidade" (*Discricionariedade administrativa e conceitos legais indeterminados*: limites do controle judicial no âmbito dos interesse difusos. 2. ed. Por Alegre: Livraria do Advogado, 2013, p. 109).

[603] SAGGESE, Mariano Bacigalupo. Las potestades administrativas y la vinculación de su ejercicio al ordenamiento jurídico. Potestades regladas y discrecionales. In: ALONSO REGUEIRA, Enrique M (Coord.). *El control de la actividad estatal*: discrecionalidad, división de poderes y control extrajudicial. Buenos Aires: Asociación de Docentes de la Facultad de Derecho y Ciencias Sociales de la Universidad de Buenos Aires: 2016, p. 83.

[604] CABRAL, Flávio Garcia. Os fundamentos políticos da prestação de contas estatal. *Revista de Direito Administrativo – RDA*, Rio de Janeiro, v.270, set./dez. 2015, p. 166-167.

se entendia que tais provimentos configuravam os chamados "atos de trâmite" e, como tal, não seriam impugnáveis. A própria autora prossegue narrando a evolução sofrida na jurisprudência espanhola, enxergada por ela de maneira salutar, que admite atualmente a possibilidade de recurso contra as medidas cautelares, pois, apesar de se tratarem de atos de trâmite, afetam direitos e/ou interesses dos sujeitos afetados.[605]

Ratificando a descrição da situação espanhola supra referida, Victoria López Torralba sintetiza que *"además, las medidas cautelares son recurribles por sí mismas, pues aunque son actos de trámites y como tales, en principio, serían inimpugnables, sin embargo en la medida en que pueden producir indefensión, son susceptibles de recurso"*.[606]

Justamente no que concerne ao aspecto subjetivo do controle, é dizer, quem teria atribuição de realizá-lo, é certo que o primeiro personagem a ser invocado sob a perspectiva jurídica do Brasil diz respeito aos órgãos do Poder Judiciário no exercício da função jurisdicional.

O artigo 5º, inciso XXXV, da Constituição Federal é patente ao prescrever que "a lei não excluirá da apreciação do Poder Judiciário lesão ou ameaça a direito". Logo, diante de um ato cautelar que de alguma forma gere algum tipo de lesão a direito, cabe ao Judiciário, desde que devidamente provocado, apreciar o possível vício existente naquele ato.

Ao Poder Judiciário é cabível tanto o controle das normas em abstrato, mediante o controle de constitucionalidade a ser realizado pelo Supremo Tribunal Federal ou pelos Tribunais de Justiça, decorrente do ajuizamento de ações diretas de inconstitucionalidade ou outras ações com objetivos semelhantes (ação direta de constitucionalidade e arguição de descumprimento de preceito fundamental), como o controle incidental, mediante a análise de casos concretos.

As medidas cautelares administrativas, portanto, são capazes de sofrer, dentro dos limites existentes, controle por parte do Poder Judiciário, seja no exclusivo aspecto da norma geral e abstrata, seja na verificação da compatibilidade de norma individual e concreta (provimentos cautelares concretos) com a norma geral e abstrata.

---

[605] MARINA JALVO, Belén. *Medidas provisionales en la actividad administrativa*. Valladolid: Lex Nova, 2007, p. 175.
[606] LÓPEZ TORRALBA, Victoria. Breve estudio en torno al Procedimiento Administrativo Sancionador y sus garantias. *Revista jurídica de la comunidad de Madrid*, Madrid, nº 22, 01 sep. 2005, s/p.

Além dessa feição ora tratada acerca do papel do Judiciário no que concerne às medidas cautelares administrativas, há também, por certo, seu papel de verificar se a ilegalidade do provimento provisional – ou mesmo seu excesso ou ainda sua plena conformidade jurídica – ensejou um dano passível de ser indenizado pelo seu causador: possivelmente a Administração Pública.

Ainda que teoricamente fosse possível o reconhecimento da responsabilidade pela própria Administração, não é isso o que vem a acontecer na prática, em que, pelo menos na realidade brasileira, o Estado é o maior litigante judicial, interpondo inúmeros e infindáveis recursos a fim de procrastinar o reconhecimento definitivo de sua responsabilidade – que, por vezes, é patente desde a primeira vista. Ou seja, a tarefa do Poder Judiciário se engrandece ainda mais, uma vez que muitas vezes acaba atuando de forma isolada na declaração da responsabilidade.

Por fim, no quesito das indenizações decorrentes do reconhecimento da responsabilidade do Estado, ainda há a fundamental atuação do Poder Judiciário no que concerne à fixação do *quantum* indenizatório, que para as partes litigantes é questão chave de toda a lide, devendo os juízes e tribunais novamente se socorrer à proporcionalidade de modo a não fixar indenizações excessivas, que configurariam verdadeiros casos de enriquecimento sem causa, nem quantias ínfimas, que além de não possuírem qualquer caráter inibitório ao condenado, também não ressarciriam a lesão sofrida.

Destarte, mostrando-se inegável a imperatividade da função judiciária, a análise sobre o regime jurídico do poder de cautela da Administração Pública, bem como a possível responsabilidade do Estado, deve ser feita em sintonia com a jurisprudência sobre o assunto, razão pela qual, como já foi possível notar do desenvolvimento textual realizado até o momento, o estudo que será executado adiante será sempre acompanhado das decisões dos tribunais brasileiros.

CAPÍTULO 4

MEDIDAS CAUTELARES ADMINISTRATIVAS E A VIOLAÇÃO A DIREITOS FUNDAMENTAIS

A utilização de provimentos cautelares de cunho administrativo, embora seja medida imprescindível para a atuação estatal eficaz, assegurando o interesse coletivo, constitui, muitas vezes, ato administrativo que gera danos aos particulares ou mesmo aos agentes públicos (*vide* a hipótese dos processos administrativos disciplinares).

A ideia que ainda hoje se mantém forte no direito ocidental, em especial na ordem brasileira, é de que a lesão a direitos carrega consigo um cunho exclusivamente, ou pelo menos essencialmente, patrimonialista. Só haveria dano se houvesse uma violação ao patrimônio material de outrem, ou que pelos menos o bem jurídico lesionado pudesse ser compreendido em termos financeiros.

É certo que houve uma grande evolução nesse aspecto, já beirando o senso comum a compreensão da plena existência do dano moral[607] quando se observa violação de certos direitos que ultrapassam aquela feição puramente patrimonial. Contudo, não menos correta é a verificação da relação paradoxal entre a valorização teórica dos direitos fundamentais, reconhecendo-se sua plena normatividade e eficácia, e a desconsideração prática daqueles mesmos direitos, ora reduzindo-os a meras questões patrimoniais, ora não os "levando a sério" diante de casos concretos.

---

[607] Atualmente já se vai mais além, havendo as chamadas "novas categorias de danos", como o dano moral coletivo e o dano social, que buscam tutelar direitos coletivos e difusos (TARTUCE, Flávio. *Manual de direito civil* – volume único. São Paulo: Método, 2011, p. 436-437).

Sobre a questão, interessantes são os apontamentos de Alexandre de Morais da Rosa e Julio Cesar Marcelino Jr., que percebem a redução dos direitos fundamentais a parâmetros exclusivamente patrimoniais. Segundo eles, existe um manifesto e frontal ataque em curso aos direitos fundamentais, especialmente aos direitos sociais, sendo que desde o surgimento da Constituição da República de 1988 as garantias sociais são objeto de vilipêndio pelo receituário neoliberal. Prosseguem apontando que a lógica de custos é gradativamente implantada através de um hábil giro discursivo que seduz o meio jurídico rumo à reclassificação dos direitos fundamentais à condição de direitos patrimoniais, renunciáveis e principalmente negociáveis, lançados no mercado de ofertas e trocas, cuja referência se perde nas mãos invisíveis.[608]

Na medida em que se afunilam os estudos acerca dos provimentos cautelares administrativos, percebe-se o quão insuficiente é o tratamento da matéria, uma vez que, se são poucos os escritos sobre aqueles instrumentos, mostram-se ainda mais reduzidos os estudos em relação à questão referente à responsabilidade por seu uso, e praticamente inexistentes quando se trata de lesão a direitos fundamentais.

É justamente nesse mote que se pretende trabalhar, tentando-se realizar um cotejo entre a urgência de se valorizar os direitos fundamentais (em especial em uma ordem jurídica como a brasileira, onde os abusos a direitos são frequentes) com o mister do Estado de atuar em prol da coletividade, ainda quando implique em penetrar na esfera de direitos dos particulares.

A cautela com os direitos fundamentais deve ser redobrada, em particular quando do exercício da função administrativa, a qual se encontra mais próxima ao cidadão. São os órgãos e entidades da Administração Pública, explica Daniel Wunder Hachem, que se deparam, dia após dia, com os inúmeros problemas sociais que incumbe ao Estado enfrentar e combater. Portanto, nada mais lógico do que reservar a essa esfera estatal o papel de protagonista no comando das ações voltadas a atender as necessidades humanas essenciais.[609]

---

[608] ROSA, Alexandre Morais da; MARCELINO JR, Julio Cesar. Os direitos fundamentais na perspectiva de custos e o seu rebaixamento à categoria de direitos patrimoniais: uma leitura crítica. *Constituição, Economia e Desenvolvimento*: Revista da Academia Brasileira de Direito Constitucional, Curitiba, nº 1, ago.-dez. 2009, p. 21.

[609] HACHEM, Daniel Wunder. *Tutela administrativa efetiva dos direitos fundamentais sociais*: por uma implementação espontânea, integral e igualitária. Curitiba, 2014. 614 f. Tese (Doutorado) – Programa de Pós-Graduação em Direito, Universidade Federal do Paraná, 2014, p. 554.

4.1 Direitos fundamentais

O que se propõe na presente obra monográfica é compreender o regime jurídico das medidas cautelares administrativas no Brasil, sendo necessário, para tal mister, analisar as hipóteses em que a adoção daqueles provimentos afetem direitos fundamentais.

Assim, para esses fins, não se pretende por ora traçar um tratado ou coisa semelhante acerca do tema dos direitos fundamentais, sendo suficiente, para a proposta em jogo, compreender seu delineamento geral e algumas questões particulares que servirão de elementos para a intelecção da obra como um todo.

Destarte, o que se procurará trabalhar nas linhas que se seguem nada mais é do que indicar uma noção dos direitos fundamentais em sentido amplo, especialmente sua importância e o choque que podem vir a sofrer nos ordenamentos jurídicos, de modo a preparar o terreno para o escrutínio de sua possível violação quando da invocação de medidas provisionais administrativas.

A dificuldade no entendimento uniforme do que venham a ser considerados direitos fundamentais se inicia no próprio vocábulo, já que sob diferentes rótulos acabam-se agrupando semelhantes ou idênticas realidades. Outra não é a conclusão de José Afonso da Silva ao escrever que a ampliação e transformação dos direitos fundamentais do homem no evolver histórico dificulta definir-lhes um conceito sintético e preciso, em especial quando se empregam várias expressões para designá-los, tais como direitos naturais, direitos humanos, direitos do homem, direitos individuais, direitos públicos subjetivos, liberdades fundamentais, liberdades públicas e direitos fundamentais do homem.[610]

Embora acabe debandando para um lado muito mais pautado pela subjetividade do que por critérios objetivos e incontestes, temos, na trilha do que discorrem Gilmar Ferreira Mendes e Paulo Gonet Branco, que os direitos fundamentais seriam aqueles ligados direta e imediatamente ao princípio da dignidade da pessoa humana. Assim, definem os autores que "os direitos e garantias fundamentais, em sentido material, são, pois, pretensões que, em cada momento histórico, se descobrem a partir da perspectiva do valor da dignidade humana".[611]

---

[610] SILVA, José Afonso da. *Curso de direito constitucional positivo*. 33. ed. São Paulo: Malheiros, 2010, p. 175.
[611] MENDES, Gilmar Ferreira; BRANCO, Paulo Gustavo Gonet. *Curso de direito constitucional*. 7. ed. São Paulo: Saraiva, 2012, p. 159.

Não é diferente a maneira como se posiciona J. J. Gomes Canotilho quando externa que "expulsa do catálogo material dos direitos todos aqueles que não tenham um radical subjetivo, isto é, não pressuponham a ideia-princípio da dignidade da pessoa humana".[612]

O vínculo existente entre direitos fundamentais e a dignidade da pessoa humana é sentido por Luís Roberto Barroso, que, ao tratar do neoconstitucionalismo, aponta o pós-positivismo como sendo seu marco filosófico fundamental, no qual se encontra presente justamente uma teoria dos direitos fundamentais edificada sobre o princípio da dignidade humana.[613]

Ainda que se reconheça que houve uma transferência do problema da definição dos direitos fundamentais para a compreensão do conteúdo jurídico do princípio da dignidade da pessoa humana, é certo que a intelecção da dignidade da pessoa humana permite a verificação de zonas de certeza positiva e negativa, o que facilita o trabalho do intérprete e o entendimento do assunto.

Assim, trabalharemos os direitos fundamentais sob a perspectiva acima analisada, sem implicar desconsiderar colocações distintas, e sempre tendo em vista o tratamento dado por diversos textos constitucionais – cite-se o português e o brasileiro – que conferem máxima amplitude àqueles direitos, reconhecendo-os, inclusive, aos entes coletivos (pessoas jurídicas).

4.1.1 Relevância dos direitos fundamentais

Mesmo não sendo uma temática nova, os direitos fundamentais adquirem, na atualidade, uma amplitude muito maior do que possuíam no passado, fazendo parte de praticamente todos os ordenamentos jurídicos existentes. Hans-Peter Schneider também enxerga a questão de maneira similar:

> *Libertades fundamentales y derechos ciudadanos no son ningún descubrimiento del momento presente. Sin embargo, ahora se les otorga un reconocimiento universal, merecido desde hace tiempo. Difícilmente un Estado constitucional*

---

[612] CANOTILHO, J.J..Gomes. *Direito constitucional e teoria da constituição*. 7. ed. Coimbra: Almedina, 2003, p. 373.

[613] BARROSO, Luís Roberto. Neoconstitucionalismo e constitucionalização do Direito: O triunfo tardio do Direito Constitucional no Brasil. *Revista de Direito Administrativo – RDA*, Rio de Janeiro, nº 240, abr. jun. 2005, p. 12.

o cualquier orden social puede renunciar hoy a garantizar los derechos fundamentales o, al menos, a proclamarlos.[614]

Em sua concepção original, os direitos fundamentais tinham viés nitidamente liberal, com o propósito máximo de limitar o poder estatal, isto é, resguardar os particulares de interferências indevidas do Estado na vida privada dos indivíduos.[615] Ulteriormente, tendo em vista a insuficiência de um Estado primordialmente absentista, fez-se necessário que se constitucionalizassem novos direitos fundamentais, ao lado dos anteriores já existentes, de cunho prestacional, os chamados direitos sociais.

Se hodiernamente já se tem textos constitucionais com inúmeras previsões de direitos fundamentais, a exemplo da Constituição brasileira de 1988, a sua aplicação prática ainda é posta à prova em diversas ocasiões, razão pela qual merecem ser tratados com redobrada cautela, de modo a extrair sua normatividade máxima.

Imperioso adiantar que os direitos fundamentais possuem, além da dimensão subjetiva (que é a que mais se adéqua às origens históricas daqueles direitos, representando a característica desses direitos de ensejarem pretensões individuais a seus titulares, normalmente[616] oponíveis em face do Estado), uma dimensão objetiva, ainda que com menor realce. Sobre essa dimensão, dispõem Gilmar Ferreira Mendes e Paulo Gonet Branco que ela resulta do significado dos direitos fundamentais como princípios básicos da ordem constitucional, já que estes participam da essência do Estado de Direito Democrático, operando como limite do poder e como diretriz para a sua ação. Assim, as constituições democráticas assumem um sistema de valores que os direitos

---

[614] SCHNEIDER, Hans-Peter. Peculiaridad y Función de los Derechos Fundamentales en el Estado Constitucional Democrático, *Revista de Estúdios Políticos*, nº 7, 1979, p. 7.

[615] "*Así, el reconocimiento de derechos civiles y políticos se constituye en fin y límite del ejercicio del poder estatal y de las competencias de los gobernantes y órganos del poder público, lo que ingresa implícita o explícitamente el orden jurídico como exigencia de la dignidad humana en el movimiento constitucionalista y en la concepción del Estado de derecho, estableciendo un límite interno a la soberanía y el ejercicio del poder estatal*" (NOGUEIRA ALCALÁ, Humberto. *Teoría y dogmática de los derechos fundamentales*. México: Universidad Nacional Autónoma de México, 2003, p. 3-4).

[616] Fala-se que são normalmente oponíveis em face do Estado, pois essa é sua construção clássica, a qual ainda hoje é a mais evidente. No entanto, em diversos países, inclusive no Brasil, já se fala na eficácia horizontal dos direitos fundamentais, isto é, no fato de que seriam eles invocáveis também em relações privadas.

fundamentais influem sobre todo o ordenamento jurídico, servindo de norte para a ação de todos os poderes constituídos.[617]

Essa dimensão objetiva, quando pensada nos deveres que acarretam à Administração Pública, evidencia que, independentemente de qualquer provocação subjetiva, cabe ao Poder Público criar as condições necessárias para que os direitos fundamentais possam ser fruídos de maneira integral e universalizada, removendo os obstáculos que impeçam o seu exercício real e efetivo (deveres autônomos de proteção); interpretar todo o ordenamento jurídico constitucional e infraconstitucional à luz do conteúdo valorativo inerente a esses direitos (eficácia irradiante); e proteger os titulares dos direitos fundamentais contra si mesmos (valor comunitário).[618]

Tem-se, portanto, que os direitos fundamentais, além de assegurarem pretensões individuais em face de terceiros (especialmente o Estado), também representam valores positivados constitucionalmente, que informam todo o ordenamento jurídico, tornando-se a verdadeira essência da sociedade e, mais importante, vinculam uma atuação coordenada do Estado no sentido de concretização desses direitos.

4.2 Danos aos direitos fundamentais em espécie na sistemática brasileira

Como já repetido à exaustão nas linhas que se passaram, as medidas cautelares administrativas possuem o condão de acarretar lesão a direitos fundamentais dos sujeitos que são objeto daqueles provimentos.

Além disso, demonstrou-se que cabe ao Estado ser responsabilizado pelo uso das aludidas medidas provisionais administrativas quando estas se mostrarem ilegais ou excessivas, estando certo que, na hipótese de medidas lícitas, tendo em vista a natureza das que detêm cunho patrimonial (sacrifícios parciais de direito), conjuntamente com as constantes excludentes de responsabilidade presentes (conduta exclusiva da vítima e de terceiro), o próprio administrado tenha que suportar as consequências do provimento cautelar.

---

[617] MENDES, Gilmar Ferreira; BRANCO, Paulo Gustavo Gonet. *Curso de direito constitucional*. 7. ed. São Paulo: Saraiva, 2012, p. 190.
[618] HACHEM, Daniel Wunder. A discricionariedade administrativa entre as dimensões objetiva e subjetiva dos direitos fundamentais sociais. *Direitos Fundamentais & Justiça*, Belo Horizonte, ano 10, nº 35, jul./dez. 2016, p. 319.

A fim de dar maior concretude aos argumentos apresentados acima, aprofundando-se no estudo da responsabilidade por medidas provisionais administrativas que afetam direitos fundamentais, cumpre trazer à baila a inter-relação entre ambas as verificações (responsabilidade ou não por provimentos cautelares e sua lesão a direitos fundamentais) no que se refere aos direitos em espécie, particularmente no trato conferido pela ordem constitucional brasileira.

Deste modo, elegemos os direitos fundamentais de maior relevância – entenda-se o termo "relevância" como referente aos fins desse trabalho, não havendo que se falar em qualquer preponderância entre os direitos fundamentais – quando se está a tratar de provimentos cautelares, seja pela sua lesão aparente, seja pelo tratamento conferido pelos Tribunais.

Assim, nos trechos que se seguem, iremos abordar o delineamento constitucional dos direitos da presunção de inocência, da honra, do devido processo e da propriedade privada, verificando-se em uma análise doutrinária e jurisprudencial como vem sendo tratada a questão no Brasil – sempre nos socorrendo, é claro, à doutrina alienígena para robustecer os argumentos inseridos ao longo do texto, especialmente quando as conclusões ali colhidas forem compatíveis com o direito positivo brasileiro.

Ressalve-se, por derradeiro, que os direitos ora tratados, tidos sob o rótulo de "fundamentais", assim o são sob a perspectiva constitucional brasileira, sendo certo que muitos deles, como a própria propriedade, não o são em outros Estados estrangeiros (*vide* a situação da Espanha e de muitos países europeus), ainda que mereçam neles proteção legal e constitucional.

Assim, a leitura dos apartados seguintes deve ser feita tendo em mente a organização jurídica brasileira, considerando-se todos os direitos mencionados como fundamentais – aliás, uma das fortes características da Constituição brasileira de 1988 é possuir um rol amplíssimo de direitos considerados fundamentais, sendo esse decorrente, dentre outras razões, da transposição de um regime ditatorial militar –, retirando-se daí as consequências cabíveis.

4.2.1 Presunção de inocência

Previsto na Constituição brasileira no artigo 5º, inciso LVII,[619] o princípio da presunção de inocência, também tratado como princípio da não culpabilidade, figura como o principal direito tratado quando da análise dos provimentos cautelares administrativos.

Inicialmente, deve-se destacar que, na previsão constitucional brasileira, tal direito é exposto, a princípio, para fins penais (o que se conclui pela utilização da expressão "trânsito em julgado de sentença penal condenatória"). Sem embargo, como têm observado a doutrina e a jurisprudência, em realidade a presunção de inocência decorre da própria processualidade, sendo plenamente extensível aos procedimentos administrativos (em especial os de cunho sancionatório). Com a mesma visão já escreveu Romeu Filipe Bacellar Filho, aduzindo que, ao lado de outros princípios, o da presunção de inocência forma o núcleo comum de processualidade, identificável a partir do tecido constitucional. Tratando-se de processo administrativo disciplinar (exercício da atividade sancionatória), demanda-se a rigorosa aplicação do conjunto normativo que compõe o núcleo constitucional comum de processualidade, circunstância que faz incidir a plena aplicação do direito fundamental à presunção de inocência, o qual reclama observância em qualquer processo de cunho sancionador, seja penal ou administrativo, conforme têm reiteradamente sustentado a doutrina e a jurisprudência espanholas.[620]

O princípio da presunção de inocência representa, em amplos termos, a ideia de que qualquer pessoa acusada de ter cometido alguma irregularidade (civil, penal ou administrativa) não poderá ser sancionada antes do fim do processo em que se busca apurar a verdade dos fatos, nem mesmo ser tratada durante o apuratório como se culpada fosse, antes de uma decisão final, em que se tenha sido concedido o contraditório e a ampla defesa. Nota-se, repetindo-se o que foi acima destacado, que o referido princípio é inerente à própria concepção de processo, razão pela qual deve ser aplicado em todas as esferas onde haja alguma forma de acusação.

---

[619] "LVII – ninguém será considerado culpado até o trânsito em julgado de sentença penal condenatória".

[620] BACELLAR FILHO, Romeu Filipe. O direito fundamental à presunção de inocência no processo administrativo disciplinar. *A&C Revista de Direito Administrativo & Constitucional*, Belo Horizonte, Revista de Direito Administrativo e Constitucional - A&C Belo Horizonte, ano 9, nº 37, jul. / set. 2009, p. 16.

Particularmente nos provimentos cautelares havidos em processos administrativos de cunho disciplinar, o que se poderia questionar, em um primeiro instante, é se haveria uma vulneração ao princípio da inocência, já que, antes de um provimento final, é adotada medida que possui em sua essência um caráter de imputação de certa dose de responsabilidade sobre o sujeito.

Mauricio Barajas Villa, ao tratar sobre a suspensão cautelar de servidores públicos do cargo, declara que tal medida impacta necessariamente sobre os direitos fundamentais da presunção da inocência e da dignidade, fazendo-se mister, portanto, um forte fundamento para legitimar o uso desse provimento.[621]

A questão primeira que se faz importante abordar é se há de fato uma incondicional vulneração ao princípio da inocência na tomada dessa medida provisional, ou se, pelo contrário, desde que realizada em parâmetros legais e razoáveis, o provimento cautelar não afetaria o âmbito de proteção daquele princípio.

Como tratado por Gilmar Ferreira Mendes e Paulo Gonet Branco, "o princípio da não culpabilidade não obsta a que o legislador adote determinadas medidas de caráter cautelar, seja em relação à própria liberdade do eventual investigado ou denunciado, seja em relação a seus bens e pertences". No entanto, sempre que essa providência ou restrição importar na antecipação de um provimento condenatório, não será válida aludida medida.[622]

Conclui-se, então, que haverá vulneração ao princípio da inocência sempre que o provimento cautelar possuir, ainda que indiretamente, natureza de antecipação da sanção[623] a ser aplicada. Nesses termos,

---

[621] BARAJAS VILLA, Mauricio. Proporcionalidad en la suspensión temporal del juzgador federal en el procedimiento administrativo disciplinario. *Revista del instituto de la judicatura federal*. México, nº 34, 2012, p. 54.

[622] MENDES, Gilmar Ferreira; BRANCO, Paulo Gustavo Gonet. *Curso de direito constitucional*. 7. ed. São Paulo: Saraiva, 2012, p. 599.

[623] A ilegalidade da aplicação de uma medida provisional administrativa como sanção se evidencia justamente por possuírem ambos os institutos natureza jurídica diversa (consequentemente, regimes jurídicos diversos), em que pese sua aptidão de implicar possíveis danos aos sujeitos. É nesse sentido a exposição de María Lourdes Ramírez Torrado: *"De manera que muchas de las medidas que pueden ser adoptadas por las autoridades administrativas implican una carga para el individuo, pero ello no es un indicador de que se trate del ejercicio del poder punitivo sobre él. Como lo explica Nieto García, en el ordenamiento jurídico existen diversas consecuencias jurídicas muy similares a la sanción administrativa, que se rigen por diversos regímenes jurídicos; es el caso de las multas coercitivas, la responsabilidad civil, medidas provisionales, medidas que afectan la eficacia de los títulos jurídicos otorgados por la misma Administración*◦ (La sanción administrativa y su diferencia con otras medidas que imponen carga a los administrados en el contexto español. *Revista de Derecho*, Barranquilla,

verifica-se ementa construída pelo Tribunal de Justiça do Estado do Ceará, na qual, não obstante não se tenha tratado expressamente acerca da não culpabilidade, decidiu-se pela responsabilidade da Administração pela adoção de medida provisional de afastamento de servidor público, que se mostrou superior à própria sanção final aplicada de suspensão das funções, tendo declarado que "o afastamento da autora de suas funções por período superior à própria pena que lhe fora aplicada ao final do processo administrativo disciplinar enseja danos morais passíveis de reparação".[624]

Ora, um provimento cautelar que figure mais gravoso que a sanção propriamente dita aplicada ao final constitui, em realidade, uma verdadeira penalidade, afligindo, assim, além da própria proporcionalidade, o direito à presunção de inocência, já que o provimento provisional se deu antes do devido fim do processo administrativo.

Acrescente-se ainda, e dessa vez invocando expressamente o princípio da presunção de inocência, o caso julgado pelo Tribunal de Justiça do Paraná, onde um servidor público pleiteava indenização decorrente de uma série de ilegalidades levadas a efeito pelo Estado, em particular a sua suspensão cautelar sem o recebimento da remuneração, ocasião em que a Corte de Justiça se pronunciou atestando que "(...) o servidor é afastado única e exclusivamente em respeito ao interesse da Administração, não podendo ser prejudicado enquanto não houver decisão definitiva acerca de sua eventual responsabilidade sobre os fatos apurados" e concluiu que "a redução dos vencimentos importaria em antecipação de penalidade, o que levaria à violação do princípio da presunção de inocência".[625]

Em consonância com o apresentado até o momento, aponta-se, outrossim, o julgamento de ação direta de inconstitucionalidade de norma estadual pelo Tribunal de Justiça do Estado do Rio Grande do Sul, na qual se entendeu, em controle abstrato de constitucionalidade, ser constitucional lei estadual do Rio Grande do Sul que previa o afastamento cautelar de agentes da polícia civil durante o trâmite do processo administrativo disciplinar, argumentando que, por não possuir a

---

nº 27, Ene – Jun 2007, p. 278). Da mesma sorte declaram Manuel Rebollo Puig *et al.*: "(...) *la idea más importante y sobre la que se articulan todas las demás es la negación de su carácter sancionador y, en consecuencia, la negativa a aplicarles las reglas y principios de las sanciones*" (*Derecho administrativo sancionador*. 1. ed. Valladolid: Lex Nova, 2010, p. 527).

[624] TJCE; AC 2000.0119.2353-0/1; Segunda Câmara Cível; Rel. Des. Ademar Mendes Bezerra; DJCE 10.11.2008; Pág. 24.

[625] TJPR; ROMS nº 13467-PR – 6ª Turma -DJ de 16.08.04.

medida caráter sancionatório, não ofenderia a presunção de inocência.[626]

Discorrendo também sobre a hipótese do afastamento cautelar do servidor público, Romeu Filipe Bacellar Filho enxerga que haverá violação à presunção de inocência sempre que a medida for tomada sem a devida fundamentação, carente de motivação, apta a demonstrar a necessidade daquela medida como forma de salvaguardar a instrução probatória.[627-628]

Outro ponto-chave abordado pela doutrina sobre a validade ou não dos provimentos cautelares em face da presunção de inocência remete ao respeito à proporcionalidade – argumento esse que, a bem da verdade, é essencial a todas as medidas provisionais administrativas, bem como a todos os atos administrativos em geral, e que já foi tratado de sorte mais completa previamente –, já que *"la compatibilidad entre la medida cautelar de suspensión y el derecho fundamental de presunción de inocencia dependerá del respeto de su razonabilidad para la consecución de la finalidad propuesta, en atención a las circunstancias concurrentes"*.[629]

No ordenamento jurídico brasileiro, em especial na hipótese do afastamento cautelar do servidor público federal previsto na lei nº 8.112/90 (tratada anteriormente), hipótese em que mais se realça um possível embate entre o provimento cautelar e a presunção de inocência, o que se percebe é que agiu bem o legislador ao delinear essa espécie de medida cautelar administrativa, evitando ao máximo possíveis violações à não culpabilidade.

Realmente, ao dispor a referida lei que o afastamento cautelar ocorrerá sem prejuízo da remuneração devida, buscou aquele normativo apartar de forma saliente o provimento cautelar de uma possível

---

[626] Ação Direta de Inconstitucionalidade Nº 70023607989, Tribunal Pleno, Tribunal de Justiça do RS, Relator: Vasco Della Giustina, Julgado em 01.09.2008.

[627] Não é diferente a forma como veem decidindo os Tribunais espanhóis, dando conta Manuel Rebollo Puig et al da STC 24/1999, em que se tratou do afastamento preventivo de agente da Guarda Civil, tendo-se decidido que *"se da una normal compatibilidad de aquel derecho fundamental (presunción de inocencia) y de estas medidas (provisionales) si guardan una proporción razonable con la finalidad que las legitima en relación con las circunstancias determinantes y, además, aparecen suficientemente razonadas en la correspondiente motivación"* (Derecho administrativo sancionador. 1. ed. Valladolid: Lex Nova, 2010, p. 536).

[628] BACELLAR FILHO, Romeu Felipe. O direito fundamental à presunção de inocência no processo administrativo disciplinar. *A&C Revista de Direito Administrativo & Constitucional*, Belo Horizonte, Revista de Direito Administrativo e Constitucional - A&C Belo Horizonte, ano 9, nº 37, jul. / set. 2009 ano 9, nº 37, jul./set. 2009, p. 41.

[629] BARAJAS VILLA, Mauricio. Proporcionalidad en la suspensión temporal del juzgador federal en el procedimiento administrativo disciplinario. *Revista del instituto de la judicatura federal*. México, nº 34, 2012, p. 57.

sanção. Afinal, se não há perda do recebimento dos valores devidos,[630] pelo menos nesse aspecto não estaria sendo o servidor punido, o que não ocorreria na aplicação da pena de suspensão temporária das funções. Sob esse ponto, inclusive, a jurisprudência brasileira é repleta de decisões nas quais se decretou a responsabilidade do Estado pelo não pagamento da remuneração devida no período do afastamento. Confira-se:

> (...) *O servidor público pode ser afastado cautelarmente de suas funções para que a Administração Pública apure as irregularidades de que tiver ciência, mas tem direito em continuar percebendo sua remuneração enquanto aguarda a conclusão do Processo Administrativo Disciplinar.*
> 5. Não tendo sido concluído o Processo Administrativo Disciplinar, e tendo sido reintegrado ao serviço público, o servidor faz jus a receber a remuneração do período de afastamento como se estivesse em atividade (vencimentos, adicional de tempo de serviço, GAE, gratificações natalinas, férias acrescidas de 1/3 e demais vantagens), exceto o pagamento do auxílio-alimentação, que não é estendido ao servidor em disponibilidade.[631]

Da mesma maneira, ao impor um limite temporal ao período de suspensão (120 dias no total), também se precaveu o legislador infraconstitucional para não agir de forma desproporcional, de modo a violar a presunção de inocência (o que seria diferente caso a medida pudesse durar por anos ou qualquer outro período que se mostrasse desarrazoado). A respeito, confira-se:

> Administrativo. Processo Administrativo Disciplinar. Afastamento preventivo (art. 147 da Lei nº 8.112/90). Ilegalidade na extrapolação do prazo. O prazo de sessenta dias, prorrogável por igual período, previsto no art. 147, da Lei nº 8.112/90, não pode ser extrapolado, sob pena de

---

[630] Eduardo Míguez Ben entende que, mesmo havendo a previsão legal da perda da remuneração, ainda assim não haveria ofensa à presunção de inocência, desde que seu uso não fosse imotivado e indiscriminado. Diz o autor: "(...) *creo que la facultad de suspender provisionalmente de empleo y sueldo a sus funcionarios por parte de la Administración pública con motivo de la tramitación de un expediente disciplinario no atenta necesariamente contra la proclamación constitucional de la presunción de inocencia, siempre y cuando las normas no permitan su generalización, o su uso indiscriminado o inmotivado, cada vez que se incoa un expediente disciplinario*" (Suspensión provisional del funcionario versus presunción de inocencia: última jurisprudencia. *Revista de Administración Pública*, nº 108, Sep./Dic. 1985, p. 252).

[631] TRF 1ª R.; AC 2000.33.00.004334-1; BA; Primeira Turma; Rel. Juiz Fed. Miguel Angelo de Alvarenga Lopes; Julg. 26.09.2007; DJU 22.10.2007; Pág. 11.

tornar-se abusivo o afastamento, passando a constituir ilegalidade corrigível por via mandado de segurança.[632]

Ainda sobre essa questão, e talvez mais importante, cabe abordar o cuidado do legislador em prever que o afastamento do servidor devesse ocorrer quando este pudesse influir na apuração da irregularidade disciplinar. Ou seja, o afastamento cautelar não decorre necessariamente da existência de indícios de culpabilidade – o que poderia arranhar eventualmente a presunção de inocência –, mas sim da necessidade de se manter a ordem processual administrativa sem tumultos e obstáculos que atrapalhem a resolução final da questão.[633] Como já dito, há quem entenda que até mesmo servidor que não esteja respondendo ao procedimento administrativo é passível de sofrer os efeitos daquela medida cautelar.

Justamente pelo cuidado conferido pelo legislador federal ao instrumento cautelar disciplinar acima mencionado, a jurisprudência brasileira dificilmente aborda a questão da não culpabilidade quando se defronta com aquelas medidas provisionais administrativas – especialmente porque houve uma blindagem daquele dispositivo de modo a não adentrar o âmbito de proteção da não culpabilidade –, somente declarando a responsabilidade do Estado por seu uso em desrespeito aos parâmetros legais, que eventualmente vêm a violar outros direitos fundamentais.

Ainda que abordando outra realidade, a síntese apresentada por Manuel Rebollo Puig *et al.* no que se refere à dinâmica espanhola entre os provimentos cautelares e a presunção de inocência em muito se aproxima da conclusão a que acima se chegou. Confira-se:

> *En suma, lo que de toda esta jurisprudencia se deduce es que si las medidas provisionales se adoptan con los requisitos legales no vulneran la presunción de inocencia; pero que si no se respetan tales requisitos, las medidas no séran sólo ilegales sino, además, contrarias al derecho fundamental a la presunción de inocencia.*[634]

---

[632] TRF 4ª Reg., Rel. Des. Fed. Luiz Carlos de Castro Lagon, REO nº 9504534317/PR, 4– T., DJ de 19.5.1999, p. 651.

[633] "O escopo do dispositivo é claro, e expressamente declarado: evitar que o servidor influencie, de alguma forma, na apuração da irregularidade" (BACELLAR FILHO, Romeu Filipe. O direito fundamental à presunção de inocência no processo administrativo disciplinar. *A&C Revista de Direito Administrativo & Constitucional*, ano 9, nº 37, jul. / set. 2009, p. 40).

[634] REBOLLO PUIG, Manuel *et al. Derecho administrativo sancionador*. 1. ed. Valladolid: Lex Nova, 2010, p. 538.

A nosso juízo, entendemos que não há vulneração ao princípio da presunção de inocência quando se aplica, nos limites legais, a medida cautelar administrativa disposta no estatuto dos servidores públicos federais, porquanto, nos termos delineados pelo legislador, sua incidência acaba não adentrando o âmbito de proteção daquele princípio, o que não significa dizer que eventuais excessos não tenham o condão de arranhá-lo, ensejando eventualmente indenização a ser paga pelo Estado.

Embora se tenha focado nas medidas provisionais ocorridas no curso de processos administrativos disciplinares, nos quais o debate ao redor da presunção de inocência remanesce mais evidente, as considerações podem ser tranquilamente ampliadas aos demais provimentos acautelatórios administrativos. Apreensão de mercadorias, interdição de estabelecimentos, indisponibilidade de bens, entre outros, desde que tenham limites claros, temporais e, em termos de proporcionalidade, não configurem adiantamento de sanções, não se prestam a vulnerar o aludido direito fundamental.

4.2.2 Honra

A honra, reconhecida no Direito pátrio como direito fundamental (artigo 5º, inciso X, da CF) e direito da personalidade (artigo 20 do Código Civil),[635] manifesta-se, conforme doutrina ressonante, de duas formas distintas. Tem-se a chamada honra-objetiva, que corresponde à reputação da pessoa, a fama que possui no âmbito social, e também a honra-subjetiva,[636] representando o sentimento pessoal de estima ou a autoconsciência de sua dignidade.[637]

Ainda que a honra seja considerada classicamente como um sentimento pessoal e humano, hoje em dia a doutrina e jurisprudência brasileira já admitem a violação da honra das pessoas jurídicas ou entes morais, desde que, é claro, refira-se exclusivamente à modalidade de honra-objetiva, entendida como sendo sua reputação no meio

---

[635] A proteção à honra encontra-se também prevista no plano internacional, a exemplo do Pacto de São José da Costa Rica, que dispõe em seu artigo 11 que 'Toda pessoa tem direito ao respeito de sua honra e ao reconhecimento de sua dignidade".

[636] No mesmo sentido, confira-se CRUZ-COKE OSSA, Carlos. *Instituciones políticas y el derecho constitucional*. Santiago del Chile: Ediciones Universidad Finis Terrae, 2009, p. 398-400.

[637] GAGLIANO, Pablo Stolze; PAMPLONA FILHO, Rodolfo. *Novo curso de direito civil* – parte geral. 10. ed. São Paulo: Saraiva, 2008, p. 173.

empresarial e social. Nesses termos são a Súmula nº 227 do Superior Tribunal de Justiça ("A pessoa jurídica pode sofrer dano moral") e o próprio artigo 52 do Código Civil ("Aplica-se às pessoas jurídicas, no que couber, a proteção dos direitos da personalidade"), que reconhecem os direitos da personalidade às pessoas jurídicas, desde que compatíveis com sua natureza.

A necessidade de se preservar a honra põe-se de maneira tão relevante no ordenamento jurídico brasileiro, que houve, inclusive, a tutela penal deste bem jurídico – sempre entendida como *ultima ratio* –, tendo o legislador aberto um inteiro capítulo no Código Penal para disciplinar os chamados "crimes contra a honra", criando os tipos penais de calúnia, difamação e injúria.

A possível violação à honra do sujeito na esfera civil é passível de ser observada no uso de qualquer medida cautelar administrativa, mas, em especial, no curso dos processos administrativos disciplinares. Não é possível vislumbrar, pelo menos em tese, uma fragilização daquele direito fundamental quando um servidor público é afastado de suas funções? Não haveria uma estigmatização do servidor no próprio ambiente de trabalho, bem como perante a sociedade? A imagem daquele sujeito não restaria vinculada, independentemente do provimento final, à ideia de uma conduta irregular? Em resposta a todos esses questionamentos – que, a bem da verdade, mostram-se retóricos –, entendemos, em regra, que sim.

Em sintonia com o que aqui se defende, Mauricio Barajas Villa também discorreu que não se pode duvidar que, de uma ou outra maneira, a suspensão temporal do cargo como medida provisional afeta a honra, o nome e a imagem do suposto infrator. Ninguém pode se sentir alheio ao agravo provocado por uma medida dessa natureza, por mais cautelar que ela se mostre, razão pela qual a proporcionalidade há de ser a tônica para justificar o seu uso de maneira racional e jurídica.[638]

Há Tribunais, no entanto, que se posicionam de forma diversa, enxergando que situações iguais às narradas consistiriam, a princípio, em um simples aborrecimento[639] inerente ao próprio processo

---

[638] BARAJAS VILLA, Mauricio. Proporcionalidad en la suspensión temporal del juzgador federal en el procedimiento administrativo disciplinario. *Revista del instituto de la judicatura federal*. México, nº 34, 2012, p. 58.

[639] Indo mais além, em uma visão estritamente patrimonialista, com a qual não concordamos, Mauro Roberto Gomes de Mattos expõe que o afastamento cautelar indevido corresponderia a uma vantagem laboral ao servidor afastado, escrevendo o autor que "se o agente público não interfere nos trabalhos, o seu afastamento liminar possui o condão

administrativo disciplinar. Com essa visão, por exemplo, se manifestou o Relator da Apelação nº 0003897-46.2006.8.26.0642, em trâmite no Tribunal de Justiça do Estado de São Paulo, o qual, ao apreciar o afastamento cautelar de servidor que respondia a um processo disciplinar, consignou que a submissão do servidor a processo administrativo disciplinar, assim como seus consectários (eventual demissão, inclusive), é mero e singelo dissabor, ínsito à sua peculiar situação, que não escapa ao que se poderia denominar de revés previsível e que, por conseguinte, não enseja dano moral.[640-641]

A invocação dos argumentos acima parece ter tido como fim exclusivo afastar a responsabilidade estatal em decorrência do provimento cautelar, retirando assim o elemento da anormalidade do dano gerado. No entanto, entendemos que seria possível decretar a não responsabilização da Administração Pública no caso concreto, sem que isso implicasse considerar que aquela situação tenha representado "mero e singelo dissabor".

De fato, a não responsabilização estatal poderia ter sido decretada em razão da legalidade do provimento provisional em conjunto com a circunstância de que o risco fora gerado pelo próprio servidor público – o que, como visto diversas vezes acima, acaba sendo um dos pontos-chave para observar a responsabilização ou não do Estado. O perigo em considerar situações tais como meros aborrecimentos consiste em esvaziar o conteúdo de importantes direitos fundamentais, passando-se a enxergar que a atuação da Administração quase sempre acarreta somente pequenos contratempos, ainda que esses se refiram a questões diretamente ligadas à dignidade da pessoa humana.

O equívoco neste entendimento parece-nos repousar na compreensão estanque de que, havendo lesão ou restrição a algum direito, invariavelmente deve haver indenização por parte do Estado, por estar

---

de conferir férias ao investigado, que deixa de trabalhar e ao final do mês recebe os seus vencimentos integrais, em igualdade de condições com o agente público que trabalha normalmente" (*Lei nº 8.112/90 interpretada*. 3. ed. Rio de Janeiro: América Jurídica, 2006, p. 90).

[640] TJSP; APL 0003897-46.2006.8.26.0642; Ac. 5485604; Ubatuba; Nona Câmara de Direito Público; Rel. Des. Sérgio Gomes; Julg. 19.10.2011; DJESP 23.11.2011.

[641] Da mesma forma, o Tribunal de Justiça do Estado de Sergipe: "APELAÇÃO CÍVEL. Ação anulatória de ato administrativo c/c indenização por danos morais e materiais. Suspensão das atividades laborais de servidor concursado. Retorno aos quadros do município com pagamento dos vencimentos relativos ao período do afastamento. *Não configuração do dano moral. Mero dissabor.* Parcial provimento do apelo. Unânime. (TJSE; AC 2008209177; Ac. 6184/2008; Primeira Câmara Cível; Rel. Des. Roberto Eugenio da Fonseca Porto; DJSE 01.09.2008; Pág. 10)".

em jogo a modalidade da responsabilidade objetiva. Ocorre que, enquanto o dano é elemento imprescindível para que se possa falar em responsabilidade, não se trata de pressuposto único e exclusivo. Assim, nem sempre quando se está diante de uma lesão a algum direito, será cabível falar em responsabilidade do Estado, devendo haver, além da análise de eventuais excludentes de responsabilidade, a análise da imputação e também, a depender do caso, a ponderação entre os interesses postos em jogo.

No entanto, o Judiciário brasileiro também se mostra sensível à apreciação da lesão à honra quando o afastamento cautelar se mostra irregular, tal qual se verifica da exemplificativa ementa do Tribunal de Justiça do Estado do Rio Grande do Sul abaixo colacionada:

> (...) O simples afastamento das funções já implica em reconhecer que houve penalidade administrativa, aplicada sem o devido processo legal e sem a possibilidade de defesa, ao alvedrio da administração municipal. Ademais, verifica-se da análise da prova testemunhal que o autor não só foi afastado das suas funções e encaminhado para trabalho interno, mas teve que cumprir seu horário de expediente sem nada fazer, porquanto não lhe foi designada nenhuma atividade, ficando dentro da sala central da guarda e só podendo sair mediante autorização. *4. É perfeitamente passível de ressarcimento o dano moral causado no caso em exame, uma vez que o autor foi afastado indevidamente do desempenho de suas funções, bem como foi impedido de exercer seu direito de defesa, o que por certo atingiu o âmago de sua personalidade, com repercussão de ordem moral, repercutindo em sua honorabilidade e imagem frente à sociedade que integra.* 5. No que tange à prova do dano moral, por se tratar de lesão imaterial, desnecessária a demonstração do prejuízo, na medida em que possui natureza compensatória, minimizando de forma indireta as consequências da conduta dos demandados, decorrendo aquele do próprio fato. Conduta ilícita do demandado que faz presumir os prejuízos alegados pela parte autora, é o denominado dano moral puro. 6. O valor da indenização a título de dano moral deve levar em conta questões fáticas, como as condições econômicas do ofendido e dos ofensores, a extensão do prejuízo, além quantificação da culpa daquele, a fim de que não importe em ganho desmesurado. Quantum mantido. 7. Manutenção da verba honorária fixada no juízo a quo, pois remunera apropriadamente o trabalho realizado pelo patrono do demandante. Negado provimento aos recursos.[642]

---

[642] TJRS; AC 379451-45.2010.8.21.7000; Caxias do Sul; Quinta Câmara Cível; Rel. Des. Jorge Luiz Lopes do Canto; Julg. 15.12.2010; DJERS 12.01.2011.

Ainda no que concerne ao afastamento do servidor público, deve-se fazer uma pequena ressalva, especialmente no que concerne à honra do funcionário.

Como dito alhures, defende-se aqui que tal medida possui o condão, em tese, de vulnerar o direito à honra, gerando uma mácula na figura do servidor afastado cautelarmente (o que não implica dizer, necessariamente, que caberia o pagamento de indenização por parte do Estado). Sem embargo, em situações excepcionais seria possível vislumbrar uma configuração diametralmente oposta, é dizer, o afastamento geraria menos danos à honra do que sua manutenção no serviço durante o curso do procedimento administrativo disciplinar. Pode-se cogitar a hipótese em que a permanência no exercício da função acarretasse, justamente por estar respondendo a um processo administrativo, abusos vexatórios por parte da chefia, verdadeiro caso de assédio moral, ou ainda, em casos graves, a disseminação por parte dos colegas de novos elementos constrangedores, muitas vezes até inverídicos. Ou seja, embora o que se narrou constitua situação que foge à regra, conforme nosso posicionamento, deve-se apreciar o caso concreto para se apurar qual das medidas melhor preserva a honra do agente público – o seu afastamento ou sua manutenção no exercício das funções.

Perfilhando esse entendimento, já se manifestou o Supremo Tribunal Federal no julgamento do Mandado de Segurança nº 23.187, de relatoria do Ministro Eros Grau, decidido em 27.05.2010, no qual se consignou que a medida cautelar de afastamento prevista na Lei nº 8.112/90 pode também resguardar "a integridade do servidor público durante as investigações, impedindo a disseminação de outros fatos quanto à sua conduta, em prejuízo de seu desempenho e desenvolvimento profissional".

Outra situação apreciada pelo Poder Judiciário, não mais envolvendo o regime disciplinar, diz respeito ao caso de interdição cautelar de estabelecimento e/ou apreensão de mercadorias por órgãos de fiscalização sanitária, havendo a consequente divulgação dos fatos pela imprensa. Aqui, em diversas ocasiões os Tribunais se manifestaram pela irresponsabilidade da Administração, sob o argumento de que o causador real da divulgação dos fatos pela imprensa[643] teria sido o

---

[643] A divulgação de fatos de interesse público, por meio dos instrumentos da imprensa, desde que verídicos, é considerado pela doutrina civilista, em regra, como fato não ensejador de responsabilidade. É o que demonstram Cristiano Chaves de Farias e Nelson Rosenvald: "Não caracteriza violação à honra, no entanto, a difusão de fato que diz respeito ao interesse público, como a apuração de fatos criminosos, quando verdadeiros" (*Direito civil – teoria geral*. 8. ed. Rio de Janeiro: Lumen Juris, 2009, p. 199).

particular que incorreu em irregularidades, não podendo o Estado se abster de informar à população sobre os riscos (ainda que se trate inicialmente de probabilidades aparentes) daquele estabelecimento e/ou mercadorias à saúde pública, constituindo um verdadeiro dever-poder administrativo. Nesses termos, *vide* julgado do Tribunal de Justiça do Estado de São Paulo:

> Responsabilidade civil do Estado. Danos materiais e morais. Laboratório clandestino interditado pela Vigilância Sanitária Estadual Empresa idônea que não seria a proprietária daquele estabelecimento. Ampla divulgação pela imprensa atribuída aos agentes da vigilância sanitária. Nos casos de culpa exclusiva da vitima, o Poder Público não pode ser responsabilizado. Ausência de nexo de causalidade para responsabilizar o Estado. Ação improcedente. Recurso improvido.[644]

Em diferente hipótese, deparou-se o mesmo Tribunal de Justiça com uma situação de medida cautelar administrativa de apreensão de produtos alimentícios (palmitos) pela Vigilância Sanitária. Em exame preliminar, constatou-se que uma consumidora do referido alimento havia contraído botulismo após ingeri-lo, porém, posteriormente, durante o curso do procedimento administrativo, novos exames técnicos foram realizados e se apurou a não existência daquela toxina botulínica nos produtos apreendidos. Diante desse caso, declarou aquela Corte de Justiça que:

> À luz dos requisitos da responsabilidade civil do Estado por ação, reputo falecer a pretensão na acurada análise da conduta, porque até onde se delineia as provas do feito, o ato lícito que serve de azo ao prejuízo não é qualificado para fins de obrigar indenização. Em que pese o respeito pelos prejuízos experimentados pela autora, pensar o contrário, acirrando ainda mais os ânimos não traria melhor solução, porque atribuindo ao Estado onisciência e onipresença na busca intransigente dos direitos, implicaria a se criar entre nós um Estado Omisso, que passaria apenas a informar os perigos que tiver conhecimento apenas depois de exaustivos exames, o que colocaria em risco a auto-executividade e a imediatidade necessária ao Poder de Polícia em hipóteses como a tratada nos autos. Entendo que as medidas normais e padrão de seguranças tomadas pela autoridade em laudo preliminar, justificaram o release oficial. A incongruência apontada nos demais laudos mais serve para infirmar quaisquer sanções aplicadas

---

[644] TJSP; APELAÇÃO CÍVEL nº 146.320.5/4-00, Comarca de SÃO PAULO, Oitava Câmara de Direito Público, Relator José Santana, julgado em 26 de outubro de 2005.

contra a autora, restabelecendo sua atividade na íntegra, do que para impingir a injustiça e inidoneidade da conduta. Não se trata aqui de subestimar as perdas e a grave situação enfrentada pela autora. A responsabilidade só cabe a quem de direito. O prejuízo experimentado causado pelo Estado não merece indenização moral, porque alheio a qualquer perseguição, fruto, evidente assim, do delicado equilíbrio entre o supremo interesse público e a subordinação das atividades privadas em prol da coletividade.[645]

A situação ora tratada adquire um colorido diferente, pois ao final apurou-se que os produtos apreendidos não possuíam a substância tóxica supostamente ensejadora de sua apreensão cautelar e, mesmo assim, entendeu-se que não cabia responsabilizar a Administração. Aqui se está diante de um caso de perigo aparente – tratado previamente –, mas que, posteriormente, mostrou-se incerto ou indevido,[646] devendo se apurar sobre a quem deve recair o prejuízo desse ocorrido.

Como visto no capítulo 1, um dos pressupostos teóricos para a existência de um poder de cautela no âmbito da Administração Pública diz respeito ao atendimento do interesse público (este analisado diante de situações concretas). Assim sendo, sempre que se invocar uma medida provisional administrativa, o que se estará buscando tutelar, em última instância, é a realização do interesse da coletividade, sendo que, para que seja atingido tal mister, inúmeras vezes haverá um embate entre direitos e interesses das partes envolvidas.

Além disso, não obstante a ocorrência do risco criado pelo prejudicado resolver na maior parte das situações o problema da imputação ou não da responsabilidade à Administração Pública, por se tratar, em regra, de causa excludente, há casos em que não se torna bem delimitada qual conduta gerou a situação de perigo – como no julgado ora abordado –, nem mesmo se apura conduta imprudente por parte do Estado.

Em situações como essa é que se impõe a realização da ponderação entre os direitos tutelados (a proporcionalidade representa

---

[645] TJSP; APL-Rev 220.315.5/0; Ac. 4177341; São Paulo; Terceira Câmara de Direito Público; Rel. Des. Luiz Edmundo Marrey Uint; Julg. 03.11.2009; DJESP 30.11.2009.

[646] Em situações dessa espécie, a doutrina e jurisprudência espanholas têm se posicionado pela licitude da medida, não sendo passível de indenização. Explicam Manuel Rebollo Puig et al: *"En cualquier caso, como la medida provisional se puede basar en los simples indicios que existan en el momento de su adopción, es lícita aunque después se compruebe que los indicios no respondían a la realidad e incluso aunque por ello finalmente no se imponga sanción. A este respecto es esclarecedora la STS de 17 de junio de 2002 (Ar. 7167)"* (*Derecho administrativo sancionador*. 1. ed. Valladolid: Lex Nova, 2010, p. 531).

o instrumento adequado para tal mister), a fim de se verificar quem deveria suportar as consequências das atividades desenvolvidas.

Em casos afins, Gabriel Domenéch Pascual traz à colação, como de costume, uma perspectiva econômica sobre a matéria, entendendo que seria menos vantajoso impor a carga dos danos ao Estado. São suas as conclusões que se seguem:

> *La cuestión es cuál de los dos referidos peligros resulta más grave para los intereses del conjunto de los ciudadanos: el consistente en que los perturbadores del orden público eleven el volumen de su actividad por encima de lo que sería socialmente óptimo y la Administración se inhiba demasiado en defensa de aquél, o el consistente en que aquellos ciudadanos mantengan su actividad peligrosa en un nivel inferior al socialmente deseable y la Administración intervenga demasiado. Parece claro que el primero de los riesgos mentados es peor, por varias razones.*[647]

Foi realizando uma ponderação entre interesses (interesse público, em especial em relação à saúde pública, e a honra do particular) que se posicionou o Tribunal de Justiça do Estado de São Paulo na lide antes mencionada. Percebe-se que não buscou o Tribunal desconsiderar a possível lesão aos direitos do particular prejudicado (como o fez em outra ocasião esta mesma Corte), mas sim reconhecê-la, ponderando, em face das circunstâncias concretamente apresentadas, acerca dos demais direitos e interesses em pauta, a fim de concluir que não seria viável que recaísse sobre o Estado o ônus de suportar o importe patrimonial decorrente da situação.

Na mesma linha apresentada, em ocasião envolvendo a saúde pública, o Desembargador Relator da Apelação nº 642495-1, do Tribunal de Justiça do Estado do Paraná, externou as seguintes considerações:

> Foram encontradas irregularidades no estabelecimento pelo órgão competente, o que torna a medida cautelar de interdição lícita, ainda mais em respeito ao princípio da precaução, conquanto, constatado o dano, não se recupera o bem atingido, diante da irreversibilidade no dano potencial. A precaução não só deve estar presente para impedir o dano à saúde pública, mesmo incerto, que possa resultar das ações ou omissões humanas, como deve atuar para a preservação oportuna desse prejuízo. Evita-se o dano à coletividade, através da preservação no tempo certo. Ora, é dever da Administração aplicar o princípio da

---

[647] DOMENÉCH PASCUAL, Gabriel. Justificación de las indemnizaciones por sacrificios impuestos en la lucha contra epizootias y plagas. *InDret – Revista para el análisis del derecho*, Barcelona, 4, oct. 2011, p. 20-21.

precaução ainda quando existe a incerteza, não se aguardando que esta se torne certeza.

Em diferente julgado, o Tribunal Regional Federal da 5ª Região apreciou caso de apreensão cautelar de embarcação pesqueira, uma vez que fora flagrada em atividade de pesca em região que não estaria abrangida pela autorização que possui, conforme documentação apresentada pelo seu proprietário na ocasião da fiscalização pelos agentes do IBAMA. No entanto, posteriormente apurou-se que aquela documentação fora expedida com dados equivocados (não pelo IBAMA, mas sim por outro ente estatal), tendo direito o proprietário a realizar a pesca naquele local. Contudo, mesmo a par dessa informação, a Administração manteve a constrição do aludido barco. Assim, o Tribunal construiu a ementa que se segue:

> A teoria do risco administrativo, de assento constitucional (art. 37, §6º da CF/88), impõe às pessoas jurídicas de direito público responsabilidade objetiva pelos danos que seus agentes, nessa qualidade, causem a terceiros, sendo necessária apenas a comprovação do dano e do nexo de causalidade entre a ação do agente e o prejuízo suportado pelo terceiro prejudicado. 3. Hipótese em que a atuação dos agentes do IBAMA pautou-se, inicialmente, pela legalidade, pois, quando da apreensão da embarcação "marly ii", o autor não possuía em mãos autorização para pescar no litoral sergipano, mas apenas no litoral pernambucano. Todavia, ao longo do processo administrativo restou comprovado que houve equívoco por parte da secretaria especial da agricultura e pesca, na elaboração do certificado de pesca do autor, consoante explicitado no ofício nº 094/2007. Eepe/as/seap/pr (fls. 69/70), de modo que o autor possuía autorização de pesca extensiva a todo o litoral nordestino. 4. No momento em que a autoridade, diante de documentos hábeis a comprovar a atuação regular do indivíduo, manteve o auto de infração, houve inequívoca falha no exercício do controle de legalidade do ato de apreensão, que causou danos ao autor. 5. Apesar de ter sido oportunizada ao autor a produção de provas, não foram acostadas aos autos provas da efetiva ocorrência de dano moral, ou demonstração dos valores habitualmente recebidos, que respaldem suas alegações, e dêem substrato material para a condenação da autarquia/ré em indenização por danos morais e lucros cessantes, 6. Cabível a condenação por danos materiais, tendo em vista que a apreensão mostrou-se, posteriormente, indevida, e as mercadorias estavam sob a responsabilidade e guarda da autarquia/ré (...).[648]

---

[648] TRF 5ª R.; AC 0003682-80.2009.4.05.8500; SE; Terceira Turma; Rel. Des. Fed. Geraldo Apoliano; Julg. 10/01/2012; DEJF 25.01.2013; Pág. 361.

Esse caso bastante se assemelha ao tratado anteriormente, no qual se estava diante de um risco aparente que ulteriormente se evidenciou ser insubsistente. Entretanto, na presente situação, houve indenização por danos materiais já que, mesmo ciente do equívoco inicial, a Administração Pública insistiu na manutenção do provimento cautelar. Por outro lado, a improcedência da demanda em relação ao dano moral (ocorrera, como de praxe, a divulgação do provimento cautelar pela imprensa, o que teria lesado a honra do particular) se deu no caso em tela exclusivamente em razão do ônus probatório, não tendo o sujeito lesado trazido aos autos elementos de prova suficientes.

Trabalhando-se ainda sobre o caso, mesmo que não tratado de maneira límpida pelo Tribunal, conclui-se que não caberia à Administração responder pela adoção da medida cautelar inicial (antes da ocorrência do excesso), por se estar diante de conduta exclusiva de terceiro, já que a documentação de autorização que acabou sendo o motivo provocador do provimento fora expedida erroneamente por pessoa diversa da autarquia demandada judicialmente, não cabendo imputar a responsabilidade a esta.

4.2.3 Propriedade

Os poucos autores que tratam, na maior parte das vezes de forma extremamente pontual, sobre eventuais lesões a direitos fundamentais ocasionadas por medidas cautelares administrativas, normalmente trabalham, quando muito, sobre a presunção de inocência e a honra (tratadas anteriormente), mas acabam se olvidando do que seja talvez um dos direitos mais antigos assegurados ao homem[649] – mas cujo delineamento e âmbito de proteção têm sofrido inúmeras mudanças ao longo do tempo –, isto é, o direito de propriedade.

O direito de propriedade, como não podia deixar de ser, encontra assento constitucional no Brasil, estando expresso no artigo 5º, inciso XXII, como direito fundamental. O valor da propriedade também aparece em outros dispositivos constitucionais, como os artigos 170,

---

[649] Como aponta José Adércio Leite Sampaio, o direito de propriedade representa uma das matrizes dos próprios direitos fundamentais, sendo que, "de certa maneira, todos os sistemas jurídicos desenvolveram formas de proteção da propriedade, ainda que restasse, ao fim, o poder governamental, senhorial ou comunitário de expropriação em nome do interesse público ou comum" (*Direitos fundamentais:* retórica e historicidade. 2. ed. Belo Horizonte: Del Rey, 2010, p. 138).

inciso II (eleva a propriedade a princípio da ordem econômica), 182, §2º (trata da função social da propriedade urbana), 186 (regramento da função social da propriedade rural) entre outros.

A concepção de propriedade, sob a ótica civilista, pode ser sintetizada pelas lições de Maria Helena Diniz, que a conceitua como sendo "o direito que a pessoa física ou jurídica tem, dentro dos limites normativos, de usar, gozar e dispor de uma coisa corpórea ou incorpórea, bem como de reivindicar de quem injustamente a detenha".[650] De acordo com o conceito *suso* apresentado, conclui-se que a propriedade traz em seu delineamento, como elementos constitutivos, o *jus utendi, jus fruendi, jus disponendi* e *rei vindicatio* (direito de usar, gozar, dispor e reivindicar a coisa).

Nota-se que no uso das medidas cautelares envolvendo a indisponibilidade e a apreensão de bens, embora não haja a completa perda da propriedade, já que o sujeito afetado pela medida detém, pelo menos até o provimento final, a titularidade dos bens, há a vulneração de alguns dos atributos ínsitos à propriedade (em especial o direito de dispor no caso da indisponibilidade e, na ocorrência de apreensão, de praticamente todos os demais). Destarte, conclui Carlos Cruz-Coke Ossa, analisando a Constituição chilena – mas cujas lições são válidas para outros ordenamentos – que *"cualquier atentado que implique privación del derecho de dominio en sí o de cualquiera de suyos atributos o facultades esenciales vulnera la garantía constitucional (...)"*.[651]

A figura da indisponibilidade de bens de maneira cautelar, seja na esfera administrativa, seja na esfera judicial, não possui um regramento geral no ordenamento jurídico brasileiro, estando prevista em leis esparsas e voltada a determinados objetivos específicos.

Aqui, contrariamente à conclusão a que se chegou ao que tange à presunção de inocência, a medida de indisponibilidade administrativa gera restrições ao direito de propriedade, sendo que essa vulneração atinge o âmbito de proteção daquele direito real por excelência.

No entanto, mesmo havendo nítida restrição ao direito de propriedade, quando os Tribunais de deparam com provimentos cautelares ajustados ao Direito, não se tem declarado a responsabilidade estatal.

De fato, mantendo a mesma linha geral adotada na quase totalidade dos casos de responsabilidade da Administração pelo uso de

---

[650] DINIZ, Maria Helena. *Código civil anotado*. 14. ed. São Paulo: Saraiva, 2009, p. 847.

[651] CRUZ-COKE OSSA, Carlos. *Instituciones políticas y el derecho constitucional*. Santiago del Chile: Ediciones Universidad Finis Terrae, 2009, p. 527.

medidas cautelares administrativas, os tribunais brasileiros têm se atido, quase que exclusivamente, à verificação da legalidade do provimento adotado, entendendo que quando essa medida ocorre nos limites estipulados pelo legislador, não há que se falar em responsabilidade estatal.[652] Foi nesses termos a decisão proferida pelo Tribunal Regional Federal da 2ª Região, quando julgou a indisponibilidade administrativa de bens decretada pelo Banco Central do Brasil (BACEN) em face de um dos administradores do extinto banco BANERJ, que se encontrava em processo de liquidação extrajudicial:

> (...) Desta forma, não há que se falar em condenação do BACEN ao pagamento de indenização pelos danos morais e materiais sofridos pelo autor, eis que a indisponibilidade de seus bens decorre de imperativo legal, tendo o réu, ao decretar o Regime de Administração Especial Temporária do BANERJ, e, posteriormente, a liquidação extrajudicial do mesmo, agido consoante determina do art. 1º da Lei 6.024/74 (...)[653]

Aspecto que tem sido apreciado na jurisprudência pátria diz respeito aos bens que são indisponíveis por força de lei, a exemplo dos constantes da Lei nº 8.009/90 (Lei do bem de família),[654] indisponibilidade essa destinada a preservar um patrimônio mínimo,[655] em respeito à dignidade da pessoa humana. Em tais hipóteses, por expresso

---

[652] A doutrina segue nesta mesma linha argumentativa: "(...) se dessume que a atividade do Estado ao determinar a interdição de prédios, a cessação de atividade comercial ou o fechamento de estabelecimentos em razão do seu poder de polícia é lícita e permitida e, portanto, não indenizável" (STOCCO, Rui. *Tratado de responsabilidade civil*: responsabilidade civil e sua interpretação doutrinária e jurisprudencial. 5. ed. São Paulo: Editora Revista dos Tribunais, 2001, p. 774).

[653] TRF 2ª R.; EI 0014384-67.1998.4.02.5101; Terceira Seção Especializada; Rel. Des. Fed. Poul Erik Dyrlund; Julg. 16.06.2011; DEJF 07.07.2011; Pág. 24.

[654] Sobre o bem de família, o Superior Tribunal de Justiça já se posicionou pela viabilidade de sua indisponibilidade em ações judiciais de improbidade administrativa, ao argumento de que não há expropriação do bem nesse caso: "(...) 5. *A fortiori*, o eventual caráter de bem de família dos imóveis nada interfere na determinação de sua indisponibilidade. Não se trata de penhora, mas, ao contrário, de impossibilidade de alienação, morbemente porque a Lei nº 8.009/90 visa a resguardar o lugar onde se estabelece o lar, impedindo a alienação do bem onde se estabelece a residência familiar. No caso, o perigo de alienação, para o agravante, não existe. Ao contrário, a indisponibilidade objetiva justamente impedir que o imóvel seja alienado e, caso seja julgado procedente o pedido formulado contra o agravante na ação de improbidade, assegurar o ressarcimento dos danos que porventura tenham sido causados ao erário (...)" (STJ; Primeira Turma; REsp 806301 / PR; Rel. Felix Fisher; 03.03.2008).

[655] A tese do patrimônio mínimo, desenvolvida no Brasil por Luiz Edson Fachin, representa uma repersonalização do direito privado, significando o dever de garantir aos sujeitos um mínimo de direitos patrimoniais, para que se possa viver de maneira digna.

mandamento legal, há manifestações no sentido de que não pode o provimento cautelar administrativo recair sobre aludidos bens:

ANS. DIREÇÃO FISCAL. INDISPONIBILIDADE DOS BENS. CONTA CORRENTE. VERBA ALIMENTAR. DESBLOQUEIO. DANOS MORAIS. INEXISTÊNCIA. 1. É legal o ato administrativo que determina a indisponibilidade de bens, na forma do artigo 24 – A, §1º da Lei nº 9.656/98. A Lei é clara: os administradores das operadoras de planos privados de assistência à saúde em regime de direção fiscal ficarão com os seus bens indisponíveis, não podendo, por qualquer forma, direta ou indireta, aliená-los ou onerá-los, até a apuração e liquidação final de suas responsabilidades. Do contrário, não teria efeito a medida acautelatória que visa a amenizar a insuficiência das garantias do equilíbrio financeiro e as anormalidades econômicas e administrativas. *2. Noutro giro, merece prosperar o pedido de cancelamento da indisponibilidade da conta corrente em que depositados os reembolsos, a título de honorários profissionais. Consoante dispõem os artigos 649, inciso IV do CPC e 24 – A, §4º da Lei nº 9.656/98, tais valores constituem verba de caráter alimentar, insuscetíveis de ser atingidos pela indisponibilidade.* 3. Descabido o pleito relativo a danos morais, já que inexistente qualquer fagulha de ilegalidade na conduta da ANS. 4. Apelo parcialmente provido, tão somente para desbloquear a c/c nº 0034937-2, agência nº 0394, Banco Bradesco, de titularidade do autor.[656]

Questão que ainda não foi ventilada de maneira muito clara nas decisões brasileiras diz respeito à possível indenização quando se verifica, ao final, que houve excesso dos bens indisponibilizados em relação ao *quantum* devido pelo sujeito.

Se é certo que os Tribunais se manifestam pela necessidade da correspondência do valor da indisponibilidade dos bens em relação ao valor a ser ressarcido ao erário,[657] bem como aceitam eventualmente,

---

[656] TRF 5ª R.; AC 0003682-80.2009.4.05.8500; SE; Terceira Turma; Rel. Des. Fed. Geraldo Apoliano; Julg. 10.01.2012; DEJF 25.01.2013; Pág. 361.

[657] "PROCESSUAL CIVIL. AGRAVO DE INSTRUMENTO. IMPROBIDADE ADMINISTRATIVA. INDISPONIBILIDADE DE BENS. DECRETAÇÃO. RAZOABILIDADE E PROPORCIONALIDADE. LIMITAÇÃO DA MEDIDA CONSTRITIVA AO DANO CAUSADO AO ERÁRIO. LIBERAÇÃO DOS BENS INDISPONIBILIZADOS EM EXCESSO. 1. A indisponibilidade de bens deve ser sempre limitada aos bens suficientes para garantir o efetivo ressarcimento ao Erário, demonstrada, concretamente, o *periculum in mora* (AG 2009.01.00.027874-3/BA, Rel. Juiz Tourinho Neto, Terceira Turma, e-DJF1 p. 1637 de 04.09.2009). 2. Não se mostra razoável a decretação da indisponibilidade de bens em montante superior ao dano causado ao erário, motivo pelo qual deve ser liberada a parcela do patrimônio bloqueada em excesso. 3. Agravo de instrumento desprovido" (TRF-1 – AG: 5505 MG 0005505-21.2011.4.01.0000, Relator: DESEMBARGADOR FEDERAL CARLOS OLAVO, Data de Julgamento: 19.07.2011, TERCEIRA TURMA, Data de Publicação: e-DJF1 p. 67 de 29.07.2011).

em especial em ações judiciais de improbidade administrativa, que se some àquele valor o montante das multas a serem aplicadas,[658] também é correto apontar que não chegaram às Cortes do país ações de responsabilização quando, ao final, o montante que foi objeto da indisponibilidade ultrapassava consideravelmente o valor a ser pago.

Em hipóteses tais, em que pese a ausência de manifestações judiciais, deve-se adotar o entendimento geral já exposto previamente, fazendo-se uma distinção em relação a duas possíveis situações.

Se a indisponibilidade a maior ocorreu em razão de condutas dos sujeitos proprietários dos bens e direitos constritos (leia-se, conduta exclusiva da vítima), por ter sido o causador do chamado "perigo aparente", não se deve declarar a responsabilidade da Administração Pública. Por outro lado, tendo o excesso na restrição patrimonial sido gerado por uma atuação exclusiva ou preponderante da Administração, não tendo o sujeito contribuído para a falsa aparência de risco, por certo que a primeira deve ser responsabilizada.

Confirmando o que foi acima aduzido, não tratando especificamente da indisponibilidade dos bens, mas sim da apreensão cautelar[659] de mercadorias durante fiscalização sanitária, o Superior Tribunal de Justiça manteve a decisão proferida pelo Tribunal de Justiça do Estado do Rio Grande do Sul, que reconheceu a responsabilidade estatal por ter havido excesso na medida de apreensão, abarcando mais mercadorias do que as que indicavam possuir irregularidades sanitárias. É o que se extrai do seguinte trecho presente no julgado:

> A Corte de origem reputou abusiva a conduta estatal na medida em que rompeu com o equilíbrio entre os interesses individuais e sociais, o que ensejou a precipitação da falência da sociedade, máxime quando a interdição total do estabelecimento não era a única alternativa

---

[658] "(...) Oportuno notar que é pacífico nesta Corte Superior entendimento segundo o qual a indisponibilidade de bens deve recair sobre o patrimônio dos réus em ação de improbidade administrativa de modo suficiente a garantir o integral ressarcimento de eventual prejuízo ao erário, levando-se em consideração, ainda, o valor de possível multa civil como sanção autônoma. (...)" (STJ; RESP 1.319.515 – ES; Rel. Napoleão Nunes Maia Filho; 22 ago. 2012).

[659] Mesmo que se refira a uma próxima etapa da medida cautelar em si, cumpre mencionar que, em regra, o bem apreendido fica sob a guarda da Administração Pública, devendo ela zelar pela conservação do bem. Destarte, Youssef Said Cahali denota que, "independente da causa de apreensão dos bens ou objetos, desde que realizada, a autoridade administrativa torna-se depositária daqueles, responsável, assim pela sua guarda e conservação, respondendo, em razão disso, o Estado pelos prejuízos decorrentes de seu desaparecimento ou sua danificação" (*Responsabilidade civil do Estado*. 3. ed. São Paulo: Editora Revista dos Tribunais, 2007, p. 313).

proporcionada pela legislação. A medida cautelar poderia apreender tão-somente os pacotes suspeitos de contaminação, tal como prevê o art. 2º, III, da lei nº 6.437/77, já que o rol de penalidades é amplo. A própria interdição pode ser promovida parcialmente, como indica o art. 2º, VIII, da lei nº 6.437/77, ainda mais quando se trata de caso em que apenas três pessoas apresentaram sintomas de contaminação, não se configurando a toda a evidência um surto. Acrescento também que o documento de fl. 143, produzido pela Secretaria da Saúde e do Meio Ambiente, fala apenas de intoxicação por consumo de biscoitos Pérola, nada referindo sobre os demais produtos produzidos pela empresa.[660]

Ainda no que se refere ao excesso envolvendo provimentos cautelares em relação à propriedade privada, decidiu o Tribunal de Justiça do Estado do Paraná que seria cabível o pagamento de indenização por danos morais pelo Estado por ter extrapolado o prazo legal[661] da interdição de um estabelecimento decorrente da verificação de irregularidades sanitárias.[662]

4.2.4 Devido processo legal

Foi abordado anteriormente que as medidas cautelares aqui estudadas tomam espaço no bojo da atividade administrativa, sendo

---

[660] STJ; REsp 945073/RS; Ac. 2007/0091903-1; Primeira Turma; Relator: Luiz Fux; Julgamento: 04.01.2008; Publicação: 27.11.2008.

[661] Do mesmo modo, em relação ao excesso de prazo no tocante à indisponibilidade cautelar dos bens, já se decidiu: "(...) A indisponibilidade de bens é medida cautelar de natureza preventiva, cujo objetivo é assegurar a recomposição dos danos porventura apurados ao final de procedimento instaurado para identificar a responsabilidade pelos atos que ensejaram a liquidação extrajudicial da sociedade. Decorre do ato que decretar a direção fiscal ou a liquidação extrajudicial e atinge todos aqueles que tenham estado no exercício de funções administrativas nos doze meses anteriores ao mesmo ato. 5. *In casu*, observa-se que, através da Resolução Operacional. RO nº 239, de 10/02/2005, a ANS instaurou o regime de direção fiscal na Aliança Metropolitana-RJ, o que ensejou, por força do que estabelece o art. 24 – A, caput e §1º, da Lei nº 9656/98, com a redação dada pela Medida Provisória nº 2.177-44/2001, a indisponibilidade dos bens do apelante. 6. De outra banda, não obstante tenha a Diretoria Colegiada da ANS, em 13/06/2007, deliberado pela liberação da constrição incidente sobre os bens do apelante, tal fato somente foi comunicado ao Banco Central do Brasil em 26/06/2008, razão pela qual mostra-se cabível o pleito relativo à indenização por danos morais, já que, embora inexistente qualquer fagulha de ilegalidade no ato que tornou indisponíveis os bens do autor, o afastamento do gravame somente se operou quase um ano após, de forma que ele ficou privado dos seus bens durante esse período (...)" (TRF 2ª R.; AC 2008.51.01.007289-2; RJ; Sexta Turma Especializada; Rel. Des. Fed. Guilherme Calmon Nogueira da Gama; DEJF 10/05/2011).

[662] TJPR. Apelação Cível nº 642495-1 PR 0642495-1, Relator: Salvatore Antonio Astuti, Data de Julgamento: 25.05.2010, 1ª Câmara Cível, Data de Publicação: DJ: 404.

própria do exercício dessa função, em particular diante de demandas litigiosas, a necessidade do atendimento ao devido processo legal.

Sobre a origem do devido processo legal, cumpre reproduzir na íntegra os dizeres de Lúcia Valle Figueiredo:

> Devemos inicialmente recordar a extensão da cláusula do "devido processo legal". Lembremo-nos que o devido processo legal aparece com acepção meramente formal, ainda no tempo de João Sem Terra,[663] em que o Estado era a lei. Na verdade, fazia a lei, cumpria a lei – ele mesmo – mas a lei era a que o soberano ditava. Destarte, aparece nessa época, o devido processo legal, exatamente para que o baronato tivesse a proteção da *"law of the land"*, a lei da terra, ou, como também conhecido mais tarde, da *"rule of the law"*. Quer dizer, o baronato deveria conhecer qual era a lei a seguir, a se submeter. Mas, vê-se que, ainda, o devido processo legal tinha conteúdo meramente formal. Formal e sem a expressão com que, depois, passa do Direito Inglês para as colônias americanas e, mais tarde, para a Federação Americana.[664]

Na ordem jurídica brasileira vigente, o devido processo legal encontra espaço na Constituição, no artigo 5º, inciso LIV, prevendo que "ninguém será privado da liberdade ou de seus bens sem o devido processo legal".

Nas palavras de Carlos Ari Sundfeld, entendendo o devido processo inclusive como um princípio do Direito Público, o direito em questão "é garantia dos particulares frente ao Estado. Garantia ao mesmo tempo passiva, isto é, dirigida à pessoa enquanto sofre o poder estatal, e ativa, destinada a propiciar o acionamento da máquina estatal pelos membros da sociedade e a obtenção de decisões".[665]

O devido processo legal tem sido dividido em duas concepções, uma formal e outra material ou substancial (esta segunda construída

---

[663] Não obstante a doutrina majoritária apontar a Inglaterra como berço desse princípio, Fredie Didier Jr. traz à baila a notícia de que indigitado direito seria mais antigo e com outra origem, remontando ao Édito de Conrado II (Decreto Feudal Alemão de 1037 d.C.), no qual pela primeira vez se registrou por escrito a concepção de que inclusive o Imperador está submetido às "leis do Império" (*Curso de direito processual civil*: introdução ao direito processual civil e processo de conhecimento. 14. ed. Salvador: Jus Podium, 2012, p. 46).

[664] FIGUEIREDO, Lúcia Valle. O devido processo legal e a responsabilidade do Estado por dano decorrente do planejamento. *Revista Diálogo Jurídico*, Salvador, CAJ – Centro de Atualização Jurídica, nº 13, abril-maio, 2002. Disponível na Internet: http://www.direitopublico.com.br. Acesso em: 27 jun. 2013, p. 3.

[665] SUNDFELD, Carlos Ari. *Fundamentos de direito público*. São Paulo: Malheiros, 2013, p. 174.

essencialmente com base na jurisprudência norte-americana). Acerca dessa distinção, Paulo Henrique Santos Lucon ensina que tradicionalmente não havia dúvida acerca do nítido caráter processual da cláusula do devido processo legal, sendo que, traduzida a partir de seus elementos mais simples, essa garantia se resumia a um processo ordenado (*orderly proceeding*). Por outro lado, o devido processo legal substancial diz respeito à limitação ao exercício do poder e autoriza ao julgador questionar a razoabilidade de determinada lei e a justiça das decisões estatais, estabelecendo o controle material da constitucionalidade e da proporcionalidade. Aliás, a fundamentação do princípio da proporcionalidade, no nosso sistema, é realizada pelo princípio constitucional expresso do devido processo legal, importando aqui a sua ênfase substantiva, em que há a preocupação com a igual proteção dos direitos do homem e os interesses da comunidade quando confrontados.[666]

A análise do respeito ao devido processo legal, principalmente sua feição formal, tem sido, na maior parte dos julgados brasileiros, questão imprescindível para se saber se haveria o direito, ou não, à responsabilização do Estado pela utilização das medidas administrativas provisionais.

É o que se pode pinçar, por exemplo, da ementa de lavra do Tribunal de Justiça de Minas Gerais, que afasta o dever de indenizar por ter havido o respeito aos trâmites legais:[667]

> REPARAÇÃO MORAL E MATERIAL. SERVIDOR AFASTADO TEMPORARIAMENTE. INVESTIGAÇÃO DE SUPOSTAS IRREGULARIDADES. ABERTURA DE PROCESSO ADMINISTRATIVO DISCIPLINAR. RESPEITO À LEI MUNICIPAL E AO DEVIDO PROCESSO LEGAL. ADMINISTRAÇÃO PÚBLICA NO USO E GOZO DE SUAS PRERROGATIVAS. INEXISTÊNCIA DE DANO OU DE DEVER DE INDENIZAR. O judiciário não pode adentrar o mérito das decisões administrativas, mas deve examinar a legalidade dos atos públicos. A mera abertura de sindicância investigativa contra servidor público,

---

[666] LUCON, Paulo Henrique dos Santos. Devido processo legal substancial. *Revista Iberoamericana de Derecho Procesal*, Buenos Aires, v. II, 2002, s/p.

[667] Similarmente, confira-se trecho de julgado do Tribunal Regional Federal 5ª Região: "(...) ademais, embora não haja impugnação a respeito do tema, apura-se da documentação acostada à própria petição inicial que não houve qualquer ofensa ao princípio do devido processo legal administrativo, uma vez que o ato administrativo em questão foi devidamente fundamentado e foi garantida, de forma prévia, a ampla defesa" (TRF 5ª R.; AC 0001273-56.2012.4.05.8103; CE; Primeira Turma; Rel. Des. Fed. Francisco Cavalcanti; DEJF 29/04/2013; Pág. 57).

quando respeitada a legislação local, não gera dano ou sequer dever de reparação. Danos materiais e morais não comprovados.[668]

Em sentido contraposto, o Tribunal de Justiça do Estado do Amapá decidiu que, havendo o afastamento cautelar sem atenção ao devido processo legal, faz jus o prejudicado à indenização. No caso em tela, um servidor público municipal havia sido afastado de suas funções, sem o recebimento de proventos, em razão de haver indícios de acumulação ilegal de cargos públicos, tendo dita suspensão ocorrido sem o respeito ao devido processo legal.[669]

Interessante verificar, deste último julgado, que embora a violação do devido processo legal tenha sido a peça chave para a responsabilização estatal pela adoção irregular de um provimento cautelar administrativo, não se declarou o direito à indenização pelo simples fato do malferimento daquele direito fundamental, mas sim pelas consequências que dele advieram ("o afastamento imediato de servidor público de suas funções (...) sem o devido processo legal, dá ensejo à indenização por danos materiais e morais. (...) Estes, em decorrência do abalo psíquico e à vida de relação (honra, dignidade, honestidade, imagem e nome)").

Esse entendimento acima externado reflete a jurisprudência brasileira como um todo, a qual é firme ao estabelecer que o desrespeito ao devido processo legal na tomada de medidas cautelares administrativas tem o condão de ocasionar a responsabilização da Administração não de forma automática e pela violação *per se* do direito ao devido processo, mas sim pelo dano que eventualmente gere a outros direitos fundamentais.

A verificação sobre o atendimento do devido processo legal, quando do uso das medidas cautelares administrativas, também tem se dado na sua modalidade material, pelo menos na forma como o STF tem interpretado a matéria, sendo a proporcionalidade fator decisivo para a apuração de eventual responsabilidade (de fato, tal qual exposto previamente, a proporcionalidade guia a regularidade de todo provimento cautelar). Nessa trilha, posicionou-se o TRF da 5ª Região, apontando que, num ato cautelar levado a efeito pela ANP, não há qualquer

---

[668] TJMG; APCV 1.0016.06.062192-3/0021; Alfenas; Primeira Câmara Cível; Relª Desª Vanessa Verdolim Hudson Andrade; Julg. 19.02.2008; DJEMG 11.03.2008.
[669] TJAP; AC-REO 2146/05; Ac. 8463; Câmara Única; Rel. Des. Carmo Antônio de Souza; Julg. 14.09.2005; DOEAP 05.10.2005.

irregularidade a ela atribuível, "seja pela inexistência de prova hábil à desconstituição dos motivos do seu ato, seja pela legitimidade, do ponto de vista da discricionariedade e proporcionalidade, da interdição total do estabelecimento".[670]

Esta mesma Corte federal já proclamou, em relação ao devido processo na sua feição substancial, que mesmo um provimento cautelar administrativo desproporcional não seria hábil a ensejar a responsabilidade do Estado, quando não houvesse lesão a outros bens jurídicos, seguindo-se, assim, na toada do que foi explicado anteriormente, isto é, que a violação àquele direito fundamental, no entendimento jurisprudencial predominante, não desencadeia a responsabilização, desde que não haja ataque a outros direitos.[671]

Essa forma de se compreender o devido processo legal demonstra, até certo ponto, o seu desprestígio. É com entendimentos desse jaez que se constrói o frágil adágio pretoriano de que não há nulidade se não há prejuízo (*pas de nullité sans grief*). Ora, resta evidente que se houve violação ao devido processo legal, há, por certo, uma violação à ordem jurídica e um dano, ainda que pressuposto (em tema de responsabilização por medidas cautelares administrativas, cabe repetir, no entanto, que a existência do dano não representa uma responsabilização estatal automática).

---

[670] TRF 5ª R.; AC 473589; Proc. 2003.85.00.006018-0; SE; Segunda Turma; Rel. Des. Fed. Barros Dias; DJETRF5 11.12.2009.

[671] ADMINISTRATIVO. RESPONSABILIDADE CIVIL. POSTO DE COMBUSTÍVEIS. INTERDIÇÃO ADMINISTRATIVA PELA ANP. ATO DESPROPORCIONAL CORRIGIDO EM AÇÃO CAUTELAR. DANOS MATERIAIS E MORAIS. AUSÊNCIA DE COMPROVAÇÃO. 1. A ANP, no exercício discricionário de suas atribuições, suspendeu as atividades do posto de combustíveis demandante, em decorrência de irregularidades verificadas em procedimento fiscalizatório padrão, resultando na interdição do estabelecimento. 2. Como consequência da referida paralisação da atividade comercial, dada de forma excessiva pelo preposto da ANP, haveria a pessoa jurídica sofrido prejuízos de ordem material e moral. 3. O excesso alegado foi cessado em ação cautelar, como noticia o próprio apelante, havendo a paralisação das atividades perdurado tão-somente pelo prazo de 16 (dezesseis) dias. 4. Dada a oportunidade para demonstrar os prejuízos advindos da referida paralisação, o posto autor mostrou-se satisfeito com as provas produzidas nos autos, que findaram por se mostrar insuficientes para comprovação dos danos supostamente sofridos. 5. O fato de a tutela cautelar se destinar a dar segurança à efetividade da tutela do direito não significa que ela esteja vinculada ao reconhecimento do direito material a ser tutelado. A segurança é prestada para a eventualidade do reconhecimento do direito material e, desta forma, para garantir que, na hipótese de procedência do pedido, a tutela do direito possa ser útil e efetiva. 6. *Não existe contradição entre a sentença de procedência prolatada na ação cautelar e a de improcedência exarada nesta ordinária de indenização, pois os atos da ANP, ainda que desproporcionais e desarrazoados, não foram suficientes, ao menos pelo que consta nos autos, de gerar qualquer dano significante em desfavor da empresa apelante.* 7. Apelação improvida (TRF 5ª R.; AC 507640; Proc. 0016046-05.2009.4.05.8300; PE; Primeira Turma; Rel. Des. Fed. Manoel de Oliveira Erhardt; Julg. 15.09.2011; DEJF 23.09.2011; Pág. 114).

4.3 Os direitos fundamentais nas medidas cautelares administrativas

Trabalhou-se até então o instituto das medidas cautelares administrativas, dando foco na possibilidade de gerarem ou não responsabilidade, e sua implicação nos direitos fundamentais postos em pauta.

O que se pode inicialmente adiantar é que, do ponto de vista prático e, porque não, inclusive, teórico, não haveria, pelo menos sob a perspectiva jurídica brasileira, qualquer diferenciação nas hipóteses de responsabilização envolvendo direitos fundamentais em relação aos demais direitos e interesses.

De fato, o Estado será eventualmente responsabilizado caso tenha agido ilegalmente, tenha ele ferido direitos fundamentais ou de outra espécie, não havendo diferença substancial que qualifique o grau do ilícito praticado.

Embora não seja objeto de apreciação neste trabalho, à primeira vista, a diferenciação de uma responsabilidade envolvendo direitos fundamentais seria o *quantum* indenizatório, já que poderia – e, a nosso ver, deveria – o magistrado julgador levar em conta justamente a fundamentalidade daquele direito violado, que decorre, como sustentado aqui, da dignidade da pessoa humana, a qual merece, pois, uma reparação de maior monta.

Outrossim, cabe aqui consignar que a eleição da temática aqui proposta, envolvendo direitos fundamentais, tem por base analisar muito mais seu alto grau de incidência – que as vezes acaba não sendo percebido pela doutrina – nos provimentos cautelares administrativos, do que um suposto regime completamente distinto em relação às demais hipóteses de responsabilização que versem por igual sobre direitos fundamentais.

No entanto, uma peculiaridade distintiva é passível de ser notada, o que torna a fundamentalidade dos direitos ou interesses em jogo na atividade cautelar administrativa questão importante para o desfecho acerca da responsabilidade.

A ponderação entre direitos fundamentais é técnica inafastável para analisar a suposta colisão existente entre eles. Acrescentando o fato de que os provimentos cautelares com frequência envolvem direitos fundamentais, tem-se que a realização da ponderação entre os interesses em jogo é muitas das vezes imprescindível para a averiguação ou não da responsabilidade, já se tendo mencionado ao longo do texto, por exemplo, a hipótese de ponderação entre o interesse público expresso pela saúde pública e a honra de um particular.

O que chama atenção, logo, no que diz respeito aos direitos fundamentais e ao poder cautelar da Administração, é a constante necessidade – ainda que os Tribunais brasileiros acabem dando pouca importância muitas vezes a isso – de ponderação entre direitos.[672]

O papel que os direitos fundamentais assumem na sistemática das medidas cautelares representa, pois, uma via de mão dupla. Ao mesmo tempo em que a sua constante presença nesses provimentos encarece o cuidado a ser tomado pela Administração, exigindo com muito mais razão uma aplicação escorreita dos princípios da proporcionalidade e da motivação, faz com que essas mesmas medidas provisionais se valham dos direitos e interesses tutelados como instrumentos de ponderação a fim de validar a necessidade e imprescindibilidade de sua adoção.

4.4 Palavras finais sobre a responsabilização estatal por medidas cautelares administrativas e a atuação do Poder Judiciário

Sobre a responsabilização judicial pelo uso de medidas cautelares que envolvam direitos fundamentais, o que se pode extrair das linhas construídas até aqui é que não há uma uniformidade dos julgamentos, sendo certo que a grande maioria dos acórdãos busca estribar a irresponsabilidade estatal pela mera legalidade da medida adotada, sem prestar qualquer esclarecimento ou justificação teórica a esse respeito, esquecendo-se, muitas vezes, que inclusive atos administrativos lícitos são passíveis, em tese, de gerar a responsabilidade Estatal (*vide* item 3.2.6).

Além disso, a presença da conduta exclusiva do prejudicado se evidenciou como sendo questão fundamental para aferir a responsabilidade do Estado, ainda que muitos julgados não a tragam de forma expressa. Tal circunstância, que se mostrou mais comum que o esperado, é justificável quando se nota que, não obstante as medidas cautelares administrativas em si não tenham viés sancionatório, elas estão normalmente envolvidas em processos administrativos decorrentes do poder de polícia, disciplinares ou fiscalizatórios, ou seja, todos concernentes, em certa medida, à aferição de condutas capazes de violar a legislação

---

[672] Destaca Marçal Justen Filho que a atividade administrativa demanda constantemente a composição entre interesses contrapostos, introduzindo-se neles limitações e reduções, devendo buscar a medida que mais intensamente realize todos os interesses em debate (*Curso de direito administrativo*. 8. ed. Belo Horizonte: Fórum, 2012, p. 135).

e que, normalmente, são perpetradas pelo receptor daqueles provimentos provisionais.

Ao final de tudo, foi possível compreender as feições do chamado poder geral de cautela administrativa, em particular sob a ótica jurídica brasileira, percebendo-se que o tema ainda carece de uniformização teórica, por sua utilização pautar-se – pelo menos a interpretação e a aplicação da matéria pelos tribunais – muito mais na casuística do que em critérios bem esclarecidos, coerentes e fundamentados.

A própria solução apresentada em cada julgado parece buscar respaldo em critérios dos mais variados, ainda que o suporte fático muitas vezes seja o mesmo ou pelo menos similar. Assim, diante de situações sinônimas, por vezes se busca isentar o Estado de responsabilidade pela conduta exclusiva da vítima, pela legalidade do ato praticado, pela ponderação entre direitos ou mesmo pela combinação entre alguns ou todos. Tal forma de agir do Poder Judiciário, a nosso sentir, apresenta dois lados contrapostos. De um, percebe-se que todas aquelas alternativas são válidas e corretas (ainda que de maneira incompleta), de acordo com a construção que se efetivou acerca do poder cautelar administrativo. Ou seja, vislumbra-se que o Judiciário tem trabalhado com os instrumentos, em certa medida, adequados ao tema. De outro lado, nota-se que a utilização dessas ferramentas não tem sido, como dito, uniforme, sendo invocadas em muitas ocasiões de forma acrítica e sem critérios claros, demonstrando a falta de coesão sobre a temática, fruto, é certo, de um desconhecimento sobre a matéria, o que acarreta uma insegurança aos administrados e ao próprio Estado, especialmente quando se vulneram direitos fundamentais.

CAPÍTULO 5

PROPOSTA LEGISLATIVA PARA A CRIAÇÃO DE UM REGIME GERAL DE MEDIDAS CAUTELARES ADMINISTRATIVAS

Em tom de desfecho, tendo em vista todas as lições expostas nesta obra, devemos concluir não só com uma análise crítico-descritiva das medidas cautelares administrativas sob a ótica da ordem jurídica brasileira. Torna-se adequado que a finalização venha com uma medida propositiva.

A partir do ponto em que conseguimos reunir, de maneira coerente, as premissas teóricas que embasam os provimentos acautelatórios de cunho administrativo em sintonia com a construção de um microssistema dogmático da cautelaridade administrativa, com suas falhas e problemas, alinhada com uma análise jurisprudencial a seu respeito, pensamos que há espaço para uma proposta de alteração legislativa, seja mudando o próprio artigo 45 da Lei nº 9.847/99,[673] seja editando uma lei que trate do regime geral da cautelaridade administrativa.

É evidente que a proposta a seguir é passível de debates, alterações e reflexões, ela não retratando de maneira exaustiva todas as questões envolvendo o poder cautelar administrativo. Contudo, serve como um pontapé inicial para um debate sério e consciente sobre a temática e, quem sabe, uma efetiva alteração legislativa.

---

[673] Na obra referencial que tínhamos até então sobre o tema do poder cautelar administrativo, Shirlei Silmara de Freitas Mello se propôs a fazer o mesmo, ainda que de maneira mais contida. Pensamos ser útil insistir nessa abordagem, com elementos diferentes, tendo em vista que não houve acolhimento legislativo da proposta feita pela professora mineira em sua obra do início dos anos 2000.

5.1 Minuta da proposta legislativa

Proposta de Lei geral sobre medidas cautelares administrativas

Art. 1º As medidas cautelares administrativas deverão ser expressamente motivadas e proporcionais, devendo respeitar o devido processo legal, em especial o contraditório e a ampla defesa.

§1º Em situações de extrema urgência e grave risco, poderá o contraditório e a ampla defesa serem postergados.

§2º Para os fins desta lei, consideram-se medidas cautelares administrativas, independentemente da nomenclatura que recebam, os provimentos concretos, adotados por agentes públicos competentes, no exercício da função administrativa, em face, como regra, de sujeitos determinados, diante de situações de risco, visando a, de maneira acautelatória e provisional, impedir e/ou minimizar danos a bens jurídicos.

§3º As medidas cautelares administrativas podem ocorrer no âmbito de processos administrativos, de maneira antecedente a algum processo, judicial ou administrativo, ou mesmo em caráter autônomo.

§4º As medidas cautelares administrativas podem ser aplicadas de ofício ou mediante requerimento dos administrados.

§5º As medidas cautelares administrativas podem ter por finalidade assegurar o resultado útil de um processo administrativo ou impedir/minimizar danos decorrentes de infrações administrativas.

§6º Compete à autoridade administrativa comprovar a situação fática que enseja o risco (*fumus boni iuris*) e o perigo do aumento do risco do dano no caso de não adoção de nenhuma medida administrativa (*periculum in mora*).

Art. 2º As medidas cautelares administrativas devem ser aplicadas por meio de termo escrito.

§1º Excepcionalmente, diante da urgência dos fatos, poderá a medida administrativa cautelar ser aplicada verbalmente, ou por outro ato material, cabendo ao agente público, assim que possível, mas no prazo máximo de 48 horas, reduzi-la a termo com a devida motivação e narrativa de todos os fatos.

§2º O descumprimento da formalização escrita e/ou o descumprimento do prazo ensejam a revogação da medida, sem prejuízo das sanções cabíveis ao agente público.

§3º Na hipótese do §2º, permanecendo a situação de urgência, poderá ser adotada uma nova medida cautelar administrativa.

Art. 3º Cabe pedido de reconsideração, com a apresentação de fundamentos fático-jurídicos, à autoridade que aplicou a medida cautelar administrativa, no prazo de 2 (dois) dias contados da intimação do administrado afetado pela medida.

§1º A autoridade deverá decidir, de maneira fundamentada, acerca do pedido de reconsideração no prazo de até 3 (três) dias.

§2º Mantida a medida cautelar administrativa pela autoridade, cabe recurso à autoridade superior no prazo de 5 (cinco) dias contados da intimação da decisão de reconsideração.

§3º A autoridade superior deverá decidir o recurso, de maneira fundamentada, no prazo de até 7 (sete) dias.

Art. 4º As medidas cautelares administrativas podem ser revistas de ofício a qualquer momento, desde que haja alteração das circunstâncias fáticas, devendo ser devidamente motivado o ato revogador ou alterador da medida.

Art. 5º As medidas cautelares administrativas produzirão seus efeitos enquanto perdurar a circunstância fática que as ensejou.

§1º Para os fins do *caput*, a cada 60 (sessenta) dias deverá a autoridade administrativa competente reiterar por escrito a manutenção das circunstâncias fáticas, prorrogando-se a vigência da medida cautelar administrativa aplicada.

Art. 6º A verificação da ilegalidade na medida cautelar administrativa, seja pelo descumprimento dos preceitos legais, seja no excesso de sua aplicação, ensejará responsabilidade civil do ente público que a adotar, sem prejuízo das demais sanções a serem aplicáveis aos agentes públicos envolvidos.

Art. 7º Poderá ser firmado Termo de Ajustamento de Conduta, nos termos da legislação cabível, de modo a substituir a medida cautelar administrativa aplicada.

Art. 8º Esta lei se aplica a todos as medidas cautelares administrativas, sem prejuízo da legislação própria que trate sobre medidas específicas.

REFERÊNCIAS

ABAD CASTELOS, Montserat. *El tribunal internacional de justicia y la protección cautelar de los derechos de los Estados*. Madrid: Dykinson, 2002.

AGUIAR, Ubiratan Diniz de; ALBUQUERQUE, Márcio André Santos de; MEDEIROS, Paulo Henrique Ramos. *A administração pública sob a perspectiva do controle externo*. Belo Horizonte: Fórum, 2011.

ALCOFORADO, Haroldo Mavignier Guedes. *Instrumentos de defesa do Sistema Financeiro Nacional*: intervenções nas instituições financeiras. 2006. 153 f. Dissertação (Mestrado) – Curso de Direito Público, Universidade Gama Filho, Rio de Janeiro, 2006.

ALESSI, Renato. *Sistema istituzionale del diritto amministrativo italiano*. 3. ed. Milán: Giuífré, 1960.

ALESSI, Renato. *Diritto amministrativo*. Milano: Dott A. Giuffrè, 1950.

ALESSI, Renato. *La responsabilità della Pubblica Amministrazione*. Milano: Dott. A. Giuffrè, 1951.

ALEXY, Robert. *Constitucionalismo discursivo*. 2. ed. Tradução de Luís Afonso Heck. Porto Alegre: Livraria do Advogado, 2008.

ALEXY, Robert. *Teoria dos direitos fundamentais*. 2. ed. Tradução de Virgílio Afonso da Silva. São Paulo: Malheiros, 2015.

ALVES JÚNIOR, José da Silva; PAIVA, Bruno Teixeira de. Averbação Pré-Executória: A (In) Constitucionalidade Formal e Material da Lei nº 13.606/18. *Revista do Direito Público*, Londrina, v. 15, nº 2, p. 195-218, mai/ago. 2020.

ANDRADE, José Carlos Vieira de. *Lições de direito administrativo*. Coimbra: Imprensa da Universidade de Coimbra, 2010.

ANDRADE, Letícia Queiroz de. *Teoria das relações jurídicas da prestação de serviço público sob regime de concessão*. São Paulo: Malheiros, 2015.

ARAGÃO, Alexandre Santos de. A concepção pós-positivista do princípio da legalidade. *Revista de Direito Administrativo – RDA*, Rio de Janeiro, v. 236, p. 51-64, abr./jun. 2004.

ARAGÃO, Alexandre Santos de. Limitações administrativas e sua excepcional indenizibilidade. *In*: MEDAUAR, Odete; SCHIRATO, Vitor Rhein. *Poder de polícia na atualidade*. Anuário do Centro de Estudos de Direito Administrativo, Ambiental e Urbanísticos – CEDAU do ano de 2011. Belo Horizonte: Fórum, 2014. p. 109-129.

BACELLAR FILHO, Romeu Felipe. *Processo administrativo disciplinar*. 3. ed. São Paulo: Saraiva, 2012.

BACELLAR FILHO, Romeu Felipe. O direito fundamental à presunção de inocência no processo administrativo disciplinar. *A&C Revista de Direito Administrativo & Constitucional*, Belo Horizonte, Revista de Direito Administrativo e Constitucional – A&C Belo Horizonte, ano 9, nº 37, p. 11-55, jul./set. 2009.

BANDEIRA DE MELLO, Oswaldo Aranha. *Princípios gerais de direito administrativo*. VI. 3. ed. São Paulo: Malheiros, 2010.

BANDEIRA DE MELLO, Celso Antônio. *Curso de direito administrativo*. 33. ed. São Paulo: Malheiros, 2017.

BANDEIRA DE MELLO, Celso Antônio. *Curso de direito administrativo*. 29. ed. São Paulo: Malheiros, 2012.

BANDEIRA DE MELLO, Celso Antônio. *Discricionariedade e controle jurisdicional*. São Paulo: Malheiros, 1992.

BANDEIRA DE MELLO, Celso Antônio. O desvio de poder. *Revista de Direito Administrativo – RDA*, Rio de Janeiro, v. 172, p. 1-19, abr./jun. 1988.

BANDEIRA DE MELLO, Celso Antônio. "Relatividade" da competência discricionária. *Revista de Direito Administrativo – RDA*, Rio de Janeiro, v. 212, p. 49-56, abr./jun. 1998.

BANDEIRA DE MELLO, Celso Antônio. *Pareceres de direito administrativo*. São Paulo: Malheiros, 2011.

BAÑO LEÓN, Jose Maria. *Potestades administrativas y garantías de las empresas en el derecho español de la competencia*. Madrid: McGraw-Hill, 1996.

BAPTISTA, Patrícia Ferreira. Limitação e sacrifícios de direito: o conteúdo e as conseqüências dos atos de intervenção da administração pública sobre a propriedade privada. *Revista de Direito*, Rio de Janeiro, v. 7, p. 45-66, 2003.

BARAJAS VILLA, Mauricio. Proporcionalidad en la suspensión temporal del juzgador federal en el procedimiento administrativo disciplinario. *Revista del instituto de la judicatura federal*. México, nº 34, p. 43-67, 2012.

BARCELONA LLOP, Javier. *Ejecutividad, ejecutoriedad y ejecución forzosa de los actos administrativos*. Santander: Servicio de Publicaciones de la Universidad de Cantanbria, 1995.

BARNES, Javier. El principio de proporcionalidad. Estudio preliminar. *Cuadernos de derecho público*, v. 5, p. 15-49, sep./dic. 1998.

BARRERA, Eloy Espinosa-Saldaña. Medidas cautelares en el Procedimiento Administrativo Peruano: Una mirada crítica a lo realizado y un adelanto sobre aquello que debiera hacerse al respecto. *Revista de Derecho Administrativo*, nº 9, p. 177-184, 2010.

BARROS, Wellington Pacheco. *Curso de processo administrativo*. Porto Alegre: Livraria do Advogado, 2005.

BARROSO, Luís Roberto. Neoconstitucionalismo e constitucionalização do direito: o triunfo tardio do direito constitucional no Brasil. *Revista de Direito Administrativo – RDA*, Rio de Janeiro, v. 240, p. 1-42, abr. jun. 2005.

BASSI, Franco. *Lezioni di diritto amministrativo*. 8. ed. Milano: Dott. A. Giuffre, 2008.

BEZNOS, Clovis. *Ação popular e ação civil pública*. São Paulo: Revista dos Tribunais, 1989.

BEZNOS, Clovis. *Aspectos jurídicos da indenização na desapropriação*. 2. ed. Belo Horizonte: Fórum, 2016.

BIM, Eduardo Fortunato. O poder geral de cautela dos tribunais de contas nas licitações e nos contratos. *Interesse Público – IP*, Belo Horizonte, a. 8, nº 36, p. 1-22, mar./abr. 2006.

BINENBOJM, Gustavo. *Uma teoria do direito administrativo*: direitos fundamentais, democracia e constitucionalização. 2. ed. Rio de Janeiro: Renovar, 2008.

BOMFIM, Nina Laporte; FIDALGO, Carolina Barros. Releitura da auto-executoriedade como prerrogativa da Administração Pública. *In*: ARAGÃO, Alexandre Santos de; MARQUES NETO, Floriano de Azevedo (Coord.). *Direito administrativo e seus novos paradigmas*. Belo Horizonte: Fórum, 2012. p. 267-309.

BONAVIDES, Paulo. *Curso de direito constitucional*. 27. ed. São Paulo: Malheiros, 2012.

BORGES, Alice Gonzales. Princípio da eficiência e avaliação de desempenho de servidores. *JAM – Jurídica Administração Municipal*, Salvador, a. VI, nº 7, p. 19-27, jul. 2001.

BRITTO, Lucas Galvão de. Dividir, definir e classificar: conhecer é recortar o mundo. *In*: CARVALHO, Aurora Tomazini de (Org.). *Construtivismo lógico-semântico*. São Paulo: Noeses, 2014. v. I. p. 201-248.

CABRAL, Flávio Garcia. Os fundamentos políticos da prestação de contas estatal. *Revista de Direito Administrativo – RDA*, Rio de Janeiro, v. 270, p. 147-169, set./dez. 2015.

CABRAL, Flávio Garcia. Qual a natureza da função exercida pelo Tribunal de Contas da União (TCU)? *Revista de Direito da Administração Pública (REDAP)*, Rio de Janeiro, a. 4, v.1, nº 1, p. 253-272, jan./jun.2019.

CABRAL, Flávio Garcia. O ativismo de contas do Tribunal de Contas da União (TCU). *Revista de Direito Administrativo e Infraestrutura – RDAI*, v. 5, p. 1-48, 2021.

CABRAL, Flávio Garcia. *O conteúdo jurídico da eficiência administrativa*. Belo Horizonte: Fórum, 2019.

CABRAL, Flávio Garcia. *O Tribunal de Contas da União na Constituição Federal de 1988*. São Paulo: Verbatim, 2014.

CAETANO, Marcelo. *Princípios fundamentais do direito administrativo*. Rio de Janeiro: Forense, 1977.

CAFAGGI, Fabrizio. The Great Transformation Administrative and Judicial Enforcement in Consumer Protection: A Remedial Perspective. *Loy. Consumer L. Rev.*, v. 21, p. 496, 2008.

CAHALI, Youssef Said. *Responsabilidade civil do Estado*. 3. ed. São Paulo: Editora Revista dos Tribunais, 2007.

CANO CAMPOS, Tomás. La potestad sancionadora de la administración: uma regulación fragmentaria, incompleta y perniciosa. *Documentación Administrativa*, nº 2, p. 1-5, ene./dic. 2015.

CANOTILHO, J. J. Gomes. *Direito constitucional e teoria da constituição*. 7. ed. Coimbra: Almedina, 2003.

CARNEIRO, Athos de Gusmão. Liquidação extrajudicial de instituição financeira – Ação de responsabilidade para ressarcimento de danos – decretação da indisponibilidade total de bens de simples acionistas – Art. 36, §2º, "A", da Lei 6.024/74. *Revista dos Tribunais*, a. 2, nº 7, abr./jun. 1994.

CARNEIRO, Nívea Vieira. A processualidade administrativa preventiva ambiental. *Revista da Faculdade de Direito de Uberlândia*, v. 35, p. 365-384, 2007.

CARVALHO FILHO, José dos Santos. *Manual de Direito Administrativo*. 23. ed. Rio de Janeiro: Lumen Juris, 2010.

CARVALHO FILHO, José dos Santos. *Processo administrativo federal:* comentário à Lei nº 9.784 de 29.1.1999. 2. ed. Rio de Janeiro: Lumen Juris, 2005.

CASAGRANDE, Cássio Luís; BARREIRA, Jônatas Henriques. O caso *McCulloch v. Maryland* e sua utilização na jurisprudência do STF. *Revista de Informação Legislativa: RIL*, Brasília, DF, v. 56, nº 221, p. 247-270, jan./mar. 2019.

CASSAGNE, Juan Carlos. *Derecho administrativo*. 6. ed. Buenos Aires: Abeledo-Perrot, 1998.

CASSESE, Sabino. *Corso di diritto amministrativo*: istituzioni di diritto amministrativo. Millan: Dott. A. Giuffre, 2009, v. 1.

CATARINO, Luís Guilherme. *O controlo administrativo da idoneidade nos corpos sociais das instituições de crédito e sociedades financeiras*. Estudos do Instituto de Valores Imobiliários, FDUL: Lisboa, 2015.

CAVALCANTI, Themístocles Brandão. Do poder discricionário. *Revista de Direito Administrativo – RDA*, Rio de Janeiro, v.101, p. 1-23, jul./set. 1970.

CAVALIERI FILHO, Sergio. *Programa de responsabilidade civil*. 8. ed. São Paulo: Atlas, 2008.

CÉSPEDES MUÑOZ, Carlos. ¿Solo por ley nace la obligación indemnzatoria de derecho público? Notas sobre la indemnización de derecho público desde la perspectiva del ordenamiento español. *Revista Derecho Universidad Católica del Norte*, a. 25, nº 1, p. 77-119, 2018.

CHINCHILLA MARÍN, M. Carmen. Potestad sancionadora de las administraciones públicas. *In:* PENDÁS GARCÍA, Benigno. (Coord.). *Administraciones Públicas y Ciudadanos (Estudio sistemático de la Ley 30/1992, de 26 de noviembre, de Régimen Jurídico de las Administraciones Públicas y del Procedimiento Administrativo Común)*. Barcelona: Praxis, 1993. p. 743-796.

CIERCO SEIRA, César. Las Medidas Preventivas de Choque adoptadas por la Administración frente a los productos insalubres. *Revista de Administración Pública*, nº 175, p. 55-111, ene./abr. 2008.

COELHO, Fábio Ulhôa. *Manual de direito comercial*. 24. ed. São Paulo: Saraiva, 2012.

COLAPINTO, Filippo. La tutela cautelare nel processo amministrativo. *A&C Revista de Direito Administrativo & Constitucional*, Belo Horizonte, ano 9, nº 37, p. 57-78, jul./set. 2009.

CONDIDO, Ruth Maria Barros Reicao. O tombamento federal do patrimônio Cultural imobiliário. *Revista Digital de Direito Administrativo*, v. 2, nº 1, p. 293-310, 2015.

CONTROLADORIA GERAL DA UNIÃO – CGU. *Manual de processo administrativo disciplinar*. Brasília: CGU, 2012.

CORDERO QUINZACARA, Eduardo. Concepto y naturaleza de las sanciones administrativas en la doctrina y jurisprudencia chilena. *RDUCN*, Coquimbo, v. 20, n. 1, p. 79-103, 2013.

CORTIÑAS-PELÁEZ, León. *Archivo de derecho público y ciencias de la administración*. v. 2. Caracas: Universidad Central de Venezuela, 1972.

COSTA, José Armando da. *Processo administrativo disciplinar*: teoria e prática. 6. ed. Rio de Janeiro: Forense, 2010.

COSTA, Nelson Nery. *Processo administrativo e suas espécies*. 4. ed. Rio de Janeiro: Forense, 2007.

CRETELLA JÚNIOR, José. O mérito do ato administrativo. *Revista de Direito Administrativo – RDA*, Rio de Janeiro, v. 79, p. 23-37, 1965.

CRUZ-COKE OSSA, Carlos. *Instituciones políticas y el derecho constitucional*. Santiago del Chile: Ediciones Universidad Finis Terrae, 2009.

CUNHA, Bruno Santos. Aplicação da lei federal de processo administrativo (Lei Federal nº 9.784/99) a entes subnacionais: uma codificação nacional às avessas? *A&C – Revista de Direito Administrativo & Constitucional*, Belo Horizonte, ano 11, nº 45, p. 213-228, jul./set. 2011.

DANÓS ORDÓÑEZ, Jorge. La regulación del procedimiento administrativo sancionador en el Peru. *Círculo de Derecho Administrativo*, nº 17, p. 26-50, 2019.

DE DIEGO RECA, Luis Miguel. *La suspensión del otorgamiento de las licencias urbanísticas*. 2017. 543 f. Tese (Doutorado) – Facultad de Derecho, Universidad Complutense de Madrid, Madrid, 2017.

DE LA SERNA BILBAO, María Nieves. Las medidas cautelares. *Documentación administrativa*, nº 254, p. 179-196, 1999.

DI PIETRO, Maria Sylvia Zanella. Discricionariedade técnica e discricionariedade administrativa. *Revista Eletrônica de Direito Administrativo Econômico (REDAE)*, Salvador, Instituto Brasileiro de Direito Público, nº 9, fev./mar./abr. 2007. Disponível em: http://www.direitodoestado.com.br/redae.asp. Acesso em: 20 out. 2016.

DI PIETRO, Maria Sylvia Zanella. *Direito administrativo*. 19. ed. São Paulo: Atlas, 2006.

DI PIETRO, Maria Sylvia Zanella. *Discricionariedade administrativa na Constituição de 1988*. São Paulo: Atlas, 1991.

DI PIETRO, Maria Sylvia Zanella. *Direito administrativo*. 30. ed. Rio de Janeiro: Forense, 2017.

DIAS, Ronaldo Brêtas de Caravalho. *Responsabilidade do Estado pela função jurisdicional*. Belo Horizonte: Del Rey, 2004.

DIDIER JR., Fredie. *Curso de direito processual civil*: introdução ao direito processual civil e processo de conhecimento. 14. ed. Salvador: Jus Podium, 2012.

DIDIER JR., Fredie. *Curso de direito processual civil:* teoria da prova, direito probatório, teoria do precedente, decisão judicial, coisa julgada e antecipação de tutela. 6. ed. Salvador: Jus Podium, 2011.

DIDIER JR., Fredie; BRAGA, Paulo Sarno; OLIVEIRA, Rafael Alexandria de. *Curso de direito processual civil*: teoria da prova, direito probatório, decisão, precedente, coisa julgada e tutela provisória. 13. ed. Salvador: Jus Podium, 2018.

DINIZ, Maria Helena. *Código civil anotado*. 14. ed. São Paulo: Saraiva, 2009.

DIOS DE DIOS, Miguel Ángel de. Exención de responsabilidade por culpa exclusiva de la víctima en los acidentes de circulación. *Revista Digital Facultad de Derecho*, nº 5, p. 167-203, 2012.

DODD, W. F.. Implied Powers and Implied Limitations in Constitutional Law. *The Yale Law Journal*, Vol. 29, nº 2, p. 137-162, Dec. 1919.

DOMENÉCH PASCUAL, Gabriel. ¿Es proporcionado cerrar una empresa por infracciones a la Ley de Mercado de Derechos de Emisión de Gases de Efecto Invernadero? *Revista Aranzadi de Derecho Ambiental*, nº 9, p. 77-95, 2006.

DOMENÉCH PASCUAL, Gabriel. Justificación de las indemnizaciones por sacrificios impuestos en la lucha contra epizootias y plagas. *InDret – Revista para el análisis del derecho*, Barcelona, 4, p. 1-34, oct. 2011.

DOMENÉCH PASCUAL, Gabriel. La responsabilidad patrimonial de la Administración derivada de la adopción de medidas cautelares. *Revista Española de Derecho Administrativo*, 125, p. 65-99, 2005.

DOMENÉCH PASCUAL, Gabriel. El principio de responsabilidad patrimonial de los poderes públicos. *In*: SANTAMARÍA PASTOR, Juan Alfonso (Dir.). *Los principios jurídicos del derecho administrativo*. Madrid: La Ley, 2011, p. 663-701.

EISENMANN, Charles. O direito administrativo e o princípio da legalidade. *Revista de Direito Administrativo – RDA*, Rio de Janeiro, v. 56, p. 47-70, 1959.

ESCOLA, Héctor Jorge. *Compendio de derecho administrativo*. V.I. Buenos Aires: Depalma, 1990.

FAGUNDES, M. Seabra. Conceito de mérito no direito administrativo. *Revista de Direito Administrativo – RDA*, Rio de Janeiro, v. 23, p. 1-16, jan. 1951.

FAGUNDES, M. Seabra. *O contrôle dos atos administrativos pelo poder judiciário*. 4. ed. Rio de Janeiro: Forense, 1967.

FALCÃO, Amílcar de Araújo. *Introdução ao direito administrativo*. Brasília: D.A.S.P, 1960.

FALZONE, Guido. *Il dovere di buona amministrazione*. Milano: Dott. A. Giuffré, 1953.

FARIA, Edimur Ferreira de. O tombamento e seus reflexos. *Fórum de Direito Urbano e Ambiental – FDUA*, Belo Horizonte, a. 17, nº 98, p. 46-65, mar./abr. 2018.

FARIAS, Cristiano Chaves de; ROSENVALD, Nelson. *Direito civil* – teoria geral. 8. ed. Rio de Janeiro: Lumen Juris, 2009.

FERNANDES, Jorge Ulisses Jacoby. *Tribunal de contas do Brasil:* jurisdição e competência. 2. ed. Belo Horizonte: Fórum, 2008.

FERNÁNDEZ DE BUJÁN, Antonio. *Hacia un derecho administrativo y fiscal romano*. Madrid: Dykinson, 2011.

FERRAZ, Luciano. Tombamento. *In*: DI PIETRO, Maria Sylvia Zanella (Coord.). *Tratado de direito administrativo*: direito administrativo dos bens e restrições estatais à propriedade. São Paulo: Thomson Reuters Brasil, 2019. p. 415-436.

FERRAZ, Sérgio; DALLARI, Adilson Abreu. *Processo administrativo*. 2. ed. São Paulo: Malheiros, 2007.

FERREIRA, Daniel. Infrações e sanções administrativas. *Enciclopédia jurídica da PUC-SP*. Celso Fernandes Campilongo, Alvaro de Azevedo Gonzaga e André Luiz Freire (coords.). Tomo: Direito Administrativo e Constitucional. Vidal Serrano Nunes Jr., Maurício Zockun, Carolina Zancaner Zockun, André Luiz Freire (coord. de tomo). 1. ed. São Paulo: Pontifícia Universidade Católica de São Paulo, 2017. Disponível em: https://enciclopediajuridica.pucsp.br/verbete/107/edicao-1/infracoes-e-sancoes-administrativas. Acesso em: 20 jan. 2020.

FERREIRA, Sérgio Andrea. O tombamento e o devido processo legal. *Revista de Direito Administrativo – RDA*, Rio de Janeiro, v. 208, p. 1-23, abr./jun. 1997.

FIGUEIREDO, Lúcia Valle. O devido processo legal e a responsabilidade do Estado por dano decorrente do planejamento. *Revista Diálogo Jurídico*, Salvador, CAJ – Centro de Atualização Jurídica, nº 13, abril-maio, 2002. Disponível na Internet: http://www.direitopublico.com.br. Acesso em: 27 jun. 2013.

FORTINI, Cristiana; MIRANDA, Iúlian. A discricionariedade administrativa em face do princípio da eficiência. *R. Proc.-Geral Mun. Belo Horizonte – RPGMBH*, Belo Horizonte, a. 5, nº 10, p. 55-78, jul./dez. 2012.

FRAGA, Gabino. *Derecho administrativo*. 40. ed. México: Porrúa, 2000.

FRANÇA, Vladimir da Rocha. Princípio da motivação no direito administrativo. *In*: *Enciclopédia jurídica da PUC-SP*. Celso Fernandes Campilongo, Alvaro de Azevedo Gonzaga e André Luiz Freire (coords.). Tomo: Direito Administrativo e Constitucional. Vidal Serrano Nunes Jr., Maurício Zockun, Carolina Zancaner Zockun, André Luiz Freire (coord. de tomo). 1. ed. São Paulo: Pontifícia Universidade Católica de São Paulo, 2017. Disponível em: https://enciclopediajuridica.pucsp.br/verbete/124/edicao-1/principio-da-motivacao-no-direito-administrativo. Acesso em: 20 jan. 2020.

FRANCO SOBRINHO, Manoel de Oliveira. A desapropriação no direito comparado. *Revista de Direito Administrativo – RDA*, v. 112, p. 1-26, abr./jun. 1973.

FRANCO, Fernão Borba. *Processo administrativo*. São Paulo: Atlas, 2008.

FREIRE, Lucas Alves. Os contornos jurídicos das medidas cautelares previstas no artigo 9º da Lei nº 9.447, de 14 de março de 1997. *Revista da Procuradoria-Geral do Banco Central*, vol. 1, nº 1, p. 88-118, dez. 2007.

FREITAS, Juarez. *Direito fundamental à boa administração pública*. 3. ed. São Paulo: Malheiros, 2014.

FREITAS, Juarez. *Discricionariedade administrativa e o direito fundamental à boa administração pública*. São Paulo: Malheiros, 2007.

FREITAS, Juarez. *Sustentabilidade*: direito ao futuro. Belo Horizonte: Fórum, 2019.

FRIGUGLIETTI, Paulo. Las medidas provisionales en el procedimiento administrativo. Especial referencia a la regulación en la provincia de Santa Fe. *Revista RAP, nº 462*, p. 73-85, mar. 2017.

FURTADO, Lucas Rocha. *Curso de direito administrativo*. 4. ed. Belo Horizonte: Editora Fórum, 2013.

FURTADO, Lucas Rocha. *Princípios gerais de direito administrativo*. Belo Horizonte: Fórum, 2016.

GAGLIANO, Pablo Stolze; PAMPLONA FILHO, Rodolfo. *Novo curso de direito civil – parte geral*.10. ed. São Paulo: Saraiva, 2008.

GALLARDO CASTILLO, María Jesús. El nuevo marco normativo del procedimiento administrativo común: El paradigma de una reforma Endeble. *Cuadernos de Derecho Local*, p. 12-39, oct. 2006.

GARCIA, Vicente Alvarez. *El concepto de necesidad en derecho publico*. Madrid: Civitas, 1996.

GARCÍA DE ENTERRÍA, Eduardo; FERNÁNDEZ, Tomás-Ramon. *Curso de derecho administrativo* – v. 2. 9. ed. Madrid: Civitas, 1999.

GARCÍA DE ENTERRÍA, Eduardo; FERNÁNDEZ, Tomás-Ramon. *Curso de direito administrativo*. v. 2. Tradução de José Alberto Froes Cal. São Paulo: Revista dos Tribunais, 2014.

GARCÍA-ALCALÁ, Calixto Díaz-Regañón. Relación de causalidad e imputación objetiva en la responsabilidade civil sanitaria. *InDret – Revista para el análisis del derecho*, Barcelona, 180, p. 1-27, ene. 2003.

GARRIDO FALLA, Fernando. La constitucionalización de la responsabilidad patrimonial del Estado. *Revista de Administración Pública*, nº 119, p. 7-48, may/ago. 1989.

GASPARINI, Diógenes. *Direito administrativo*. 13. ed. São Paulo: Saraiva, 2008.

GIANNINI, Massimo Severo. *Derecho administrativo*. Madrid: Marcial Pons, 1982.

GODOY, Arnaldo Sampaio de Moraes. Construção e desconstrução doutrinária do conceito de interesse público no direito brasileiro. *Revista da AGU*, Brasília, nº 28, p. 7-28, abr./jun. 2011.

GOLDBAUM, Sergio; PEDROZO JR., Euclides. Impacto do Decreto nº 8.058/2013 sobre investigações *antidumping* no Brasil. *Revista Direito GV*, v. 15, nº 1, 2019.

GONÇALVES, Carlos Roberto. *Direito civil brasileiro, volume IV*: responsabilidade civil. 3. ed. São Paulo: Saraiva, 2008.

GONZÁLES PÉREZ, Jesús. *Administración pública y libertad*. México: Instituto de Investigaciones Jurídicas, 1971.

GORDILLO, Agustín. *Tratado de derecho administrativo* – tomo II. Buenos Aires: F.D.A, 2005.

GORDILLO, Agustín. *Tratado de derecho administrativo y obras selectas*: teoría general del derecho administrativo. Buenos Aires: Fundación de Derecho Administrativo, 2013.

GOSÁLBEZ PEQUEÑO, Humberto. *El procedimiento administrativo sancionador (teoría y práctica)*. Madrid: Dykinson, 2013.

GUERRA FILHO, Willis Santiago. O princípio constitucional da proporcionalidade. *Revista do Tribunal Regional do Trabalho da 15ª Região*, Campinas, nº 20, 2002. Disponível em: http://trt15.gov.br/escola_da_magistratura/Rev20Art6.pdf. Acesso em: 02 jan. 2017.

HACHEM, Daniel Wunder. A discricionariedade administrativa entre as dimensões objetiva e subjetiva dos direitos fundamentais sociais. *Direitos Fundamentais & Justiça*, Belo Horizonte, ano 10, nº 35, p. 313-343, jul./dez. 2016.

HACHEM, Daniel Wunder. *Tutela administrativa efetiva dos direitos fundamentais sociais*: por uma implementação espontânea, integral e igualitária. Curitiba, 2014. 614 f. Tese (Doutorado) – Programa de Pós-Graduação em Direito, Universidade Federal do Paraná, 2014.

HACHEM, Daniel Wunder. VALENCIA-TELLO, Diana. Reflexiones sobre el derecho fundamental a la buena administración pública en el derecho administrativo brasileiro. *Revista Digital de Derecho Administrativo – Universidad Externado de Colombia*, nº 21, p. 47-75, 2019.

HARGER, Marcelo. *Princípios constitucionais do processo administrativo*. 2. ed. Rio de Janeiro: Forense, 2008.

HEINEN, Juliano. *Comentários à lei anticorrupção*: Lei nº 12.846/2013. Belo Horizonte: Fórum, 2015.

HEINEN, Juliano. *Curso de direito administrativo*. Salvador: JusPodium, 2020.

HERNÁNDEZ-MENDIBLE, Víctor Rafael. La ejecución de los actos administrativos. *Revista de la Facultad de Derecho PUCP*, nº 67, p. 359-380, 2011.

HUPSEL, Edite. *O poder geral de cautela da administração pública no processo de licitação e de contratação*: a proteção do patrimônio público através de medidas atípicas. Palestra conferida no X Congresso Brasileiro de Licitações, Contratos e Compras Governamentais. Salvador, 26 a 28 nov. 2014.

JAKOBS, Günther. *A imputação objetiva no direito penal*. Tradução de André Luís Callegari, São Paulo: RT, 2007.

JORDÃO, Eduardo. Quanto e qual poder de cautela para o TCU? *JOTA*. 02 jan. 2020. Disponível em: https://www.jota.info/opiniao-e-analise/colunas/controle-publico/quanto-e-qual-poder-de-cautela-para-o-tcu-02012020 Acesso em: 30 mar. 2020.

JUSTEN FILHO, Marçal. *Comentários à lei de licitações e contratos administrativos*. 15. ed. São Paulo: Dialética, 2012.

JUSTEN FILHO, Marçal. *Curso de direito administrativo*. 8. ed. Belo Horizonte: Fórum, 2012.

KRELL, Andreas J.. *Discricionariedade administrativa e conceitos legais indeterminados*: limites do controle judicial no âmbito dos interesse difusos. 2. ed. Porto Alegre: Livraria do Advogado, 2013.

LASO, Enrique Sayagués. *Tratado de derecho administrativo*: Tomo II. 3. ed. Montevideo: Talleres Gráficos Barreiro y Ramos S.A., 1974.

LAZZARINI, Alvaro. Do procedimento administrativo. *Revista de Informação Legislativa*, Brasília, a. 34, nº 135, p. 125-136, jul.-set. 1997.

LAZZARINI, Alvaro. Tutela administrativa e relação de consumo. *Revista de Direito Administrativo – RDA*, 191, p. 86-99, jan./mar. 1993.

LEAL, Victor Nunes. Poder discricionário da administração – abuso dêsse poder – mandado de segurança – direito líquido e certo. *Revista de Direito Administrativo – RDA*, Rio de Janeiro, v. 14, p. 52-82, jan. 1948.

LEAL, Victor Nunes. *Problemas de direito público*. Rio de Janeiro: Forense, 1960.

LEFÈVRE, Mônica Bandeira de Mello. Os acordos substitutivos de sanção no âmbito dos projetos de infraestrutura, In: JUSTEN FILHO, Marçal; SILVA, Marco Aurélio de Barcelos (Coord.). *Direito da infraestrutura*: estudos de temas relevantes. Belo Horizonte: Fórum, 2019. p. 263-280.

LENZA, Pedro. *Direito constitucional esquematizado*. 15. ed. São Paulo: Saraiva, 2011.

LIMA, Felipe Herdem. *Devido processo administrativo no regime de liquidação extrajudicial*. 2017. 130 f. Dissertação (Mestrado) – Curso de Direito Público, Fundação Getúlio Vargas – FGV, Rio de Janeiro, 2017.

LOPES, Miguel Maria de Serpa. *Curso de direito civil (fontes acontratuais das obrigações – responsabilidade civil)*. Volume V. 3. ed. Rio de Janeiro: Livraria Freitas Bastos S/A, 1904.

LÓPEZ BENÍTEZ, Mariano. *Naturaleza y presupuestos constitucionales de las relaciones especiales de sujeción*. Madrid: Civitas, 1994.

LÓPEZ OLVERA, Miguel Alejandro. La tutela cautelar en el proceso administrativo en México. *A&C Revista de Direito Administrativo & Constitucional*, Belo Horizonte, ano 7, nº 30, p. 29-62, out./dez. 2007.

LÓPEZ OLVERA, Miguel Alejandro. *La responsabilidad administrativa de los servidores públicos en México*. México: Universidad Nacional Autónoma de México, 2013.

LÓPEZ TORRALBA, Victoria. Breve estudio en torno al Procedimiento Administrativo Sancionador y sus garantias. *Revista jurídica de la comunidad de Madrid*, Madrid, nº 22, 01 sep. 2005.

LUCON, Paulo Henrique dos Santos. Devido processo legal substancial. *Revista Iberoamericana de Derecho Procesal*, Buenos Aires, v. II, 2002.

LUMETTI, Maria Vittoria. *Processo amministrativo e tutela cautelare*. Padova: CEDAM, 2012.

MAGALHÃES, Gustavo Alexandre. A banalização do instituto da convalidação no âmbito dos contratos administrativos. *Revista da Faculdade de Direito da UFMG*, Belo Horizonte, nº 49, p. 101-116, jul./dez., 2006.

MARCHECO ACUÑA, Benjamín. La tutela cautelar en lo contencioso administrativo. El caso de Cuba. *Opinión Jurídica*, v.14, nº 28, p. 215-234, jul./dic. 2015.

MARIENHOFF, Miguel S. *Responsabilidad del Estado por sus actos lícitos*. Actualidad y perspectivas del derecho publico a fines del siglo XX. Homenage al professor Garrido Falla. Madrid: Editorial complutense, 1992.

MARIENHOFF, Miguel S.; BASAVILBASO, Benjamin Villegas. *Tratado de derecho administrativo* – t. I. Buenos Aires: Abeledo-Perrot, 1970.

MARINA JALVO, Belén. Las medidas provisionales administrativas. Novedades incorporadas por el artículo 56 de la Ley 39/2015, de 1 de octubre, de Procedimiento Administrativo Común de las Administraciones Públicas. *R.V.A.P.* nº 109-I, p. 163-188, Sep./Dic. 2017.

MARINA JALVO, Belén. *El régimen disciplinario de los funcionarios públicos*. 3. ed. Valladolid: Lex Nova, 2006.

MARINA JALVO, Belén. *Medidas provisionales en la actividad administrativa*. Valladolid: Lex Nova, 2007.

MARINELA, Fernanda. *Direito administrativo*. 6. ed. Niterói: Impetus, 2012.

MARINONI, Luiz Guilherme; CRUZ ARENHART, Sérgio. *Curso de processo civil* – volume IV – Processo cautelar. 2. ed. São Paulo: Revista dos Tribunais, 2010.

MARQUES, Claudia Lima; BENJAMIN, Antônio Herman V.; MIRAGEM, Bruno. *Comentários ao Código de Defesa do Consumidor*. 2. ed São Paulo: Revista dos Tribunais, 2008.

MARQUES, José Frederico. *Elementos de direito processual penal*. 2. ed. Campinas: Editora Millenium, 2000.

MARTÍN REBOLLO, Luis. *Jueces y responsabilidad del Estado*. Madrid: Centro de Estudios Constitucionales, 1983.

MARTINS, Ricardo Marcondes. Teoria das contrafações administrativas. *A&C – Revista de Direito Administrativo & Constitucional*, Belo Horizonte, a. 16, nº 64, p. 115-148, abr./jun. 2016.

MARTINS, Ricardo Marcondes. *Efeitos dos vícios do ato administrativo*. São Paulo: Malheiros, 2008.

MARTINS, Ricardo Marcondes. *Estudos de direito administrativo neoconstitucional*. São Paulo: Malheiros, 2015.

MATTOS, Mauro Roberto Gomes de. *Lei nº 8.112/90 interpretada*. 3. ed. Rio de Janeiro: América Jurídica, 2006.

MAYER, Otto. *Derecho administrativo alemán*. Parte General. Tradução de Horacio H. Heredia e Ernesto Krotoschin. t. I, Buenos Aires: Depalma, 1949.

MEDAUAR, Odete. *A processualidade no direito administrativo*. 2. ed. São Paulo: Revista dos Tribunais, 2008.

MEDAUAR, Odete. *Direito administrativo moderno*.14. ed. São Paulo: Editora Revista dos Tribunais, 2010.

MEDINA ALCOZ, María. *La culpa de la víctima en la producción del daño extracontractual*. Madrid: Dykinson, 2003.

MEIRELLES, Hely Lopes. *Direito administrativo brasileiro*. 7. ed. São Paulo: Revista dos Tribunais, 1979.

MEISTER, Moritz; KLATT, Matthias. A máxima da proporcionalidade: um elemento estrutural do constitucionalismo global. *Observatório da Jurisdição Constitucional*, a. 7, nº 1, p. 23-41, jan./jun. 2014.

MELLO, Rafael Munhoz de. *Princípios constitucionais do direito administrativo Sancionador*: as sanções administrativas à luz da Constituição Federal de 1988. São Paulo: Malheiros, 2007.

MELLO, Shirlei Silmara de Freitas. Inflexões do princípio da eficiência no processo administrativo disciplinar federal: tutela de urgência (afastamento preventivo) e controle consensual (suspensão do processo e ajustamento de conduta). *Fórum Administrativo – FA*, Belo Horizonte, ano 11, nº 126, p. 23-33, ago. 2011.

MELLO, Shirlei Silmara de Freitas. *Tutela cautelar no processo administrativo*. Belo Horizonte: Mandamentos, 2003.

MELO, Nehemias Domingos de. *Da culpa e do risco como fundamentos da responsabilidade civil*. São Paulo: Editora Juarez de Oliveira, 2005.

MENDES, Gilmar Ferreira; BRANCO, Paulo Gustavo Gonet. *Curso de direito constitucional*. 7. ed. São Paulo: Saraiva, 2012.

MENDES, Humberto Cestaro Teixeira. O Estado regulador e a ascensão da atuação administrativa preventiva. *Revista da Procuradoria-Geral do Banco Central*, v. 9, nº 2, p. 44-57, dez. 2015.

MERKL, Adolf. *Teoria general del derecho administrativo*. Tradução de José Luis Monereo Peréz. Granada: Comares, 2004.

MÍGUEZ BEN, Eduardo. Suspensión provisional del funcionario versus presunción de inocencia: última jurisprudencia. *Revista de Administración Pública*, nº 108, p. 235-253, Sep./Dic. 1985.

MIRANDA, Marcos Paulo de Souza. *Lei do tombamento comentada*: Decreto-Lei nº 25/1937 – doutrina, jurisprudência e normas complementares. Belo Horizonte: Del Rey, 2014.

MODESTO, Paulo. Notas para um debate sobre o princípio da eficiência. *Revista do Serviço Público – RSP*, a. 51, nº 2, p. 105-119, abr.-jun. 2000.

MONTENEGRO FILHO, Misael. *Código de processo civil – comentado e interpretado*. 2. ed. São Paulo: Atlas, 2010.

MONTESQUIEU, Charles de Secondat, Baron de. *O espírito das leis*. Tradução de Cristina Murachco. São Paulo: Martins Fontes, 2000.

MORAES, Alexandre de. *Direito constitucional*. 24. ed. São Paulo: Atlas, 2009.

MOREIRA NETO, Diogo de Figueiredo. Novos institutos consensuais da ação administrativa. *Revista de Direito Administrativo – RDA*, Rio de Janeiro, v.231, p. 129-156, jan./mar. 2013.

MOREIRA, Egon Bockmann. *Processo administrativo*: princípios constitucionais e a Lei 9.784/1999. 3. ed. São Paulo: Malheiros, 2007.

MOREIRA, Rafael Martins Costa. *Direito administrativo e sustentabilidade:* o novo controle judicial da administração pública. Belo Horizonte: Fórum, 2017.

MOREIRA, Rodrigo Pereira; MELLO, Shirlei Silmara de Freitas. A tutela inibitória no processo administrativo antitruste brasileiro (Lei nº 12.529/2011). *A&C – Revista de Direito Administrativo & Constitucional*, Belo Horizonte, ano 14, nº 58, p. 265-287, out./dez. 2014.

MOREIRA, Rômulo de Andrade. O Banco Central do Brasil agora é juiz!!! *Estado de Direito*. 16 nov. 2017. Disponível em: http://estadodedireito.com.br/o-banco-central-brasil-agora-e-juiz/. Acesso em: 25 jan. 2020.

MORÓN URBINA, Juan Carlos. *Comentarios a la Ley del procedimiento administrativo general*. 8. ed. Lima: Gaceta Jurídica, 2009.

MORÓN URBINA, Juan Carlos. Los actos-medidas (medidas correctivas, provisionales y de seguridad) y la potestad sancionadora de la Administración. *Revista de Derecho Administrativo*, nº 9, p. 135-157, 2010.

MUÑOZ MACHADO, Santiago. *Tratado de derecho administrativo y derecho público general*. La actividad regulatoria de la administración. Madrid: Agencia Estatal Boletín Oficial del Estado, 2015.

NEVES, Daniel Amorim Assumpção. *Manual de direito processual civil* – volume único. 3. ed. São Paulo: Método, 2011.

NEVES, Daniel Amorim Assumpção. *Novo Código de Processo Civil* – Lei 13.105/15. Rio de Janeiro: Forense, 2015.

NOBRE JÚNIOR, Edilson Pereira. *As normas de direito público na lei de introdução ao direito brasileiro*: paradigmas para interpretação e aplicação do direito administrativo. São Paulo: Editora Contracorrente, 2019.

NOBRE JÚNIOR, Edilson Pereira et al. *Comentários à lei do processo administrativo federal*. São Paulo: Saraiva, 2016.

NOGUEIRA ALCALÁ, Humberto. *Teoría y dogmática de los derechos fundamentales*. México: Universidad Nacional Autónoma de México, 2003.

NOHARA, Irene Patrícia. Comentários ao art.10. *In:* DI PIETRO, Maria Sylvia Zanella; MARRARA, Thiago (Coord.). *Lei Anticorrupção comentada.* 2. ed. Belo Horizonte: Fórum, 2018. p. 141-150.

NOHARA, Irene Patrícia; MARRARA, Thiago. *Processo administrativo:* lei nº 9.784/99 comentada. São Paulo: Atlas, 2009.

NOLASCO, Rita; CAMPOS, Rogério. Averbação pré-executória prevista na Lei 13.606/2018 é legítima. *Consultor Jurídico – CONJUR.* 05 fev. 2018. Disponível em: https://www.conjur.com.br/2018-fev-05/opiniao-averbacao-pre-executoria-prevista-lei-13606-legitima. Acesso em: 30 jan. 2020.

OBANDO CAMINO, Iván. The Constitution and 9/11: Recurring Threats to America's Freedoms. *Revista Ius et Praxis,* a. 16, nº 2, p. 499-512, 2010.

OLIVEIRA, Jeová Marques de; MELO, Luis Carlos Figueira. A consolidação de um processo administrativo constitucional. *Fórum Administrativo – FA,* ano 19, nº 104, p. 7-19, out. 2009.

OLIVEIRA, José Roberto Pimenta. Atividade administrativa de ordenação da propriedade privada e tombamento: natureza jurídica e indenizabilidade. *Revista Trimestral de Direito Público – RTDP,* ano 7, nº 55, p. 104-118, out./ dez. 2013.

ORTELLS RAMOS, Manuel; BELLIDO PENADÉS, Rafael. *Las medidas cautelares en derecho de la competencia*: la práctica del Tribunal de Defensa de la Competencia y de los tribunales civiles. Madrid: Tirant lo Blanch, 1999.

OSÓRIO, Fábio Medina. O princípio constitucional da motivação dos atos administrativos: exame de sua aplicabilidade prática aos casos de promoção e remoção de membros do Ministério Público e Magistratura por merecimento nas respectivas carreiras. *Revista de Direito Administrativo – RDA,* Rio de Janeiro, v. 218, p. 11-70, out./dez. 1999.

OSÓRIO, Fábio Medina. *Direito administrativo sancionador.* 6. ed. São Paulo: Thomson Reuters Brasil, 2019.

PADILHA, Norma Sueli. *Fundamentos constitucionais do direito ambiental brasileiro.* Rio de Janeiro: Campus, 2010.

PÁEZ PÁEZ, Iván Andrés; RODRÍGUEZ, Gloria Amparo. Las medidas preventivas ambientales: una aproximación desde el derecho administrativo. *Opinión Jurídica,* v. 12, nº 23, p. 17-30, ene./jun. 2013.

PANTALEÓN PRIETO, Fernando. Cómo repensar la responsabilidad civil extracontractual (También la de las Administraciones públicas). *In:* MORENO MARTÍNEZ, Juan Antonio (Coord.). *Perfiles de la responsabilidad civil en el nuevo milenio.* Madrid: Dykinson, 2000, p. 439-465.

PATIÑO, Héctor. Las causales exonerativas de la responsabilidad extracontractual. ¿Por qué y cómo impiden la declaratoria de responsabilidad? Aproximación a la jurisprudencia del Consejo de Estado. *Revista de Derecho Privado,* nº 20, p. 371-398, ene.-jun. 2011.

PEREIRA, Caio Mário da Silva. *Responsabilidade civil.* 5. ed. Rio de Janeiro: Forense, 1994.

PEREIRA, Jane Reis Gonçalves. Os imperativos da proporcionalidade e da razoabilidade: um panorama da discussão atual e da jurisprudência do STF. *In:* SARMENTO, Daniel; SARLET, Ingo Wolfgang (Orgs.). *Direitos fundamentais no Supremo Tribunal Federal:* balanço e crítica. Rio de Janeiro: Lumen Juris, 2011, p. 167-206.

PÉREZ LUCIANI, Gonzalo. La intervención administrativa de los bancos o institutos de crédito. *Revista de Derecho Público*, nº 18, p. 39-56, 1984.

PETIAN, Angélica. *Regime jurídico dos processos administrativos ampliativos e restritivos de direito.* São Paulo: Malheiros, 2011.

PIRES, Luis Manuel Fonseca. Limitações administrativas à liberdade e à propriedade e sacrifícios de direitos. *Enciclopédia jurídica da PUC-SP*. Celso Fernandes Campilongo, Alvaro de Azevedo Gonzaga e André Luiz Freire (coords.). Tomo: Direito Administrativo e Constitucional. Vidal Serrano Nunes Jr., Maurício Zockun, Carolina Zancaner Zockun, André Luiz Freire (coord. de tomo). 1. ed. São Paulo: Pontifícia Universidade Católica de São Paulo, 2017. Disponível em: https://enciclopediajuridica.pucsp.br/verbete/112/edicao-1/limitacoes-administrativas-a-liberdade-e-a-propriedade-e-sacrificios-de-direitos. Acesso em: 12 jan. 2020.

PIRES, Luis Manuel Fonseca. A discricionariedade administrativa e o interesse público líquido. *In:* BANDEIRA DE MELLO, Celso Antônio *et al* (Coord.). *Direito administrativo e liberdade*: estudos em homenagem a Lúcia Valle Figueiredo. São Paulo: Malheiros, 2014. p. 486-500.

POLLINI, L. G. Responsabilidade extracontratual patrimonial do Estado por atos legislativos. *RDCPC*, nº 32, p. 138-162, nov./dez., 2004.

PONS CÁNOVAS, Ferran. *Las medidas provisionales en el procedimiento administrativo sancionador.* Madrid: Marcial Pons, 2001.

PRATES, Marcelo Madureira. *Sanção administrativa geral:* anatomia e autonomia. Coimbra: Edições Almedina, 2005.

PRIETO SANCHÍS, Luis. El juicio de ponderación constitucional. *In:* CARBONELL, Miguel (Ed.). *El principio de la proporcionalidad y la interpretación constitucional*. Equador: Ministerio de Justicia y Derechos Humanos, 2008.

PUCCINELLI JR, André. *Omissão legislativa inconstitucional e a responsabilidade do Estado legislador.* 2. ed. São Paulo: Saraiva, 2013.

RAMIREZ TORRADO, María Lourdes. La sanción administrativa y su diferencia con otras medidas que imponen carga a los administrados en el contexto español. *Revista de Derecho*, Barranquilla, nº 27, p. 272-292, ene./jun. 2007.

REBOLLO PUIG, Manuel. Medidas provisionales en el procedimiento administrativo. *In:* MARTÍN-RETORTILLO BAQUER, Lorenzo (Coord.). *Estudios en homenaje al profesor Jesús González Pérez.* ed. Civitas SA: Madrid, 1993, Tomo I. p. 659-710.

REBOLLO PUIG, Manuel *et al. Derecho administrativo sancionador.* 1. ed. Valladolid: Lex Nova, 2010.

REBOLLO PUIG, Manuel *et al*. Panorama del derecho administrativo sancionador en España. Los derechos y las garantías de los ciudadanos. *Estud. Socio-Juríd*, Bogotá, v. 7, nº 1, p. 23-74, Jan. 2005.

REICHEL, Dafne. *O controle externo como instrumento para a concretização do direito fundamental à boa administração pública*. 2017. 173 f. Dissertação (Mestrado em Direito) – Faculdade de Direito, Universidade Federal de Mato Grosso do Sul, 2017.

RIBEIRO, Márcio de Aguiar. *Responsabilização administrativa de pessoas jurídicas à luz da lei anticorrupção empresarial*. Belo Horizonte: Fórum, 2017.

ROCHA, Cármen Lúcia Antunes. *Princípios constitucionais da administração pública*. Belo Horizonte: Del Rey, 1994.

ROCHA, Sílvio Luís Ferreira da. *Manual de direito administrativo*. São Paulo: Malheiros, 2013.

RODAS, João Grandino. Medidas preventivas são úteis para a proteção da concorrência. *Consultor Jurídico – CONJUR*. 03 mar. 2016. Disponível em: https://www.conjur.com.br/2016-mar-03/olhar-economico-medidas-preventivas-sao-uteis-protecao-concorrencia. Acesso em: 20 abr. 2018.

RODRÍGUEZ RAMOS, María José; PÉREZ BORREGO, Gregorio. Las medidas cautelares en el procedimiento de gestión recaudatoria de Seguridad Social. *Aranzadi Social (Estudios Doctrinales)*, nº 5, p. 913-933, 1999.

RODRÍGUEZ-ARANA MUÑOZ, Jaime. *Direito fundamental à boa administração pública*. Tradução de Daniel Wunder Hachem. Belo Horizonte: Fórum, 2012.

RODRIGUEZ-BEREIJO LEÓN, María. Las medidas cautelares de aseguramiento en los procedimientos tributarios. *RJUAM*, nº 26, p. 17-38, 2012.

ROSA, Alexandre Morais da; MARCELINO JR, Julio Cesar. Os direitos fundamentais na perspectiva de custos e o seu rebaixamento à categoria de direitos patrimoniais: uma leitura crítica. *Constituição, Economia e Desenvolvimento: Revista da Academia Brasileira de Direito Constitucional*, Curitiba, nº 1, p. 7-23, ago.-dez. 2009.

ROSA, Bruna Borghetti Camara Ferreira. Medidas cautelares no processo sancionador na Lei Geral de Proteção de Dados Pessoais. *In*: DAL POZZO, Augusto Neves; MARTINS, Ricardo Marcondes. *LGPD & Administração Pública*: uma análise amplas dos impactos. São Paulo: Thomson Reuters, 2020. p. 759-785.

SAGGESE, Mariano Bacigalupo. Las potestades administrativas y la vinculación de su ejercicio al ordenamiento jurídico. Potestades regladas y discrecionales. *In*: ALONSO REGUEIRA, Enrique M (Coord.). *El control de la actividad estatal*: discrecionalidad, división de poderes y control extrajudicial. Buenos Aires: Asociación de Docentes de la Facultad de Derecho y Ciencias Sociales de la Universidad de Buenos Aires: 2016. p. 81-105.

SALVADOR CODERCH, Pablo. Causalidad y responsabilidad. *InDret – Revista para el análisis del derecho*, Barcelona, 94, p. 1-23, jun. 2002.

SAMPAIO, José Américo Leite. *A constituição reinventada pela jurisdição constitucional*. Belo Horizonte: Del Rey, 2002.

SAMPAIO, José Américo Leite. *Direitos fundamentais*: retórica e historicidade. 2. ed. Belo Horizonte: Del Rey, 2010.

SARAI, Leandro. *Crise financeira e medidas prudenciais*: a experiência brasileira. Saarbrücken: Novas Edições Acadêmicas, 2014.

SARAI, Leandro; SENGER, Oswaldo Luis Caetano. Medida Provisória nº 784/2017 e Lei nº 13.506/2017: controvérsias sobre a necessidade de lei complementar e questões de direito intertemporal. *Revista da Procuradoria-Geral do Banco Central*, v. 12, nº 2, p. 27-42, mar. 2019.

SCAPIN, Romano. *A expedição de provimentos provisórios pelos Tribunais de Contas*: das "medidas Cautelares" à técnica antecipatória no controle externo brasileiro. Belo Horizonte: Fórum, 2019.

SCARPARO, Eduardo. A cautelaridade da indisponibilização de bens na Lei nº 6.024, de 13 de março de 1974, e sua eficácia perante execuções de terceiros. *Revista da Procuradoria-Geral do Banco Central*, v. 8, nº 2, p. 19-44, dez. 2014.

SCHMIDT-ASSMANN, Eberhard. *La teoría general del derecho administrativo como sistema*: Objeto y fundamentos de la construcción sistemática. Tradução de Mariano Bacigalupo *et al*. Barcelona: Marcial Pons, 2003.

SCHNEIDER, Hans-Peter. Peculiaridad y Función de los Derechos Fundamentales en el Estado Constitucional Democrático, *Revista de Estúdios Políticos*, nº 7, p. 7-35,1979.

SECRETARIA DE SAÚDE DO RIO GRANDE DO SUL. *Manual de processo administrativo sanitário*. 2. ed. Porto Alegre: Secretária de Saúde, 2010.

SERRANO, José Luis. *Principios de derecho ambiental y ecologia jurídica*. Madrid: Trotta, 2007.

SILVA NETO, Orlando Celso da. *Comentários ao Código de Defesa do Consumidor*. Rio de Janeiro: Forense, 2013.

SILVA, Alexandre Carnevali da. Comentário ao livro V – da tutela provisória. *In:* CAMPO, Rogério *et al* (Coord.) *Novo Código de Processo Civil comentado na prática da Fazenda Nacional*. São Paulo: Editora Revista dos Tribunais, 2017. p. 467-473.

SILVA, Artur Flamínio da. Medidas provisórias e suspensões preventivas no direito disciplinar administrativo. *Julgar-Online*, p. 1-27, jan. 2019.

SILVA, José Afonso da. *Curso de direito constitucional positivo*. 33. ed. São Paulo: Malheiros, 2010.

SILVA, Luis Virgílio Afonso da. O proporcional e o razoável. *Revista dos Tribunais*, São Paulo, a. 91, v. 798, p. 23-50, abr. 2002.

SILVA, Ovídio Baptista da. *A ação cautelar inominada no direito brasileiro*. Rio de Janeiro: Forense, 1991.

SILVA, Ovídio Baptista da. *Do processo cautelar*. 4. ed. Rio de Janeiro: Forense, 2009.

SIMON, Lídia Lara Araújo de Oliveira e Souza Wernersbach. *As medidas de urgências no processo administrativo disciplinar*: uma análise de seu cabimento a partir do modelo processual constitucional. 2015. 167 p. Dissertação (Mestrado) – Curso de Direito, Universidade Federal do Espírito Santo, Vitoria, 2015.

SOUSA, Ana Manuela Abreu de. *Uma visão integrada da relação jurídica tributária – em especial a questão da garantia*. 2017. 224 f. Dissertação (Mestrado) – Curso de Direito, Universidade do Minho, Braga, 2017.

SOUSA, Antônio Francisco de. *A polícia no estado de direito*. São Paulo: Saraiva, 2009.

STEIGLEDER, Annelise Monteiro. As penas aplicáveis às pessoas jurídicas (artigos 21 a 24). In: STEIGLEDER, Annelise Monteiro; MARCHESAN, Ana Maria Moreira (orgs.). *Crimes ambientais*: comentários à Lei 9.605/98. Porto Alegre: Livraria do Advogado, 2013, p. 119-126.

STOCCO, Rui. *Tratado de responsabilidade civil*: responsabilidade civil e sua interpretação doutrinária e jurisprudencial. 5. ed. São Paulo: Editora Revista dos Tribunais, 2001.

STRECK, Lenio. *O que é isto – decido conforme minha consciência?* 4. ed. Porto Alegre: Livraria do Advogado Editora, 2013.

SUNDFELD, Carlos Ari. Condicionamentos e sacrifícios de direitos – distinções. *Revista Trimestral de Direito Público*, nº 04, p. 79-83, 1993.

SUNDFELD, Carlos Ari. *Direito administrativo ordenador*. São Paulo: Malheiros, 2003.

SUNDFELD, Carlos Ari. *Direito administrativo para céticos*. 2. ed. São Paulo: Malheiros, 2014.

SUNDFELD, Carlos Ari. *Fundamentos de direito público*. São Paulo: Malheiros, 2013.

SUNDFELD, Carlos Ari. Revisão da desapropriação no Brasil. *Revista de Direito Administrativo – RDA*, v. 192, p. 38-48, abr./jun. 1993.

SUNDFELD, Carlos Ari; VORONOFF, Alice. Art. 27 da LINDB Quem paga pelos riscos dos processos? *Revista de Direito Administrativo – RDA*. Rio de Janeiro, Edição Especial: Direito Público na Lei de Introdução às Normas de Direito Brasileiro – LINDB (Lei nº 13.655/2018), p. 171-201, nov. 2018.

SWEET, Alec Stone. Proportionality balancing and global constitutionalism. *Faculty Scholarship Series*, Paper 1296, p. 72-164, 2008.

TÁCITO, Caio. As delegações legislativas e o poder regulamentar. *Revista de Direito Administrativo – RDA*, Rio de Janeiro, v. 34, p. 471-473, 1953.

TÁCITO, Caio. O princípio de legalidade: ponto e contraponto. *Revista de Direito Administrativo – RDA*, Rio de Janeiro, v. 242, p. 125-132, out./dez. 2005.

TARDÍO PATO, José Antônio. Las medidas provisionales en el procedimiento administrativo. *Revista Jurídica de Navarra*, nº 38, p. 113-130, jul.-dic. 2004.

TARTUCE, Flávio. *Manual de direito civil* – volume único. São Paulo: Método, 2011.

TÁVORA, Nestor; ALENCAR, Rosmar Rodrigues. *Curso de direito processual penal*. 6. ed. Salvador: Juspodivm, 2011.

THEODORO JÚNIOR, Humberto. *Novo Código de Processo Civil anotado*. 20. ed. Rio de Janeiro: Forense, 2016.

TITONELLI, Allan. Averbação pré-executória traz efetividade e segurança jurídica. *Consultor Jurídico – CONJUR*. 12 jan. 2018. Disponível em: https://www.conjur.com.br/2018-jan-15/allan-titonelli-averbacao-pre-executoria-traz-seguranca-juridica Acesso em: 25 fev. 2019.

TOMÁS MALLÉN, Beatriz. *El derecho fundamental a una buena administración*. Madrid: Instituto Nacional de Administración Pública, 2004.

TRENNEPOHL, Curt. *Infrações contra o meio ambiente:* multas, sanções e processo administrativo. Comentários ao Decreto nº 6.514, de 22 de Julho de 2008. Belo Horizonte: Fórum, 2009.

TRIBUNAL DE CONTAS DA UNIÃO. *Relatório anual de atividades do TCU*. Brasília: TCU – Secretaria de Planejamento e Gestão, 2018.

TRIBUNAL DE CONTAS DA UNIÃO. *Relatório anual de atividades do TCU*. Brasília: TCU – Secretaria de Planejamento e Gestão, 2019.

URDANETA SANDOVAL, Carlos Alberto. Introdución al análisis sistemático de las medidas cautelares atípicas del Código de Procedimiento Civil Venezolano. *Revista de la Facultad de Derecho*, Caracas, nº 59, p. 49-236, 2004.

URIOL EGIDO, Carmen. *Las medidas cautelares que aseguran el cobro de la deuda tributaria en los procedimientos de aplicación del tributo*. 2012. 511 f. Tese (Doutorado) – Curso de Direito Público, Universidad de Oviedo, Oviedo, 2012.

VALLE, Vanice Regina Lírio do. *Direito fundamental à boa administração e governança*. Belo Horizonte: Fórum, 2011.

VELOSO, Waldir de Pinho. *Direito processual administrativo*. Curitiba: Juruá, 2010.

VENOSA, Sílvio de Salvo. *Direito civil:* responsabilidade civil. 3. ed. São Paulo: Atlas, 2003.

VIEIRA, Paulo de Tarso S. de Gouvêa. O embargo cautelar ambiental e sua não incidência sobre atividades de subsistência. *Âmbito Jurídico*, Rio Grande, XV, nº 100, maio 2012. Disponível em: http://www.ambito-juridico.com.br/site/?n_link=revista_artigos_leitura&artigo_id=11550. Acesso em nov. 2013.

VITTA, Heraldo Garcia. Apontamentos da "coação administrativa". As medidas acautelatórias do poder público. *Revista TRF 3ª Região*, nº 108, p. 1-20, jul./ago. 2011.

VITTA, Heraldo Garcia. *Soberania do Estado e poder de polícia*. São Paulo: Malheiros, 2011.

VORONOFF, Alice. *Direito administrativo sancionador no Brasil*: justificação, interpretação e aplicação. Belo Horizonte: Fórum, 2018.

WILLEMAN, Flávio de Araújo. Poder de polícia e fixação de astreintes. Uma visão do direito administrativo e do direito eleitoral. *In:* CÂMARA, Alexandre Freitas; PIRES, Adilson Rodrigues; MARÇAL, Thaís Boia (Coord.). *Estudos de direito administrativo em homenagem ao professor Jessé Torres Pereira Júnior*. Belo Horizonte: Fórum, 2016. p. 153-166.

XAVIER, Pedro Henrique. Responsabilidade do Estado por atividade lícita: especialidade e anormalidade do dano. *Revista da Faculdade de Direito UFPR*, v. 23, p. 207-225, 1986.

ZANCANER, Weida. *Da convalidação e da invalidação dos atos administrativos*. 2. ed. São Paulo: Malheiros, 1998.

ZANOBINI, Guido. *Corso di diritto amministrativo*. Milano: Dott. A. Giuffré, 1958.

ZOCKUN, Maurício. *Responsabilidade patrimonial do Estado*. São Paulo: Malheiros, 2010.

ZOCKUN, Maurício; ZOCKUN, Carolina Zancaner. A relação de sujeição especial no direito brasileiro. *A&C – Revista de Direito Administrativo & Constitucional*, Belo Horizonte, ano 19, nº 77, p. 121-137, jul./set. 2019.

ZYMLER, Benjamim. A procedimentalização do direito administrativo brasileiro. *Fórum Administrativo Direito Público FA*, Belo Horizonte, ano 2, nº 22, dez. 2002. Disponível em: http://www.bidforum.com.br/bid/PDI0006.aspx?pdiCntd=2848. Acesso em: 26 jun. 2013.

ZYMLER, Benjamim. *Direito administrativo e controle*. 3. ed. Belo Horizonte: Fórum, 2012.